AF281763

Ohne Netz

Über den Autor

Herbert Hoddow aus Hude arbeitete viele Jahre als Logistiker für verschiedene Unternehmen, bis ihn das Reisefieber packte und er einen lang gehegten Traum realisierte: Die Sehnsucht nach unbekannten Ländern und neuen Horizonten ließ ihn eine zweijährige Weltreise unternehmen. Seine Erlebnisse in Westafrika brachte er in dem 1995 erschienenen Buch »Götter Geister Generatoren« zum Ausdruck. Von 1995 bis 2019 lebte und arbeitete Herbert in Port Harcourt, Nigeria. Sein neues Buch »Ohne Netz« handelt von dieser Zeit.

HERBERT HODDOW

OHNE NETZ

Dies ist eine fiktive Geschichte. Ähnlichkeiten mit real existierenden Personen oder Gegebenheiten sind rein zufällig und nicht beabsichtigt.

Bibliografische Information der Deutschen Nationalbibliothek:
Die Deutsche Nationalbibliothek verzeichnet diese Publikation in der deutschen Nationalbibliografie; detaillierte biografische Daten sind im Internet über dnb.dnb.de abrufbar.

© 2025 Herbert Hoddow

Satz, Umschlaggestaltung und Verlag:
BoD – Books on Demand GmbH, In de Tarpen 42, 22848 Norderstedt,
bod@bod.de

Druck: Libri Plureos GmbH, Friedensallee 273, 22763 Hamburg

ISBN: 978-3-7597-7135-3

Inhalt

Im Paradies

Gedanklich aus einer anderen Welt zurückkehrend schaute ich mich im Büro, in meinem Paradies, um. Der einzige Schmuck an den vor langer Zeit einmal mit einer gelblichen, inzwischen abblätternden Ölfarbe behandelten Wänden war der Dreimonatskalender einer Reederei. Die gläserne Trennwand rechts von mir bestand größtenteils aus Sprüngen. Von den grauen, verschlissenen PVC-Bodenfliesen fehlte ein gutes Drittel. Das kleine Fenster wurde passenderweise von zwei Eisenstäben durchkreuzt. Die antike Klimaanlage ratterte. So etwas hätte ich mir vorher selbst in meinen kühnsten Träumen nicht vorstellen können. Na ja, wenigstens hatte ich ein Dach über dem Kopf. Die letzten Wochen waren äußerst hektisch und wie im Fluge vergangen. Da ich partout nichts mehr mit meinen ehemaligen Geschäftspartnern und Vermietern, Mats und Charles, zu tun haben wollte, hatte eine fieberhafte Suche nach geeigneten Büroräumen bei tickender Uhr begonnen. Jeder Mitarbeiter der VHN-Spedition war angehalten, sich nach Schildern mit der Aufschrift »zu vermieten« umzusehen. Unabhängig davon kontaktierten unsere neue Sekretärin Franka und ich viele Immobilienmakler. Ob Lage, Umfeld, Infrastruktur, Hygiene, Sicherheit oder der Preis, ob Neubau oder das letzte Loch, irgendetwas passte immer nicht. Die Suche schien vergeblich, es war zum Verrücktwerden. Obendrein erhöhte mein privater Wohnungswechsel von der Forces Avenue zur Uyo Street den Umzugsstress. Zumindest verlief hierbei dank unseres fantastischen Packing Teams nahezu alles perfekt. Nach langer Pause freuten sich die Studentinnen wieder einmal für uns tätig werden zu dürfen und über das vor nicht allzu langer Zeit Erlebte plaudern zu können. Meine Freude hielt sich in Grenzen, denn in der Praxis sah Urs′ Idee, dass ich mir mit ihm und

Shaky, den Bewohnern der anderen beiden Häuser auf dem Grundstück, die Energiekosten teilen könnte, so aus, dass Urs andauernd Urlaub in der Schweiz machte, während Shaky sich volltrunken in seiner Hütte verbarrikadierte und ich fassweise Diesel für den Generator kaufte, damit Shaky vierundzwanzig Stunden am Tag kalte Getränke genießen konnte.

Letztendlich waren wir doch noch erfolgreich. Wir fanden eine Notunterkunft, die wir praktisch um fünf vor zwölf wie ein Schwarm Heuschrecken in Beschlag nahmen. Das einzig Gute am Bürokomplex, in dem sich unsere Behausung befand, war seine Lage mitten im Industriegebiet Trans Amadi. Es handelte sich um einen dreistöckigen Bau mit Flachdach, der mich immer an einen Bunker erinnerte. Rechts und links des Treppenhauses gab es jeweils drei auf die Etagen verteilte Büroeinheiten, von denen wir die Räumlichkeiten im ersten Stock links für unsere Zwecke auswählten.

Der von einer noch weiße Farbreste aufweisenden Mauer umgebene, ungepflasterte Vorhof des Hauses diente bis zum Beginn der Regenzeit, wenn er sich langsam in ein Schlammloch verwandelte, als Parkplatz. Unten links, direkt unter uns im Gebäude, hatte sich eine mir bis dahin nicht bekannte Bank niedergelassen. Die anderen Räumlichkeiten des Hochbunkers standen leer. Als kleinen Beitrag zur Nachbarschaftshilfe eröffneten wir kurzerhand ein Konto bei der Bank. Damit minimierten wir gleichzeitig eines der Sicherheitsrisiken: Der Transport von großen Geldbeträgen bei chaotischen Verkehrsverhältnissen in einer von Raubüberfällen geprägten Ölstadt blieb uns erspart. Wegen der unterschiedlichen Höhe der Betonstufen musste man im Treppenhaus höllisch aufpassen. Wenn man erst nach Einbruch der Dunkelheit feststellte, dass man seine Taschenlampe vergessen hatte, wurde der Abstieg, bei dem man sich an der Wand entlangtastete, zum gefährlichen Abenteuer. Um Kosten zu sparen, gab es, selbst wenn es mit der Stromversorgung einmal klappte, keinen Allgemeinstrom. Unser Landlord hatte angekündigt, dass später, wenn – ja, wenn – erst einmal sämtliche Einheiten vermietet wären und man den Allgemeinstrom auf alle Parteien umlegen könnte, alles besser werden würde.

Genauso verhielt es sich mit den Telefonleitungen. Auch die existierten nicht, obwohl man mir schriftlich vier analoge Anschlüsse zugesagt hatte. Dieser Vertragsbruch war für uns als Dienstleistungsunternehmen eine Katastrophe. Zum Glück kam schon bald, Ende der Neunzigerjahre, das sogenannte »Intercellular-Telefon« auf den nigerianischen Markt. Es handelte sich dabei um Fernsprechapparate mit Wählscheiben und kurzen, fingerdicken Antennen. Das Faszinierende an den Dingern war, dass sie sogar funktionierten, vorausgesetzt, man hatte sie richtig positioniert – zum Beispiel direkt am Fenster. Ein weiterer Vorteil bestand darin, dass man die Geräte auch nach Hause oder in die Kneipe mitnehmen konnte. Fast überall, wo es eine mit Strom gefüllte Steckdose gab, konnte man mit einem Intercellular telefonieren. Es war fantastisch! Wegen der ortsunabhängigen Möglichkeit, mit der großen, weiten Welt zu kommunizieren, aber auch um ein wenig Eindruck zu schinden, begleitete mich meine heilige Quasselstrippe auf all meinen Wegen. Das galt selbstverständlich nicht für den Gang zur Toilette. Meist wurde ich belächelt, sobald ich ein Lokal betrat. Leute munkelten hinter vorgehaltener Hand: »Da kommen sie wieder, die Unzertrennlichen!« Das dumme Gerede störte mich jedoch nicht im Geringsten. Die Vorteile überwogen.

Auch bezüglich unseres Generators hielt sich der Hauseigentümer nicht an seine Zusagen. Ursprünglich hatte er uns gestattet, den Stromerzeuger direkt vor dem Bunker zu positionieren. Weil sich aber die Mitarbeiter und Kunden der Bank durch das laute Knattern gestört fühlten, wurde uns ein anderer, fünfzig Meter entfernter Stellplatz zugewiesen. Trotz seines Versprechens sowie mehrfacher Mahnungen erstattete uns der Vermieter die Kosten für das dorthin führende schweineteure Stromkabel natürlich nicht.

In personeller Hinsicht gab es ebenfalls Veränderungen. Wir hatten einen neuen Buchhalter eingestellt, einen Yoruba mit Schlips und Kragen aus der Großstadt Lagos. Der Typ war eigentlich ganz umgänglich, nervte aber mit seinem ewigen Gequengel nach einem Computer. Ich verstand ja, dass er sich nichts sehnlicher wünschte als einen Rechner. Der hätte ihn vielleicht sogar vom Schlafen in seinem Kabuff, in dem nur ein angerosteter Safe und sein Sperrholz-Schreibtisch standen, abgehalten. Leider hatten wir aber schon einen Computer und einen weiteren konnten wir uns nicht leisten. Es war kein Geheimnis, wo sich unsere Datenverarbeitungsanlage befand, zumal Professor Ubong ein großes Plakat mit der Aufschrift »Computer Office« an seine Bürotür geklebt hatte. Kaum dass man das Heiligtum des Professors betreten hatte, wusste man aber, auch ohne den Zettel an der Pforte gelesen zu haben, sofort, dass man sich in einem »Rechenzentrum« befand, denn die Stube wurde von einer auf vollen Touren laufenden Aircondition eisgekühlt. Zudem sah sie nach Hightech aus. Überall auf dem Fußboden lagen in sich verschlungene Kabel herum. Wofür Ubong die alle brauchte, wusste wahrscheinlich nicht einmal er selbst.

Im riesigen Raum rechts vom Eingang befanden sich die See- und Luftfrachtabteilungen. Jeder unserer Mitarbeiter dieser Sparten hatte seinen eigenen Schreibtisch. Es handelte sich dabei zwar nur um die kleinsten und billigsten Modelle, die in der Hafengegend gefertigt wurden, aber immerhin. Gegenüber der See- und Luftfracht lag unser Konferenzraum. Bei der Anschaffung des aus rotem Holz gefertigten Schmuckstücks dieses Zimmers, des Konferenztisches, hatten wir nicht auf den Kobo geachtet. Er hatte ein kleines Vermögen gekostet, war sein Geld aber wert, da er ordentlich was hermachte. Außerdem konnten bis zu zehn Leute an ihm Platz nehmen. An den Tagungsraum grenzte das Sekretariat an. Und ganz hinten, in der letzten Kammer, hatte ich mich versteckt, damit mich nicht jeder gleich beim Betreten der Geschäftsstelle sehen konnte. Vor allem Steuer- und Gebühreneintreiber erhöhten ihre Tarife beim Anblick eines Weißen automatisch.

Ja, das alles war schon beeindruckend. Hier saß ich nun als stolzer Besitzer von drei Schrottkarren, einem aus dem letzten Loch pfeifenden Generator, fünf bedingt kühlenden Klimaanlagen, einem Computer, einer Schreibmaschine, diversen Möbelstücken und einem Intercellular-Telefon. Geld hatte ich nicht, dafür aber zwanzig Mitarbeiter. Die und ihre Familien galt es zu ernähren, denn sie vertrauten und erwarteten Großes von mir.

Ich hatte mich gerade im Stuhl zurückgelehnt, einen tiefen Seufzer ausgestoßen und »Wenn das man gut geht!« vor mich hingemurmelt. Da hörte Frankas Schreibmaschine auf zu klappern. Gleich darauf klopfte es an der Verbindungstür zwischen dem Sekretariat und meinem Paradies. Der

Professor betrat das Büro im selben Moment, in dem ich den Störenfried hereingerufen hatte.

»Na, Ubong, was gibt es denn Schönes? Nimm doch Platz«, begrüßte ich ihn.

Der kleine Mann, den wir Professor nannten, weil er sowohl regelmäßig die Tageszeitung als auch Fachzeitschriften – vor allem Computermagazine – las, kam meiner Bitte nach und rutschte erst einmal für eine ganze Weile auf seinem Stuhl herum. Schließlich meldete er sich zaghaft mit piepsiger Stimme zu Wort. »Oga, ich habe da so eine Idee.«

In Erwartung dessen, was kommen würde, schlug ich mir stöhnend mit der Hand vor die Stirn.

»Oga, ich denke …«

»Ubong, ich habe dir schon tausend Mal gesagt, du sollst nicht denken«, unterbrach ich ihn verzweifelt. »Wir wissen doch alle, was dabei heraus- kommt. Überlass das Denken bitte mir. Dann wird alles gut.«

Das Schild

Der Professor blickte sekundenlang traurig zu Boden, ehe er Anstalten machte, sich zu erheben. Die Enttäuschung stand ihm deutlich ins Gesicht geschrieben. Da ich das Elend nicht länger mit ansehen konnte, bat ich ihn, sich wieder zu setzen. »Also gut, Ubong, dann leg mal los. Wenn es nicht wieder darum geht, lokalen Truckern oder der Post Konkurrenz zu machen, bin ich bereit, mir deine Geistesblitze anzuhören.«

»Danke, Oga. Letzte Nacht konnte ich nicht schlafen. Deshalb habe ich über Marketingstrategien nachgedacht. Als der Morgen schon graute und der erste Köter zu kläffen begann, leuchtete mir schließlich ein, was wir dringendst angehen sollten. Weißt du, was wir unbedingt brauchen?«

»Mensch, Ubong, wir benötigen so vieles. Woher soll ich wissen, was auf deiner Prioritätenliste ganz oben steht?«

»Ein Firmenschild, oder besser gesagt eine Werbetafel, die wir vor der Mauer an der Straße platzieren! Bisher wissen nur wenige potenzielle Kunden, dass es uns überhaupt gibt, geschweige denn, dass wir hier in Trans Amadi ansässig sind. Demzufolge könnten wir mit einem schönen Hinweisschild verkaufsfördernd auf uns aufmerksam machen. Stell dir nur einmal vor, wie die Autofahrer im Stau direkt vor diesem Grundstück stehen und außer auf die Blechlawine vor sich nur auf unser schönes Schild blicken können. Alles, was auf der Reklametafel steht, wird sich ihnen für immer einprägen. Das werden sie nie mehr vergessen! Die Werbewirkung wäre fantastisch! Über das Design habe ich mir auch schon Gedanken gemacht.« Der Professor kramte einen Zettel aus der Brusttasche seiner weiten, schlabbrigen Latzhose hervor, um ihn vor mir auszubreiten. Unter unserem Firmennamen, VHN

Transport & Logistics, und unserer Adresse mitsamt der Telefonnummer hatte er ein Flugzeug, ein Segelschiff und einen Lkw gemalt. Neben diesen Kunstwerken standen die Worte: Luftfracht, Seefracht, Landfracht.

Mich mit den Ellbogen auf der Tischplatte abstützend beugte ich mich nach vorn, legte das Kinn auf die Hände und brummte in mich gekehrt: »Mann, da hast du ja ausnahmsweise einmal eine richtig gute Idee! Dein Segelschiff sollten wir natürlich durch ein Containerschiff und das Wort ›Landfracht‹ durch ›Straßentransporte‹ ersetzen, aber der Rest passt. Alle Achtung!«

Strahlend wie ein Honigkuchenpferd nickte der Professor, bevor er das Wort wieder aufnahm: »Weil ich mir absolut sicher war, dass dir mein Vorschlag gefallen würde, war ich heute Morgen schon bei einem metallverarbeitenden Betrieb. Die veranschlagen die Kosten für eine zwei mal zwei Meter große Tafel nebst Ständer mit achtzigtausend Naira.«

Das Intercellular-Telefon klingelte. Godwill von der Firma Valves, einem Hersteller von Ventilen, war am Apparat. Er bat mich, ihn aufzusuchen und mir zwecks Reparatur zu exportierende Waren anzuschauen. Mit einem Schulterklopfen verabschiedete ich mich von Ubong, nachdem ich ihm den Startschuss für die Anfertigung seines Kunstwerkes gegeben hatte. Umo, mein Chauffeur, sprang auf, sowie ich die Eingangstür zum im Treppenhaus gelegenen Fahrerraum öffnete.

»Wohin, Oga?«, erkundigte er sich militärisch.

»Valves!«

Kopfschüttelnd deutete Umo mit dem Daumen zum Fenster. »Meinst du das etwa im Ernst?«

Ich hastete nach vorn und presste die Stirn gegen die blinde Scheibe. Augenblicklich entgleisten meine Gesichtszüge. Langsam entspannten sie sich jedoch immer mehr, bis ich schließlich zu schmunzeln begann. Der Ausblick auf eine riesige Blechlawine bestätigte mir, wie richtig die Entscheidung war, die ich gerade in Sachen Werbung gefällt hatte. An der Kreuzung rechts von unserem Bunker ging gar nichts mehr. Jeweils vier monströse, ineinander verkeilte, vielköpfige Autoschlangen standen einander gegenüber.

Fahrzeuginsassen beäugten sich mit bösen Blicken, schimpften und drückten ordentlich auf die Hupe.

»Na gut«, ächzte ich. »Wenn es sein muss, werde ich mich halt wieder einmal zu Fuß auf die Socken machen.«

Zum Glück war Valves in unserer Nachbarschaft ansässig. Gerade erst hatte ich mich auf die gegenüberliegende Straßenseite durchgeschlagen, als ich albernes Gekicher hinter mir vernahm. Neugierig drehte ich mich um und erblickte drei Bambinos, die mir folgten. Offensichtlich handelte es sich um kleine Straßenverkäufer, denn die älteste Göre, ein vielleicht zwölfjähriges Mädchen, balancierte ein Tablett mit gekochten Eiern auf dem Kopf. Vor ihr lief ein barfüßiger Bengel in kurzen Hosen und ganz vorn, direkt hinter mir, marschierte das jüngste Mitglied des Verkaufsteams. Zur Belustigung seiner Gefährten imitierte mich dieser Knirps, indem er die Schritte und Bewegungen des hektischen, einen Aktenkoffer schwenkenden Weißen nachäffte. Wenngleich ich wusste, wem der Spott galt, blieb ich stehen, um das Grüppchen zu fragen, was es denn zu gackern gab. Die kleinen Racker kreischten auf, bevor sie vollends in Gelächter ausbrachen. Der Knirps stolzierte, sich das Bäuchlein haltend, vor und zurück, der mittlere Zwerg schlug sich immer wieder aufs Knie und das Mädel hielt sich die Hand vor den Mund. Von den Kleinen angesteckt musste ich mitlachen. In einer Atempause wandte ich mich an die Anführerin, die mich an Pippi Langstrumpf erinnerte: »Bitte sei so gut und verrate mir, was genau euch amüsiert? Habe ich vielleicht vergessen, die Clown-Nase abzunehmen?«

»Nein, das nicht«, antwortete das Mädchen. Dabei schaute sie mit hochgezogenen Augenbrauen und gen Himmel gerichteter Nase neunmalklug aus der Wäsche. »Wir wundern uns nur, was für ein komischer Oyibo du bist. Du hast ja nicht mal ein Auto!«

Unsicher, ob ich lachen oder flennen sollte, glotzte ich die Deern lange an. Schlussendlich verabschiedete ich mich von der Rasselbande mit einem Augenzwinkern, um mich, inzwischen schweißgebadet, weiter vorzukämpfen.

Godwill war ein immer gut gekleideter, grau melierter Herr, der schon seit einer kleinen Ewigkeit für Valves arbeitete. Er kannte den Laden in- und auswendig. Dem Anzugträger gefiel es, dass ich bei Transportanfragen, anstatt einen unserer Mitarbeiter zu schicken, immer persönlich – mit einem Zollstock bewaffnet – in seinem Büro aufschlug. Die Chemie zwischen uns stimmte, zumal der eine die Professionalität des anderen zu schätzen wusste. Trotzdem hatte mir der Logistikmanager bisher nur sporadisch Exportaufträge für Luftfrachtsendungen zukommen lassen. Um die vielen regelmäßigen Importe seines Betriebes kümmerte sich unsere Konkurrenz, die Alpen Spedition, mit der man schon seit Langem beste geschäftliche Beziehungen pflegte.

Im Anschluss an die gemeinsame Beschau des Exportgutes bedankte sich Godwill im Nachhinein für die gute und schnelle Erledigung seiner letzten Order.

»Das war wie immer eine unserer leichtesten Übungen«, posaunte ich und versuchte, dabei nicht arrogant zu wirken. »Ich überwache die Abwicklung eurer Aufträge persönlich. Aus diesem Grund kannst du sicher sein, dass du bei uns immer den besten Service erhältst. Nur wünschte ich mir, du würdest auch mal unsere Dienste als Verzollungsspediteur in Anspruch nehmen. Die VHN-Importabteilung genießt einen guten Ruf. Und die Preise stimmen bei uns auch.«

Godwill nahm seine Hornbrille ab. Er legte sie in einen seiner Ablagekörbe, ehe er mich intensiv musterte. Hiernach öffnete er seine mittlere Schreibtischschublade, in der er lange herumkramte. Schließlich förderte er drei Konnossemente zutage.

»Na gut, die Leute von der Alpen Spedition, mit denen ich schon seit Jahrzehnten zusammenarbeite, sind beim Import von Seefrachtsendungen zwar richtig gut. Dennoch gebe ich euch die Chance, euch zu beweisen. Falls ihr besser als eure Konkurrenz sein solltet, sind wir im Geschäft.«

Barrakuda und Red Snapper

Der rote Feuerball war gerade erst am Horizont aufgetaucht, als Larry und ich uns im Boot-Klub trafen. Harrison, der hagere Bootsjunge im langen blauen Arbeitskittel, hatte die »Kingfisher« – auf diesen Namen hatte ich mein vor Kurzem erstandenes Boot getauft – bereits des Nachts bei Flut zu Wasser gelassen und die Tanks mit Dieselgemisch befüllt. Wir schafften unsere Utensilien, eine kleine Werkzeugkiste, Plastikköder, eine mit Bölkstoff gefüllte Kühlbox und zwei Angeln, die ich von Urs Mettler erworben hatte, an Bord. Dann starteten wir die beiden 85 PS starken Yamaha-Außenborder. Die Motoren sprangen sofort an. Sie heulten kurz auf, bevor ein gleichmäßig ratternder Sound erklang. Larry hielt seinen rechten Daumen in die Höhe. Dabei strahlte er über alle vier Backen. Mein Angelkamerad unterlag dem gleichen Dresscode wie ich: Baseball-Cap, Sonnenbrille, T-Shirt, Shorts und Badelatschen.

Heute war der große Tag, an dem ich erstmalig allein, als Kapitän ohne Steuermann, in See stechen sollte. Bisher war ich ausschließlich mit Harrison unterwegs gewesen. Der Bootsjunge hatte sich an drei Nachmittagen alle Mühe gegeben, einen Navigator, Bootsmann und Maschinisten aus mir zu machen. Trotz der wertvollen Erkenntnisse, die ich gewonnen hatte, war mir jetzt aber mulmig zumute. Tief durchatmend und einen Seufzer ausstoßend schüttelte ich meine Bedenken nach kurzer Kontemplation ab. Auf dem bevorstehenden Ausflug würde schon nichts schiefgehen. Schließlich befand sich außer mir ja noch der erfahrene Seemann Larry Sailor an Bord.

Erfreulicherweise waren alle Gedanken an Horrorszenarien wie den Untergang der Titanic schon bald ausgeblendet. Wir flogen förmlich über die spiegelglatte dunkelblaue Wasseroberfläche. Kein Wölkchen trübte den Himmel. Mit zufriedener Miene saß ich am Steuer. Larry stand neben mir. Er hielt nach im Wasser schwimmenden Baumstämmen und anderen Hindernissen Ausschau. Der Fahrtwind pfiff uns um die Ohren. Außer den Motorengeräuschen war kein Laut zu vernehmen. Mein Gott, war das schön, zu dieser Stunde an diesem Ort zu sein!

An der ersten Abzweigung des Flusses hielten wir uns rechts und passierten das halb aus dem Wasser ragende Wrack eines Trawlers. Langsam wichen die von Mangroven gesäumten Ufer immer weiter zurück. Zudem wurde die See rauer. Ab und zu kamen uns Boote entgegen, bei denen es sich meist um voll besetzte Wassertaxis handelte. Die langen, schmalen Holzkähne wurden von leistungsstarken Außenbordern angetrieben. In ihnen kauerten außer dem Mann an der Pinne – dicht an dicht – die mit orangefarbenen Schwimmwesten ausgestatteten Fahrgäste. Wenn uns die Taxis zu nahe kamen, mussten wir das Tempo drosseln, um nicht in die von ihnen erzeugten Wellen zu geraten.

Wir erreichten den Hauptstrom, den Bonny River. Wegen des inzwischen starken Seeganges ging es nur langsam voran. Die Motoren tuckerten vor sich hin und wir wurden bei jedem Eintauchen des Bootes mit Spritzwasser übergossen. Der Bonny war hier bereits ein gewaltiger Strom, dessen Ufer allerdings noch gut auszumachen waren. Auf dem Weg zu seiner trichterförmigen Mündung in den Atlantik sollte sich das ändern. Nach dreißigminütigem Gastspiel auf ihm verließen wir den Hauptstrom, um in einen seiner Nebenarme einzubiegen, in dem sich unser Zielgebiet befand.

Wir konnten es kaum erwarten loszulegen, stellten einen Motor ab, brachten die Leinen aus und begannen bei geringer Geschwindigkeit auf der bevorzugten rechten Flussseite mit dem Trolling. Angeblich kannte sich der Lokalmatador Larry in diesen Gewässern bestens aus. Jedenfalls prophezeite er rekordverdächtige Fänge. Während der nächsten zwei Stunden waren wir enttäuschenderweise jedoch mehr mit dem Entwirren der Angelschnüre als mit Fischen beschäftigt. Mein schottischer Kamerad bestand darauf, möglichst nah am Ufer zu angeln. Folglich nahm er in Kauf, dass sich unsere

Köder ständig in Mangrovenwurzeln verfingen. Gegen die zunehmende Hitze und den Stress half nur eins: eiskaltes Bier. Nachdem wir wieder einmal das Ende unserer Strecke erreicht hatten, wollten wir gerade eine Kehrtwende vollziehen, als ein kleines weißes Boot, das scheinbar einsam und verlassen in der Flussmitte hin und her schaukelte, in Sicht kam. Der mittlerweile in seiner Fahrtüchtigkeit leicht eingeschränkte diensthabende Steuermann hickste: »Ah, das müssen Andy und Jackie sein. Kennst du die?«

»Klar, lass uns mal hinfahren. Vielleicht haben die ja eine fischreiche Stelle ausgemacht.«

»Das glaubst du doch selbst nicht! Die haben noch nie einen Fisch gefangen. Die sind aus ganz anderen Gründen unterwegs.«

»Andere Gründe? Was sonst außer Fischen kann man hier denn machen?«

»Kiffen, Mensch! Die liegen unter ihrem Sonnensegel und ziehen sich einen Joint nach dem anderen rein. Bestimmt sind sie jetzt schon voll stoned. Achte gelegentlich doch mal auf Andys monotones Gefasel. Spätestens nach dem dritten Gerät hält der nur noch Monologe, bis er richtig in Fahrt kommt und den Mund überhaupt nicht mehr zukriegt. Und sie meint immer noch, die Beauty-Queen ihres Bergarbeiterkaffs in Cornwall zu sein. Hat anscheinend noch nicht realisiert, dass sie nicht mehr die Jüngste, nicht mehr die Sexbombe von früher ist.«

»Ach so, das erklärt manches«, kicherte ich. »Erst neulich saßen Leon und ich mit den beiden bei einem Drink unter der großen Palme im Boot-Klub. Urplötzlich stieß Jackie mich an. ›Herbert, siehst du das?‹, säuselte sie mir ins Ohr. Ich schaute in die Richtung, die sie anvisierte, entdeckte aber nichts Außergewöhnliches. ›Nö, was denn?‹ Jackie pustete sich die blonden Locken aus der Stirn, verzog den Mund und deutete zu den überdachten Bootsstellplätzen. ›Du musst blind sein. Schau mal genau hin.‹ Wenngleich ich mir den Hals verrenkte, gewann ich keine neuen Erkenntnisse. ›Tut mir leid, aber ich weiß beim besten Willen nicht, was du meinst. Bitte hilf mir mal auf die Sprünge.‹ ›Na, die Spanplatte, die an dem Boot dahinten lehnt. Siehst du die denn nicht?‹ Mir die Hand an die Stirn haltend, damit ich nicht von der Abendsonne geblendet wurde, stand ich auf und guckte mir die Augen aus dem Kopf. ›Ja, doch, jetzt habe ich sie entdeckt, die Spanplatte. Was ist damit?‹ ›Sieht sie unter diesen Lichtverhältnissen nicht aus wie ein Sonnenuntergang in der Wüste?‹ Obwohl ich beim besten Willen nichts dergleichen erkennen konnte, blieb ich cool. Ich streckte den rechten Daumen in die Höhe und nickte der Blondine zu, um sie nicht zu verärgern. Anschließend widmete ich mich wieder meinem Bier sowie dem Gebrabbel von Jackies Gatten, der Leon vollsülzte.

Nach einer schweigsamen Weile zupfte die Engländerin Leon am Hemd, äugte erneut in Richtung der Stellplätze und zwitscherte: ›Leon, schau mal, dort.‹ Dem Angesprochenen ging es genauso wie mir zuvor. ›Was, wo?‹, erkundigte er sich verwirrt. ›Na, die Spanplatte da hinten.‹ Anscheinend konnte Leon besser sehen als ich. Er zog die Augenbrauen in die Höhe und zeigte mit seinem siegelringgeschmückten kleinen Finger gen Norden. ›Die sich dort ans erste Boot anlehnt?‹ ›Natürlich. Welche denn sonst? Sag mal ehrlich, sieht sie nicht aus wie ein Sonnenuntergang in der Wüste?‹ Leons Mund stand offen. Sein verständnisloser Blick wanderte zwischen der verwitterten Spanplatte und der aufgetakelten Miss Bergarbeiterkaff hin und her.

Nicht gerade erfreut darüber, seine Zuhörerschaft verloren zu haben, mischte sich Andy ins Gespräch ein. Mit kurzen, klaren Worten brachte er seine bessere Hälfte zum Schweigen.

›Halt den Mund, Jackie! Offensichtlich bist du mal wieder bekifft. Außerdem hast du deine Scheiß-Brille vergessen!‹«

Ein Ruck durchzuckte das Boot. Gleich darauf erklang das lang herbeigesehnte Surren der schnell von einer Rolle abspulenden Schnur. Ich hechtete zur Rute, riss sie aus der Halterung und schlug dermaßen kraftvoll an, dass ich fast über Bord gegangen wäre. Etwas zuckelte kurz an der Leine, ehe sie weiter abgerollt wurde. Kaum dass der Fisch eine Rast eingelegt hatte, begann ich unter keltischen Anfeuerungsrufen zu kurbeln. Bedauerlicherweise gab mein Gegner schon nach kurzem Kampf auf. Dennoch war ich im siebten Himmel. Ein achtzig Zentimeter langer Barrakuda war der erste Fisch, den ich im Nigerdelta gefangen hatte. Zur Feier des Tages köpften Larry und ich gleich zwei Flaschen Bölkstoff. Selbstverständlich musste dieser historische Moment auch fotografisch dokumentiert werden. Sobald mir keine weitere Pose mehr einfiel, überreichte ich meinem Fishing Buddy die Trophäe mit der Absicht, auch ihn auf schönen Bildern zu verewigen. Mensch und Fisch durch den Sucher der Kamera fixierend musste ich das Fotografieren jedoch vorzeitig abbrechen, die Minox beiseitelegen und mich zum Wasser hin abwenden.

»Was ist denn los mit dir?«, protestierte Larry. »Willst du die Lorbeeren ganz allein einheimsen? Gönnst du es mir nicht, von meiner Frau mit diesem kapitalen Fang bewundert zu werden? Also, gib Gas. Mach jetzt endlich ein paar vorzeigbare Fotos vom Barrakuda und mir.«

Für eine halbe Ewigkeit konnte ich meinem Kumpel nicht antworten, denn Lachkrämpfe unterdrückend fiel es mir schwer, überhaupt etwas Sinnvolles zum Besten zu geben. Da es mit an Sicherheit grenzender Wahrscheinlichkeit verheerend gewesen wäre, dem Steuermann von meinen jüngsten Erkenntnissen zu berichten, wandte ich ihm weiterhin den Rücken zu und täuschte – mir den Bauch haltend – Magenprobleme vor. Es war unglaublich, aber wahr. Die Affinität war nicht zu übersehen: Der Schotte und der Barrakuda hätten Zwillinge sein können! Sie glichen einander wie ein Ei dem anderen. Die schlanken Körper, die spitzen Gesichter, die langen Nasen, selbst die großen dunklen Augen, alles stimmte haargenau überein. Nur die vorderen Zahnreihen des Fisches waren wesentlich besser bestückt als die des Homo sapiens. In dem Augenblick, in dem ich mich endlich wieder unter Kontrolle hatte, griff ich mir die Kamera und kam der Bitte des inzwischen grantigen Kelten nach.

Bedauerlicherweise war unser Glück nur von kurzer Dauer. In Ufernähe auf und ab tuckernd stotterte unser Motor plötzlich, bevor er noch einige merkwürdige Laute von sich gab und schließlich gar nichts mehr sagte. »Kein Problem«, grunzte der Steuermann, um sich mit einer Kombizange, einem Schraubenzieher und einem Hammer bewaffnet nach hinten neben das Triebwerk zu setzen. In der Folgezeit schraubte und hämmerte der Mann, der einem Barrakuda glich, wild entschlossen herum. Dabei stieß er ab und zu Flüche aus, die – wie bei Schotten gang und gäbe – ausschließlich mit einem F begannen. Meine Aufgabe bestand darin, immer, wenn wir uns zu sehr den Mangroven näherten, den zweiten Motor anzuschmeißen, um wieder Abstand zum Ufer herzustellen. Die Zeit verging. Erneut verlangte Larry nach einem Bier.

»Warum?«, wollte ich wissen. »Ich habe dir doch erst vor einer Minute eine Buddel gegeben.«

»Die ist über Bord gefallen.«

»Hm, ach so.«

»Kombizange!«, befahl der Maschinist seinem Handlanger als Nächstes.

»Aber die hast du doch.«

»Quatsch nicht rum! Gib mir lieber die zweite Zange aus dem Werkzeugkasten. Die andere ist mir gerade aus der Hand geglitten und ins Wasser geplumpst.«

Insgeheim darüber nachsinnend, ob er vielleicht an der Zitterkrankheit litt, reichte ich dem Schotten das gewünschte Werkzeug. Aufgrund des gleichmäßigen Schaukelns des Bootes drohte ich einzuschlafen. Ein lautes »Fuck« hielt mich jedoch davon ab. Aufgeschreckt erkundigte ich mich, was denn jetzt schon wieder los sei.

»Die Scheiß-Motorabdeckung ist gerade ins Wasser gerutscht!«

Schlagartig war ich hellwach, schmiss den Motor an, wendete den Kahn um hundertachtzig Grad und schrie: »Wo, wo ist sie denn?«

Larry deutete auf einen kleinen Strudel vor uns. Dort schwamm aber keine Abdeckung. Und auch unter der Wasseroberfläche war nichts zu erkennen.

»Angelschnüre raus!«, herrschte ich den Mechaniker an, in der Hoffnung, dass sich die Haube in den Haken der Tauchköder verfangen würde. Unglücklicherweise war diese Maßnahme aber nicht von Erfolg gekrönt. Für die nächsten zehn Minuten durchkämmten wir das vermutete Zielgebiet, bis Mr Barrakuda konstatierte: »Das ist zwecklos, lass uns damit aufhören.«

»Bist du noch ganz dicht? Weißt du, wie teuer so eine Abdeckung ist? Die kostet Kohle ohne Ende!«

Wir setzten die Suche fort. Zumal aber auch die folgende Viertelstunde nichts brachte, gab ich dem Drängen meines Begleiters schweren Herzens nach und brach die Aktion ab. Alles war wieder wie vorher. Der Maschinist werkelte und mir gelang es jetzt sogar, mein verdientes Nickerchen zu halten.

Schon bald wurde ich aber aufs Neue vom Lieblingswort des Briten, das er diesmal sogar mehrfach wiederholte, aus meinen Träumen von einäugigen Freibeutern, einsamen Inseln und einsilbigen Meerjungfrauen gerissen.

»Fuck! Fuck, fuck, fuck!«, erscholl der Weckruf.

Schlimmes ahnend wandte ich mich mit verzweifelter Stimme an Larry: »Sag bitte nicht, der Klabautermann ist an Bord.«

»Wende die Schaluppe lieber auf der Stelle, anstatt dummes Zeug zu faseln.«

»Wenn du wieder etwas verloren hast, lass mich bitte zumindest wissen, wonach wir suchen«, stöhnte ich, den Appell Kapitän Ahabs widerwillig befolgend.

»Mein Stiftzahn ist abhandengekommen! Nach dieser maßgefertigten Prothese, die der teuerste Zahnarzt Port Harcourts gemacht hat, suchen wir!«

Verdattert glotzte ich Larry an. Wieder einmal wusste ich nicht, ob ich lachen oder weinen sollte. Letztendlich entschied ich mich dafür, Wörter herauszuprusten.

»Mensch, Steuermann, wie sollen wir den Zahn denn finden? Von dem hat sicherlich schon Poseidon Besitz ergriffen. Handelt es sich womöglich auch noch um einen Goldzahn?«

»Klar, Mann, sonst wäre er ja nicht so teuer gewesen. Also, hör auf zu quatschen. Konzentrier dich dafür gefälligst auf etwas Funkelndes im Wasser.«

Der Bitte des zahnlosen Barrakudas nachkommend durchforsteten wir wieder den uns mittlerweile bestens bekannten Gewässerabschnitt. Mein Gekicher nahm Larry gottlob nicht wahr. Er war ganz und gar auf seine Schatzsuche konzentriert, hatte sich über den Bootsrand gelehnt und suchte jeden Kubikzentimeter des Wasserlaufes akribisch ab. Von meiner mehrfach vorgetragenen Theorie, dass sein goldener Stiftzahn schwerer als Wasser sei und infolgedessen bereits auf dem Meeresgrund liegen würde, wollte er partout nichts wissen.

Eine Dreiviertelstunde später hatte ich die Nase gestrichen voll. Es reichte! Nach meiner hochpreisigen Motorhaube hatten wir nicht mal eine halbe Stunde gesucht, weil sie dem geizigen Schotten scheißegal war. Aber nach seiner Prothese würden wir, wenn ich die Aktion nicht stoppte, sicherlich noch bis tief in die Nacht Ausschau halten. Da sich jetzt auch noch das Wetter verschlechterte und die herannahenden schwarzen Wolken Regen ankündigten, rief ich: »Letzte Runde! Danach machen wir uns auf die Socken. Wir brauchen mindestens drei Stunden bis zum Boot-Klub, wenn wir mit nur einem Motor zurückeiern. Und einen nassen Arsch bekommen wir garantiert obendrein.« Larry murrte zwar. Schlussendlich siegte aber seine Vernunft.

Den Flussarm überquerend wollten wir auf der gegenüberliegenden Seite in den Bonny einbiegen. Die Angelschnüre ließen wir draußen, denn wir konnten eh nicht schnell fahren. Unterdessen hatte sich der Himmel schon ganz zugezogen und mit aufkommendem Wind wurde es ungemütlicher. Darüber hinaus wurden die Brecher, die gegen das Boot krachten, ständig größer. Der Biegung des Flusses folgend waren wir vielleicht noch dreißig Meter vom Hauptstrom entfernt, als die »Kingfisher« wie durch einen gewaltigen Stoß nach hinten geschleudert wurde.

Verdammt, auch das noch, ging es mir durch den Kopf. Jetzt hat sich schon wieder ein Köder in den Mangroven verhakt. Ich schaffte es, die bis zum Zerbersten durchgebogene Rute aus der Halterung zu reißen, stemmte sie mir in die Hüfte und blickte auf die Angelschnur, die mit Höchstgeschwindigkeit abgespult wurde. Kaum dass sich nur noch wenige Meter auf der Multirolle befanden, setzte völlig unerwartet eine Pause ein. Ich war verwirrt. Was war das? Etwa doch ein Fisch? Nach einem heftigen Anschlag begann das Einholen der Leine. Es war äußerst anstrengend, aber mit der Zeit füllte sich die Rolle zumindest wieder ein bisschen. Dann erklang abermals der Lieblingssound eines jeden Fischers, ein surrendes, durch Reibung erzeugtes Geräusch. Der Fisch nahm erneut Schnur. Im Verlauf der kommenden dreißig Minuten vollbrachte ich Schwerstarbeit. Der Kampf zwischen dem

Meeresungeheuer und seinem Herausforderer stand auf Messers Schneide. Er schien auf ein Unentschieden hinauszulaufen, obwohl mein Fishing Buddy mich unterstützte, indem er laute keltische Anfeuerungsrufe ausstieß. Mit zunehmender Erschöpfung ging mir das Gegröle des Schotten immer mehr auf den Geist. Demzufolge überlegte ich schon, ihm die Rute in die Hand zu drücken. Mich seiner schwachen Ärmchen besinnend entschied ich mich allerdings anders. Und siehe da, ich wurde belohnt. Mein Gegner gab jetzt auf. Er ließ sich dicht ans Boot manövrieren, auf dem Larry mit dem Gaff bereitstand.

»Herbert, ein Monster, ein Monster!«, krakeelte der Kelte, ehe er den Geschuppten aufspießte, ihn wie auch immer ins Boot beförderte und zusammen mit ihm zu Boden fiel. Dort lagen sie – mir zu Füßen –, der zahnlose Barrakuda und sein Bruder, ein kapitaler Red Snapper. Vollkommen fertig, aber auch stolz musterte ich das rote Ungetüm. Solch einen Vertreter seiner Spezies sollte ich nie wieder haken!

Mittlerweile war es finster geworden. Überall zuckten Blitze. Unentwegt ertönte krachender Donner. Ein Wolkenbruch ließ nicht lange auf sich warten. Dicke, eiskalte Tropfen prasselten auf uns nieder. Vor Kälte schlotternd fühlten wir uns wie verlorene Seelen. War das Unwetter die Rache des Red Snappers?

Binnen der folgenden drei Stunden befanden wir uns im Fegefeuer, in dem die Zeit nicht vergehen wollte. Es wurde nicht gesprochen, dafür aber lautlos gebetet, wobei sich unsere Bitten auf das Nichteinschlagen von Blitzen und die Zuverlässigkeit des noch funktionstüchtigen Motors konzentrierten. Gänzlich durchnässt und völlig entkräftet erreichten wir den Boot-Klub lange nach Einbruch der Dunkelheit. Die zahlreichen Anwesenden, unter denen sich auch Andy und Jackie befanden, beglückwünschten mich immer wieder zu meinem fantastischen Fang. Solch ein Fabelwesen aus der Tiefe, das unter Drogeneinfluss sicherlich noch monströser wirken musste, hatte nicht nur Jackie bisher noch nicht gesehen. Natürlich flossen zur Feier des Tages auch edle Getränke. Sie wurden sowohl von Amateurfotografen als auch von Schaulustigen spendiert, die mich nach jedem Leeren der Gläser aufs

Neue baten, meine Trophäe in die Höhe zu stemmen. Das Letzte in dieser durchzechten Nacht, an das ich mich später erinnern konnte, war, dass ich beim Versuch, einen neuen Rekord im Reißen aufzustellen, mitsamt meinem Kumpel, dem Red Snapper, vor versammelter Mannschaft der Länge nach hinschlug.

Desorientiert und mit brummendem Schädel erwachte ich am nächsten Morgen. Nachdem ich langsam realisiert hatte, wer und wo ich war, stürmte ich in die Küche, in der Hoffnung, dass sich meine Befürchtung nicht bewahrheiten würde. Fatalerweise galt es aber, den traurigen nackten Tatsachen ins Auge zu sehen. Jane, das Hausmädchen, hatte sich bereits beherzt meines Fisches angenommen, der bisher noch nicht gewogen und vermessen war.

»Jane«, wimmerte ich verzweifelt. Die junge, mit ihrer neuen Frisur einem Wiedehopf ähnelnde Frau trabte an und beäugte mich mit fragendem Blick.

»Was hast du mit meinem Snapper angestellt?«

»Warum? Den habe ich ausgenommen und in die Gefriertruhe verfrachtet. Dahin, wo er hingehört. Der wäre uns sonst verdorben. Habe ich etwa was falsch gemacht?«

Aufstöhnend ließ ich mich auf einen Küchenstuhl fallen. »Sind Kopf und Schwanz noch dran?«, erkundigte ich mich mit sich überschlagender Stimme, sobald ich die Fassung wiedererlangt hatte. »Oder hast du diese afrikanischen Spezialitäten etwa schon verzehrt?«

»Nein, Oga, was denkst du denn von mir? Der Kopf und der Schwanz sind bekanntlich das Beste am Fisch. In den Genuss dieser Köstlichkeiten willst du doch bestimmt selbst kommen.«

Mir fiel ein Stein vom Herzen. »Gelobt sei der Herr«, murmelte ich, wobei ich versuchte, mich zu bekreuzigen. »Dann entfroste den Fisch bitte sofort. Wenn er aufgetaut ist, legen wir ihn halt ohne Innereien auf die Waage. Versteh das bitte. Ich muss unbedingt wissen, wie schwer der Koloss ist. Vielleicht habe ich ja einen Weltrekord im Red-Snapper-Angeln aufgestellt!«

Jane gaffte mich lange misstrauisch an. Wahrscheinlich überlegte sie, ob ich mich am Vortag zu lange in der Sonne aufgehalten hatte. Nicht wirklich von dem überzeugt, was sie tun sollte, kam das Hausmädchen meiner Bitte zu guter Letzt nach. Und nachmittags war es amtlich: Das Gewicht des Red Snappers betrug sage und schreibe 32 Kilo! Die VHN-Mitarbeiter durften an diesem Montag früher nach Hause gehen, denn bei allen stand Fisch auf dem Speisezettel. Nur bei Jane gab es etwas anderes, nämlich exquisite Leckereien vom Kopf und Schwanz.

Neue Besen

Wie ein Rohrspatz schimpfte ich. Und ich konnte mich sogar noch steigern. Wenn das, was ich gehört hatte, stimmen sollte, würden wir schon wieder einen Kunden verlieren. Die Schuldigen saßen vor mir, glotzten mich an und – kaum zu glauben – grinsten auch noch dämlich.

»Ichi, Obilor, raus!«, brüllte ich. Dabei schlug ich mit der Faust auf den Tisch. »Und wir beide, Pius, gehen jetzt gemeinsam zu Valves. Falls Godwill dir diesen Schwachsinn abkauft, ist alles okay. Wenn nicht, wird das Konsequenzen haben!«

Kaum dass wir Godwill gegenübersaßen, bat ich unseren Seefrachtmanager, von seinem Problem zu berichten. Er konnte durchaus dramatische Reden halten. Trotzdem gelang es dem Abteilungsleiter nicht, unseren Kunden, der wie zum Gebet seine gefalteten Hände auf den Tisch gelegt hatte, zu überzeugen.

Godwill musterte Pius argwöhnisch. »Das ist Unfug!«, resümierte er. »Unser Betrieb stellt in verschiedenen europäischen Produktionsstätten Ventile her, die wir nicht nur nach Nigeria exportieren. Diese Ventile sind sogar im nigerianischen Zolltarif namentlich aufgeführt. Der Zollsatz für sie beläuft sich auf fünf Prozent vom Warenwert. Wenn ich es richtig verstanden habe, willst du mir weismachen, dass der Zoll die schon seit Menschengedenken angewandte Klassifikation unserer Artikel beanstandet. Gemäß deinen Ausführungen sollen Ventile neuerdings als ›andere Artikel aus Eisen oder Stahl‹, für die dreißig Prozent Zoll entrichtet werden muss, eingestuft werden. So einen Blödsinn habe ich noch nie gehört! Was hast du denn dagegen unternommen? Mit welchen Argumenten hast du versucht, die Beamten davon zu überzeugen, dass es mit der bisherigen Klassifikation seine Richtigkeit hat?«

»Sir, wir haben alles nur Erdenkliche probiert. Unseligerweise ist es uns aber nicht ge…«

Godwill unterbrach Pius, stand auf und schimpfte aufgebracht: »Pass mal gut auf, du Experte! Seit mehr als zehn Jahren arbeiten wir mit der Alpen Spedition zusammen. Die haben schon tausende unserer Produkte verzollt. Und noch nie kamen die mit einem derartigen Schwachsinn zu mir. Ich habe euch eine Chance gegeben, weil ich euren Boss gut leiden kann. Nun sehe ich aber, dass das anscheinend ein großer Fehler war. Ich erwarte, dass ihr die Angelegenheit umgehend in unserem Interesse klärt. Wenn mich die Herren bitte entschuldigen würden. Schließlich habe ich noch etwas anderes zu tun, als mir über solch einen Quatsch den Kopf zu zerbrechen.«

Nachdem Pius den Raum bereits verlassen hatte, wollte ich die Tür gerade leise hinter mir schließen. Godwill pfiff mich jedoch zurück. »Mal im Vertrauen«, flüsterte er. »Mit solchen Leuten kannst du keinen Krieg gewinnen. Ich will ja nichts sagen, aber ich glaube, du hast ein Problem. Diesbezüglich solltest du dir schleunigst etwas einfallen lassen.«

Sowohl niedergeschlagen als auch stinkig hockte ich grübelnd in meinem Paradies. Da es mir schwerfiel, Entscheidungen zu fällen und ich nichts überstürzen wollte, bat ich Franka, die gute Seele unseres Unternehmens, um Hilfe. Anfangs hatte ich überlegt, auch den Professor zu Rate zu ziehen. Letztendlich entschied ich mich allerdings dagegen. Wahrscheinlich würde der kleine Mann nur Tränen kullern lassen und um Vergebung für die Sünden aller Missetäter bitten. Franka, die hübsche Mutter von zwei Kindern, deren Ehemann bei Shell arbeitete, hörte sich meinen langen, von Zweifeln geprägten Vortrag ruhig an.

Zumal ich sie abschließend nur noch mit Fragen bombardiert hatte, ergriff sie das Wort: »Oga, entschuldige bitte, wenn ich mich so deutlich ausdrücke, aber nach meinem Dafürhalten geht es hier ums Ganze. Wenn wir so weitermachen, laufen uns alle Kunden weg. Somit verlieren sämtliche VHN-Mitarbeiter ihre Jobs. Das wäre denjenigen gegenüber, die kein Verschulden an der Misere trifft, nicht fair. Daher glaube ich, dass wir gezwungen sind, die Spreu vom Weizen zu trennen. Jeder, der nicht bereit ist, sein Bestes für die Firma zu geben, sollte besser zu Hause bleiben. Das ist meine Meinung.« Die Sekretärin senkte den Blick, um eine Pause einzulegen, bevor sie fortfuhr: »Was ist denn mit dem jungen Mann, dem Seehafenspediteur, der sich letzte Woche bei uns vorgestellt hat? Der war mir überaus sympathisch. Des Weiteren schien er pfiffig zu sein. Vielleicht sollten wir dem eine Chance geben? Seine Bewerbungsunterlagen liegen noch in meinem Büro.«

Augenblicklich erinnerte ich mich an den selbstbewussten Kandidaten, der von Bonny Island kam. Immerzu hatte er mich mit »Boss« angeredet. Leider hatte ich ihm zu verstehen geben müssen, dass momentan kein Personalbedarf bestand.

»Weißt du denn, wie wir für ein zweites Jobinterview Kontakt mit ihm aufnehmen können?«

»Klar, weil wir fast Nachbarn sind, haben wir noch gewitzelt. Der wohnt gleich bei mir um die Ecke.«

»Okay, wenn es sich irgendwie einrichten lässt, versuch bitte, ihm heute Abend einen Besuch abzustatten. Falls du ihn antriffst und er keine anderen Pläne hat, bittest du ihn, dich morgen früh zu einem weiteren Vorstellungsgespräch zu begleiten. Ich schlage vor, wir treffen uns bei mir zu Hause, denn die Kollegen müssen ja nicht unbedingt mitbekommen, was wir vorhaben. Ach ja, da wir schon einmal Personalfragen diskutieren, würde ich auch gern hören, was du von Gordon hältst. Der Verlust unserer Kunden Crushed Stone und Pipe Inspect geht eindeutig auf seine Kappe.«

»Oga, von der Notwendigkeit, uns nach einem anderen Luftfrachtmanager umzusehen, bin ich felsenfest überzeugt. Das ist ein Muss, wenn wir erfolgreich sein wollen.«

In mich gekehrt nahm ich mir eine kleine Auszeit, um sowohl über Frankas klare Aussage nachzudenken als auch eins der vielen unerfreulichen Ereignisse dieser Tage Revue passieren zu lassen.

Geschockt hatte ich Gordon angestarrt, als er mich vor meinem letzten Lagos-Trip auf dem Parkplatz des Flughafens lauthals begrüßt hatte. Sein

Pkw stand direkt neben meinem, dem ich gerade entstiegen war. Die Kofferraumklappe seines alten Daimlers war geöffnet, denn er wollte soeben einen kleinen Metallbehälter, den er sich unter den Arm geklemmt hatte, im hinteren Teil des Wagens verstauen. Freundlicherweise beabsichtigte mein Fahrer Umo, mich auf dem Weg zum Terminal von der schweren Last meines Koffers zu befreien. Ich stieß ihn jedoch fluchend zurück, packte seine Hand und zerrte ihn ein paar Meter weg von den Autos. Aus sicherer Entfernung blaffte ich Gordon an:

»Mann, was ist hier denn los? Bist du lebensmüde? Was sagt eigentlich deine Frau dazu?«

»Zu was?«

»Zu dem, was du hier fabrizierst!«

»Warum? Ich mache doch nur meine Arbeit.«

»Schön, aber habt ihr das Kinderkriegen eingestellt?«

»Warum?«

»Kaum zu glauben, so viel Dummheit auf einem Haufen! Mensch, schau dir mal das Label auf dem Behälter, den du wie einen Teddybären umarmst, an! Der Inhalt ist radioaktiv!«

»Es wird nicht alles so heiß gegessen, wie es gekocht wird«, gab mir unser Gefahrgutexperte schulterzuckend zu verstehen. »Das Zeug habe ich schon mehrmals verzollt und transportiert. Und, wie du siehst, lebe ich immer noch!«

»Wie bescheuert kann man nur sein?«, brummelte ich. Anschließend erteilte ich klare Anweisungen. Gordon wurde instruiert, den Behälter sofort zurück in den Frachtschuppen des Flughafens zu bringen. Außerdem verdonnerte ich ihn dazu, sich die Gefahrguterklärung sowie das Unfallmerkblatt – hierin vor allem die Angaben zum Sicherheitsabstand – durchzulesen. Danach sollte er den Warenempfänger, unseren Kunden, anrufen und für den nächsten Morgen einen Liefertermin vereinbaren. Der Luftfrachtmanager musste mir hoch und heilig versprechen, die Ware nicht wieder im Kofferraum seines Pkws, sondern auf der Ladefläche eines Pick-up-Trucks zu befördern. Vor dem Abladen sollte er den Gefahrgutbeauftragten des

Empfängers aufsuchen, ihm die Frachtpapiere übergeben und seine Instruktionen befolgen. Gordon schien von der geschilderten Verfahrensweise alles andere als begeistert zu sein. Er versprach jedoch, den Anweisungen nachzukommen.

Eigentlich hätte ich es mir denken können. Natürlich hielt sich der Luftfrachtmanager nicht an die Vorgaben. Er, der alte Hase, hatte ja schließlich mehr Erfahrung als der dumme, junge deutsche Hosenscheißer. Noch am selben Abend transportierte der Spezialist die Ware in seinem Pkw zum Bestimmungsort. Da er erst nach Feierabend beim Kunden eintraf, drückte er dem Wachmann am Werkstor den Behälter in die Hand. Der verzog sich mit dem Gebinde in sein Kabuff und hütete es während der ganzen Nacht wie seinen Augapfel. Morgens, bei Arbeitsbeginn, stellte er seinen Schatz nach einer ordentlichen Meldung über keine besonderen Vorkommnisse dem großen Boss, dem polnischen Firmenchef, auf den Schreibtisch.

Ich mochte keinesfalls mehr an all das denken, was mir der Pipe Inspect Managing Director an den Kopf geworfen hatte. Einen Großteil seines Gebrülls bekam ich eh nicht mit, weil ich den Telefonhörer in sicherer Entfernung zu meinen Ohren hielt. Auf jeden Fall waren wir diesen Kunden los.

Der neue Kandidat hieß Banigo. Er hatte bereits einige Jahre für eine kleine Spedition geschuftet, war allerdings mit seinem Arbeitgeber unzufrieden. Deshalb suchte er eine neue Herausforderung. Was ihm überhaupt nicht gefallen hatte, war, dass er in seiner bisherigen Position als Sachbearbeiter im Grunde genommen nur als Laufbursche diente. Sein Chef bevorzugte es, die im Verlauf seiner langen Karriere mühsam erworbenen Erkenntnisse für sich zu behalten, anstatt potenzielle Konkurrenten schlau zu machen. Des Weiteren störte es Banigo, ständig um seinen sauer verdienten Hungerlohn betteln zu müssen. Wenn sich der Oga ausnahmsweise wieder einmal bereit erklärte, etwas herauszurücken, zauberte er meist nur kleine Scheine aus der Hosentasche hervor, wobei er es prinzipiell vermied, die gesamten Außenstände zu begleichen.

Je länger wir diskutierten, desto sympathischer wurde mir Banigo. Er war lernbegierig und bevorzugte es, tiefzustapeln, anstatt wie unsere altgedienten

Recken, die früher alle einmal für die Alpen Spedition gearbeitet hatten, den dicken Max zu markieren. Der Bewerber konnte die meisten meiner Fragen beantworten. Wenn er einmal etwas nicht wusste, bat er um eine Erklärung und bohrte so lange nach, bis er alle Zusammenhänge verstanden hatte. Zudem war der sportliche, hellhäutige Typ amüsant. Er kicherte, wann immer er es für angebracht hielt. Dabei hatte er auch kein Problem damit, über sich selbst zu schmunzeln. Seine Kleidung – Jeans und ein kurzärmeliges Hemd – war weder zu leger noch zu formell. Sie passte zum Job des Repräsentanten einer Spedition im Hafen. Wie sich herausstellte, kannte Banigo viele zumindest angelernte, arbeitswillige Verzollungsspediteure. Er sah kein Problem darin, unsere See- und Luftfrachtabteilungen binnen kürzester Zeit neu zu besetzen.

Sobald wir keine Fragen mehr hatten, schauten Franka und ich uns lange an. Jeder las die Gedanken des Gegenübers. Die Sache war sonnenklar. Der Mann von der Insel war eingestellt.

Ichi und Obilor waren sofort verschwunden, kaum dass sie ihre Kündigung zusammen mit einer aus drei Monatsgehältern bestehenden Abfindung erhalten hatten. Gordon stürmte noch einmal in mein Büro. Mit bösem Blick und erhobenem Mittelfinger drohte er: »Du wirst schon sehen, was du davon hast!«

Belustigt bedankte ich mich für die netten Worte, ehe ich ihm viel Glück mit seiner eigenen Spedition wünschte. Dachte dieser hinterhältige Glatzkopf etwa, ich hätte nicht mitbekommen, dass er schon seit Adam und Eva auch auf eigene Rechnung arbeitete? Pius lud mich zum Abschied auf ein Bier in eine Buschbar ein. Nach der dritten Buddel vertraute er mir an, dass er im Grunde genommen froh über die Veränderung war. Jetzt konnte er sich endlich um seine Gummibaumplantage kümmern und den Lebensabend an der Seite seiner drei Frauen sowie der vielen Bambinos verbringen.

Vom frischen Wind erfasst, verließen weitere Mitarbeiter die VHN-Spedition, allerdings auf freiwilliger Basis. Zu meiner großen Überraschung war auch Umo einer von ihnen. Der Fahrer nahm seinen Abschied mit einem weinenden und einem lachenden Auge. Den Tränen nahe bedankte er sich für die unvergessliche, aufregende Zeit, die wir zusammen verbracht hatten. Das Angebot, das ihm Total Fina Elf unterbreitet hatte, konnte er aber nicht ausschlagen. Der Ölmulti offerierte ihm das dreifache Gehalt! Der andere Aussteiger war unser Buchhalter, der Mann mit Schlips und Kragen. Er hatte in Port Harcourt nie richtig Fuß fassen können. Außerdem fühlte sich der Yoruba nicht wohl im Igbo-Land. Es zog ihn zurück in die Heimat, in die Metropole, nach Lagos.

Unser neuer Buchhalter war ein Jüngling, der gern auch mal etwas länger mit den Mitarbeiterinnen schäkerte. Meist trug er einen weinroten Blaser mit goldenen Knöpfen. Umo wurde durch den schlaksigen Peter ersetzt. Im Gegensatz zu seinen meist kahlgeschorenen Kollegen bevorzugte Peter es, sein Haar lang zu tragen. Das war mit viel Einsatz verbunden, denn die krause, abstehende Mähne musste ständig mit einem großen Holzkamm bearbeitet werden, um sie zu bändigen.

Alle Schlüsselpositionen wurden neu besetzt, bis auf die von Franka, Ubong und mir. Folglich war ich nervlich stark angespannt, zumal ich nicht wusste, wie sich die Veränderungen auswirken würden. Wider Erwarten stellte sich jedoch schon bald Erfolg ein.

Banigo kam in mein Paradies und pflanzte sich auf einen Besucherstuhl. Er sah abgekämpft aus. Trotzdem begann er plötzlich zu kichern.

Ob ich mitlachen dürfte, erkundigte ich mich.

»Klar doch, Boss. Schließlich besteht Anlass zum Feiern, denn ich habe sie alle besiegt!«

»Wen hast du besiegt?«

»Na, die Zöllner in der Schlacht um die Klassifizierung der Ventile. Heute Mittag, zum vereinbarten Termin, standen fünf Zollbeamte und ich vor der geöffneten Kiste im Freigelände des Hafens, nachdem sie sich auf eine erneute Zollbeschau eingelassen hatten. Obwohl sie bis zum Abwinken argumentierten, hatten die Uniformierten keine Chance. In der Nacht zuvor hatte ich alle zwanzig Seiten des Zolltarifes, die sich auf Ventile beziehen, auswendig gelernt. Obendrein hatte ich das dicke Buch der erläuternden Hinweise zum Zolltarif eingehend studiert. Was auch immer die Zöllner sagten, ich hatte die passende Antwort für sie. Diesen Krieg haben wir gewonnen. Und ich glaube nicht, dass die Staatsdiener in nächster Zeit einen neuen Feldzug gegen uns unternehmen werden. Die haben die Nase erst einmal gestrichen voll.«

Banigo hatte recht. Von nun an hatten wir im Gegensatz zu vielen unserer Konkurrenten keine Probleme mehr mit dem Zoll in Onne. Deshalb konnte ich in Verkaufsgesprächen wieder zu Recht behaupten, der beste Spediteur Port Harcourts zu sein. Sogar Godwill vergab uns nicht nur unsere Sünden. Neuerdings bedachte er uns regelmäßig mit Verzollungsaufträgen. Obendrein hatten wir – unabhängig vom hart erkämpften geschäftlichen Aufschwung – endlich wieder einmal Glück. Das wurde nach der langen Pechsträhne allerdings auch langsam Zeit.

Völlig unverhofft erhielt ich einen Anruf von einem Herrn Ganesh, einem Inder, der bestes Oxford-Englisch sprach und sich als Financial Controller der Firma Seaboats ausgab. Ohne viel Zeit zu verschwenden, kam er gleich auf den Punkt, indem er die alles entscheidende Frage stellte:

»Herr Hudu, ich habe gehört, dass Sie Schwierigkeiten mit Mats van der Vaart haben? Ist das richtig?«

Verblüfft wusste ich nicht, wie ich mich verhalten sollte. Infolgedessen druckste ich herum: »Aber nein, ich habe kein Problem mit …«

»Bitte seien Sie mir gegenüber ehrlich«, unterbrach mich mein Gesprächspartner. »Ich bin bestens informiert und glaube sogar, diesbezüglich alles zu wissen. Gerade weil Sie Mats van der Vaart nicht zu Ihren Freunden zählen, sind Sie mir sympathisch. Ich mag dieses ausgekochte Schlitzohr nämlich gar nicht. Der hat uns nach Strich und Faden betrogen. Dafür hat unsere Geschäftsleitung mich verantwortlich gemacht, denn ich hatte dem Kriminellen guten Gewissens Aufträge erteilt. Seinetwegen hätte ich beinahe meinen Job verloren. Wie dem auch sei, in letzter Zeit habe ich Erkundigungen über Sie eingeholt. Und, siehe da, von den meisten Befragten habe ich gehört, dass Sie, im Gegensatz zu Ihrem Ex-Partner, kein Spitzbube, sondern ein aufrichtiger Mensch sein sollen. Deshalb möchte ich Ihnen eine Zusammenarbeit mit unserer

Unternehmensgruppe vorschlagen. Der Name Seaboats sagt Ihnen doch sicherlich etwas, oder?«

»Klar kenne ich Seaboats«, stotterte ich. »Wer in Port Harcourt kennt euch denn nicht? Eure Versorgungsschiffe und Schlepper liegen in Onne, in eurem eigenen Hafen. Es wäre mehr als eine Ehre für uns, für Sie arbeiten zu dürfen.«

»Gut, dann unterbreiten Sie mir bitte ein Angebot für die Verzollung von Ersatzteilen für Schiffe in 20- und 40-Fuß-Containern. Sofern Ihre Konditionen vernünftig sein sollten – wovon ich ausgehe –, sind wir im Geschäft.«

Unsere Preise waren konkurrenzfähig. Folglich wurde die ständig expandierende Seaboats-Gruppe unser größter Kunde. Außerdem hatte ich mit Herrn Ganesh einen Mentor und Freund gewonnen. Der Brahmane schien einfach alles zu wissen. Er stand mir von nun an sowohl in rechtlichen als auch in steuerlichen Fragen zur Seite.

Im geheimen Buch

»Wie heißt du?«

»Expensive.«

»Äh, schön, dich kennengelernt zu haben. Leider habe ich eine Verabredung und bin schon spät dran. Also, mach's gut, tschüss.«

Am vorigen Abend hatte ich das Blues Café fluchtartig verlassen, wenngleich noch eine fast volle Bierflasche vor mir auf dem Tresen gestanden hatte. Das Mädchen, das die ganze Zeit neben mir gesessen hatte, war zwar eine wahre Schönheit, aber der Gerstensaft schmeckte mir ganz und gar nicht mehr, sobald sie mir ihren Namen genannt hatte. Wenn jemand schon Expensive hieß, war es vermutlich besser, Abstand zu nehmen.

Wie jeden Sonntag war heute der große Tag im Blues. Da drei Bands spielten, war der Innenhof der Open-Air-Beiz, in deren Mitte sich ein runder, rustikaler Tresen befand, proppenvoll. Das störte aber nicht weiter, denn Leon und ich waren rechtzeitig erschienen, um uns einen Platz an der Sonne, einen Barhocker, zu sichern. Steve, ein stark übergewichtiger Engländer mit Pferdeschwanz, und seine Band hatten ihren Gig gerade beendet. Seit Jahren trat die Truppe in Kneipen auf. Sie spielte andauernd dieselben Stücke. Das große Finale, zu dem sich der Frontmann mit chorknabenhafter Stimme steigerte, bestand immer aus dem Brian-Adams-Song »Summer of 69«.

Nachdem der Sänger wieder einmal das Letzte aus sich herausgeholt hatte, drängte er sich schweißüberströmt zur Bar durch. Sowie er wie Poseidon aus den Fluten neben Leon auftauchte, klopfte der ihm auf die Schulter, nickte anerkennend und rief laut hörbar, sodass es auch jeder mitbekam: »Klasse, Steve, echt klasse!«

Der Musiker, der sonst nicht gerade mit Lob überhäuft wurde, fühlte sich geschmeichelt. Mit hochgezogenen Augenbrauen erwiderte er stolz: »Danke, dass du harte künstlerische Arbeit zu schätzen weißt. Was an meiner Show hat dir denn besonders gut gefallen?«

»Na, vor allem deine umwerfenden neuen Songs!«

Plötzlich wurde es still. Die fragenden Blicke aller am Tresen Sitzenden waren auf Leon gerichtet. Eine Frau kreischte: »Was für neue Songs denn? Der trällert jahrein, jahraus doch immer nur dieselben Schnulzen!«

»Hör nicht auf die, Steve«, fuhr Leon mit seiner Lobeshymne fort, wobei er belustigt in die Runde blickte. »Ich zumindest finde deine neuen Songs wesentlich besser als deine alten Hits!«

Da jeder die Spitze verstand, hielt das Schweigen nicht lange an. Augenblicklich war wieder Stimmung angesagt. Alles grölte, trommelte auf dem Tresen herum oder brach in höhnisches Gelächter aus. Dumme Sprüche wurden geklopft. Weil ich mich prustend beinahe am Bier verschluckt hätte, bekam ich einen Hustenanfall. Zum krönenden Abschluss des Kapitels alte und neue Evergreens wurde allseits »Summer of 69« angestimmt. Die Stimmung war auf dem Höhepunkt, jeder war gut drauf. Nur einer nicht. Steve schmollte. Er fand das Ganze überhaupt nicht lustig. Auf sein Bier verzichtend zog er es vor, sich beleidigt zu verdünnisieren.

Nicht weit entfernt von uns erblickte ich einen Typen in der Menge, nach dem ich mich schon lange vergeblich umgeschaut hatte. Aufgeregt sprang ich vom Hocker, schlug mich zu ihm durch und rempelte ihn an: »Mann, wo hast du die ganze Zeit gesteckt? Und was ist mit meiner Kohle?«, schimpfte ich.

Der Riese mit dem kleinen Bäuchlein und den buschigen Augenbrauen blickte bedrohlich auf mich herab. »Was für Kohle denn?«, entgegnete er grimmig.

»Na, das Geld, das ich dir geliehen habe. Das du mir schon vor vier Wochen zurückzahlen wolltest!«

»Hör mal zu, Freundchen, ich kenne dich überhaupt nicht. Wer gibt dir das Recht, mir hier vor allen Leuten zu unterstellen, dass ich meine Schulden nicht begleiche?«

»Ah, aber du bist doch Robert?«

»Nein, mein Name ist nicht Robert. Ich heiße Willi. Ich komme aus Bayern. Und du, Kollege, scheinst mir ein echter norddeutscher Fischkopf zu sein. Was hältst du davon, dich hier vor versammelter Mannschaft bei mir zu entschuldigen? Zudem solltest du mir zur Feier des Tages ein paar Maß Bier spendieren.«

Die Röte stieg mir ins Gesicht. Mein Gott, war das peinlich! Es musste ja einmal so kommen mit meinem »untrüglichen« Personengedächtnis. Na ja, zumindest hatte ich durch meine dusselige Aktion eine neue Bekanntschaft gemacht. Und was für eine! Der Bayer konnte trinken. Mann, konnte der trinken! Und alles, was er hinunterschüttete, ging auf meine Rechnung. Ständig war ich damit beschäftigt, die Geldscheine in meiner Hosentasche möglichst unauffällig zu zählen.

Frühmorgens hingen nur noch wenige Gäste an der Bar herum. Ein Inder, den ich vorher noch nie gesehen hatte, nahm uns gegenüber Platz. Er grüßte Willi. Der nickte kurz, wollte sich wieder mir zuwenden, entschied sich jedoch anders. »Sag mal, Lloyd, hast du dein Problem inzwischen gelöst?«, fragte er den Neuankömmling.

Der Inder, ein Mann aus Goa, blickte verzweifelt drein. Mit dem Kopf wackelnd presste er die Lippen zusammen. »Es gibt keine Lösung«, murmelte er. »Den Motorradtrip kann ich vergessen.«

»Wenn du möchtest, komm doch mal zu uns rüber. Dann kannst du meinem deutschen Bruder von deinen Schwierigkeiten erzählen. Der ist Spediteur. Vielleicht fällt dem ja was ein.«

Lloyd berichtete, dass sein Kumpel, der Besitzer des Blues Cafés, ihm eine günstige Harley Davidson besorgt hatte. Damit wollte er an einem siebentägigen, vom neu gegründeten Port-Harcourt-Motorrad-Club organisierten Trip in den Norden des Landes teilnehmen. Zweifellos wäre er mit seinem exklusiven Hobel der Star der Biker-Gang gewesen. Bedauerlicherweise gab es aber ein Problem: Die Harley befand sich noch immer in Holland! Lloyd hatte bereits diverse Spediteure in den Niederlanden kontaktiert. Keiner von ihnen konnte jedoch garantieren, dass das Motorrad innerhalb der nächsten vierzehn Tage, rechtzeitig vor Beginn der Exkursion, verzollt in Nigeria zur Verfügung stehen würde.

»Es sieht ganz danach aus, als ob die bürokratischen niederländischen Kollegen ausschließlich offizielle Wege beschreiten«, stellte ich feixend fest.

»Wenn du diese Wege gehen möchtest, haben die Tulpenzüchter recht. Dann benötigt man für den gesamten Papierkram, den Transport und die Verzollung circa drei Monate.«

Der Inder hatte mir mit gespitzten Ohren zugehört. Er geriet ins Grübeln. Geistesabwesend seine Fingernägel abknabbernd bestellte er eine Runde Bier. »Gibt es denn auch, wie soll ich sagen, inoffizielle Wege?«, fragte der Wiedererwachte mit sich überschlagender Stimme, als die Getränke vor uns standen.

»Was bist du bereit auszugeben?«

»Geld spielt nur eine untergeordnete Rolle, Mensch. Der Motorradtrip ist mir wichtig!«

»Schön, da dem so ist, empfehle ich die halboffizielle ›Cash-and-carry-Methode‹. Damit kann ich dir deine Harley wahrscheinlich innerhalb von zehn Tagen liefern. Verzollt, zugelassen, mit Nummernschild und abfahrbereit, versteht sich!«

Lloyd glotzte mich fassungslos an. »Wenn du das hinbekommst!«, raunte er schließlich, um sich gleich darauf doch noch seiner Herkunft zu besinnen und sich wie ein richtiger indischer Peanuts Counter nach den Kosten zu erkundigen. Im selben Moment, in dem er meine Preisindikation hörte, wirkte der Möchtegern-Rocker allerdings sichtlich erleichtert. »Kein Problem! Kannst du morgen früh um acht Uhr zur Lagebesprechung in mein Büro kommen?«

»Vorher möchte ich lieber erst noch einmal mit dem Zoll reden«, erklärte ich, ehe wir einen Termin für den Nachmittag vereinbarten.

Am nächsten Morgen saß ich gleich nach Arbeitsbeginn mit unserem neuen Luftfrachtmanager, Preye, zusammen. Er war auf Banigos Empfehlung eingestellt worden. Vor einer Woche hatte er mir vom neuen »Cash-and-carry-System« erzählt. Der bullige Typ im traditionellen blau-weiß gestreiften Gewand war zuversichtlich, das Motorrad innerhalb von achtundvierzig

Stunden nach Ankunft des Fliegers ausliefern zu können. Um bloß keinen Fehler zu machen, bat ich ihn dennoch, die spezifischen Verzollungsmodalitäten vorab mit dem Customs Area Controller, dem Zoll-Boss, zu diskutieren. Im Anschluss an das Gespräch mit dem Luftfrachtmanager rief ich meinen Freund Julius, den Leiter der Projektabteilung der Albatros-Spedition in Köln, an und erklärte ihm die Relevanz dieser Sendung. Julius versprach nicht nur zu helfen, sondern auch, sich der Sache persönlich anzunehmen. Er bot an, die Abholung des Motorrades sowie die Exportabfertigung am Amsterdamer Flughafen von Köln aus zu koordinieren. Zumal uns der Customs Area Controller seinen Segen erteilt hatte, statt Bedenken anzumelden, fuhr ich gegen vierzehn Uhr zu Lloyd, der mich schon sehnsüchtig erwartete.

Es war kaum zu glauben, aber wahr: Vier Tage später stand die Harley fahrbereit vor Lloyds Büro. Der Softrocker war völlig aus dem Häuschen. Jedem, der es hören oder nicht hören wollte, berichtete er vom Wunder von Port Harcourt und von Herbert, dem Magier. Eine bessere Werbung für unser kleines Unternehmen hätte ich mir nicht wünschen können.

Zwei Wochen waren ins Land gegangen, als ich einen merkwürdigen Anruf erhielt. Ein Herr Rubinstein, der mich darum bat, ihn in seinem Büro aufzusuchen, war an der Strippe. Auf dem Weg zum Treffen überkam mich in meinem Peugeot plötzlich ein komisches Gefühl. Zwar war ich während meiner Weltreise lange mit einer Gruppe junger Israelis unterwegs gewesen. Wenn ich die Stimme am Telefon aber richtig interpretierte, musste es sich bei Mr Rubinstein um einen älteren jüdischen Herrn handeln. Wie würde er reagieren, wenn sich herausstellte, dass ich Deutscher war?

Zu meiner Überraschung interessierte Herrn Rubinstein meine Herkunft ganz und gar nicht. Der Bauunternehmer, ein hagerer Mann im Anzug, der wie vermutet nicht mehr der Jüngste war, konzentrierte sich bei unserem Gespräch ausschließlich auf das Geschäftliche. Seine in Frankreich erworbenen gebrauchten Baumaschinen würden schon bald im Hafen von Onne angelandet werden, erzählte er mir. Wenngleich wir über eine Stunde verhandelten, waren der Alte und ich uns sehr sympathisch. Folglich war ein erfolgreicher Geschäftsabschluss nicht verwunderlich. Bevor ich mich mit gefülltem Auftragsbuch verabschiedete, musste ich sie noch stellen, die mich quälende »Millionenfrage«:

»Sagen Sie mal, Herr Rubinstein, wie sind Sie eigentlich auf uns aufmerksam geworden?«

Der Baulöwe legte grinsend beide Zeigefinger an die Stirn. Ob ich denn nicht wüsste, dass er Jude sei und dass Juden geheime Bücher hätten, wollte er wissen. Die Sache sei ganz einfach: Von den Autoren eines dieser Bücher war VHN Transport & Logistics zur besten Spedition Nigerias gekürt worden.

Im Herzen der Finsternis

Auf dem Weg zum Boot-Klub erinnerte ich mich an Ubong, der mir am Tag zuvor wieder einmal sein Herz ausgeschüttet hatte. An der Geschichte des kleinen Mannes mit der großen Hornbrille zweifelte ich nicht, denn er sah übel zugerichtet aus. Seine linke Wange war geschwollen und die rechte zerkratzt. Madam, seine neue Frau, hatte sich ihn zur Brust genommen. Wie in derartigen Situationen schon oft, heulte sich der Professor bei mir, seinem Bruder und Leidensgefährten, der seiner Meinung nach ja Ähnliches durchgemacht hatte, über die Schlechtigkeit der Frauen aus. Allerdings handelte es sich bei ihm um ganz andere Schwierigkeiten als bei mir, wobei die Lösung seines Problems nach meinem Dafürhalten auf der Hand lag.

Nachdem ich mir den nicht enden wollenden, von Schluchzern, Schweigen und Kopfschütteln unterbrochenen Vortrag des Geschundenen angehört hatte, ergriff ich energisch das Wort: »Ubong, du bist selbst schuld an deiner Misere. Das muss dir doch klar sein. Wer nicht hören will, muss fühlen! Wie oft habe ich dir schon geraten: Such dir ein Mädchen, das zu dir passt. Aber du lässt dir ja nichts sagen. Warum musst du dich auch immer mit Riesinnen einlassen? Mensch, schau dich nach einer kleinen, hübschen Lebensgefährtin um! Wenn du dir immer nur Amazonen aussuchst, die dich um Haupteslänge überragen, musst du dich nicht wundern, wenn es ab und zu mal was an die Backen gibt. Abgesehen davon frisst dir eine kleine, zierliche Person nicht die Haare vom Kopf und Prügel gibt's sicher keine.« Auch wenn es traurig war, musste ich schmunzeln, als ich mir den reuigen Gesichtsausdruck des Professors wieder ins Gedächtnis rief, mit dem er mich Besserung gelobend verlassen hatte.

»Darf ich mitlachen?«, wollte Stella, meine Freundin, wissen, die neben mir im Peugeot saß. Der entscheidende Tag, dem sie aufgeregt entgegenfieberte, an dem sie endlich ihre Angst vor dem kühlen Nass ablegen wollte, war gekommen. Erst als ich ihr zum ungezählten Mal versichert hatte, dass ihr mit zwei umgeschnallten Schwimmwesten nichts passieren würde, hatte sie zugestimmt, am heutigen Familienausflug teilzunehmen. Urs Mettler, der rot gelockte Schweizer Taucher, dem Angeln zu langweilig war, hatte uns den Trip schmackhaft gemacht, kaum dass er den abgelegenen Strand, an dem wir picknicken und relaxen wollten, auf dem Weg zum Bergungsort eines Wrackes entdeckt hatte.

Wir erreichten den Boot-Klub. Larry, seine schicke, hochgewachsene Frau Bibi, Urs und seine Lebensgefährtin Beauty erwarteten uns bereits. Unser Proviant befand sich schon an Bord und die »Kingfisher« war startklar. Ich drückte Urs eine mitgebrachte Angel in die Hand – ganz ohne ging es halt doch nicht. Larry und Bibi verfrachteten Stella, die als Letzte immer noch mit zitternden Knien auf dem Anleger stand, ins Boot. Die Motoren heulten auf. Los ging's! Auf dieser Tour war Urs – der Einzige, der das Ziel im New Calabar River kannte – Kapitän. Mangels anderer Aufgaben leistete ich der am Heck sitzenden Stella Gesellschaft. Bedauerlicherweise konnte ich sie wegen der zwei Schwimmwesten, die wir ihr angelegt hatten, nicht in den Arm nehmen. Der Harmattan hatte sich bereits verabschiedet. Dementsprechend war die Luft bei klarer Sicht nicht mehr staubig. Am hellblauen Himmel trieb ein Milan dahin. Wir flogen übers Wasser. Ausnahmsweise bewegten wir uns nach Norden, in die entgegengesetzte Richtung der uns bekannten Fischgründe. Weil ich noch nie zuvor in dieser Gegend gewesen war, versuchte ich, mir den Weg einzuprägen. Mangels markanter Punkte in einem Gewirr mangrovengesäumter Ufer von Flüssen, Flüsschen, Bächen und Gräben gestaltete sich das allerdings schwierig. Im Gegensatz zu mir schien unser Schweizer Skipper keine Orientierungsprobleme zu haben. Mehrmals bog er in Seitenarme ein, die zunehmend schmaler wurden.

Beiderseits eines vielleicht zehn Meter breiten Wasserlaufes kam ein traditionelles Dorf in Sicht. Dort existierten keine steinernen Häuser, gab es nur braune, strohgedeckte Rundhütten, vor denen an Land gezogene Kanus lagen. Außer der flirrenden Luft bewegte sich nichts in der Ansiedlung. Die Bewohner schienen ausgeflogen zu sein, um etwas im Busch zu zelebrieren. Darauf deuteten aus weiter Ferne vernehmbare dröhnende Trommellaute hin. Wegen des flachen, modrigen Wassers waren wir gezwungen, die Lehmhütten im Schritttempo zu passieren. Gerade erst hatten wir einen meterhohen steinernen Fetisch, eine mit Blut und Federn befleckte, einem sitzenden, schlafenden Buddha ähnelnde Figur, gesichtet, als ich mich urplötzlich beklemmt und äußerst unwohl fühlte. Irgendwie erinnerte mich dieser verlassene, Furcht einflößende Ort an Joseph Conrads Novelle »Herz der Finsternis«. Zum Glück gelangten wir schnell wieder in tieferes Fahrwasser, das uns erlaubte, Gas zu geben und dem unheimlichen Flecken Erde den Rücken zu kehren.

Langsam wurden die Flussarme wieder breiter. Die Herren der Schöpfung standen vorn neben dem Kapitän und ließen sich den Fahrtwind um die Ohren wehen. Die Damen saßen hinten auf den seitlichen Bänken. Sie hielten ein Schwätzchen, an dem auch Stella teilnahm, da sich ihre schlimmsten Befürchtungen bisher nicht bewahrheitet hatten. Beauty, die Frau mit dem zu einer Art von Antennen zusammengezwirbelten Haar, war die Wortführerin, die all ihre Ausführungen eindrucksvoll mit Gestik und Mimik unterstrich.

Beim Erreichen des New Calabar Rivers stand die unerbittlich herabbrennende Sonne schon fast im Zenit. Der Mündungsarm des Nigers war ein gewaltiger Strom, mit dem es keiner der mir bekannten Flüsse Europas aufnehmen konnte. Wir preschten an seinem rechten Ufer vorwärts. Der gegenüberliegende Küstenstreifen war trotz der guten Sichtverhältnisse nur mit Mühe auszumachen. An diesem christlichen Sonntagmorgen hatten wir freie Fahrt, da kaum jemand auf dem Wasser unterwegs war. Die einzigen Hindernisse bildeten Stellnetze in der Nähe von Dörfern, denen wir ab und zu ausweichen mussten. Urs schielte permanent nach rechts. Er schien jede der verkrümmten Mangrovenwurzeln zu inspizieren, um auf keinen Fall seinen Traumstrand zu übersehen. Dabei konnte man den schneeweißen Beach trotz der blendenden Sonne nie und nimmer verfehlen.

Ach herrje, war das ein idyllisches Fleckchen Erde! Während wir das Boot mit vereinten Kräften an Land schoben, kam es mir vor, als würden wir eine karibische Insel entdecken und in Beschlag nehmen. Wir richteten uns in der Mitte des Strandes ein, breiteten unsere Handtücher aus und machten den Grill startklar. Zur Begrüßung gab es ein Gläschen Bacardi Cola, in das die Kneipenbesitzerin Bibi zur Überraschung aller Eiswürfel ploppen ließ. Stolz prosteten sich die Expeditionsteilnehmer zu, wobei ich es bedauerte, keine Fahne mitgebracht zu haben. Gern hätte ich diesen paradiesischen Landstrich für Hude, meine Gemeinde in Oldenburg, beansprucht. Die männlichen Invasoren ließen sich bis zur Kinnspitze unter Wasser liegend von seichten, wiegenden Wellen umspülen. Die Damen zogen es hingegen vor, sich im Schatten eines von Beauty mitgebrachten Sonnenschirmes auf-zuhalten. Schließlich wollte man keinen Sonnenstich riskieren.

Zwei, drei Getränke später stellte sich langsam Hunger ein. Wir schmissen den Grill an. Schon bald zischte das Fett der aufgelegten Würstchen, Steaks und Hähnchenschenkel in der Holzkohle. Pappteller wurden mit Speziali-täten vom Barbecue sowie mitgebrachten Salaten beladen. Alle waren guter Dinge. Wir scherzten, lobten unser Organisationstalent, saßen mit Tellern und Gläsern in der Hand nebeneinander, um aufs türkisfarbene Wasser zu blicken.

Auf einmal ertönten laute Stimmen direkt hinter uns. Zutiefst erschrocken sprangen wir auf die Füße. Zwei barfüßige Typen in kurzen Hosen hatten sich lautlos angeschlichen. Der eine trug selbst bei dieser Hitze eine Jacke, einen orangefarbenen Blouson. Mit seinem Backenbart und dem langen, zu Berge stehenden Haar wirkte er auf mich wie ein Waldschrat. Der andere war sowohl größer als auch muskulöser als sein Kollege. Das schwarze, mit weißen Kreuzen bemalte ärmellose Shirt passte nicht unbedingt zu seinem Allerweltsgesicht mit dazugehöriger Glatze.

Ob wir eine Genehmigung für unser Picknick hätten, wurden wir gefragt. Trotz seiner dünnen Ärmchen, die nicht gerade Schrecken erregend wirkten, drängte sich der leicht reizbare Larry nach vorn. Er baute sich vor dem Schrat auf. Erst jetzt bemerkte ich, dass er seinen Stiftzahn immer noch nicht ersetzt hatte. Der Schotte schob sich die Daumen in die knielange Badehose, legte den Kopf in den Nacken und höhnte: »Was für eine Genehmigung denn?«

»Eine Erlaubnis von unserem Chief, dem Dorfchef, was denn sonst?«

»Sag mal, hast du sie noch alle? Bei diesem Stückchen Erde, auf dem wir uns befinden, handelt es sich um Regierungsland und nicht um das Privateigentum irgendeines dahergelaufenen Chiefs!«

»Gib das sofort wieder her«, protestierte Urs im Hintergrund. »Das geht überhaupt nicht. Du kannst uns doch nicht einfach unser Gegrilltes wegfressen, du Hühnerdieb!«

Unbemerkt hatte sich der zweite Einheimische, der Muskelmann, einen Teller randvoll mit unseren Spezialitäten beladen. Er grinste Urs hyänenhaft an, wandte sich dann ab und ging einige Schritte landeinwärts, damit er sich in Ruhe über seine Beute hermachen konnte. Urs wollte ihm hinterhereilen. Ich stellte mich ihm in den Weg.

»Mensch, lass ihn doch«, flüsterte ich. »Wir haben mehr als genug von dem Zeug. Außerdem habe ich eh keinen Hunger mehr. Fang hier bloß keinen Kleinkrieg an. Man weiß nicht, wie viele Soldaten im Hinterhalt lauern. Auf diesem Terrain können wir keine Schlacht gewinnen.«

Inzwischen wurde Larry von seiner ihn um einen Kopf überragenden, ausgesprochen drahtigen Frau unterstützt. Abgesehen von ihren Armen, die denen von Serena Williams glichen, hatte sie eine traumhafte Figur.

»Wenn ihr nicht mit ins Dorf kommen wollt, um unserem Chief eure Aufwartung zu machen, müsst ihr die Benutzungsgebühr für den Strand und einen fünfzigprozentigen Versäumniszuschlag eben hier, an Ort und Stelle, entrichten!«, grölte der Schrat. Dabei stieß er Larry seinen ausgestreckten Zeigefinger in die Brust. Empört kreischten Stella und Beauty auf, ehe sie sich hinter Bibi positionierten. Die schob ihren Mann beiseite, stellte sich vor dem Schergen auf, blickte auf ihn herab und erklärte ganz ruhig: »Gar nichts tun wir, Freundchen. Verstehst du Dorftrottel das denn nicht?«

Die Kontrahenten stierten sich sekundenlang an. Im Unterschied zu seiner

Opponentin wurde der Schrat immer nervöser. Mit zuckenden Augen verlagerte er sein Gewicht ständig von einem Bein auf das andere.

»Na schön, ihr werdet schon sehen, was ihr davon habt«, tönte er schließlich, senkte den Blick und joggte in Richtung der in weiter Ferne verbliebenen letzten Urwaldriesen davon. Sein gesättigter Kollege, der sein Tellerchen in Windeseile geleert hatte, folgte ihm.

»Schau sie dir an, die Angsthasen!«, triumphierte Larry. »Dicke Muckis, aber nichts im Hirn, diese Buschmänner! Strand in Privatbesitz, ha! Dass ich nicht lache. Wie soll das funktionieren, am Arsch der Welt?«

Urs schlug vor, mit einem Kaltgetränk auf unseren glorreichen Sieg anzustoßen. Über seine Naivität erschrocken, fiel ich dem Alm-Öhi schnell ins Wort.

»Wie bescheuert kann man denn nur sein, Mann! Zusammenpacken – und zwar schnell –, und nichts wie weg! Kapierst du das denn nicht? Die laufen ins Dorf, um Verstärkung zu holen!«

»Klar, er hat recht!«, pflichtete Stella mir bei. Sie raffte unsere Handtücher zusammen und stopfte sie in einen Plastiksack. Auch Beauty verfiel in Panik.

»Los, schnell, ich will hier nicht begraben oder irgendeinem Voodoo-Gott geopfert werden!«, kreischte sie. »Vielleicht sind das ja auch Kannibalen. Habt ihr nicht gesehen, wie irre der mit dem zerzausten Haar ausschaut? Der ist doch völlig durchgeknallt!«

In Windeseile war das Boot beladen. Das war der leichtere Teil der Übung. Gleich danach packte uns das Entsetzen, sobald wir realisierten, dass wir ein richtiges Problem hatten. Bei unserer Ankunft, bei ablaufendem Wasser, hatten wir nicht an die Tide gedacht. Mittlerweile herrschte Ebbe. Demzufolge lag unser Boot wesentlich weiter vom Wasser entfernt als zuvor. Es ließ sich von Larry, Urs und mir keinen Millimeter weit bewegen. Wir legten uns richtig ins Zeug, indem wir mit aller Vehemenz drückten. Es war zum Verzweifeln! Die »Kingfisher« schien förmlich im Sand einbetoniert zu sein.

Bibi, die uns bis dahin missmutig beobachtet hatte, konnte das Elend nicht länger mit ansehen. In die Hände klatschend spuckte sie in den Sand. »Los, Mädels, mit vereinten Kräften!«

Zu sechst stemmten wir uns gegen den Kahn und drückten, was das Zeug hielt. Unsere Muskeln waren zum Zerreißen angespannt, bis endlich ein leises Schleifen zu vernehmen war. Aufkeimende Hoffnung verlieh allen sofort neue Energie. »Weiter, nicht nachlassen!«, schrie Urs, das Stöhnen und Keuchen der menschlichen Bulldozer übertönend. Mit jedem Zentimeter, den sich das Boot dem Fluss näherte, wurde das Schieben leichter. Zum Schluss flutschte es sogar richtig. Und auf einmal schaukelte die »Kingfisher« im Wasser, derweil wir erschöpft im Sand lagen.

Wieder erklang Urs Kommando: »Los, schnell, entern! Schaut mal da hinten.« Der Schweizer deutete in Richtung der riesigen Bäume, wo in noch großer Entfernung eine Horde Läufer auszumachen war. Im Nu waren alle von den Toten auferstanden. Bibi und die Herren der Schöpfung stemmten sich an Bord, bevor wir Beauty und Stella in die Arche Noah zogen. Urs versuchte, einen Motor zu starten. Verdammt, der sprang auch nach mehreren Versuchen nicht an. Unterdessen war die laufende Dorfjugend nur noch hundert Meter von uns entfernt.

»Den anderen Motor, Urs, mach schon!«, brüllte ich. Das anfängliche Krächzen wurde von einem lauten Aufheulen abgelöst. Dank des arbeitenden Außenborders bewegten wir uns mit weit aufgerichtetem Bug im Schneckentempo in Richtung Flussmitte. Jetzt bevölkerten etwa zwanzig johlende Halbstarke den Strand. Einige schnappten außer Atem nach Luft, andere sprangen wild gestikulierend herum, drohten und beschimpften uns.

»Das war knapp«, keuchte ich erleichtert, griff mir ein Bier und ließ den Kronkorken ploppen. Larry hingegen konnte es nicht lassen. Er musste provozieren. Sich in Sicherheit wähnend drängte er Kapitän Urs beiseite, ergriff den Gashebel und verlangsamte das Tempo. Hiernach streckte er den Mittelfinger in die Höhe, um dem sich ständig vergrößernden feindlichen Heer zuzurufen: »Fickt euch, ihr Arschlöcher!«

»Hör auf damit«, fauchte ich ihn an. »Gnade uns Gott, wenn auch der zweite Motor abkackt. Urs, gib Gas, bloß weg hier!«

Schon bald hatte es sich auch der streikende Außenborder anders überlegt. Mit zunehmendem Abstand wurden unsere Widersacher immer kleiner, bis sie zu guter Letzt außer Sicht gerieten. Die Besatzungsmitglieder der »Kingfisher« waren schweigsam. In sich gekehrt ließen sie die jüngsten Ereignisse Revue passieren. Nur Larry feierte lauthals unsere Heldentaten. Um seine Stimme zu ölen, bediente er sich des Bieres, wobei er freundlicherweise immer auch gleich ein Fläschchen für seinen Busenfreund, den Kapitän, öffnete. Ich kümmerte mich um Stella, die den Tränen nahe war. Die jüngsten Geschehnisse hatten sie sichtlich mitgenommen. Falls meine Berechnungen stimmten, würden wir den Boot-Klub trotz der schon tief stehenden Sonne noch rechtzeitig vor Einbruch der Dunkelheit erreichen.

Indes befanden wir uns wieder in flachem Wasser, in der Nähe des Dorfes, das mich zuvor an die Erzählung »Herz der Finsternis« erinnert hatte. Im Gegensatz zum Morgen wirkte die Ansiedlung jetzt alles andere als verlassen. Sämtliche Bewohner schienen auf den Beinen zu sein, am Flussufer zu flanieren, einen Plausch zu halten oder anderen sonntäglichen Zeitvertreiben nachzugehen. Manch einer war festlich gekleidet. Die Masse trug jedoch Alltagsklamotten. Das Gros der Frauen war in Wickeltücher gehüllt. Dazu passend hatte man sich eine Art Turban um den Kopf gebunden. Viele Ladys trugen durch Tücher gehaltene Kleinkinder auf dem Rücken. Ältere Männer waren mit Kaftanen, traditionellen Kappen und Sandalen bekleidet, wohingegen die Jugend kurze Hosen bevorzugte und barfuß unterwegs war. Sobald man uns erblickte, waren die Augen aller auf uns gerichtet. So etwas – drei Oyibos und drei ihrer Schwestern in einem Boot – bekamen die Dörfler schließlich nicht alle Tage zu Gesicht.

Weiterhin herrschte Ebbe. Deshalb war der Wasserstand des Baches noch niedriger als zuvor, was dazu führte, dass wir wieder nur im Schritttempo vorankamen. Larry und ich betätigten uns als Lotsen. Wir standen neben dem Kapitän. Unsere Augen suchten die braune Brühe ab, in der Hoffnung, eine Fahrrinne ausfindig zu machen. Dennoch geschah genau das, was wir unbedingt vermeiden wollten: Nachdem die Schiffsbesatzung mit einem Ruck nach vorn geschleudert worden war, saßen wir fest. Die Zuschauer am Ufer raunten. Urs wechselte hektisch die Gänge, fuhr uns aber nur noch tiefer in den Schlick. Nichts ging mehr, weder vorwärts noch rückwärts.

Weil er glaubte, Augenzeugen unseres Missgeschickes beim Lachen ertappt zu haben, setzte Larry aus voller Brust zu einer zornigen Schmährede an. Daraufhin kippte die Stimmung im Publikum. Die Mienen der Dorfbewohner hatten sich verfinstert, keiner lachte mehr. Man sah den Leuten förmlich an, was sie dachten. Sich von diesen exotischen, uneingeladenen Fremdlingen zu Hause im ärgsten schottischen Slang nicht nur beschimpfen, sondern auch beleidigen zu lassen, das ging überhaupt nicht. Das musste man sich nicht bieten lassen! Lebten diese unzivilisierten Oyibos etwa noch in der Vergangenheit? Meinten sie, weiterhin die herrschende Klasse repräsentieren zu müssen? Der Geräuschpegel nahm zu.

Ich raunzte Larry an, gefälligst den Mund zu halten. Der reduzierte immerhin seine Lautstärke, fuhr aber fort, dummes Zeug zu brabbeln.

»Was machen wir denn jetzt?«, wollte Urs wissen. Resigniert ließ er den Kopf aufs Steuerrad fallen.

»Raus und schieben, Mann«, zischte ich. »Was denn sonst?«

Im nächsten Moment stand ich auch schon bis zum Hintern im Wasser und bis zu den Knien im Schlamm. Toll, obwohl ich mit aller Kraft schob, bewegte sich die »Kingfisher« keinen Deut vom Fleck. Zunehmend ausgelaugt versuchte ich es ständig aufs Neue, hatte aber bis auf ein Vollbad, das durch Abrutschen meiner Hände vom Rumpf zustande kam und zur Belustigung der Menge beitrug, keinen Erfolg. Stinksauer wollte ich meine Gefährten gerade auffordern, mir gefälligst zu helfen, als zwei Dinge gleichzeitig passierten. Mein letzter Versuch hatte etwas bewirkt. Unser Boot trieb einen guten Meter vorwärts. Zudem kam ein mit zwei jungen Männern besetztes Kanu längsseits.

Der ältere der Kanuten erhob sich, hielt sich an unserer Reling fest, klopfte dem in Richtung Dorf schimpfenden Larry auf den Rücken und konstatierte: »Sieht so aus, als ob ihr Hilfe braucht!«

Larry drehte sich ruckartig um. »Wir brauchen eure Scheiß-Hilfe nicht, mein Freund!«, brüllte er den Burschen derart an, dass es jeder in der Gemeinde mitbekam. »Ihr Halsabschneider seid doch eh nur hinter unserem Geld her!«

Augenblicklich brach ein Tumult aus. Alles drängte sich ans Ufer. Es wurde geschrien, geschimpft, gedroht. Geballte Fäuste erhoben sich. Muskelbepackte Bauernlümmel entledigten sich ihrer Hemden oder machten Anstalten, ins Wasser zu springen. Eine befehlsgewohnte, sich an die Jungs im Kanu wendende Stimme ertönte, kaum dass ich mich fluchtartig zurück ins Boot befördert hatte:

»Greift euch das Seil vorn am Boot. Damit macht ihr es an der Palme fest. Diese versnobten Fremden gehen nirgendwo hin. Die dürfen erst mal eine Weile unsere Gastfreundschaft in Anspruch nehmen.«

Im Nu hatte man die »Kingfisher« an die Kette gelegt. Das veranlasste Larry natürlich, erneut vom Leder zu ziehen. Die Menge hielt mit voller Wucht dagegen, sodass in der Folgezeit richtige Nettigkeiten ausgetauscht wurden. Mein Versuch, den Schotten mit beruhigenden Worten zum Schweigen zu bringen, scheiterte. Obendrein ließ er mich dumm aussehen, was zur Verschlechterung unserer Lage beitrug. Zu allem Überfluss goss jetzt auch noch Bibi Öl ins Feuer, indem sie sich in Männerangelegenheiten einmischte. Die Retourkutsche ließ nicht lange auf sich warten. Bibi wurde sowohl verhöhnt als auch der Prostitution bezichtigt. Das ließ die Athletin nicht auf sich sitzen. Aus voller Kehle verkündete sie, aus welch gutem Hause sie stammte und wen sie nicht alles kannte. Als sie zum krönenden Abschluss ihres Vortrages auch noch damit prahlte, mit dem Gouverneur verwandt zu sein, brach die Menge in schallendes Gelächter aus. Der Gouverneur spielte in dieser abgelegenen Gegend keine Rolle. Er interessierte die Dörfler einen Scheißdreck.

»Denkt ihr immer noch, ihr seid hier die Kolonialherren?«, krakeelte jemand. »Unsere Frauen schwängern, das könnt ihr! Aber sonst kriegt ihr Oyibos nichts auf die Reihe! Ihr seid ja nicht einmal in der Lage, ein Paddelboot zu manövrieren!«

»Und eure dreckige Sprache zeigt uns, aus welcher Gosse ihr kommt!«, tönte eine andere Person, deren schrille Stimme das Geschrei und Gezeter der anderen übertönte. »Aber glaubt ja nicht, dass euch jemand helfen wird. Ihr werdet schon sehen, was wir mit euch machen!«

Da ich am Bug saß, steckte Urs mir unauffällig sein Finnenmesser zu und deutete auf das Seil, mit dem man unser Boot an die Palme gebunden hatte. Durch Handzeichen gab er mir zu verstehen, dass ich den Strick durchschneiden solle, um uns einen Blitzstart zu ermöglichen.

»Bist du noch zu retten?«, knurrte ich verärgert. »Mensch, da vorne befindet sich noch eine flache Stelle. Siehst du die denn nicht? Auch wenn wir hier wegkommen sollten, sitzen wir sofort wieder fest. Und dann haben wir erst recht die Arschkarte.«

Unbemerkt von Larry und Bibi, die weiterhin wort- und gestenreich mit der Menge kommunizierten, war das Kanu erneut längsseits gekommen. Sowie er sich auf meiner Höhe befand, flüsterte mir der vorn am Bug sitzende Halbwüchsige zu: »Du scheinst uns noch der Vernünftigste zu sein. Wenngleich es deine Freunde weiß Gott nicht verdient haben, möchte unser Chief eine Eskalation des Konfliktes vermeiden. Der alte Mann ist sehr besorgt. Er befürchtet, für das friedliche Verhalten seiner Untertanen schon bald nicht mehr garantieren zu können. Daher wäre es gut, wenn ihr so schnell wie möglich verschwindet. Dummerweise kann der Chief euch aber nicht einfach so, als wenn nichts gewesen wäre, laufen lassen, denn dann würde er sein Gesicht verlieren. Zumindest einen Teilerfolg muss er vorweisen. Deshalb schlägt er vor, dass ihr mir ein anständiges Sümmchen gebt. Sobald ich den Zaster an meinen Oga weitergeleitet habe, nickt er die geplante Aktion ab. Daraufhin werde ich eure Festmacherleine unauffällig verlängern und das Ende des Taues den Männern da vorn geben.« Der Jüngling zeigte auf ein Grüppchen, das circa fünfzehn Meter von der Menschenmenge entfernt am Ufer saß. »Die ziehen euch dann blitzschnell, ehe die Leute es richtig mitbekommen, über die Sandbank. Anschließend müsst ihr nur noch anständig Gas geben und weg seid ihr.«

Meinen rechten Daumen in die Höhe streckend zwinkerte ich mit dem linken Auge. »Hervorragende Idee. Sag deinem Chief, ich danke ihm. Außerdem wünsche ihm ein langes Leben und Wohlstand. Irgendwann werde ich zurückkehren, um mich mit einem Fläschchen Kaikai persönlich bei ihm erkenntlich zu zeigen.« Ich griff mir meine in Reichweite liegende Sporttasche, kramte ein Bündel Scheine – alles, was ich dabeihatte – hervor und reichte es dem Jungen.

Langsam realisierte Larry, der die Geldübergabe misstrauisch beobachtet hatte, was vor sich ging. Vor Wut schäumend wollte er sich auf mich stürzen. Leider hatte er Pech, denn er legte sich mit einem bewaffneten Gegner an. Blitzschnell fuhr Urs' Messer, das ich immer noch im Hosenbund stecken hatte, an seinen Hals. »Noch ein Wort und du bleibst hier, tot oder lebendig«, zischte ich ihn mit eiserner Miene an.

Ogas Plan ging auf. In weniger als einer Minute hatten uns die Männer über den Schlick gezogen. Als die Menge protestieren wollte, weil sie allmählich begriff, was gerade abgelaufen war, hielt der Chief triumphierend das Bündel Geldscheine in die Höhe. Sofort war er von allen Dorfbewohnern umringt. Wie durch ein Wunder hatten sich selbst die aggressivsten Typen in Sekundenbruchteilen in harmlose, ehrfürchtige Bittsteller verwandelt.

Ich pflanzte mich ans Steuer und gab es nicht mehr aus der Hand. Ohne fremde Hilfe fand ich den Weg zurück. Während der ganzen Fahrt musste ich mich innerlich kochend von Larry, Urs und Bibi beschimpfen lassen. Ständig wurde vom Leder gezogen, grölte oder lallte man die Worte »Feigling« und »Verräter«. Angewidert ertrug ich den Spott. Allerdings musste ich mich richtig zusammennehmen, um der Versuchung zu widerstehen, diese Arschlöcher über Bord zu schmeißen. Keiner von ihnen betrat je wieder die »Kingfisher«.

Schöne Bescherung

Irgendwie wollte keine richtige Weihnachtsstimmung aufkommen. Daran änderten auch die vielen Lichterketten, die schon seit Ende September in den Supermärkten blinkten, sowie das permanente Jingle-Bells-Gedudel nichts. Wie jedes Jahr vermehrten sich die Raubüberfälle, je weniger Türchen im Adventskalender geschlossen waren. Vermutlich blickte der Controller der Einwanderungsbehörde optimistischer in die Zukunft als ich. Zumindest schien er sich wesentlich mehr vom bevorstehenden Fest zu versprechen. Deshalb durfte ich bei ihm antanzen, und das sogar in seinen privaten Gemächern. Welch riesengroße Ehre! Auf der Fahrt zum Oga überlegte ich, ob ich mich nicht besser als Weihnachtsmann verkleidet mit einem großen Sack voller Geschenke auf den Weg gemacht hätte. Vielleicht würde ich so mehr Eindruck auf den Oberamtmann machen als ein mit einem braunen Umschlag ausgestatteter Anzugträger.

Bei der Abgabe unseres monatlichen Berichtes hatte der neue Chef der Einwanderungsbehörde, Dr. Opara, Franka klar zu verstehen gegeben, dass er mich persönlich zu sprechen wünschte. Nachdem ich mich dann zum vereinbarten Zeitpunkt in seinem Reich, im überfüllten Vorzimmer seines Büros, eingefunden hatte, ließ er mich stundenlang warten, nur um mir kurz vor Feierabend mitteilen zu lassen, dass er mich an diesem Tag leider nicht mehr auf dem Amt empfangen könne. Großzügigerweise bot er mir jedoch an, ihn um neunzehn Uhr in seinem Haus in der Forces Avenue zu besuchen.

Peter, mein Fahrer, und ich hatten das hinter einer weißen Mauer gelegene Grundstück des Controllers schnell lokalisiert. Schließlich hatte ich noch bis vor Kurzem selbst in dieser noblen Gegend gewohnt. Aber was war hier denn los? Vor dem Eingangstor spielten sich schreckliche Szenen ab: Im Scheinwerferlicht unseres Peugeots erblickten wir einen älteren Herrn im Trainingsanzug, der ein vielleicht dreizehn- oder vierzehnjähriges Mädchen in grüner Schuluniform nicht nur anbrüllte, sondern es auch immer wieder abwechselnd mit der linken und der rechten Hand ohrfeigte. Die Schülerin hatte ihre Arme auf dem Rücken verschränkt, blickte mit verheultem Gesicht nach unten und ließ die Tortur wortlos über sich ergehen.

»Weißt du dumme Göre denn nicht, wer ich bin?«, schrie der Schläger. »Ich bin der Immigration Controller von Rivers State! Bei Leuten wie mir lungert man nicht wie ein Hühnerdieb vor dem Haus herum!«

Sowohl geschockt als auch angewidert wäre ich am liebsten ausgestiegen, um dem Sadisten den Hintern zu versohlen. Unseligerweise ging das aber nicht, weil es sich bei dem Rohling ja um den Boss der Einwanderungsbehörde handelte. Der realisierte unsere Anwesenheit allmählich, ließ zögerlich von dem armen Kind ab und pochte völlig außer Atem an die Scheibe unserer Beifahrertür. Kaum dass Peter meinen Namen genannt hatte, nickte er zufrieden und öffnete die Pforte. Der Unsympath residierte zwar in der besten Gegend Port Harcourts, war aber offensichtlich zu geizig, um Wachpersonal einzustellen. Wir parkten im Hof. Anschließend betrat ich einen zweistöckigen pastellfarbenen Kolonialbau, in dem mich mein Gastgeber ins Wohnzimmer führte. Außer einem Kühlschrank, einem Esstisch mit vier Stühlen sowie zwanzig Umzugskartons, die auf dem Boden standen, befand sich nichts in dem großen Raum. Immerhin schien wenigstens der Eisschrank prall gefüllt zu sein, denn der Hausherr fragte mich, was er mir zu trinken anbieten dürfe. Diese Frage hätte er sich sparen können, zumal mangels Bier, Cola und Fanta letztendlich nur Leitungswasser – ein Getränk, das ich verabscheute – zur Verfügung stand.

Gleich nachdem ich ihm frohe Weihnachten murmelnd meinen Umschlag überreicht hatte, kam der Hausherr zur Sache. Angeblich hatte Franka ihm nur Gutes über mich berichtet. Deshalb wollte er mir helfen, obwohl er eigentlich gezwungen wäre, mich sofort des Landes zu verweisen, da ich ein nahezu unlösbares Problem hatte. Basierend auf meiner Qualifikation hätte man mir gar keine Arbeitserlaubnis erteilen dürfen!

»Mir ist durchaus bekannt, dass ihr unter anderem Handwerkern keine Beschäftigungsbewilligungen erteilt, weil ihr selbst genug Maurer, Tischler, Schlachter und so weiter habt«, protestierte ich. »Aber ich bin Wirtschaftsingenieur für Transportwesen, kann mit zwanzig Jahren Berufserfahrung aufwarten und bin befugt, Lehrlinge auszubilden. Darüber hinaus bin ich geschäftsführender Gesellschafter der Firma VHN Transport & Logistics. Bisher hatte ich weder Probleme mit der Einwanderungsbehörde noch mit dem Erhalt einer Arbeitserlaubnis.«

Der Controller griente, um danach lässig abzuwinken. »Was auch immer du mir zu deiner Rechtfertigung erzählst, interessiert überhaupt nicht. Wir haben wahrhaftig auch genug arbeitslose Wirtschaftsingenieure in Nigeria und brauchen keine Oyibos für die Ausbildung unserer Lehrlinge. Das bekommen wir gerade noch selbst gebacken. Aber lassen wir das. Du hast nämlich nicht nur Glück, sondern sogar das ganz große Los gezogen, denn du hast ja einen neuen Freund, der dir hilft und beisteht. Du zählst mich hoffentlich doch zu deinen Freunden, oder?«

Heftig nickend hatte ich vergessen, meinen Mund vorher zu schließen. Darum biss ich mir auf die Zunge.

»Schön, dann überlass es, anstatt dir Sorgen zu machen, mir, deine Probleme zu lösen. Das macht man so unter Kameraden. Eine Hand wäscht die andere. Verstehst du?«

Dr. Opara hatte seine einstudierte Ansprache beendet. Er reichte mir die Hand, eskortierte mich zur Tür und klopfte mir zum Abschied väterlich auf die Schulter. »Äh, dein Anzug gefällt mir übrigens ausgesprochen gut. Könntest du mir vielleicht solch einen feinen Zwirn als nachträgliches Weihnachtsgeschenk mitbringen, wenn du das nächste Mal nach Hause fährst? Ich wirke bestimmt gleich ganz anders auf deine weißen Brüder, wenn ich sie in einem Anzug anstelle eines Boubous empfange. Meine Größe ist vierundfünfzig.«

Verflucht, von da an hatte ich einen wahren Freund. Alle zwei Wochen durfte ich bei ihm antanzen. Und jedes Mal überraschte er mich mit neuen

exotischen Forderungen. Daran änderte sich auch nichts, als sich herausstellte, dass es sich bei unserem gerade erst eingestellten Buchhalter, Chima,
um seinen Neffen handelte.

Schon seit dem frühen Morgen war ich als Weihnachtsmann unterwegs.
Ich verteilte Geschenkkörbe – Hamper, wie man in Nigeria sagte – an gute
einheimische Kunden und Behördenvertreter, bei denen wir uns so für die
ausgezeichnete Zusammenarbeit während des fast vergangenen Jahres be-
dankten. Im Gegensatz zu den Präsenten für weiße Geschäftspartner, denen
man als kleine Aufmerksamkeit nur eine Flasche Whisky oder Cognac überreichte, enthielten unsere Hamper sicherheitshalber keine alkoholischen Getränke. Manch ein muslimischer Hausa oder strenggläubiger Kirchgänger
nahm es einem übel, wenn man ihn womöglich noch vor Zeugen mit Alkohol
in Verbindung brachte. Der Inhalt unserer Körbe bestand aus einer Packung
Cornflakes, Orangensaft, Dosenmilch, sechs Maggi-Würfeln, jeweils einer
Dose Bohnen, Thunfisch, Sardinen und Kekse, Nescafé, Ketchup, Bonbons,
Servietten, Strohhalmen sowie einer Flasche Eva-Wein – alkoholfrei, versteht
sich. Ganz oben auf den Lebensmitteln thronten die Prunkstücke unter den
Gaben, zwei unserer eigenen, in Weihnachtspapier verpackten Dreimonatskalender – einer fürs Büro und der andere für zu Hause. Die Kalender hatte
ich in Deutschland anfertigen lassen. Sie waren in letzter Minute, gerade
noch rechtzeitig vor dem Fest eingetroffen.

Nie wieder Weihnachtsmann, schwor ich mir, sobald ich völlig erschöpft
auch den letzten Kunden abgeklappert hatte. Die ganztägige Tour war alles
andere als werbewirksam gewesen. Sie kam eher einem Spießrutenlaufen
gleich, durch das ich mir offensichtlich mehr Feinde als Freunde gemacht
hatte. Es hatte schon in den Wachhäuschen an den Eingängen zu Betriebs-
geländen angefangen. Meinen Geschenkkorb nicht aus den Augen lassend
wünschte mir jeder der uniformierten Pförtner Merry Christmas, um gleich
darauf zu fragen, warum denn er, mein bester Freund, in diesem Jahr keinen Hamper bekäme. An den Rezeptionen, in den Gängen und Büros ging
es weiter. Überall verstellte man mir den Weg und nuschelte oder rief mir
sogar frech zu:

»Ah, Oyibo, frohe Weihnachten! Schöner Hamper, der ist doch sicherlich für mich, oder?«

Wenn ich mich endlich zum glücklichen zu Beschenkenden durchgekämpft hatte, wurde ich sofort von seinen Kollegen umringt. Alle starrten mit Stielaugen auf den Geschenkkorb, näherten sich mir wie Krümelmonster und knurrten: »Wo ist meiner?« Resigniert musste ich zur Kenntnis nehmen, dass es so nicht ging. In Zukunft würden Geschäftsfreunde ihre Weihnachtsgeschenke in unserem Büro abholen müssen.

Warum musste ich nach meiner Rückkehr ins Geschäft nur zum Fahrerraum im Treppenhaus gehen, der auch als Wartezimmer diente? Alternativ hätte ich Peter auch telefonisch ausrichten können, dass ich seine Dienste während der nächsten Stunden nicht in Anspruch nehmen würde und er daher ruhig in einem nahegelegenen Brutzelstübchen Essen fassen könne. In der kurzen Zeit, in der ich mich im Fahrerraum aufhielt, glotzte mich unentwegt ein Besucher an, dessen halber Schädel von einem schwarzen Cowboyhut verdeckt war. Zurück am Arbeitsplatz sollte ich zwei Minuten später auch die zu seinen Glubschaugen passende Stimme hören.

»Mit dir dummen Pute rede ich überhaupt nicht. Ich verlange, sofort den Oyibo zu sehen!«, tönte es aus Frankas Gefilden, bevor meine Bürotür geöffnet wurde. Sichtlich erregt stand die Sekretärin vor meinem Schreibtisch. »Entschuldigung, Oga, eigentlich wollte ich mich selbst um diese Angelegenheit kümmern«, stotterte sie, immer wieder nach Luft schnappend. »Unglücklicherweise hat Herr Raymond von der Gemeindeverwaltung dich aber gesehen. Und jetzt besteht er darauf, direkt mit dem weißen Mann, dem Boss, zu verhandeln.«

Franka hatte noch nicht ganz ausgeredet, als sie auch schon rüde beiseite gedrängt wurde, um Platz für Mr Raymond zu schaffen, der sich anschließend auf einen Besucherstuhl flegelte. Das Gesicht des mit Badelatschen, einem weißen Boubou und dem besagten schwarzen Cowboyhut bekleideten Mannes zierten zehn jeweils circa zwei Zentimeter lange Stammesnarben über seinem linken Auge, die ihn als Yoruba auswiesen. Von seinem Erscheinungsbild und vom Auftreten her wirkte der Eindringling alles andere als freundlich auf mich. Vielmehr vermittelte er den Eindruck, dass es sich bei ihm um einen Krieger aus der Unterwelt handelte. Wie schon im Fahrerraum wurde ich eindringlich gemustert. Jetzt allerdings unendlich lange. Nachdem Mr Raymond vom intensiven Durchleuchten bereits die Augen qualmten, platzierte er seine Visitenkarte vor meiner Nase, ehe er in herablassendem Tonfall nach einem Nachweis für die Zahlung von Gemeindeabgaben verlangte.

»Gemeindeabgaben?«, wollte ich verwundert wissen. »Was für Gemeindeabgaben denn?«

»Wie kann man nur derartige Fragen stellen? Müllabfuhr, Kanalisations- und Straßenreinigungsgebühren natürlich.«

»Sag mal, machst du Witze? Jeder weiß, dass es in Port Harcourt gar keine Müllabfuhr gibt. Und das Abwasser lässt der Hauseigentümer, immer wenn die Klärgrube voll ist, zu unseren Lasten abpumpen. Im Übrigen habe ich noch nichts von der Existenz einer Straßenreinigungstruppe mitbekommen. Es wäre schön, wenn es eine gäbe. Dann könnte man gleich damit anfangen, die Elekahia Road zu säubern. Ein großer Teil dieser Straße, die ich auf meinem Weg zur Arbeit nehmen muss, wurde nämlich schon vor geraumer Zeit zu einer Müllkippe umfunktioniert. Dort stinkt es wie die Pest und die im Dreck herumhuschenden Ratten werden immer fetter. Das ist ekelhaft.«

Mr Raymond hörte mir überhaupt nicht zu. Wie ein Säugling am Daumen seiner linken Hand nuckelnd kritzelte er etwas auf Formulare, die er von seiner Aktentasche auf meinen Schreibtisch transferiert hatte. Er schrieb und schrieb. Dabei blickte er gedankenverloren gar nicht mehr auf. Als er endlich fertig war, breitete er fünf Zettel vor mir aus, pochte mit dem Zeigefinger auf den letzten und verkündete: »Vierhundertachtzigtausend Naira, mein Freund, und zwar schnell, bevor ich mir es noch einmal anders überlege und richtig anfange zu rechnen.«

»Vierhundertachtzigtausend Naira, 3000 Dollar? Wofür?«

»Das habe ich alles fein säuberlich aufgelistet. Schau dir die Zahlungsaufforderung doch einmal genauer an. Oder willst du etwa nicht zahlen?

Weißt du eigentlich, dass sowohl gesetzlose als auch zahlungsschwache Expatriates, die ihre Außenstände nicht begleichen, hier, in der Gartenstadt, unerwünscht sind? Ausnahmsweise will ich aber mal nicht so sein. Ich räume dir ein Zahlungsziel ein, wenngleich der Rechnungsbetrag sofort fällig ist. Nimm dir also ruhig Zeit für Nachforschungen. Morgen früh bin ich wieder hier. Dann will ich aber Knete sehen und gnade dir Gott, wenn du dich weigern solltest, deine Schulden zu begleichen!«

Ich konnte es nicht fassen. Was für eine Nummer war das denn? Mit offenem Mund blickte ich dem Gebühreneintreiber hinterher. Der verließ das Büro eindrucksvoll, indem er die Tür hinter sich zuknallte. Mehrmals mit der Zunge schnalzend betrat Franka mein Paradies. »Was für ein ekelhafter Bursche«, grummelte sie. Ich bat die Sekretärin, sich zu setzen, um mir zu helfen, das Gekrakel auf der Zahlungsaufforderung zu entziffern.

»Bei der ersten Position handelt es sich um sieben zusätzliche Plaketten für unseren Pick-up-Truck«, begann Franka, sowie sie die Unterlagen durchforstet hatte.

»Warum? Wir haben doch schon sechs Plaketten für das Vehikel.«

»Ich weiß auch nicht, was das soll. Wahrscheinlich hat man wieder einmal neue gebührenpflichtige Vorschriften für Nutzfahrzeuge erlassen.«

Eigentlich wurde der Besitz von Plaketten, der Nachweis von Zahlungen für irgendwas an irgendwen, von Wegelagerern, die Brummis auf der Straße durch das Auslegen von Nagelbrettern zum Anhalten zwangen, kontrolliert. Dass jetzt auch noch die Gemeindeverwaltung für die Kontrolle und den Verkauf der Aufkleber zuständig sein sollte, war neu.

»Der zweite Posten bezieht sich auf grüne Papierkörbe«, fuhr Franka fort. »Gemäß einer Verordnung der Umweltschutzbehörde muss sich ab sofort in jedem Büro sowie auf jedem Lkw mindestens ein grüner Papierkorb befinden. Folglich benötigen wir zwei von den Dingern. Einen fürs Office und einen für unseren Pick-up-Truck. Die grünen Mülleimer sind bei der Gemeindeverwaltung erhältlich.«

Mein Kopf sank auf die Schreibtischunterlage. »Das darf doch wohl nicht wahr sein!«, schnaubte ich. »Wir haben doch Papierkörbe in jedem unserer

Büroräume. Wozu brauchen wir denn zusätzlich noch einen grün lackierten? Und was soll der Unfug mit dem Kübel auf der Ladefläche des Pick-ups? Der fliegt während der Fahrt doch nur run...«

Franka unterbrach mich aufgeregt. »Es hat schon seine Richtigkeit damit. Ich habe es selbst gehört. In einer langen Ansprache im Radio hat der Umweltminister über den Sinn und Zweck von Papierkörben referiert. Warum die Behältnisse allerdings grün sein und von der Gemeindeverwaltung bezogen werden müssen, habe ich nicht verstanden. Das würde vielleicht Sinn ergeben, wenn sich die Behörde um die Abfallentsorgung kümmern würde, aber das machen die ja nicht. Damit wären wir auch schon bei den nächsten drei Positionen der Zahlungsaufforderung, bei der Müllabfuhr, dem Abwasser und der Straßenreinigung. Diese Topics hast du ja schon ausführlich mit Raymond diskutiert. Es dreht sich um Abgaben für Leistungen, die derzeit nicht erbracht werden. Und beim letzten Betrag auf dem Zettel handelt es sich um eine Strafe für das Nichtbefolgen lokaler Vorschriften.«

Es reichte. Mit rauchendem Kopf griff ich mir meine Aktentasche und begab mich ins Pavillon, eine meiner Stammkneipen, um bei einem Zaubertrank über die Wanderung der Lemminge nachzudenken. Vielleicht würde ich ja nach dem fünften Humpen verstehen, warum es Sinn machen sollte, grüne Papierkörbe auf Ladeflächen von Pick-up-Trucks durch die Gegend zu kutschieren.

Frühmorgens stand der Gebühreneintreiber wieder bei mir auf der Matte. Da ich ihn mit Fragen bezüglich der Plaketten, Papierkörbe, Müllabfuhr und so weiter überhäufte, flippte er aus. Laut grölend und mit seinen wurstigen Zeigefingern herumfuchtelnd, begann er, einen Stepptanz aufzuführen. Seine letzten, vor einem erneut stilvollen Abgang an mich gerichteten Worte lauteten:

»Wer gibt dir das Recht, nigerianische Gesetze zu missachten? Kannst du dir so etwas wie das, was du hier abziehst, in Deutschland auch rausnehmen? Na, du wirst schon sehen!«

Abermals knallte dieser widerliche Mensch meine Bürotür dermaßen zu, dass die Glasscheibe nur durch ein Wunder nicht herausfiel.

Am darauffolgenden Tag sah ich dann, was ich sehen sollte. Wegen eines Kundenbesuches kam ich erst gegen zehn Uhr ins Geschäft. Gerade hatte ich nach Verlassen des Treppenhauses das Büro betreten, als ich schon lautes Gejammer aus dem Konferenzraum, in dem sich alle Mitarbeiter versammelt hatten, vernahm.

»Was ist los, Leute?«, erkundigte ich mich, sowie ich der Truppe einen guten Morgen gewünscht hatte.

Umgehend kehrte Stille ein. Verlegen blickten die Anwesenden in verschiedene Richtungen, ehe sich der tapfere Hobbit zu Wort meldete.

»Wir hatten heute Morgen bereits Besuch«, lispelte er. »Das Büro wurde von Mr Raymond nebst seinen Schergen – zehn Nichtsnutzen – gestürmt. Die haben den ganzen Laden auf den Kopf gestellt, unseren Computer, die Schreibmaschine sowie das Intercellular-Telefon konfisziert und somit den Betrieb lahmgelegt.«

Drei Tage lang kam unsere Arbeit im Office zum Erliegen, denn Franka und Banigo benötigten diese Zeit für das Auslösen unserer lebenswichtigen Gerätschaften. Von nun an besuchte uns Mr Raymond am Ende eines jeden Jahres, um fällige Gemeindeabgaben einzutreiben. Und stets bereitete uns der liebe Weihnachtsmann eine schöne Bescherung, die sowohl aus neuen Abgaben als auch aus der Erhöhung bereits existierender Gebühren bestand. Wenn ich diesen laut »Frohe Weihnachten! Überraschung!« grölenden Vampir erblickte, seine Stimme vernahm oder ihn auch nur zu riechen meinte, ging mir augenblicklich der Hut hoch und jegliche Vorfreude aufs Fest war schlagartig verflogen.

Das Ding da

Am letzten Arbeitstag vor dem Fest genoss ich mein Feierabendbier allein im Boot-Klub. Weder meine Freunde noch andere Vereinsmitglieder waren anwesend. Deshalb hatten sich die wenigen Mitarbeiter, Harrison, der Bootsjunge im langen blauen Arbeitskittel, sein Assistent, der kleine gehörlose Oye, Toyota, der einäugige Wachmann, und die Managerin Esther, das Mädchen mit der Zahnlücke, an der Bar versammelt. Sie diskutierten lautstark. Ich ergriff die Gelegenheit beim Schopfe, läutete die Schiffsglocke und bestellte eine Runde Star-Bier, um mich bei jedem Einzelnen des hoch motivierten Teams für den exzellenten Service zu bedanken und auf Weihnachten anzustoßen. Unverzüglich stattete die Managerin die georderten Flaschen mit Strohhalmen aus. Danach war außer saugenden, gurgelnden und schlürfenden Geräuschen für eine ganze Weile kein Laut zu vernehmen.

Während die Angestellten sich voll und ganz auf ihre Drinks konzentrierten, schweifte mein Blick ziellos umher. Bei Esthers Strohhalm musste es sich um eine Maßanfertigung handeln, denn er passte haargenau in ihre Zahnlücke. An der Wand links neben der Bar blinkte eine rot-weiße Lichterkette, deren Enden an Emailleschilder haltenden Nägeln befestigt waren. Auf dem rechten Schild stand: »Nur für Mitglieder.« Auf dem linken: »Betteln und Hausieren verboten.« Zwischen den Schildern hingen zwei Fotos. Beim größeren handelte es sich um ein Porträt des Diktators, Sani Abacha, der das Land bis 1998 mit eiserner Faust regiert hatte. Das andere zeigt den ehemaligen Gouverneur in Siegerpose. Die Uniformen beider Herrscher waren mit Orden gespickt. Ich musste kichern. Anscheinend hatte man hier, am Stadtrand, noch nicht mitbekommen, dass die Zeiten der Diktatur Geschichte waren.

Unterdessen hatten sich meine Gäste erfrischt. Harrison eröffnete das Gespräch mit nicht etwa freudig gestimmter, sondern besorgter Miene. »Sir, ich hoffe, du fährst am Wochenende nicht raus.«

»Warum sollte ich am Sonntag aufs Fischen verzichten? Ich freue mich schon riesig darauf.«

»Ja, hast du es denn noch nicht gehört? Die haben Brian Meyer entführt.«

Alarmglocken läuteten in meinen Ohren. Ich sprang vom Barhocker und hastete um die in der Mitte des Tresens sitzenden Oye und Toyota herum zu Harrison, der sich schon wieder auf seinen Gerstensaft konzentrierte, mit gesenktem Kopf geräuschvoll saugend versuchte, der Flasche auch den letzten Rest Flüssigkeit zu entziehen.

»Entführt? Brian Meyer? Den alten Briten, der es immer vorzieht, an seinem Bötchen herumzuschrauben, anstatt sich auch mal mit Leuten zu unterhalten. Wer macht denn so was?«

Bis auf Oye schnatterten die Angestellten aufgeregt durcheinander. Ich verstand, dass der kauzige Engländer vorgestern Morgen nach Beendigung der Arbeiten an seinem Kahn eine Probefahrt nach Onne, in den neuen Hafen, unternommen hatte. Als die Sonne am höchsten stand, waren Andy und Jackie dort auf sein verlassenes, im Wasser treibendes Boot gestoßen. Schlimmes ahnend hatten sie gleich den Fluss und die Ufer nach Brian abgesucht, aber nicht die geringste Spur von ihm entdeckt. Zu guter Letzt, bevor man das Schiffchen des Vermissten in Schlepptau nahm, befragte das Paar noch die dreiköpfige Crew eines Kanus, die in der Mitte des Rivers auf Grund angelte. Und tatsächlich hatten die Fischer eine Beobachtung gemacht. Sie hatten gesehen, wie sich ein mit mehreren Personen besetztes Motorboot mit hoher Geschwindigkeit dem weißen Mann genähert hatte, der konzentriert an seinem Außenborder herumschraubte. Der Oyibo sei dann an Bord des Motorbootes gegangen, das sich nicht etwa gen Port Harcourt, sondern in Richtung Bonny Island davongemacht hatte. Andy und Jackie schlussfolgerten aus diesen Informationen, dass Brian mit an Sicherheit grenzender Wahrscheinlichkeit gekidnappt worden war. Nach Rückkehr in den Klub schlugen sie Alarm, ehe sie alle erforderlichen Maßnahmen – unter anderem auch Suchaktionen der Navy in Verbindung mit der Polizei – einleiteten. Unglücklicherweise war aber keine dieser Aktivitäten von Erfolg gekrönt. Brian blieb bis zu diesem Tage spurlos verschwunden.

Wegen der angespannten Sicherheitslage riet mir Harrison, mich in der nächsten Zeit weder an gefährliche Plätze noch in schutzlose Gewässer zu begeben. Wenngleich es mir äußerst schwerfiel, hielt ich mich an den gut gemeinten Ratschlag, indem ich während der kommenden Wochen sowohl auf Angelausflüge als auch auf Klubbesuche verzichtete.

Wenige Tage nach dem Treffen mit den Angestellten, gleich nach Weihnachten, klopfte es an meiner Haustür. Die mit Reinigungsarbeiten beschäftigte Jane öffnete, um einen vielleicht sechzigjährigen Mann, der mir bisher noch nicht über den Weg gelaufen war, einzulassen. Der Fremde hatte buschige Augenbrauen, breite Koteletten und eine dichte, zurückgekämmte Mähne. Ansonsten war er wahrscheinlich nicht nur auf dem Kopf stark behaart, denn dunkle Wolle quoll förmlich aus dem Ausschnitt seines Poloshirts heraus. Nicht gerade unglücklich darüber, mal wieder eine neue Bekanntschaft zu machen, bat ich den Ankömmling mit einladender Geste, an der Hausbar Platz zu nehmen.

Mein Gast hieß Jonny Miller. Er kam von der Insel und lebte schon seit acht Jahren in Nigeria, wo er unter anderem in Warri, in Lagos sowie im muslimischen Norden des Landes, in Kano und Kaduna, gearbeitet hatte. Momentan war er bei einem lokalen Straßenbauunternehmen in Port Harcourt beschäftigt. Offensichtlich handelte es sich bei dem Besucher um alles andere als um einen wohlhabenden Menschen. Zumindest schien er mangels eines eigenen fahrbaren Untersatzes mit einem Taxi oder Motorradtaxi angereist zu sein. Auch konnte man seine Kleidungsstücke keinesfalls als Designerklamotten bezeichnen. Die beigefarbene, ausgebeulte Stoffhose und seine gelben Plastiksandalen stammten augenscheinlich eher von einem Grabbeltisch.

Der zwar schnell, aber in gut verständlichem, akzentfreiem Englisch sprechende Mann kam gleich zur Sache, nachdem er sich für die Störung entschuldigt hatte. Es ging um seinen alten Weggefährten Brian Meyer, der, wie jedermann wusste, entführt worden war. Die Geiselnehmer hatten sich beim Boot-Klub gemeldet. Und da der Entführte Single war, hatte der Klub seinen besten Freund, Jonny, verständigt. Mittlerweile war der Mann mit den buschigen Augenbrauen die Kontaktperson der Kidnapper, das die Verhandlungen führende Bindeglied zwischen ihnen und der Außenwelt. Es ging um richtig viel Geld. Dass Brian arbeitslos und verarmt war, kauften seine Peiniger Jonny nicht ab. Für sie waren alle Oyibos steinreich. Zudem war der Traum vom großen Geld zu schön, um sich von ihm zu verabschieden. Anstatt mit sich reden zu lassen, wich man keinen Kobo von der Lösegeldforderung ab. Weiterhin verlangte man zwei Millionen Naira für das Leben und die Freiheit des Gefangenen.

Durch eine in der Kommune der Weißen ins Leben gerufene Spendenaktion versuchte Jonny, den geforderten Betrag zusammenzubekommen. Diese Aktion war vielversprechend angelaufen. Zwei Europäer, der Besitzer eines Zementwerkes und ein Vertreter, der mit Farben handelte, hatten jeweils zweihunderttausend Naira auf den Tisch gelegt. Außerdem wurden von vielen weniger vermögenden Oyibos Beträge zwischen zehn- und hunderttausend Naira gespendet. Inzwischen fehlte nicht mehr viel. Man benötigte nur noch hundertfünfzigtausend Naira, um die mit einem in drei Tagen auslaufenden Ultimatum verbundene Forderung erfüllen zu können. Dennoch befand man sich in einer äußerst kritischen Situation. Trotz aufopfernder Bemühungen – er hatte wirklich alles nur Erdenkliche unternommen – war es Jonny immer noch nicht gelungen, den verflixten Restbetrag aufzutreiben. Seine letzte Hoffnung ruhte daher auf mir, einem der wenigen Expatriate-Mitglieder des Boot-Klubs, dem vermögenden Inhaber einer großen, weltbekannten Spedition.

Mit gemischten Gefühlen hatte ich mir die Ansprache des Engländers angehört. »Vermögender Inhaber einer großen, weltbekannten Spedition« – wer nur hatte ihm solch einen Schwachsinn erzählt? Die braunen Augen des Briten stierten mich lange an, bevor in ihnen der letzte Hoffnungsschimmer erlosch und er seinen Kopf auf den Tresen sinken ließ. In mich gekehrt dachte ich an den gekidnappten Brian, wie er in moskitoverseuchten

Mangrovensümpfen vor sich hinvegetierte. Wahrscheinlich bestand seine tägliche Essensration aus einer Schale Gari, die er mit einem Gläschen Flusswasser hinunterspülte. Allein die Vorstellung war schrecklich.

Aufgrund einer zu langen Meditationsphase weigerte sich mein überstrapaziertes Gehirn, noch intensiver über Horrorszenarien nachzusinnen. Es verdrängte das Bild des leidenden Briten, stellte auf Mathematik um und begann, krampfhaft zu rechnen. Schlussendlich brummelte ich, mehr an mich selbst gewandt: »Das könnte gehen.«

Sofort schnellte Jonnys Kopf in die Höhe. »Was? Was könnte gehen?«, bohrte er erwartungsvoll nach.

Weil mir die Rübe rauchte, wollte ich mich nicht weiter erklären. Kurz angebunden bat ich den Besucher den Heimweg anzutreten, am folgenden Tag zurückzukehren und den fehlenden Betrag abzuholen. Wieder allein im stillen Kämmerlein mehrten sich die Zweifel an meiner spontanen Entscheidung. Laut seufzend monologisierte ich: »Warum kümmerst du dich nicht um deine eigenen Probleme? Davon hast du schließlich genug, wovon die meisten finanzieller Natur sind. Hilft dir denn jemand?«

Das Jahr ging ruhig zu Ende. Leon, Tina, Willi nebst Gattin, Stella und ich genossen ein vorbestelltes Silvestermenü im Blues Café. Wie immer war das Zünden von Feuerwerkskörpern zur Jahreswende strengstens verboten. Die Zeit verging.

In der zweiten Woche des neuen Jahres stand Jonny Miller abermals vor meiner Tür. Stolz berichtete er, es sei ihm gelungen, Brian Meyer aus den Händen seiner Peiniger zu befreien.

»Ich weiß«, knurrte ich. »Ich habe Brian im Boot-Klub kurz zu Gesicht bekommen. Dort wurde er von Klubmitgliedern umlagert, die ihn mit Fragen löcherten. Sichtlich genervt hat er sich schnell verdrückt. Vorher hatte ich ihm zugewunken, aber er erwiderte meinen Gruß nicht. Er tat so, als ob er mich überhaupt nicht kennen würde. Ehrlich gesagt war ich sehr enttäuscht, denn eigentlich hätte ich ein paar Dankesworte für meine großzügige Spende erwartet, mit der ich nicht unerheblich zu seiner Freilassung beigetragen habe.«

»Was erwartest du denn? Der Mann ist völlig verstört. Er sieht auch alles andere als gut aus. Sein Bäuchlein ist weg. Gib ihm etwas Zeit. Er wird sich schon noch bei dir bedanken. Übrigens, Herbert, derzeit habe ich ein ganz anderes Problem. Und da du solch ein guter Mensch bist, dachte ich, ich frage dich mal, ob du mir eventuell helfen kannst. Mein Vermieter hat mir gekündigt, Eigenbedarf angemeldet. Das kam völlig unverhofft. Jetzt bin ich im wahrsten Sinne des Wortes obdachlos. Deshalb würde ich dich wie eine Mutter Teresa verehren, wenn ich vorübergehend bei dir unterkommen könnte. Selbstverständlich nur so lange, bis ich etwas Neues habe. Du hast doch so ein großes Haus. Zudem wohnst du hier ganz allein. Sicherlich gibt es noch ein freies Zimmer – auch wenn es nur die Abstellkammer ist –, das du mir für ein paar Tage zur Verfügung stellen kannst.«

Es wunderte mich, dass der Engländer so tat, als ob wir die besten Kameraden wären. Dabei hatte ich ihn bisher nur drei Mal zu Gesicht bekommen. Eigentlich will ich in meinen eigenen vier Wänden meine Ruhe haben, aber für ein paar Tage könnte ich dem Gestrandeten ja mein Gästezimmer zur Verfügung stellen, überlegte ich. Damit würde ich mir keinen Zacken aus der Krone brechen.

Aus ein paar Tagen wurden sechs Wochen, in denen ich den Feriengast, dessen Habseligkeiten sich in einer hellblauen, abwaschbaren Adidas-Tasche befanden, meist nur am Abend zu Gesicht bekam. Außer Atem erstattete er dann mit schnellen Worten über seine Aktivitäten in Sachen Wohnungssuche Bericht, ehe er sich kurz in sein Gemach zurückzog, um anschließend wieder auszugehen.

»Wo der sich wohl immer rumtreibt?«, wunderte sich Stella eines Tages, als Jonny wiederum bereits nach kurzer Anwesenheit das Weite suchte.

»Weiß der Teufel, in den von mir frequentierten Kneipen hält er sich jedenfalls nicht auf.«

An diesem Freitag spielte eine Band im Pavillon. Natürlich ließen Stella und ich uns das nicht entgehen. Die meisten unserer Freunde waren anwesend. Folglich feierten wir ausgelassen bis in die Puppen. Auf dem Nachhauseweg mussten wir das Rainbow-Viertel, einen riesigen, aus Bretterbuden bestehenden Slum, passieren. Elektrizität gab es in dieser kleinen Stadt in der Stadt nicht und selbst die Petroleumlampen und Kerzen waren zu dieser frühen Stunde, um zwei Uhr morgens, längst erloschen. Darüber hinaus war die Nacht wegen des Neumondes stockfinster. Wie immer saß ich neben meiner Gefährtin hinten rechts im Peugeot, Peter saß am Steuer. Geistesabwesend starrte ich auf die Fahrbahn.

Plötzlich stieß Stella mich an. »Hast du das gesehen?«

»Nö, was denn?«

»Das war Jonny Miller, der schleicht hier im Dunkeln rum!«

»Quatsch, du musst dich getäuscht haben. Das kann nicht sein.«

»Doch, ganz bestimmt! Das war er, zweifellos!«

Ich bat Peter zu wenden. Gleich nachdem er meiner Bitte nachgekommen war, machten wir eine in circa dreißig Metern Entfernung durch die Finsternis huschende, sich uns nähernde Gestalt aus. Die Seitenscheibe herunterkurbelnd forderte ich unseren Fahrer auf, bei ausgeschaltetem Licht am Straßenrand zu parken. Stella hatte recht. Der Schatten entpuppte sich tatsächlich als Jonny Miller. Der erschrak sichtlich, als ich ihn ansprach, sobald er den Peugeot passierte.

»Jonny, das ist ja kaum zu glauben. Was machst du denn hier in einsamer Nacht? Hast du dich verlaufen? Los, pflanz dich auf den Beifahrersitz! Und nichts wie weg!«

Der Mann mit den buschigen Augenbrauen hatte seinen anfänglichen Schock schnell überwunden. Er platzierte sich an meiner Seite des Wagens, um sich barsch zu erkundigen, ob ich etwas gegen einen Spaziergang an der frischen Luft einzuwenden hätte.

»Mensch, es ist zwei Uhr morgens. Im Übrigen befinden wir uns am Rande des Rainbows! Bist du lebensmüde?«

»Hier ist es auch nicht gefährlicher als anderswo. Außerdem bin ich Kickboxer. Zu Hause, in meiner englischen Heimatstadt, nennt man mich den kickboxenden Opa! Und selbst im Rainbow eilt mir mein Ruf voraus. Deshalb glaube ich nicht, dass irgendwer es wagt, mich zu belästigen. Macht euch wegen mir bloß keinen Kopf. Ich wünsche euch noch eine angenehme Nachtruhe.«

Ein Liedchen pfeifend setzte Jonny seinen Weg fort. Stella und ich glotzten uns fassungslos an. Peter stammelte entgeistert: »Ich glaub es nicht.«

Ende Februar erhielt ich einen merkwürdigen Anruf. Dick Johnson, der in Lagos wohnende Lebensgefährte von Stellas hübscher Freundin Mary, war am Apparat. Trotz des gravierenden Altersunterschiedes von vierzig Jahren verstanden sich Mary und Dick ausgezeichnet. Das lag wahrscheinlich daran, dass der Buchhalter nicht nur ein Charmeur, sondern auch ein Gentleman der alten Schule war. Dick hatte sechs Monate aufgrund seines Insiderwissens über die Machenschaften einer Konstruktionsfirma, an der sowohl der Diktator als auch der libanesische Chagoury-Clan beteiligt gewesen waren, in Abuja im Knast gesessen. In dieser Zeit hatte er außer der Bibel die Laufwege der Ameisen studiert.

Nach den üblichen schnell heruntergeleierten Begrüßungsfloskeln hielt sich mein Bekannter nicht länger mit Vorreden auf. »Wohnt der Typ noch bei dir?«, wollte er wissen.

Davon ausgehend, dass Jonny Miller gemeint war, stöhnte ich: »Ja, zumal er immer noch auf Wohnungssuche ist.«

»Weißt du eigentlich, was in deinem Haus los ist?«

Nicht ahnend, worauf Dick hinauswollte, hakte ich argwöhnisch nach: »Warum? Was soll denn in meinem Haus los sein?«

»Frag nicht so dumm. Das solltest du doch wohl selbst am besten wissen!«

»Würdest du bitte einmal etwas konkreter werden! Ich verstehe immer nur Bahnhof.«

Eine Pause entstand. Für ein Weilchen hörte ich nur das intensiver werdende Schnaufen meines Gesprächspartners, bis er sich lautstark zurückmeldete. »Vielleicht solltest du besser mal sämtliche weiblichen Personen in deinem Haushalt befragen!«

Mit einem Klicken in der Leitung war das Gespräch beendet. Verdattert stierte ich den Telefonhörer an. Danach überlegte ich krampfhaft, welche Schlussfolgerungen zu ziehen waren. Mangels neuer Erkenntnisse fuhr ich nach Hause, um den Rat meines Bekannten, der mich bestimmt nicht zum Spaß angerufen hatte, zu befolgen.

Beim Öffnen der Haustür lief mir Jane, die gerade Feierabend machen wollte, in die Arme. Ich bat sie, auf einem Sessel im Wohnzimmer Platz zu nehmen, hockte mich ihr gegenüber hin und musterte sie erst einmal von Kopf bis Fuß. Mein seltsames Verhalten verunsicherte das Hausmädchen. Jane hatte ihre Hände in den Schoß gelegt. Ihr durch flackernde Augenlider beeinträchtigter Blick wanderte zwischen dem sonnendurchfluteten Fenster und mir hin und her.

»Jane, was läuft hier in dieser Hütte?«, verlangte ich nach Beendigung einer Schweigeminute zu wissen.

»Warum, was soll sein? Nichts Besonderes.«

Meine Stimme wurde lauter. »Was ist los mit Herrn Miller?«

»Nichts, was soll denn mit Herrn Jonny sein?«, erwiderte Jane stockend. Dabei schien sie, wenn ich die Zuckungen ihres Körpers richtig interpretierte, immer nervöser zu werden.

Langsam die Geduld verlierend schnellte ich abrupt in die Höhe. »Sag mir besser sofort, was mit Herrn Miller nicht stimmt, anstatt Theater zu spielen!«

Sich in Rinnsalen über ihre Wangen ergießende Tränen flossen aus Janes Augen. Schließlich begann sie zu stammeln, nachdem sie mehrmals wie ein Fisch nach Luft geschnappt hatte:

»Das ist so peinlich, Oga, dass ich es dir eigentlich nicht sagen wollte. Und auch jetzt fällt es mir äußerst schwer, über solche Dinge zu sprechen. Weißt du, nach seiner morgendlichen Dusche im Badezimmer läuft Mr Jonny immer nackt durchs ganze Haus. Und dann pfeift er stets so ein Lied und spielt mit seinem – Ding da. Du weißt schon, was ich meine.« Verzweifelt schlug sich Jane ihre Hände vors Gesicht. Sie begann hemmungslos zu weinen.

Wie vom Donner gerührt ließ ich mich in einen Sessel fallen. »Danke für die offenen Worte, Jane«, flüsterte ich. »Du kannst jetzt nach Hause gehen.«

Ich war am Boden zerstört. So etwas in meinem Haus! Das hätte ich niemals erwartet. Bei dem Versuch, mir den umherwandernden, pfeifenden Sittenstrolch vorzustellen, wurde ich durch einen Kuss aus tiefstem Grübeln gerissen. Stella war nach Hause gekommen. Da mir weiß Gott nicht nach Schmusen zumute war, verweigerte ich weitere Zärtlichkeiten, ehe ich aufs

Sofa deutete und »setz dich« murmelte. Aufgrund meines ernsten Gesichtsausdruckes wurde meine anfangs noch lächelnde Freundin immer zappeliger. Ihr rechter Fuß wippte ununterbrochen auf und ab. Ich konnte mich nicht länger zurückhalten, denn ich musste sie umgehend stellen, die Frage, die ich vorher schon Jane gestellt hatte.

»Stella, was ist hier los in diesem Haus?«

Wie zuvor erhielt ich zunächst eine ausweichende Antwort. Obendrein wurde meine Frage mit einer Gegenfrage beantwortet. »Nichts Besonderes. Gestern hat mich Mary besucht. Hast du etwa ein Problem damit?«

Erneut sprang ich auf. »Darum geht es mir nicht!«, krakeelte ich aufgebracht. Auch wenn meine Wut natürlich nicht Stella galt, konnte ich mich kaum im Zaum halten. »Was ist mit diesem Jonny Miller los? Jane hat mir bereits alles gebeichtet! Läuft der während meiner Abwesenheit nackt im Haus herum und spielt mit seinem, na, du weißt schon, mit seinem Ding da?«

Durch einen Blitzstart erreichte Stella die Haustür in rekordverdächtiger Zeit. So schnell ich konnte, folgte ich ihr nach draußen. Dort fand ich sie im Generatorhäuschen, wo sie ihr Gesicht im rechten Unterarm verbarg und sich die Seele aus dem Leib heulte. Ich entschuldigte mich mehrmals bei meiner Liebsten. Zudem schienen meine tröstenden Worte etwas zu bewirken, denn sie beruhigte sich langsam, bis sie endlich wieder ansprechbar war. Zurück im Wohnzimmer berichtete Stella von den sexuellen Belästigungen, denen sie wochenlang ausgesetzt war. Ich erfuhr, dass mein Gast nicht nur mit seinem Ding da spielte. Obendrein lag er den Frauen im Haus auch ständig mit versauten Sprüchen in den Ohren. Davon ausgehend, dass ich ihr nicht glauben und ihr womöglich auch noch die Schuld für das Verhalten dieses Sittenstrolches geben würde, hatte mir meine Freundin nichts von den Zudringlichkeiten erzählt.

Mittlerweile war es schon sechs Uhr. Demzufolge würde Jonny Miller jeden Moment eintreffen. Mit der Absicht, diese beschämende Angelegenheit allein mit ihm zu klären, bat ich Stella, sich ins Schlafzimmer zurückzuziehen. Geladen saß ich in meinem Ohrensessel und schielte auf die Haustür, die schon bald geöffnet wurde.

Jonny trat pfeifend ein. Er grüßte kurz und wollte sich in sein Zimmer verdrücken.

»Jonny, halt!«, donnerte ich.

Der Exhibitionist blieb stehen. »Herbert, warum schreist du denn so? Hast du etwa schlechte Laune?«, witzelte er. »Kann ich irgendetwas zu deiner Aufheiterung beitragen?«

»Ja, das kannst du, Jonny! Verpiss dich! Raus!«

Die buschigen Augenbrauen in die Höhe ziehend blickte mein Gast mich erstaunt an. »Ist dir etwa eine Laus über die Leber gekrochen? Dafür kann ich aber nichts. Deswegen kannst du mich doch nicht einfach so mir nichts, dir nichts rausschmeißen. So etwas macht man nicht unter weißen Brüdern. Durch solch eine unüberlegte Aktion verbannst du mich in die Obdachlosigkeit!«

Im Nu war ich wieder auf den Beinen. »Ich bin nicht dein Bruder!«, brüllte ich, wobei ich Jonny den Weg verstellte. »Und falls ich mich nicht klar ausgedrückt haben sollte: Raus, und zwar sofort!«

Spätestens jetzt schien mein Gegenüber den Ernst der Lage erfasst zu haben. Sein Gesicht verformte sich zu einer Grimasse, sodass man den behaarten Mann, wenn er gehörnt gewesen wäre, garantiert für den Leibhaftigen gehalten hätte. Mit bedrohlicher Stimme zischte er: »Ich hoffe, du weißt, mit wem du dich anlegst!«

Mir war alles scheißegal. Nur diesen Perversen wollte ich nicht mehr sehen. Ich starrte ihm in die Augen und entgegnete mit zitternden Lippen: »Wenn du meinst, ich fürchte mich vor einem in die Jahre gekommenen, kickboxenden Widerling, hast du dich getäuscht. Verpiss dich jetzt, los, beweg deinen Arsch.«

Fünf Minuten später war Jonny Miller samt seiner abwaschbaren Adidas-Tasche verschwunden. Obwohl er mir nie wieder über den Weg lief, sollte ich jedoch schon binnen Kurzem von ihm hören.

Ein Monat war ins Land gegangen. Eines Abends wunderte ich mich, dass Jane noch anwesend war, als ich von der Arbeit kam. Das Hausmädchen hatte auf mich gewartet, um mir von einem Ereignis zu berichten, das sich am Morgen zugetragen hatte. Passi, unser Wachmann, hatte gutgläubig den Fahrer eines Pick-up-Trucks, der vorgab, etwas auf Befehl seines Bosses, eines Oyibos, ausliefern zu müssen, in den Hof einfahren lassen. Jane stand am Wohnzimmerfenster und beobachtete das Geschehen. Sowie sie sah, dass der Chauffeur eine hellblaue, abwaschbare Adidas-Tasche zu den bereits auf dem Parkplatz abgeladenen Gegenständen, zwei Kartons und einen kleinen Fernseher, stellen wollte, preschte sie nach draußen. Unverzüglich stellte sie den Fremden zur Rede, denn es brannte ihr auf den Nägeln herauszufinden, was es mit der Plastiktasche auf sich hatte.

Er sei von seinem Oga beauftragt worden, die Sachen eines gewissen Jonny hier, in der Uyo Street, abzugeben beziehungsweise zu entsorgen, falls niemand sie entgegennehmen würde, erklärte der Chauffeur. Beim Namen Jonny, der wie ein rotes Tuch auf sie wirkte, drehte mein Hausmädchen durch.

»Aber wir wollen weder mit Jonny noch mit seinen abwaschbaren Sachen jemals wieder etwas zu tun haben«, kreischte sie.

Unvernünftigerweise nahm der Fahrer Jane nicht ernst. Er ignorierte sie einfach, setzte sich in seinen Pick-up und wollte das Gelände nach Erledigung seines Auftrages verlassen. Leider hatte er die Rechnung ohne den Wirt gemacht. Das Tor mit ihrem Rücken blockierend rief Jane aus voller Kehle um Hilfe, bis Angestellte anderer Hausbewohner zum Eingang eilten, um Passi und sie im Kampf mit dem Eindringling zu unterstützen. Mit vereinten Kräften machte man dem Chauffeur unmissverständlich klar, dass es nur einen Weg gab, das Grundstück zu verlassen: und zwar den Weg mitsamt Mr Jonny Millers Habseligkeiten. Vom heldenhaften Verhalten meiner Hausdame zutiefst beeindruckt, blickte ich Jane lange verschwörerisch in die Augen. Dann zückte ich mein Portemonnaie und zahlte ihr einen Bonus für außergewöhnliche Verdienste aus.

Ein Mann namens Len Heslop wurde Monate später einer meiner besten Freunde. Eines Abends standen wir wieder einmal an der Bar des Boot-Klubs, widmeten uns unserem verdienten Feierabendbier und plauderten. Len erzählte von einem obdachlosen Weißen, den er vor nicht allzu langer

Zeit bei sich aufgenommen hatte. Der Vogel hatte es doch tatsächlich gewagt, ihm seine Wohltat dadurch zu danken, dass er alle Frauen in seinem Haushalt, seine Freundin Angela, deren jüngere Schwester sowie die Putzhilfe sexuell belästigte. Genauer gesagt lief das Ferkel, sobald Len auf der Arbeit war, immer nackt in der Wohnung herum und spielte an seinem …. Ding …

Angela war es schon bald zu bunt geworden. Sie berichtete ihrem Liebhaber von diesen Schweinereien. Der handelte umgehend. Noch bevor er den Nudisten zwecks eines sofortigen Rausschmisses zu Gesicht bekam, packte er dessen Siebensachen zusammen, warf den Kram auf einen firmeneigenen Pick-up-Truck und instruierte den Fahrer, ihn in der Uyo Street Nummer 16 zu entsorgen. Sein Gast hatte nämlich einmal erwähnt, vor seinem Umzug dort residiert zu haben. Unglücklicherweise konnte Lens Chauffeur seinen Auftrag nicht erledigen. Wegen einer wutentbrannten Furie, die sich ihm in den Weg gestellt hatte, brachte er den ganzen Krempel wieder zurück.

Zuerst wollte ich es nicht glauben. Für eine gewisse Zeit, in der ein Film mit der das Tor blockierenden Jane als Hauptdarstellerin in meinem Kopf ablief, fiel es mir schwer, den Mund zu schließen. Dann brach ich in nicht enden wollendes Gelächter aus.

Gerade erst hatte ich mich wieder eingekriegt, als der verwundert dreinblickende Len wissen wollte, was denn so lustig an dieser üblen Geschichte sei.

»Och, eigentlich nichts. Aber kennst du vielleicht einen gewissen Jonny Miller?«

Ach ja, man munkelte, dass sich Jonny den größten Teil des für die Freilassung von Brian Meyer gespendeten Lösegeldes in die eigene Tasche gesteckt haben solle. Andere Gerüchte besagten, dass Brians Entführung nur vorgetäuscht worden sei, um das Geld für seine Rückreise und die seines gestrandeten Freundes mit den buschigen Augenbrauen nach England einzusammeln. Jedenfalls war auch Jonny bald weg. Er und sein Kumpel wurden nie wieder in Nigeria gesehen.

Der Dieb und der Brahmane

Inzwischen wurde es langsam Zeit. Schließlich mussten sich unsere Außendienstmitarbeiter allmählich in Richtung Hafen und Flughafen begeben, um an diesem Tag noch etwas bewegen zu können. Der hellhäutige Banigo, der wegen seines Teints von den Kollegen auch Yellow genannt wurde, tänzelte schon wieder vor meinem Schreibtisch auf und ab, klopfte mit dem Zeigefinger auf seine Armbanduhr und nörgelte: »Wenn wir den Container heute noch zustellen wollen, müssen wir langsam in die Hufe kommen.«

»Ich verstehe nicht, was los ist, was Chima sich dabei denkt«, fluchte ich ungehalten. »Am Verkehr kann es nicht liegen. Auf den Straßen ist heute im Gegensatz zu sonst nicht viel los. Wir haben ihn doch ausdrücklich gebeten, gleich von zu Hause aus zur Bank zu fahren, damit er dort rechtzeitig auf der Matte stehen und euch so früh wie möglich mit dem für die Auslieferung der Waren nötigen Kleingeld ausstatten kann.«

Jetzt fing auch noch der bullige Preye an zu nerven. »Ich glaube nicht, Oga, dass wir die fünf Kisten der Bohr AG termingerecht anliefern können.«

Unsere Leute hatten recht. Länger konnten wir wirklich nicht warten. Um Klarheit zu bekommen, bat ich Franka, mit meinem Peugeot zur Bank zu fahren und herauszufinden, ob Chima dort vorstellig geworden war. Vielleicht war unser Buchhalter ja krank oder gar auf dem Weg vom Geldinstitut zum Büro ausgeraubt worden? Schon nach einer Stunde war unsere Sekretärin zurück. Sie ließ sich auf einen Stuhl vor meinem Schreibtisch sinken, wischte sich mit einem Tempo den Schweiß von der Stirn und hüllte sich in Schweigen.

»Was ist denn jetzt, Franka?«, drängte ich sie ungeduldig. »Wir sind hier doch nicht in der Kirche. Willst du noch bis zum Sankt-Nimmerleins-Tag in dich gehen? Wo ist Chima? Und wo sind die fünfhunderttausend Naira?« Die Angesprochene vermied es, mich anzuschauen. Sie druckste herum, bevor die Worte hastig aus ihr heraussprudelten. »Halt dich bitte fest. Was jetzt kommt, wird dir in keinerlei Hinsicht gefallen.«

Mein Herz schien auszusetzen. Gespannt glotzte ich Franka an. In letzter Zeit hatte ich schon genug schlechte Nachrichten erhalten. Folglich war mein Bedarf daran mehr als gedeckt. Das Schlimmste befürchtend murmelte ich: »Na, mach schon, lass es raus. Leg los.«

»Chima war heute schon ganz früh, kurz nachdem sie geöffnet hatten, auf der Bank. Er hat auch Geld abgehoben. Aber leider nicht die Fünfhunderttausend, die er holen sollte, sondern bis auf einen winzigen Restbetrag alles, was sich auf unserem Konto befand, acht Millionen einhunderttausend Naira!«

Das einzige Wort, das über meine Lippen kam, war ein lang gezogenes, zweifelndes »Nee«. Ansonsten schien die Zeit stehen zu bleiben. Mir schwirrte der Kopf und ich befürchtete, aus den Latschen zu kippen. Meine Gedanken schwebten irgendwo im All. Als sie schließlich drohten, in ein schwarzes Loch gezogen zu werden, schlug ich mit der Faust auf den Tisch. »Und die Idioten von der Sparkasse haben ihm so einen Betrag, den wir nun wirklich nicht jeden Tag abheben, einfach so ausgehändigt?«

»Nein, die Dame am Schalter hatte schon Bedenken, aber Chima, in seinem weinroten Blazer, hat mit ihr geschäkert. Wir wissen ja, dass er das perfekt beherrscht. Er hat ihr freudig erzählt, wir benötigten das Geld dringend für die Abwicklung eines Großauftrages, den wir völlig unerwartet von einem neuen Kunden erhalten haben.«

»Und die dumme Tussi hat ihm das abgekauft?«

In unregelmäßigen Abständen Knacklaute von sich gebend zuckte Franka immer wieder verzweifelt mit den Achseln, während ich mit auf dem Rücken verschränkten Armen im Büro herumwanderte und Selbstgespräche führte. »Warum musstest du Volltrottel auch nur mit blanko unterschriebenen Schecks arbeiten? Wie kann man nur so unvorsichtig sein? Das hast einzig und allein du selbst zu verantworten.«

Plötzlich ging mir ein Licht auf. Mit unter den Arm geklemmter Aktentasche ließ ich Franka allein im Büro sitzen, um nach vorn, in den Fahrerraum, zu hasten.

»Wohin, Oga?«, erkundigte sich Peter.

»Forces Avenue!«

Weil ich zu früh dran war, musste ich noch ein gutes Stündchen ständig auf die Uhr blicken, bis der Controller der Einwanderungsbehörde endlich erschien. Er erkannte mich sofort, ließ das Tor von seinem pickeligen Fahrer öffnen und empfing mich im Wohnzimmer, in dem immer noch die verschlossenen Umzugskartons standen. Ehe ich zu Wort kam, eröffnete der Amtmann breit grinsend das Gespräch: »Na, bringst du mir doch noch meinen Anzug? Da bin ich aber mächtig gespannt. Zeig mal her. Wo hast du ihn denn, den feinen Zwirn? Noch in deinem Au…?«

Wenngleich ich mich bereits mehrmals geräuspert hatte, war ich nicht erhört worden. Deshalb fiel ich dem Mann in der khakibraunen Uniform respektlos ins Wort. Kurz und bündig gab ich ihm zu verstehen, dass ich nicht wegen seiner Garderobe, sondern wegen einer weitaus wichtigeren Angelegenheit gekommen war.

Aufgrund seines Anzugtrips, auf dem er sich befand, immer noch gut gelaunt versuchte Dr. Opara, mir den Wind aus den Segeln zu nehmen. »Na, na, mein Freund, so schlimm wird es schon nicht sein! Erzähl mir bitte in aller Ruhe, wo der Schuh drückt.«

Dem Schreibtischhengst war die Heiterkeit vergangen, nachdem er von den kriminellen Machenschaften unseres Buchhalters, seines Neffen, erfahren hatte. Seine Miene hatte sich verfinstert und absolute Stille war eingekehrt. Zu neuem Leben erwacht begann er, mit den Fingern zu schnippen. Dazu fluchte er in einer Sprache, der ich nicht mächtig war.

»Bist du schon zur Polizei gegangen?«

Mit in Falten gelegter Stirn gab ich meinem Gesprächspartner zu verstehen, dass ich zuerst ihn um Rat bitten wollte.

»Gut so. Eine weise Entscheidung«, brummte Dr. Opara. »Die Sache sollte dir keine allzu großen Bauchschmerzen bereiten. Du bekommst dein Geld zurück. Dafür werde ich sorgen. Dieses Früchtchen wird keine Schande über unsere Familie bringen! Falls es dir nichts ausmacht, fahren wir gleich zu seinen Eltern. Die werden ihn schon zur Vernunft bringen. Gib mir fünf Minuten, damit ich mich schnell umziehen kann. Uniformträger sind in der Gegend, in der mein Bruder mit den Seinigen lebt, nicht so gern gesehen.«

Wir fuhren durch die mondlose schwarze Nacht. Am Stadtrand verlor ich die Orientierung. Ab und zu unterbrach der Mann neben mir, der jetzt wieder seinen geliebten Trainingsanzug trug, seine Schimpftiraden, um dem Fahrer Befehle zu erteilen. Wenn der dann nicht umgehend reagierte oder antwortete, hämmerte der Controller so lange mit den Fäusten gegen die Kopfstütze des Beifahrersitzes, bis die gewünschte Reaktion erfolgte. Dr. Opara war richtig geladen. Diese Geschichte stank ihm gewaltig. Sie passte überhaupt nicht in sein Selbstbild vom superintelligenten, von seinen Vorgesetzten protegierten Überflieger. Und wenn sich das womöglich noch herumspräche – Kriminelle, Diebe, in der Familie des Bosses der Einwanderungsbehörde –, es würde das Ende seiner Karriere bedeuten.

Unser Mitsubishi stoppte unter einem Asbach-uralten, fledermausbehangenen Mangobaum auf einer Art Markt- oder Dorfplatz. Im Scheinwerferlicht war ein verwitterter, wellblechgedeckter Bungalow auszumachen. Dr. Opara bat mich zu warten, bevor er eilig in der Dunkelheit verschwand. Die Zeit verfloss. Kaum dass ich aus dem Fahrzeug gestiegen war, um eine zu rauchen, drangen – begleitet vom Zirpen der Grillen – laute Gesprächsfetzen an meine Ohren. Im Bungalow schien es hoch herzugehen. Nach einer halben Ewigkeit kletterte der Controller endlich wieder auf den Rücksitz des Geländewagens. Ohne Umschweife setzte er mich davon in Kenntnis, dass Vater und Mutter keine Ahnung hatten, wo ihr Sohn sich aufhielt. Vier Wochen zuvor war es zu einem Eklat gekommen, sowie Chima seine Eltern in seine Hochzeitspläne eingeweiht hatte. Er beabsichtigte, ein Mädchen aus Ghana zu heiraten. Da so etwas für das Familienoberhaupt keinesfalls in Frage kam, hatte der Sohnemann kurzerhand seinen Krempel gepackt und das Elternhaus verlassen. Dr. Opara vermutete, dass sich Chima bei einem Freund in einem nahegelegenen Dorf aufhielt. Er befahl seinem Driver, uns sofort dorthin zu bringen. Ich versprach mir nicht viel von dieser Aktion, denn ich konnte mir den Gesuchten eher bei Hochzeitsvorbereitungen in Ghana vorstellen. Genug Geld für ein rauschendes Fest hatte er ja.

Wie vorhergesehen hätten wir uns den Trip ins Dorf sparen können. Chimas bester Freund, ein großkotziger Lümmel, gab vor, nicht zu wissen, wo sich sein Kumpel befand. Wir verließen das am Arsch der Welt gelegene Kaff, das ich aus irgendeinem Grund mit meinem deutschen Heimatnest in Verbindung brachte, und düsten durch die Nacht. Niemand sagte auch nur ein Wort. Als er mich in der Uyo Street absetzte, bat mich der Controller abermals, mir keine Sorgen zu machen. Letztendlich sei ich ja nicht allein, zumal es auch noch den lieben Gott und ihn, meinen besten Freund, gab. Ich sollte relaxed bleiben und mich auf meine Beschützer verlassen. Sie würden schon alles richten.

Anfangs noch hoffnungsvoll fand ich mich in den nächsten Tagen allabendlich bei Dr. Opara ein. Trotz aller nur erdenklichen Anstrengungen konnten leider keine nennenswerten Erfolge in der für mich so wichtigen Angelegenheit verbucht werden. Der Dieb war immer noch auf freiem Fuß und spurlos verschwunden. Seinem Versprechen, mich, falls alle Stränge reißen sollten, mit zwei Millionen Naira aus eigener Tasche zu unterstützen, konnte Dr. Opara wegen eines kurzfristigen finanziellen Engpasses bedauerlicherweise nicht nachkommen.

Langsam ging mir die Luft aus. Sobald das wenige Bargeld, das ich zu Hause in einem Schränkchen aufbewahrte, zur Neige ging, wurden Lieferungen verschoben und Kunden mit Ausreden und Lügen abgespeist. Das war ein Geschäftsgebaren, das mir völlig gegen den Strich ging. Noch schlimmer war es aber, erstmals am Monatsende keine Gehälter zahlen zu können. Alle VHN-Mitarbeiter hielten mir dennoch die Stange. Immer wieder betonten sie, dass auch wieder bessere Zeiten kommen würden, ich diese Misere ja nicht verschuldet hätte und sie bis zum bitteren Ende für mich arbeiten würden. Ich hingegen war ein Schatten meiner selbst. Den Optimisten von einst gab es nicht mehr. Resigniert dachte ich: Das war's dann halt. Schluss! Aus! Nach der Katastrophe mit den Gesellschaftern, der ungerechtfertigten

Auszahlung ihrer Geschäftsanteile, sind wir schon wieder, jetzt allerdings endgültig, pleite!

Einen Strohhalm, an dem ich hoffte, mich festhalten zu können, gab es jedoch. Seaboats schuldete uns einen kleinen Betrag. Ich rief Ganesh, deren Financial Controller, an, legte die Karten auf den Tisch und bat ihn, unsere offene Rechnung möglichst sofort zu begleichen, obwohl sie noch nicht fällig war. Ganesh zeigte Verständnis. Er versprach zu helfen. Der Brahmane ging sogar noch einen Schritt weiter, indem er anbot, umgehend einen größeren Betrag zu überweisen, den wir für die mangels Masse eingestellte Verzollung von drei Containern verwenden sollten. Im Anschluss an die Auslieferung dieser Container ließ er uns neue Aufträge zukommen, deren Abwicklung er auch vorfinanzierte.

Hare Krishna, Hare Rama! Weil alles wie von meinem Mentor geplant klappte, überlegte ich, zum Hinduismus zu konvertieren. Dummerweise ging das nicht, denn Hindus erben ihre Religion von den Eltern.

Wir wickelten einen Job nach dem anderen für Seaboats ab und investierten unseren Gewinn immer gleich wieder in neue Geschäfte. So zogen wir uns langsam am eigenen Schopf aus dem Sumpf. Es dauerte zwar Monate, bis wir wieder festen Boden unter den Füßen hatten, aber wir schafften es.

Unabhängig von dem existenzbedrohlichen Drama konnte man dem Diebstahl des Buchhalters zumindest etwas Positives abgewinnen. Es war vorhersehbar, dass wir die uns von Dr. Opara in Aussicht gestellten zwei Millionen Naira niemals zu Gesicht bekommen würden. Und zur Polizei gehen, um seinen Neffen Chima anzuzeigen, konnte ich auch nicht, denn dann hätte ich mich mit dem Controller angelegt, von dem die Erteilung meiner Aufenthalts- und Arbeitserlaubnis abhing. Probleme mit der Einwanderungsbehörde gab es jedoch während der Amtszeit von Dr. Opara überhaupt nicht mehr. Außerdem wurde ich auch nie wieder vorgeladen oder aufgefordert, den Herrenausstatter zu spielen.

Der mürrische Oberst

Mit den Worten »Herbert, lange nicht gesehen, wie geht es dir und was macht deine Liebste?« begrüßte mich Frederik.

»Danke der Nachfrage, sowohl mir als auch meiner besseren Hälfte geht es gut. Was verschafft mir die Ehre?«

»Ach, ich wollte dich fragen, ob ich noch mal dein Intercellular-Telefon benutzen darf. Müsste dringendst unsere Firmenzentrale in Lagos anrufen. Draußen bei mir, im Navy Camp, haben wir ja kein Telefon.«

»Klar darfst du das. Dumme Frage. Schließlich hast du mir gerade erst mit Sprit ausge...«

Mein Bekannter, dem Kneipenbesucherinnen den Spitznamen »mürrischer Oberst« verpasst hatten, weil er immer allein am Tisch saß, griesgrämig dreinblickte und außer mit seiner Geliebten mit niemandem sprach, unterbrach mich: »So etwas ist doch selbstverständlich. Wozu hat man denn Freunde?«

Vor nicht allzu langer Zeit war abermals das Benzin knapp gewesen. Demzufolge waren die Spritpreise stündlich gestiegen. Alle Bekannten litten. Nur der mürrische Oberst, der, wenn man ihn erst einmal richtig kannte, gar nicht so mürrisch war, sondern durchaus humorvoll sein konnte, fuhr noch munter mit seinem grauen firmeneigenen VW Passat durch die Gegend. Dabei hatte er bestimmt den längsten Anfahrtsweg zu den Szenekneipen im Stadtzentrum. Der große, schlanke Militärberater mit dem weißen, seine Glatze umrundenden Haarkranz, dem sichelförmigen Oberlippenbart und den vom vielen Rauchen gebräunten Zähnen hatte ganz andere Probleme, wobei es sich hauptsächlich um Rinder handelte. Niemand verstand, warum der ältere Herr keinen Chauffeur einstellte, um sich zu jeder Tages- und Nachtzeit sicher von A nach B kutschieren zu lassen. Bestimmt wäre es wesentlich entspannter gewesen, auf dem Rücksitz zu relaxen, als sich ständig sturzbetrunken ans Steuer zu setzen, die ganze Strecke bis zum weit vor den Stadttoren gelegenen Navy Camp selbst zu fahren und alle paar Wochen einen Unfall zu verursachen. Vorzugsweise fuhr der Oberst in Rinderherden, die Fulani-Hirten in den frühen Morgenstunden bei äußerst geringem Verkehrsaufkommen auf den Straßen zum Schlachthof trieben. Laut Frederik, der mittlerweile reichlich Erfahrung mit den Viechern hatte, waren schwarze Rinder in mondlosen Nächten in der Regenzeit brandgefährliche, nahezu unsichtbare Gegner. Einmal war der Zusammenstoß mit einem Rindvieh besonders schlimm, da die geliebte Freundin des Seemannes, Kate, dabei zu Schaden gekommen war. Mit der Absicht, sie ins Camp einzuschleusen, hatte Frederik sie auf der Rückbank unter einer Decke versteckt. Als Nächstes ereignete sich die Kollision mit dem Stier. Die in ihrer Sicht beeinträchtigte Kate kullerte auf den Fahrzeugboden, wodurch sie schwer verletzt wurde, sich eine winzige Platzwunde über dem linken Auge zuzog. Dass der Passat bei dem Unfall beinahe einen Totalschaden erlitten hatte, interessierte nicht weiter, denn es handelte sich ja nur um einen Firmenwagen.

Es sah ganz danach aus, als ob sich alle Kühe des Nigerdeltas gegen den Marineoffizier verschworen hätten. Und nicht nur die Rindviecher bereiteten Frederik Kopfzerbrechen. Neuerdings gesellten sich auch noch Verrückte zu ihnen. Völlig aus dem Häuschen hatte mir mein Kamerad bei seinem letzten Besuch berichtet, dass er kurz zuvor ein albtraumartiges Erlebnis mit einem Irren gehabt hatte. Der splitternackte, verdreckte Obdachlose mit den abstehenden, langen, verfilzten Haaren lauerte am Straßenrand. Sobald er den vor einer Ampel wartenden Deutschen in seinem schicken grauen Auto erblickte, schlich sich dieses hinterhältige Wesen von der Seite her an, um auf Frederiks Motorhaube zu hechten. Schlagartig aus seinen süßen Kate-Träumen gerissen war mein Kumpel, der zuerst dachte, es mit dem Leibhaftigen zu tun zu haben, einer Herzattacke nahe. Und dann hämmerte der Verrückte auch noch Grimassen schneidend gegen die Windschutzscheibe! Frederik gab Gas. Gleich darauf legte er eine Vollbremsung hin. Durch dieses Manöver hoffte er, den Fremdkörper von seinem Volkswagen abschütteln zu können. Unglücklicherweise ging der Plan des Obersts nicht auf, weil sich der Wahnsinnige krampfhaft an den Scheibenwischern festhielt. Frederik wechselte in den Rückwärtsgang und beschleunigte. Dadurch verursachte er ein Verkehrschaos mit anschließendem Stau. Mittlerweile bewegte sich außer dem Fahrzeug des Deutschen nichts mehr, denn die Augen aller Verkehrsteilnehmer waren auf den Oyibo mit der irren Galionsfigur am Bugspriet gerichtet. Es war wie beim Rodeo, wobei es dem Pferd durch wiederholtes Beschleunigen, Bremsen, Vorwärts- sowie Rückwärtsgaloppieren nicht gelang, den Reiter abzuwerfen. Schweißgebadet und hoffnungslos verzweifelt sah Frederik sich zu guter Letzt gezwungen, aufzugeben. Er brachte den Passat zum Stehen und wollte so schnell wie möglich raus aus seinem Käfig, um das Weite zu suchen. Unerwarteterweise ahnte der Geistesgestörte die Absicht seines Wirtes jedoch. Auf einmal hatte er keinen Spaß mehr an dem Spiel. Langsam entkrampfend ließ er die Scheibenwischer los, hüpfte von der Motorhaube und schlenderte breit grinsend von dannen. Von diesem Tag an mied der Norddeutsche die Kreuzung, an der sich dieser Horror zugetragen hatte. Der Kapitän zur See fürchtete nichts mehr auf dieser Welt als die Rückkehr des Wahnsinnigen.

Ach ja, als ich ihn während der Benzinknappheit fragte, woher er seinen Sprit bezog, grinste Frederik selbstgefällig über alle vier Backen. Dabei fielen mir erstmalig seine spitzen, vampirhaften Eckzähne auf.

»Mann, ich bin Marineoffizier!«, tönte er. »Soldaten sind auf ganz andere Dinge als solche Lappalien vorbereitet!«

»Wie, vorbereitet?«

»Frag nicht so dumm. Du hast doch einen Pick-up-Truck. Mit dem kommst du heute nach Sonnenuntergang zu mir ins Camp. Dann zeige ich dir, wie das mit dem Kraftstoff funktioniert.«

Diese Chance durfte ich mir nicht entgehen lassen. Um pünktlich zu sein und nicht in den Feierabendverkehr zu geraten, stand ich sogar schon früher als vereinbart beim Oberst auf der Matte. Der schüttelte bei meinem Anblick verzweifelt den Kopf.

»Nach Sonnenuntergang habe ich doch gesagt!«, raunzte er mich an. »Ihr Zivilisten könnt einfach nicht zuhören. Nun gut, da du schon einmal hier bist, vertreiben wir uns die Zeit bis zur Dämmerung halt mit Bier und Korn.« Kaum dass der Feuerball am Horizont verschwunden war, begann ich zu nerven. »Mensch, spann mich bloß nicht bis in alle Ewigkeit auf die Folter. Zeig mir jetzt bitte, wie das mit dem Benzin funktioniert. Hoffentlich stehst du noch zu deinem Versprechen, mir fünfzig Liter zu überlassen?«

Frederik senkte mehrmals beruhigend seine rechte Hand. »Erst muss es richtig dunkel sein, damit uns keiner beobachten kann. Schon mal was von Spionage gehört?«

Endlich war es stockfinster. Mein Kamerad erhob sich. Er ging ins Schlafzimmer, kramte unter seinem Feldbett eine lange, schwere Taschenlampe sowie einen Klappspaten hervor und bat mich, ihm nach draußen aufs Gelände zu folgen. Circa hundert Meter von seinem Bungalow entfernt, vor einer kleinen Palme, wurde ich aufgefordert, die Funzel zu halten, derweil Frederik zu graben begann. Außer dem Quaken der Frösche war kein Laut zu vernehmen. Irgendwie war mir unheimlich zumute, kam ich mir wie ein Totengräber vor. Bereits nach wenigen vorsichtigen Spatenstichen hatte Doktor Frankenstein das, wonach er suchte, gefunden. Es waren nicht etwa Leichenteile, sondern vier mit Benzin befüllte Fünfzig-Liter-Plastikkanister, ein – wie mir der Soldat verriet – kleiner Teil seiner eisernen Reserve.

Der Oberst riss mich aus meinen Erinnerungen und holte meine Aufmerksamkeit zurück ins Büro. »Was glotzt du denn immerzu an die Decke?«, bellte er mich an. »Darf ich jetzt mal telefonieren oder nicht?«

»Fühl dich ganz wie zu Hause«, entgegnete ich, deutete aufs Intercellular und machte Anstalten, den Raum zu verlassen. Seinen Wählvorgang unterbrechend gab mein Bekannter mir durch einen Wink zu verstehen, dass ich ruhig bleiben sollte.

Sowie er seinen Vorgesetzten an der Strippe hatte, begann er, seinen wöchentlichen Bericht herunterzuleiern. Jede Menge Zahlen, Uhrzeiten, Maß- und Gewichtseinheiten wurden aufgelistet. Das Gebrabbel war eintönig. Es interessierte mich nicht.

Schließlich erklangen die Worte: »So, das war's für heute. Ich melde mich in einer Woche wieder. Ach ja, das hätte ich fast vergessen: Mir ist wieder eine Kuh vors Auto gelaufen. Hallo? Hallo? Hallo?« Den Telefonhörer mit ausgestrecktem Arm vor sich haltend, schielte der Oberst kritisch in die Sprechmuschel. »Das ist doch alles Mist mit dem Telefonieren in Entwicklungsländern«, resümierte er. »Immer brechen die Leitungen zusammen.«

Unter dem Vorwand, mal dringend auf die Toilette zu müssen, entschuldigte ich mich. Im WC angekommen, konnte ich endlich unbeobachtet ablachen. Zwar kannte ich Frederiks Vorgesetzten nicht, konnte mir allerdings gut sein verärgertes Gesicht vorstellen, als er hörte, dass sein Untergebener schon wieder ein Rindvieh umgenietet hatte. In freudiger Erwartung der Reparaturkosten hatte er wahrscheinlich sofort aufgelegt.

Kate war sowohl eine ausgesprochene Schönheit als auch ein echtes Busenwunder. Obwohl sie nie Kleidungsstücke mit tiefem Ausschnitt trug, waren die Blicke aller männlichen Kneipengänger sofort auf ihren Oberkörper fixiert, sobald sie ein Lokal betrat. Und superintelligent war die Dame auch noch. Sie stammte aus gutem Haus, hatte vorbildliche Manieren und war eine erfolgreiche Geschäftsfrau. Ihre Brüder hatten es allesamt zu etwas gebracht. Zwei waren Senatoren und einer sogar Minister. Der Oberst hatte zwar noch keinen der Herren persönlich getroffen, aber Kate hatte ihn ausführlich über deren Karrieren in Kenntnis gesetzt. Wenn Frederik von seiner Geliebten redete, kam er aus dem Schwärmen kaum heraus. Probleme und Streitigkeiten wie in anderen Beziehungen gab es mit Kate schlechthin nicht. So etwas war schier undenkbar, denn die ergebnisorientierte Unternehmerin war nur an Geschäften interessiert und hatte keine Zeit für Belanglosigkeiten.

Beim neuesten Projekt der Business-Lady handelte es sich um den Export von Cashewnüssen. Hierüber diskutierte das Paar lautstark in der Pisces-Bar. Nachdem man eine Pause eingelegt hatte, um zu dinieren – es gab Fish and Chips, das einzige Gericht auf der Speisekarte –, ging es weiter. Inzwischen war man bei der Transportkette angelangt, in der alles im Norden Nigerias begann, wo die in Big Bags verpackten Nüsse von Farmern bereitgestellt werden sollten. Per Truck wollte man die Big Bags nach Port Harcourt verbringen, um sie dort in einem noch zu bauenden Lagerhaus einzulagern. Die Baupläne für das Warehouse waren bereits von einem Architekten angefertigt worden. Sie befanden sich in dem Transportrohr, das neben Kate auf dem Fußboden stand und von Ameisen erklommen wurde. Selbst die Finanzierung des Depots befand sich in trockenen Tüchern, da Frederik sich bereit erklärt hatte, die Kosten zu übernehmen. In Zwanzig-Fuß-Containern sollte die Reise der Nüsse vom Lager aus fortgesetzt werden. Neben verschiedenen europäischen Ländern sowie Nordamerika plante man auch, nach Indien zu verschiffen, einem Land, in dem die Masse der Bevölkerung die Cashewnuss wertschätzte.

Mit gespitzten Ohren belauschte ich den Gedankenaustausch zwischen den Turteltauben, wobei ich das Gehörte im Geiste mit Bildern verknüpfte. Der Film begann in einem nigerianischen Bauerndorf, bis er schließlich bei indischen Nussknackern endete. Das Einzige, was mich an der Transportkette störte, war das Lagerhaus. Mir leuchtete nicht ein, wofür man es benötigte. Es wäre doch kostengünstiger, die Big Bags gleich im Norden des Landes in Container zu packen und die Behälter direkt in den Hafen zu bringen. Gedankenverloren vernahm ich meinen Namen aus weiter Ferne. Der Oberst rief mich: »Herbert! Herbert?«

»Ja?«

»Du bist doch Logistiker. Kannst du vielleicht mal rüberkommen? Wir brauchen den Rat eines Experten.«

Schlurfend begab ich mich in die Offiziersmesse an den Offizierstisch und machte Frau Kapitän zur See ein kleines Kompliment, ehe ich mich setzte. »Stehen dir gut, die Rastazöpfe, Kate. Ganz toll, wirklich.«

Offenbar hatte Frederik nichts an meiner perfekten Meldung zu beanstanden. Er nickte zufrieden, fuhr mit dem Zeigefinger über eine auf dem Tisch ausgebreitete Zeichnung und legte gleich los. »Was meinst du? Sollten wir ein Lagerhaus mit oder ohne Rampe bauen?«

Wenn ich das, was jetzt folgte, rückgängig machen könnte, würde ich es schleunigst tun. Für mein dummes, unüberlegtes Gerede könnte ich mir noch heute ein Monogramm in den Hintern beißen. Geehrt, als Experte bezeichnet zu werden, rutschte ich auf meinem Stuhl herum, bis ich meinte, die optimale Position gefunden zu haben. Herr und Frau Kapitän zur See blickten mich erwartungsvoll an. Um die Spannung zu erhöhen, räusperte ich mich erst einmal, bevor ich schulmeisterlich begann:

»Nun, wir Logistiker sagen, das beste Lagerhaus ist kein Lagerhaus! Jedes Lagerspiel, das Ein- und Auslagern von Waren, ist mit Kosten verbunden. Und wenn man Kosten vermeiden kann, spart man logischerweise Geld.«

Ich hatte mein Statement kaum beendet, als Kates Gesichtszüge erstarrten. Und nicht nur das. Ihr Make-up drohte, Risse zu bekommen. Ihre Augen glichen Laserstrahlen, die sich immer tiefer in mich einbrannten, um mich qualmend zu durchlöchern. Langsam griff die Geschäftsfrau nach der Gabel, mit der sie zuvor Fish and Chips verspeist hatte. Dann sprang sie auf. Auch ich schnellte in die Höhe. Wie durch ein Wunder konnte ich trotz meines Klumpfußes erstmals wieder rennen. Zum Glück saß Peter draußen im Auto. Geistesgegenwärtig öffnete er die hintere Tür des Peugeots in dem Augenblick, in dem er mich mit der Durchgeknallten auf den Fersen erblickte. Ich katapultierte mich auf den Rücksitz. Sofort düsten wir ab. Wie durch ein Wunder gelang es mir, in letzter Sekunde zu entkommen. Das war knapp! Wenn der Drachen mich erwischt hätte, wäre ich aller Wahrscheinlichkeit nach in Stücke gerissen worden. Jetzt erst fiel es mir wie Schuppen von den Augen. Offensichtlich hatte ich einen Fehler begangen! Wie konnte man nur so dumm sein? Mensch, Mensch, Mensch, war ich bescheuert. Da wollte ein vermögender, alter deutscher Junggeselle einer nigerianischen Lady ein Lagerhaus bauen, ihr eines schenken – und ich Logistikexperte, ich hochintelligenter Mensch, zerstörte ihre Träume, indem ich vor allen Leuten verkündete, dass das Blödsinn sei.

Erst nach Monaten vergab mir Frederik meine Sünden. Kate vergab sie mir nie. Daher achtete ich – wenn sich unsere Wege kreuzten – immer akribisch darauf, ihr nicht zu nahe zu kommen und einen Sicherheitsabstand von mindestens zwanzig Metern einzuhalten.

Wenngleich seine Geliebte keinesfalls etwas davon erfahren durfte, bat mich der Oberst am Tag unserer Versöhnung um ein Angebot für die Verschiffung verschiedener Güter von Hamburg nach Port Harcourt. Unter anderem handelte es sich dabei um einen Kleinlaster, zwei Pkw, zwei Generatoren, drei Betonmischer, drei Schweißgeräte, eine Werkbank, die gebrauchte Behandlungseinheit einer Zahnarztpraxis, diverse Werkzeuge und eine Containerladung Äpfel.

Weil meine Kopfhaut kribbelte, musste ich mich an der vom Juckreiz befallenen Stelle heftig kratzen. »Mensch, Frederik, was willst du denn mit all dem Zeug?«, stöhnte ich. » Bist du durcheinander? Vor allem mit den Äpfeln ist das gar nicht so einfach. Dafür brauchst du einen Kühlcontainer. Des Weiteren muss das Obst auch später noch, nach Ankunft in Port Harcourt, temperiert gelagert werden!«

Der Oberst kicherte, hielt sich die Hand vor den Mund und verdeckte so seinen silbernen Oberlippenbart nebst den spitzen braunen Eckzähnen. »Mach dir über den Verkauf mal keine Sorgen. Wir steigen jetzt ganz groß ins Liefergeschäft ein. Für all die Waren haben wir bereits Abnehmer. Dafür hat Kate gesorgt. Wir importieren praktisch auf Bestellung. Außerdem wirft jeder Artikel mindestens dreihundert Prozent Gewinn ab.«

Trotz meines knapp kalkulierten Angebotes hörte ich lange nichts mehr von Frederik. Doch eines Tages erschien er plötzlich wieder in meinem Paradies. Der Mann wirkte sichtlich nervös. Anstatt sich zu setzen, tigerte er unaufhörlich vor meinem Schreibtisch auf und ab. Ausnahmsweise versäumte es der Oberst sogar, sich nach dem Wohlbefinden meiner Freundin zu erkundigen. Dafür kam er gleich zur Sache: »Hoffentlich kannst du uns helfen! Wir brauchen dringend ein Kühllager, sonst verderben uns die Äpfel. Der Kühlcontainer steht schon seit zwei Wochen im Hafen, in Tin Can Island, in Lagos. Die Miete kostet mich ein Vermögen.«

»Mann, warum hast du den Import denn nicht über mich abgewickelt? Dann hätten wir uns rechtzeitig nach einem Kühllager umsehen können. So auf die Schnelle fällt mir auch nichts ein. Wozu brauchst du eigentlich ein Warehouse? Ich dachte, die Äpfel wären bei ihrer Ankunft in Nigeria bereits veräußert und der Käufer kümmert sich um die Lagerung. Im Übrigen verstehe ich nicht, warum der Container in Lagos und nicht in Port Harcourt steht.«

Mit den Händen in der Luft herumwedelnd ließ sich mein Besucher auf einen Stuhl fallen. »Das ist alles Scheiße, ja, eine Katastrophe!«, stöhnte er verzweifelt. »All meine Ersparnisse habe ich in diese Deals gesteckt. Und jetzt platzen sie, einer nach dem anderen. Langsam, aber sicher geht mir die Luft aus. Es fing schon mit der Verschiffung an. Sowie Kate von meiner Absicht, den Transport über dich abzuwickeln, Wind bekam, hat sie getobt. Weiter muss ich das wohl nicht ausführen, denn ich glaube, du kannst dir das Theater bildlich vorstellen. Um zusätzlichen Stress zu vermeiden, habe ich zugestimmt, nach einer Alternative zu suchen. Die bot sich auch, zumal sich herausstellte, dass unser Lieferant, ein in Kiel ansässiger Verwandter Kates, von dem wir den ganzen Importkram haben, auch Spediteur war. Demzufolge, so dachten wir, würde es Sinn machen, ihn mit der Verschiffung zu beauftragen. Somit würde die gesamte Auftragsabwicklung in Deutschland in einer Hand liegen und wir hätten es mit nur einem Ansprechpartner zu tun. Dass der Experte nicht einmal zwischen Port Harcourt und Lagos unterscheiden konnte oder wollte, hätte ich mir niemals träumen lassen. Wie dem auch sei, Fakt ist, sämtliche Einfuhrwaren, die Äpfel, der Truck und das andere Zeug, wurden in Lagos angelandet.«

Mich hielt es nicht mehr auf meinem Hocker. Wie ein anständiger Nigerianer schnalzte ich mit der Zunge. »Mensch, Alter, bist du bescheuert?«, zischte ich. »Einen nigerianischen Verkäufer, der in Deutschland mit Trucks, Äpfeln, Zahnarztbesteck und so weiter handelt und außerdem auch noch Seehafenspediteur ist, so etwas kann es doch gar nicht geben. Allein bei dem Gedanken daran muss einem doch ein Licht aufgehen!«

»Ich weiß, ich weiß«, gab der Oberst kleinlaut zu. »Hinterher ist man immer schlauer.«

»Es tut mir sehr leid«, begann ich meine Kondolenzrede. »Aber ich kann dir wirklich nicht helfen. Momentan haben wir weder ein Büro noch einen zuverlässigen Partner in Lagos. Deshalb können wir dein Sammelsurium dort nicht verzollen.«

Frederiks Albtraum hatte erst begonnen. Nicht nur der Käufer der Äpfel, sondern auch alle anderen Kunden hatten wie durch eine ansteckende Krankheit ihr Gedächtnis verloren. Sie erinnerten sich nicht mehr an getroffene Preisabsprachen. Jetzt, nach Ankunft der von ihnen bestellten Ware, offerierten sie wesentlich geringere als die ursprünglich vereinbarten Preise. Den Oberst nahm das Fiasko sichtlich mit. Binnen Kurzem war er nicht mehr ansprechbar. Am Tresen hockend führte er nur noch Selbstgespräche, wenn man ihm einmal in einer Schankstube begegnete.

Kate hingegen war genauso gut drauf wie eh und je. Ihr war es im Grunde genommen egal, zu welchem Kurs die importierten Waren unter den Hammer kamen. Zwar hatte Frederik das Geschäft finanziert, da die Importpapiere aber ihren Namen auswiesen, erfolgte die Zahlung sämtlicher Kaufpreise an sie. In den Büchern der bewundernswerten, erfolgreichen Geschäftsfrau wurden daher ausschließlich Einnahmen und keine Kosten verzeichnet. Und falls sich mal etwas wie die Behandlungseinheit der Zahnarztpraxis partout nicht verhökern ließ, hatte sie ja auch noch das Lagerhaus, in dem Ladenhüter vorübergehend geparkt werden konnten.

Schon bald verließ das neureiche Busenwunder den inzwischen verarmten Oberst, um mit einem jungen Italiener durchzubrennen. Ob sie in ihrer neuen Heimat Sophia Loren Konkurrenz machte, entzieht sich meiner Kenntnis. Frederik bekamen wir nie wieder zu Gesicht. Vermutlich weilt er nicht mehr unter uns, ist er in seiner norddeutschen Heimat einsam und mit gebrochenem Herzen von uns gegangen.

Die heiligen drei Könige

Da saßen sie, die drei heiligen, übergewichtigen Könige. Direkt vor meiner Nase. Nur dass die Herren keine Geschenke überbrachten, sondern Gaben von unermesslichem Wert forderten. Anfangs hatte ich nur eine Vermutung. Dann meinte ich allerdings zu wissen, wem ich den Besuch der Steuereintreiber zu verdanken hatte. Dieser Angelegenheit würde ich mich später widmen, eins nach dem anderen. Der älteste meiner Besucher, der Wortführer, trug einen roten Boubou und eine rote orientalisch-islamische Mütze. Er hatte eine platte Nase, unter der sich eine schaufelförmig vorgestülpte Unterlippe befand. Sein Kollege, der Beleibteste des Grüppchens, ein Mann mit ausgeprägtem Doppelkinn, dem es schwerfiel, auf dem schmalen hölzernen Besucherstuhl zu sitzen, war in ein langes, grüngelbes, aus schwerem Stoff geschneidertes Gewand gehüllt. Farblich dazu passend hatte er sich einen marineblauen Turban um den Kopf gewickelt. Steuereintreiber Nummer drei war mit einer übergroßen Jeans, einem hellblauen Poloshirt sowie einer Schiebermütze bekleidet. Er beäugte mich aus weit zurückliegenden gelben Augen, die sich ständig unruhig auf und ab bewegten, alles zu erfassen schienen und irgendwie hinterhältig wirkten. Drei Stammesnarben schmückten seine rechte Wange.

»Hahaha, dreitausend Dollar«, grölte der Wortführer. »Du machst wohl Witze, denkst, wir sind von gestern und wissen nicht, was läuft? Das ist nicht einmal das Monatsgehalt eines Libanesen. Wenn du Inder wärst, würden wir dir das vielleicht abnehmen, aber du bist ja, wie du uns gerade selbst erzählt hast, Deutscher. Und Deutsche, Amis, Engländer und ihresgleichen verdienen nun mal mindestens zehntausend Dollar im Monat. Das ist so sicher wie das Amen in der Kirche. Wer hier keine zehntausend Dollar verdient, bleibt zu Hause, anstatt in unser Land zu kommen.«

»Ein Traumgehalt von zehntausend Dollar verdient man vielleicht in der Ölindustrie, aber doch nicht in einer kleinen mittelständischen Spedition!«, protestierte ich.

»Hier steht aber Managing Director!«, meldete sich Gelbauge, meine Visitenkarte in die Höhe streckend, zu Wort. »Willst du uns etwa weismachen, dass du als Boss dieses Unternehmens nur dreitausend im Monat einsackst? Das glaubst du doch wohl selbst nicht!«

»Bei meinem Arbeitgeber handelt es sich um ein neu gegründetes Fuhrunternehmen. Wir stehen ganz am Anfang. Meistens verdiene ich nicht einmal dreitausend. Zudem gibt es Tage, an denen ich vor Hunger nicht in den Schlaf finde«, jammerte ich.

Der Dicke fing laut und dröhnend an zu lachen, wobei sein Doppelkinn ins Wackeln geriet. Dann schlug er mit der Faust auf den Tisch. »Noch einmal, ganz langsam und zum Mitschreiben! Bei uns in Nigeria nimmt ein Inder nicht weniger als dreitausend Dollar ein. Ein Libanese geht am Monatsende mit mindestens fünftausend nach Hause und in der Lohntüte eines Amerikaners, Engländers oder Deutschen stecken mehr als zehntausend Dollar. Basierend auf diesen Zahlen und nichts anderem ist eine persönliche Einkommenssteuer von fünfundzwanzig Prozent zu entrichten! Habe ich mich klar ausgedrückt?«

Der Delegationsleiter fasste das vorher Gesagte über seine Unterlippe sabbernd nochmals zusammen. Er endete mit der Ansage: »Ich hoffe, du verstehst uns richtig, mein Freund. Es ist uns im Grunde genommen scheißegal, wie viel du verdienst. Für uns geht es ausschließlich darum, dass du deine Steuern von monatlich zweitausendfünfhundert Dollar bezahlst. Übers Wochenende kannst du dir das Ganze gern noch mal durch den Kopf gehen lassen. Falls du möchtest, dass wir einen Inder aus dir machen, solltest du uns ein Angebot unterbreiten, das wir nicht ablehnen können. Wir sehen uns am Montag wieder, zur selben Stunde am selben Ort.«

Gelbauge, der während der letzten Minuten geschrieben hatte, ließ ein

Blatt Papier, das die Überschrift »Zahlungsaufforderung« trug, über meinen Schreibtisch segeln, bevor sich die heiligen drei Könige auf den Rückweg ins Morgenland machten. Mit rauchendem Kopf saß ich am Pult und beäugte den vor mir liegenden Zettel. Auf einmal stieg eine unbeschreibliche Wut in mir auf. Da war er, der eindeutige Beweis für meine Vermutung! Direkt vor meinen Augen. Wegen der Arthrose, unter der ich seit meiner Sprunggelenkfraktur besonders in der Regenzeit litt, eingeschränkt humpelte ich zur Tür, riss sie auf und trompetete wie ein wild gewordener Elefant: »Ubong!!!«

Der kleine Mann war umgehend zur Stelle. Er blickte ängstlich drein. »Rein! Setzen!«, befahl ich, um sofort loszulegen. »Du mit deinen bescheuerten Ideen! Einmal hört man auf dich, und schon sitzt man bis zum Hals in der Scheiße! Mann, Mann, Mann, dir scheint die Begabung dafür, Mist zu bauen, in die Wiege gelegt worden zu sein. Du ziehst das Unglück förmlich an!«

»Aber was habe ich denn getan?«

»Was du getan hast? Du hattest die Idee mit diesem blöden Firmenschild, das du draußen am Straßenrand angebracht hast. Aus werbetechnischen Gründen ist es ein Muss, es aufzustellen, meintest du, wenn ich mich recht erinnere. Bisher hat das Schrottteil allerdings noch keinen einzigen Kunden angelockt. Aber auf Steuereintreiber und Leute, denen man nicht einmal in der Hölle begegnen möchte, übt deine Tafel eine magische Anziehungskraft aus. Die übertragen unsere Firmendaten vom Schild direkt auf ihre Rechnungen, Zahlungsaufforderungen und Ablassbriefe, um damit auf kürzestem Weg in unser Büro zu stürmen. Ich hatte mich schon gefragt, woher dieser Raymond von unserer Existenz wusste. Und jetzt haben wir auch noch die verdammten Steuereintreiber an der Backe.«

Ubong unterbrach mich mit erhobenem Zeigefinger: »Oga, Entschuldigung, aber ich glaube nicht an deine Theorie. Es gibt keine Beweise dafür, dass all diese bösen Menschen nur wegen meines Schildes zu uns kommen.«

Mir fiel es schwer, mich zu beherrschen. Der einwandfrei identifizierte

Sündenbock wagte es tatsächlich, seine Unschuld zu beteuern. »Was? Keine Beweise?«, krakeelte ich. »Auf der Stelle werde ich dir den unwiderlegbaren Nachweis für meine Behauptung liefern. Mir nach!«

Ich stürmte aus dem Büro die Treppe hinunter in Richtung Straße. Der kleine Mann trottete missmutig hinterher, hatte trotz meiner Behinderung Mühe, mit mir Schritt zu halten. Vor dem Firmenschild blieb ich stehen. »Was siehst du hier?«, wollte ich wissen, kaum dass Ubong endlich zu mir aufgeschlossen hatte.

»Was schon? Unsere Reklametafel natürlich.«

»Und was noch?«

»Nichts, was sollte ich denn sonst noch sehen?«

Mein Zeigefinger deutete auf den oberen Bereich der Konstruktion. »Hier, auf das N von VHN hat ein Vogel gekackt. Daher ist es nicht mehr sichtbar. Und was steht auf diesem Wisch?«

»VH Transport und Logistik«, las Ubong stotternd von der Zahlungsaufforderung ab, die ich ihm unter die Nase hielt.

Noch an Ort und Stelle wurde der Professor dazu verdonnert, den Grund für unsere Misere, dieses verdammte Firmenschild, sofort zu entsorgen. Melancholisch nahm der Zwerg lange Abschied von seinem farbenfrohen Kunstwerk, wobei ich sogar meinte, Tränen in seinen Augen zu entdecken. Zu guter Letzt machte er sich aber doch auf den Weg, um in Begleitung eines Mannes zurückzukehren, der mit einer Flex und einem sehr langen Verlängerungskabel ausgerüstet war.

Während des ganzen Wochenendes war ich griesgrämig. Fortwährend an die heiligen drei Könige denkend lief ich in Haus und Garten herum. Immer wenn Stella fragte, was denn los sei und ob sie Anlass zu meiner schlechten Laune gegeben habe, erhielt sie nur knurrige Antworten. Am Sonntag, an dem ich wegen meiner miserablen mentalen Verfassung ausnahmsweise aufs Fischen verzichtete, setzte ich mich mit Schreibzeug, einem Taschenrechner sowie einer Flasche Star bewaffnet auf die Terrasse. Irgendwie spürte ich, dass sich mein Problem vielleicht auf mathematischem Weg lösen ließ. Und tatsächlich war es so. Eigentlich war es ganz einfach, obwohl ich mit jedem weiteren geistigen Getränk erneut zu rechnen begann, weil ich es anfangs kaum glauben konnte.

Als die heiligen drei Könige am Montagmorgen in Bethlehem erschienen, wurden sie freudig begrüßt. Die Herren vom Finanzamt zeigten sich sichtlich überrascht, mich in solch guter Stimmung anzutreffen. Gelbauge musterte mich lange mit ausgesprochen misstrauischem Blick. Dennoch interpretierte der Delegationsleiter meine Laune positiver als sein Kollege. Ein Liedchen über die Unterlippe flötend erkundigte er sich, ob ich bereit wäre, ein kleiner Inder zu werden und mir schon überlegt hätte, wie meine Wiedergeburt vollzogen werden sollte.

Mit einem Lächeln bedankte ich mich für das verlockende Angebot, meine Nationalität wechseln zu dürfen. Im selben Atemzug bekundete ich jedoch, dass ich trotzdem nach intensiver Kontemplation beschlossen hätte, Deutscher zu bleiben. Das aufkommende Gezeter nicht weiter beachtend nahm ich das Wort wieder auf: »Und da ich als guter Germane selbstverständlich weiß, was sich gehört, möchte ich mich bei euch recht herzlich bedanken.«

Das Gebrabbel verstummte. Fragende Blicke waren auf mich gerichtet. »Ihr seid gute Menschen!«, lobte ich die Beamten. »Richtige Wohltäter! Wie oft habe ich die knauserigen Gesellschafter unseres Unternehmens schon um eine dickere Lohntüte gebeten und wie oft wurde mein Flehen nicht erhört? Indessen beabsichtigt ihr, mein Gehalt gleich von dreitausend auf zehntausend Dollar zu erhöhen! Unglaublich! Vielen, vielen Dank.« Ich ergriff die beringte Hand des Delegationsleiters, schüttelte und tätschelte sie. Angewidert zog der Alte seine Flosse zurück. Genauso wie seine Kollegen war er völlig verdattert. Wahrscheinlich dachten die Herren, ich hätte den Verstand verloren.

Da saßen sie nun, die ratlosen Weisen aus dem Morgenland. Der Boss hatte seine Unterlippe eingefahren, der Dicke sein Doppelkinn heruntergeklappt und Gelbauge schielte mich an wie Gollum den Einen Ring. Energiegeladen die Tür öffnend wies ich mit der Hand nach draußen. »Selbstverständlich kommen wir gern unseren Verpflichtungen nach, indem wir fünfundzwanzig Prozent Steuern basierend auf meinem neuen Gehalt von zehntausend

Dollar abführen«, säuselte ich. »Macht euch deswegen bloß keine Sorgen. Und kommt bitte nächstes Jahr wieder. Ich freue mich schon jetzt auf euren künftigen Besuch, der sicherlich wieder mit einem Präsent verbunden sein wird. Gern würde ich fünfzehn- oder gar zwanzigtausend Dollar verdienen! Jetzt müsst ihr mich aber bitte entschuldigen. In dieser Angelegenheit habe ich gleich ein Meeting mit den Firmeninhabern.«

Die heiligen drei Könige erhoben sich gesenkten Hauptes, um Richtung Ausgang zu traben. Gelbauge drehte sich noch einmal um. Er bat mich um Erstattung seiner Fahrtkosten. Dummerweise waren wir an diesem Tag noch nicht bei der Bank gewesen. Daher konnten wir seiner Bitte leider nicht nachkommen. Im nächsten Jahr wartete ich vergebens auf Geschenke aus dem Morgenland. Und in den darauffolgenden Jahren ging es mir nicht anders.

Franka kam in mein Büro. Sie fand mich belustigt am Fenster stehend vor. Mit fragendem Gesichtsausdruck erkundigte sie sich nach dem Grund für meine gute Laune. Sowie ich ihr von meiner Gehaltserhöhung berichtet hatte, bekam sie große Augen. Natürlich wollte sie auch gleich eine haben. Ich bat die Sekretärin, sich zu setzen.

»Diese Halunken wollen, dass ich fünfundzwanzig Prozent Einkommenssteuer bezahle«, erklärte ich. »Aber nicht etwa unter Zugrundelegung meines tatsächlichen Gehaltes, sondern basierend auf einem fiktiven, von ihnen willkürlich für einen Deutschen festgelegten Monatslohn von zehntausend Dollar. Das macht zweitausendfünfhundert Bucks im Monat. Dass ich keine zehntausend verdiene, weißt ja nicht nur du. Das sollte allen Mitarbeitern bekannt sein. Um die Steuerbelastung zu verringern, bot man an, aus mir einen Inder zu machen, dessen Gehalt man niedriger, mit nur dreitausend Dollar im Monat, veranschlagt. Fünfundzwanzig Prozent von dreitausend sind siebenhundertfünfzig Dollar. Durch die Änderung meiner Nationalität hätten wir folglich tausendsiebenhundertfünfzig Dollar im Monat gespart. Vermutlich erwarteten die Herren Steuereintreiber eine gerechte Teilung der Einsparungen, die mit einer monatlichen Zahlung von achthundertfünfundsiebzig Dollar an diese korrupten Galgenvögel verbunden gewesen wäre.«

Franka hatte mir aufmerksam zugehört. »Ja, aber eine Ersparnis von achthundertfünfundsiebzig Dollar ist doch besser als nichts. Das ist viel Geld!«

»Ist es nicht. Das ist alles Blödsinn, denn am Jahresende wird die Körperschaftssteuer fällig. Die beträgt dreißig Prozent des Unternehmensgewinns. Wenn wir mir auf dem Papier ein Gehalt von zehntausend und dem Finanzamt eine persönliche Einkommenssteuer von zweitausendfünfhundert zahlen, verringern wir unseren Gewinn drastisch. Dementsprechend führen wir wesentlich weniger Körperschaftssteuer ab. Das ist alles Jacke wie Hose. Im Endeffekt läuft es fast aufs Gleiche hinaus.«

Franka klatschte in die Hände. »Fantastisch!«, spöttelte sie. »Das hast du hervorragend hinbekommen! Mit diesen Taschenspielertricks zaubert man sich also zehntausend Dollar im Monat in die eigene Tasche. Deine Rechenkünste begeistern mich. Allerdings wäre ich noch begeisterter, wenn du auch mal ein paar Kleinigkeiten auf die Konten deiner Mitarbeiter hexen könntest.«

»Madam, dass du so schlecht von mir denkst, hätte ich nicht erwartet. Die zehntausend im Monat sind doch nicht für mich bestimmt. Das Geld verbleibt im Betrieb. Wir verwenden es für Vergütungen an den Zoll, andere Behörden und gute Kunden. Wir benutzen es für Zahlungen, für die wir keine Quittungen erhalten!«

Youth

Gerade erst hatte ich sie hinter mir, meine zweite Malaria. Dieses Mal war sie heftig und überhaupt nicht mit der ersten Infektion zu vergleichen. Für meinen Leichtsinn büßend wäre ich dabei fast über den Jordan gegangen. Wenngleich es ein unvergessliches Erlebnis war, den Briten John Atkin im Boot-Klub kennenzulernen, hätte ich die Regeln befolgen, vor Sonnenuntergang eine lange Hose und festes Schuhwerk anziehen sollen. Dann wäre ich bestimmt weniger von den Moskitos heimgesucht worden. Der alte Knabe, John, hatte in reinem Oxford-Englisch berichtet, in welchen ehemaligen Kolonien des Empires er sich beruflich aufgehalten hatte. Jetzt wohnte er zwar in Panama, verbrachte aber die meiste Zeit des Jahres in Nigeria. Auf Panama deutete auch der elegante Hut hin, der seinen kahlen Schädel sowie Teile seines von Wind und Sonne gegerbten Gesichtes verdeckte. Des Engländers lange, spitze Schuhe hingegen passten nach meinem Dafürhalten weder in die Karibik noch zum Jipijapa auf dem Kopf. Vermutlich hatte er sie auf einem arabischen Basar erworben. Auf junge Damen, mit denen sich der stattliche Siebzigjährige permanent umgab, wirkte er dennoch attraktiv. Sie liebten sein lautes, dröhnendes Lachen, mit dem er seine fantastischen Geschichten, die sich meist um die Kolonialzeit drehten, nach jedem zweiten Satz untermauerte. Wir saßen draußen, auf den im rechten Winkel an das Klubhaus angrenzenden kleinen Holzbänken.

»Wie heißt deine hübsche Begleiterin?«, wollte ich wissen, kaum dass Johns Bekannte zur Toilette verschwunden war.

»Was für eine dusselige Frage ist das denn? Wednesday natürlich – oder ist heute etwa nicht Mittwoch?«

»Ja klar, logisch. Die andere, mit der du neulich unterwegs warst, war aber auch nicht von schlechten Eltern.«

»Das muss Monday gewesen sein«, erinnerte sich John stolz, nachdem er seine grauen Zellen lange strapaziert hatte.

»Sag mal, benennst du deine Bekanntschaften eigentlich immer nach Wochentagen?«

»Selbstverständlich, sonst kommt man ja ständig durcheinander. Montags gehe ich mit Monday aus und am Sonntag mit Sunday. Das ist doch wohl einleuchtend, oder?«

Obwohl er wahrlich nicht mehr der Jüngste war, befand sich John wieder einmal auf Jobsuche. In diesem Zusammenhang berichtete er von unterqualifizierten Personalchefs in Entwicklungsländern, denen es aufgrund ihres beschränkten Horizontes schwerfiel, die Fähigkeiten eines wahren Multitalentes zu erkennen. Wir scherzten und tratschten. Dabei vergaß ich – wie schon erwähnt – ganz die vielen lauernden Blutsauger, die zwar nicht am, dafür aber unter dem Tisch in der Dunkelheit hockten. Völlig unerwartet fühlte ich mich ein paar Tage später beschissen. Meine Knochen waren bleischwer und ich hatte leichtes Fieber. Weil es mir allerdings schon nach drei Tagen besser ging, verwarf ich schnell den Gedanken an einen Malariatest. Dieses fahrlässige Verhalten sollte sich in der darauffolgenden Woche bitterböse rächen. In der ersten Nacht war alles noch relativ entspannt, da meine Temperatur nur leicht erhöht war. Bereits in der nächsten wurde ich jedoch von heftigsten Fieberschüben und Schüttelfrost geplagt, wobei das Thermometer bis auf zweiundvierzig Grad stieg. Stella saß bis zum Morgengrauen an meinem Bett, hielt Händchen und bedeckte meinen saft- und kraftlosen Körper immer wieder mit nassen Tüchern. Obendrein musste sie sich auch noch mein fantasiereiches Gestammel anhören. Bei Tagesanbruch ließ ich mich in die neue russische Klinik kutschieren, wo mich Doktor Steve empfing.

»He… He… Herr Do… Do… Doktor, ich glaube, ich habe Ma… Ma… Malaria«, stotterte ich mit klappernden Zähnen.

Der junge russische Medikus musterte mich kurz, nickte und deutete mit dem Zeigefinger gen Himmel. »Gut, dann geh nach oben ins Labor und mach einen Test.«

Gesenkten Hauptes schleppte ich mich in Richtung Treppe. Auf ein Krankenbett deutend rief mich der Arzt auf halbem Weg zurück. »Hinlegen, auf den Bauch und Hosen runter«, befahl er. »Den Test können wir später machen. Erst einmal verabreiche ich dir die erforderlichen Spritzen, damit wir dich nicht in einer hölzernen Kiste aus der Klinik tragen müssen.«

Solch riesige Spritzen, eine rote, eine gelbe und eine grüne, hatte ich noch nie gesehen. Angst vor den ampelfarbenen Dingern kam aber nicht auf, denn ich hätte alles in Kauf genommen, um erneute schreckliche Fieberschübe zu vermeiden. An den folgenden zwei Tagen erhielt ich weitere Injektionen, bevor es mir langsam besser ging.

Immer noch schlapp saß ich erstmals wieder im Büro, als sich auch schon Besuch ankündigte. Vermutlich handelte es sich abermals um ungebetene, unangenehme Gäste, zumindest deutete das Geschrei und Getöse auf dem Flur darauf hin. Franka eilte in mein Paradies. »Oga, die Elekahia Youth sind hier«, meldete sie aufgeregt. »Die verlangen, dich zu sprechen.«

»Aber wir haben unser Schild doch gerade erst abmontie…« Es gelang mir nicht, den Satz zu beenden, denn schon drängten sich nicht gerade vertrauenswürdig aussehende Typen ins Zimmer. Glücklicherweise passten nicht mehr als elf Leute in den kleinen Raum. Der Rest der Truppe, weiß der Teufel, wie viele es waren, verteilte sich auf das Sekretariat und den Flur.

Mein Gott, mit welchem Auftrag sendest du diese Gestalten zu mir, überlegte ich nach einem vorsichtigen Rundblick. Sämtliche Chaoten, Area Boys und Taugenichtse Port Harcourts schienen mein Büro erobert zu haben. Die Invasoren schauten aggressiv drein, murrten, gestikulierten und gaben sich alle Mühe, bedrohlich auf mich zu wirken. Von Bekannten hatte ich bereits gehört, dass selbst ernannte Vertreter verschiedener Kommunen unterwegs waren, um Firmen zu drangsalieren. Insgeheim hatte ich trotzdem gehofft, dass der Kelch an mir vorübergehen würde, dass diese Bösewichte meine kleine, unbedeutende

Klitsche, die wahrlich nicht mit multinationalen Ölkonzernen vergleichbar war, verschonen würden. Nun, in dieser Annahme hatte ich mich offensichtlich schwer getäuscht.

Einer meiner ungebetenen Gäste, ein Früchtchen, das sich durch sein gepflegtes Äußeres von den anderen unterschied, ergriff das Wort, indem er sich als Präsident der Elekahia Youth, der Jugendlichen des Stadtteils Elekahia, vorstellte. Passend zum Hut, der dem von John Atkin ähnelte, trug er einen strahlend weißen Boubou und an seinem linken Handgelenk baumelte eine goldene Uhr. Vorgebeugt stützte sich der Bengel mit dem spärlichen Vollbart auf einen Gehstock mit Elfenbeingriff. Augenscheinlich hatte er sich sein einstudiert wirkendes, gebrechliches Erscheinungsbild von alten, traditionsbewussten Chiefs abgeschaut. Dadurch sowie durch den Sombrero, die Uhr und den hölzernen Knüppel hoffte er wohl, seriös zu wirken.

Was er denn davon halten würde, die Anzahl der sich in unserem Geschäft befindenden Personen zu reduzieren, fragte ich den Schnösel. Schließlich würde man sich in einer kleineren Gruppe ungestörter unterhalten können. Freudlos nickend kam der Präsident der Elekahia Youth meiner Bitte nach. Er ging auf den Flur, um seinen Mitstreitern lauthals zu befehlen, unten im Hof zu warten. Sobald die durch Schieben, Schlürfen und Latschen verursachten Geräusche verklungen waren, nahmen er und zwei seiner handverlesenen Knechte auf den zur Verfügung stehenden Sitzgelegenheiten Platz, ehe der Herr Präsident das Gespräch eröffnete.

»Gelobt sei unser Prinz!«, brüllte er.

Hiernach grölte sein Gefolge dreimal etwas, was ich nicht verstand, was aber wahrscheinlich mit unserem »hipp, hipp, hurra« vergleichbar war.

Beeindruckt nahm ich meine Gäste näher in Augenschein und nickte ihnen anerkennend zu. Bei dem Muskelprotz im schwarzen Shirt schien es sich um den Bodyguard des Anführers zu handeln. Obwohl von einer tief in die Stirn gezogenen roten Baseballkappe halb verdeckt, kam mir sein Gesicht bekannt vor. Vermutlich hatte er früher einmal in einem Lokal als Rausschmeißer gearbeitet. Der in der Mitte sitzende Typ trug keine Kopfbedeckung. Er war glatzköpfig, hatte Segelohren und seine Kinnpartie erinnerte mich an Mike

Tyson. Der Kerl rollte angriffslustig mit den Augäpfeln, schien nicht ganz richtig im Kopf zu sein.

»Die Diktatur ist vorüber!«, fuhr der Oberindianer fort. »Und die Demokratie steht auf schwachen Beinen, da der Präsident und seine Minister sich nicht ums Volk kümmern. Die sind ausschließlich damit beschäftigt, ihre eigenen Taschen zu füllen!«

Wieder ertönte ein dreifaches »hipp, hipp, hurra!«

»Unsere traditionellen Führer, die Chiefs, sind nicht viel besser als die Politiker. Auch sie denken nur an sich. Deshalb sind wir, die Jugendlichen, gezwungen, die Dinge selbst in die Hand zu nehmen. Was wir wollen, ist eine Verbesserung der Lebensbedingungen der indigenen Bevölkerung, Bildung und Arbeit für die ortsansässigen jungen Leute sowie Wohlstand für alle!«

»Hipp, hipp, hurra!«

Auf die goldene Uhr und das Elfenbein am Gehstock des Rädelsführers schielend, musste ich mir böse Worte in Bezug auf Wohlstand für alle verkneifen. In den Zeiten von Militärregierungen hattet ihr die Hosen gestrichen voll, dachte ich. Jetzt reißt ihr die Klappe auf, um die wenigen Investoren, die es in diesem gesetzlosen Land noch gibt, zu vergraulen. Kaum ist die Katze aus dem Haus, tanzen die Mäuse auf dem Tisch.

Der Chef der Jugendlichen erhob sich und setzte zum großen Finale seiner Rede an. »Was wir hier, in unserer Region, nicht dulden, sind ausbeuterische, fremde Unternehmen, die nicht mit uns kooperieren! Heute haben wir euch nur aufgesucht, damit wir uns einen ersten Eindruck von der VHN-Spedition verschaffen können. Schon bei unserem nächsten Treffen wird es aber ans Eingemachte gehen. Dann werden wir euch unseren Forderungskatalog präsentieren.«

»Hipp, hipp, hurra!«

»Das kann ja heiter werden«, stöhnte ich resigniert und Böses ahnend, als sich die wilde Horde endlich verzogen hatte. Und es wurde auch heiter, allerdings anfangs noch nicht so wie befürchtet. Zwei Tage später erhielten wir abermals Besuch. Jetzt waren es die Jugendlichen aus der Npogu Road, die uns, ihren Kollegen in nichts nachstehend, mit viel Tamtam heimsuchten.

Darüber hinaus ließen auch die ausgesprochen aggressiven Lümmel der Rebisi-Kommune nicht lange auf sich warten. Sie hinterließen Eierschalen, Blut, Federn und leere Schnapsflaschen vor unserer Eingangstür. Anscheinend hatten sie ein Voodoo-Ritual vollzogen, um die Götter und Geister des Treppenhauses zu beschwichtigen.

Zunehmend verwirrt forderte ich die Vertreter der Kommunen auf, doch bitte erst einmal zu klären, wer von ihnen für uns zuständig sein sollte. Schließlich konnten wir nicht gleichzeitig in verschiedenen Hoheitsgebieten ansässig sein beziehungsweise von drei Youth-Gruppierungen für was auch immer zur Verantwortung gezogen werden. Das erwies sich als cleverer Schachzug, der uns für die nächsten sechs Monate Ruhe verschaffen sollte. Doch dann, nachdem man das Territorium unter sich aufgeteilt hatte, kamen sie, die Gewinner, die Rebisi-Chaoten. Und von da an war nichts mehr wie vorher.

»Demokratie

Nach dem Medizinstudium arbeitete Michel noch einige Jahre als Arzt in deutschen Krankenhäusern. Später kehrte er dann nach Togo zurück und eröffnete eine Praxis in der Hauptstadt Lome. Neben seiner Arbeit ist Michel politisch aktiv. Er kandidiert für eine Partei und erwartet, wie die Mehrheit der Bevölkerung, sehnsüchtig die ersten demokratischen Wahlen im Lande. Bis zu den Wahlen gibt es allerdings noch viel zu tun. Vor allem muss die Bevölkerung über den Sinn und Zweck einer Demokratie und über wahltechnische Dinge aufgeklärt werden. Dieser Aufklärungskampagne opfert Michel jede freie Stunde. Er fährt in Dörfer, hält Vorträge, lädt politisch Interessierte zu sich nach Hause ein.

Nach einer abendfüllenden Diskussion über die Demokratie verließ die Abordnung eines Dorfes sein Haus. Michel stand noch an der Haustür und schaute den Gästen nach, als er bemerkte, dass sich ein alter Mann vor dem Pfeiler seines Gartentores aufbaute. Er verfolgte das weitere Geschehen und bekam den Mund vor lauter Staunen gar nicht mehr zu. Nein, das kann doch nicht sein. Eilig begab er sich zum Tor und sprach den Alten an. ›Hör mal, das geht doch nicht, du kannst mir doch nicht einfach ans Gartentor pinkeln. Warum gehst du nicht ein paar Meter weiter?‹

Der alte Mann knöpfte sich gemächlich die Hose zu, schaute dabei Michel verdutzt an und fragte: ›Warum? Ich denke, du bist für die Demokratie?‹«

Herbert Hoddow: Götter, Geister, Generatoren (1996)

Rebisi

Wie oft habe ich sie in meinen Träumen grausamst umgebracht, diese Terroristen, diese Blutsauger, diese Schmarotzer, jeden Einzelnen von ihnen. Auch heute noch leide ich unter Albträumen, schlage und trete ich um mich, ehe ich schweißgebadet hochschrecke. Gibt es etwas Schlimmeres, als schlechten, bösartigen Wesen über Jahre hinweg wehrlos ausgeliefert zu sein, sich bedrohen und beschimpfen zu lassen und immer gute Miene zum bösen Spiel zu machen? Keiner konnte oder wollte einschreiten, um zu helfen, keine Behörde, weder das Militär noch die Polizei.

UK, die im Vereinigten Königreich geborene und nach ihm benannte hübsche junge Frau, die nach Abschluss ihres Studiums ihren Zivildienst bei uns ableistete, bekam es als Erste zu spüren. Als die Barbaren unser Büro stürmten, bat sie sie darum, sich doch bitte etwas zivilisierter zu verhalten, sich zu benehmen. Daraufhin bekam sie gleich richtig was auf die Ohren und wurde genötigt, das Gebäude umgehend zu verlassen. Allen anderen VHN-Mitarbeitern erging es ähnlich. Sie mussten der Übermacht der Bürobesetzer weichen, sich sowohl anpöbeln als auch bespucken lassen, da keiner von ihnen der ethnischen Gruppe der Ikwerre angehörte. Schon wenige Minuten nach dem Einfall in unsere Räume war ich vollkommen allein, stand ich im Besprechungszimmer zwanzig Lokalmatadoren gegenüber, um mich zu rechtfertigen, denn wir beschäftigten nicht nur Angehörige anderer Volksstämme, sondern auch Leute aus benachbarten Bundesstaaten.

Draußen im Hof, wo die vielköpfige Ikwerre-Nachhut herumlungerte, wurde es plötzlich laut, wurde gejubelt. Die zu mir vorgedrungenen Invasoren drängten sich an die Fenster des Konferenzraumes. Ein schwarzer, im Sonnenlicht funkelnder Mercedes fuhr unter dem Beifall der Anwesenden vor. Er hielt neben dem Eingang zu unserem Bunker. Der uniformierte Fahrer der Limousine stieg aus, eilte um das Automobil herum, öffnete die rechte hintere Tür und half einem Herrn im grün-roten, traditionellen afrikanischen Anzug beim Aussteigen. Die Menge jubelte. Kurz darauf betrat der sich an einen Spazierstock klammernde Neuankömmling den Sitzungssaal. Er wurde von einem Rotzbuben mit schnell gesprochenen, wie von Dieter Thomas Heck vorgetragenen Worten begrüßt. Hiernach folgte das altbekannte dreifache »hipp, hipp, hurra«!

Sobald der Oga, ein wie sein Kollege aus Elekahia auf altersschwach machender Mittdreißiger mit einer schiefen, vermutlich bereits mehrfach gebrochenen Nase Platz genommen hatte, folgten die höhergestellten Untergebenen seinem Beispiel. Der Rest der Gruppe machte es sich auf den Fersen hockend bequem. Mit der Tür im Rücken wurde mir der letzte freie Platz am langen Tisch gegenüber dem Oga angeboten. Der rechts neben ihm sitzende Jüngling mit rosa Zipfelmütze – bei ihm handelte es sich offensichtlich nicht etwa um den Hofnarren, sondern um den Sprecher oder Sekretär der Vereinigung – sprang auf und stellte mich dem Anführer, den er mit Mister President anredete, vor. Danach öffnete er seine braune Aktentasche, entnahm ihr einige Papiere und breitete sie vor der Nase des Präsidenten aus. Der begann unverzüglich mit dem Verlesen eines kurzen einleitenden Textes, bevor er als erste Amtshandlung verkündete, dass die VHN-Spedition, weil man sich nicht selbst und auf freiwilliger Basis bei der Rebisi-Kommune registriert hatte, zu einer Geldstrafe von hunderttausend Naira verurteilt worden war. Ich wollte protestieren, wurde aber durch mehrere Zwischenrufe aufgefordert, gefälligst den Mund zu halten, wenn »Euer Hochwohlgeboren« sprach. Mit der Veröffentlichung des Forderungskataloges der Kommune fuhr der Vorsitzende fort.

Unter anderem verlangte man,

- dass von nun an ausschließlich von den Youth ausgewählte Personen VHN-Führungspositionen innehaben sollten.

- dass schnellstmöglich mindestens die Hälfte aller Stellen mit Leuten aus der Kommune besetzt werden sollte.
- dass alle Neueinstellungen von den Youth genehmigt werden sollten.
- die unverzügliche Einstellung eines CLOs (Community Liaison Officers), eines die Interessen der Kommune vertretenden Managers, der die VHN-Aktivitäten beobachten und Rebisi Bericht erstatten sollte.
- die Zahlung einer jährlichen Abgabe von einer Million Naira.
- die Finanzierung eines sozialen Projektes (entsprechend den Beschreibungen im Projektkatalog).
- Weihnachtsgeschenke gemäß Wunschzettel.
- einen Höflichkeitsbesuch mit Geschenken beim Prinzen. Neben anderen Artikeln der freien Wahl sollten dabei mitgebracht werden: eine Kuh, sieben große Schafböcke, einundzwanzig Hühner, zwanzig Kisten Bier, hunderttausend Naira für den Prinzen, hunderttausend Naira für die Youth, eine Flasche Remi Martin für den Prinzen und eine Flasche Hennessy für die Youth.

Sprachlos klebte ich an meinem Stuhl fest und ließ mich berieseln. Schon nach dem Vorlesen des halben Kataloges war mir speiübel. Was stellten sich diese Anarchisten vor? Dass ich unsere geschulten Mitarbeiter entlassen würde, um sie durch von ihnen auserwählte Analphabeten zu ersetzen? Durfte ein Unternehmen jetzt nicht mehr selbst entscheiden, wen es einstellte? Wohin sollte es führen, mehrheitlich Ikwerre zu beschäftigen, die nicht unbedingt wegen ihres Arbeitseifers bekannt und verschrien waren, von denen die meisten keinen Schulabschluss, geschweige denn eine qualifizierte Ausbildung hatten? Nur weil diese Vögel es so wünschten, sollte ich alle Igbos, die ja auch in Port Harcourt lebten, und die Angestellten aus den benachbarten Bundesländern wie Aqua Ibom auf die Straße setzen? War das nicht purer Rassismus?

Zumal ich davon ausging, an diesem Tag keine Schlacht gewinnen zu können, hielt ich mich mit Kommentaren in Sachen finanzieller Verpflichtungen zurück. Bezüglich der Mitarbeiter, insbesondere der in Führungspositionen, konnte ich es mir hingegen nicht verkneifen zu fragen, ob neuerdings die

Herkunft und nicht mehr die Qualifikation einer Person bei der Jobvergabe ausschlaggebend sein sollte. Da hatte ich aber etwas gesagt! Augenblicklich sprangen mehrere muskelbepackte Halbstarke auf, tanzten vor mir herum oder hielten mir ihre Wurstfinger vor die Augen. Es wurde geschrien, gebrüllt und auf den Tisch geschlagen. Mutterseelenallein musste ich das ganze Theater über mich ergehen lassen, bis schließlich Mister President das Wort ergriff. Ob ich denn meinte, dass es unter den Ikwerre keine qualifizierten Arbeitskräfte gäbe, wollte er wissen. Ich hielt es für angebracht, mich nicht weiter zu diesem Thema zu äußern. Um stattdessen wieder gut Wetter zu machen, brachte ich die letzte Position des Forderungskataloges, den Besuch beim Prinzen, aufs Tapet.

»Wie stellt ihr euch das Zusammentreffen vor? Soll ich wie ein indischer Großmogul auf der Kuh reitend mit meinem Gefolge, den Schafböcken, Hühnern und Geschenkträgern im Schlepptau, in einer Art Prozession durch Port Harcourt ziehen?«

Mein Bauernwitz kam nicht wirklich gut an. Keiner lachte. Alles glotzte mich nur dusselig an. »Oder ist es vielleicht besser, wenn ich euren Prinzen zum Essen einlade und ihm bei der Gelegenheit ein Geldgeschenk überreiche, mit dem er sich all die schönen im Katalog aufgeführten Dinge selbst kaufen kann?«

Ich hatte kaum ausgeredet, als schon ein Tumult losbrach. Keinen hielt es mehr auf dem Stuhl beziehungsweise auf den Fersen. Bis auf den Präsidenten waren alle auf den Beinen. Man umringte und bedrohte mich. Offensichtlich hatte ich den Hiesigen ungewollt ordentlich auf die Zehen getreten. Langsam rutschte mir das Herz in die Hose. Einer, eine Art Vorkämpfer, entledigte sich seines Hemdes. Er hüpfte mit freiem Oberkörper, mir abwechselnd seinen linken und seinen rechten Bizeps unter die Nase haltend, auf dem Stuhl neben mir herum. In der stehengebliebenen Zeit befürchtete ich jeden Moment, dass man den großen Kochtopf anschleppen würde. Gab es denn keinen Ausweg, keine Möglichkeit, dem Fegefeuer zu entrinnen? Ich schloss die Augen, denn ich wollte zumindest die von Grimassen begleiteten Drohgebärden nicht mehr sehen.

Nach einer halben Ewigkeit vernahm ich die Stimme des Präsidenten aus weiter Ferne. »Schluss jetzt!« hallte es. »Hinsetzen! Wir alle haben es gehört. Der Oyibo hat unsere königliche Hoheit beleidigt. Deshalb verurteile ich ihn zu einer weiteren Geldstrafe von hunderttausend Naira!«

»Hipp, hipp, hurra!«

»Lasst uns jetzt wieder zur Tagesordnung übergehen! Als Nächstes möchte ich Mister Herbert seinen neuen CLO vorstellen. Der Auserwählte ist unser Jurastudent Henry. Steh bitte auf, Henry.«

Ein fescher, schlanker, relativ hellhäutiger Milchbubi erhob sich. Im Gegensatz zu den meisten seiner Kollegen war er seriös gekleidet. Er trug keine traditionellen Klamotten, sondern eine Jeans und ein langärmeliges weißes Hemd. Folglich war der erste Eindruck, den der Typ auf mich machte, wider Erwarten positiv. Unseligerweise hatte ich mich dabei aber von Äußerlichkeiten leiten lassen. Wie sich schon bald herausstellen sollte, hatte ich mich in Henry gewaltig getäuscht.

Der letzte Punkt auf der Agenda war die Zahlung der verhängten Bußgelder wegen versäumter Registrierung sowie Majestätsbeleidigung. Mist, beim Öffnen meiner Schreibtischschublade musste ich überraschenderweise feststellen, dass nur hundertfünfzigtausend Naira vorhanden waren. »Na ja, ich kann es nicht ändern. Vielleicht lassen die Typen ja mit sich reden«, seufzte ich.

»Was soll die Hühnerscheiße? Glaubst du mit einem Ikwerre-Prinzen wie mit einer Marktfrau handeln zu können?«, krakeelte der Sprecher, dem ich die Packen Zehn- und Zwanzig-Naira-Scheine nach Rückkehr in den Konferenzraum überreichte. Er spuckte aus und schmiss mir ein Geldbündel ins Gesicht, von wo aus es zu Boden fiel, um von der Ikwerre-Mannschaft als Fußball benutzt zu werden. Im Anschluss an das Fußballmatch knallte der Typ mit dem freien Oberkörper sämtliche Geldbündel – eins nach dem anderen – vor mir auf den Tisch. Dass man keine Almosen, kein Kleingeld, annehme, grölte er. Am nächsten Morgen um Punkt zehn sollte ich dem CLO gefälligst den ganzen Zaster, den vollständigen Betrag, übergeben.

Auch nach dem soundsovielten Bier im Pavillon gingen mir die Bilder des Nachmittags nicht aus dem Kopf. Ständig erklangen die Stimmen der Hauptakteure der Youth in meinen Ohren. Jede Unterhaltung war deshalb zwecklos.

Unser neuer Manager, Henry, traf gegen Mittag ein. Ohne jemanden zu grüßen oder sich vorzustellen, inspizierte er erst einmal naserümpfend alle Büroräume nebst den sanitären Anlagen. Danach schlenderte er gemächlich durch das Sekretariat, riss die Tür zu meinem Heiligtum auf, ohne Franka eines Blickes zu würdigen, und lümmelte sich vor meiner Nase auf einem Besucherstuhl hin. Verdutzt betrachtete ich den mit seinem Siegelring spielenden Lackaffen. Zwei Dinge fielen an ihm auf: Henrys kurze, krause Mähne war pechschwarz. Benutzte der eitle Bock etwa, wie ältere nigerianische Herren es zu tun pflegten, Schuhcreme zur Tönung seines Haupthaares? Im Kontrast dazu war sein frisch gebügeltes Oberhemd strahlend weiß. Das ließ entweder auf einen sich in guten Händen befindenden frisch Vermählten oder auf ein Muttersöhnchen schließen. Wie ich später in Erfahrung bringen sollte, war Letzteres der Fall.

Wo sich denn sein Büro und sein Schreibtisch befänden, lautete die erste Frage des Herrn CLO. Daraufhin erklärte ich ihm, dass er sich ein Einzelbüro abschminken könne, da es innerhalb der von uns angemieteten Räumlichkeiten nur vier – das des Buchhalters, Ubongs, Frankas und meins – davon gäbe. Mich herablassend anschauend schnaufte der Neue wütend. »Und wo steht mein Schreibtisch?«, fuhr er fort zu nerven.

»In der Seefrachtabteilung ist noch einer frei.«

Henry beugte sich vor und zeigte mir einen Vogel. Ob ich noch ganz richtig im Kopf sei, fragte er. Ihm, dem CLO dieses Betriebes, einem zukünftigen Anwalt, so ein billig zusammengezimmertes Möbelstück wie die Pulte, die er bei seinem Rundgang in Augenschein genommen hatte, anzubieten, das ginge überhaupt nicht. Um Stress zu vermeiden, versprach ich nachzubessern. Dabei dachte ich an den großen, etwas in die Jahre gekommenen Schreibtisch im Abstellraum bei mir zu Hause.

Während der nächsten zwei Stunden unterhielten wir uns über das Gehalt der innovativen Spitzenkraft. Gerade erst hatte ich seinem letzten Entgegenkommen zähneknirschend zugestimmt, als Henry schon das nächste Thema ansprach: die Beschäftigung arbeitsloser Ikwerre.

»Wegen der geschäftlichen Lage, die zu wünschen übrig lässt, kommen Neueinstellungen momentan nicht in Frage. Außerdem kann ich nicht auf qualifizierte, verdiente Mitarbeiter verzichten, indem ich sie von heute auf morgen durch unerfahrene Leute ersetze«, erklärte ich, woraufhin sich der CLO verärgert räusperte.

Da auch eine längere Debatte zu keiner Einigung führte, meinte Henry schlussendlich, ich würde schon sehen, wohin meine Sturheit führe. Achselzuckend stand er auf, ehe er ohne ein Wort des Abschieds ging.

Wie versprochen sah ich am nächsten Tag, was ich sehen sollte. Abermals stürmte die wilde Horde mein Paradies. Und wieder waren unsere Mitarbeiter spurlos verschwunden, war ich den Freaks mutterseelenallein ausgeliefert. Aufs Neue wurde ich beschimpft, gedemütigt und zu Geldbußen verdonnert. Bereits vierundzwanzig Stunden nach dem Showdown hatte ich eine zweite Sekretärin sowie einen vierten Fahrer, wenngleich uns nur drei Autos zur Verfügung standen. Der neue Chauffeur kam schon nach drei Tagen nicht mehr zur Arbeit, nachdem er unsere Jungs erstmals in den Hafen gefahren und bei der Gelegenheit Bekanntschaft mit dem Feierabendverkehr gemacht hatte. Die Sekretärin, Enna, eine knorrige kleine Frau mit hochstehendem rotbraunem Haar, erstellte mit der ihr zugewiesenen mechanischen Schreibmaschine Lochkarten. Bei den wenigen Worten, die darauf erkennbar waren, handelte es sich weder um englische noch um deutsche. Dennoch war die Frau, die gern knielange, leichte Sommerkleider trug, eigentlich ganz nett und vor allem auch arbeitswillig. Aus diesem Grund führte ich ein längeres Gespräch mit ihr, in dem wir uns darauf einigten, dass sie ab sofort die Position einer Putzfrau bekleiden würde. Auf diesem Posten fühlte sie sich ihren eigenen Äußerungen zufolge auch wesentlich wohler.

Der Herr CLO war ein gemeiner Mensch. Er hatte keine Manieren, war eingebildet und obendrein auch noch respektlos. Egal ob in Konferenzen mit Kunden, Offiziellen oder Mitarbeitern, Henry durfte in alle Meetings hereinplatzen, denn seine Belange hatten stets Priorität. Wenn ich nicht augenblicklich alles stehen und liegen ließ, um auf seine Wünsche einzugehen, standen seine Mitstreiter am nächsten Tag vor der Tür. Warum nur hatte man mir dieses Arschloch zugewiesen? Bei dem CLO der in unserem Gebäude ansässigen Bank – er hieß Wonderful – handelte es sich um einen ganz anderen Menschen. Gut gelaunt grüßte Wonderful immer freundlich, ehe wir über seinen griesgrämigen Nebenbuhler scherzten.

Zum Glück war zumindest das Thema Neueinstellungen für einen längeren Zeitraum vom Tisch. Wahrscheinlich fürchtete der CLO, ich würde mich beim Prinzen über ihn beschweren, zumal es sich bei dem hochqualifizierten Fahrer, der uns für sage und schreibe drei Tage zur Verfügung gestanden hatte, um seinen Vetter handelte. Und die putzende Sekretärin, Enna, war seine Cousine.

Im Laufe seiner langen Amtszeit kam der Vertreter der Kommune nur ein einziges Mal gesenkten Hauptes zu mir. An diesem Tag sah er fürchterlich aus und selbst sein geliebtes weißes Hemd war schmutzig. Henry legte Kopf und Arme auf meinen Schreibtisch, bevor er wie ein Schlosshund zu heulen begann. Von Mitleid ergriffen versuchte ich, ihn sowohl zu beruhigen als auch herauszufinden, was los war. Allmählich erfuhr ich, dass sein älterer Bruder, der ebenfalls studiert hatte, von einer Gruppe mit Macheten bewaffneter Mitglieder einer Studentenverbindung vor den Augen seiner Mutter in Stücke gehackt worden war. Ab und zu unterbrach der CLO sein Weinen. »Warum ausgerechnet mein geliebter Bruder? Warum?«, jammerte er.

Wenn der sich genauso aufgeführt hat wie du dich hier bei uns, wundert mich das nicht, lag mir schon auf der Zunge. Ich hielt mich jedoch zurück, nahm den jungen Mann stattdessen in den Arm und ließ ihn sich für ein Stündchen an meiner Schulter ausweinen. An diesem Tag tat mir der Kollege richtig leid. Unglücklicherweise war aber schon nach zwei Wochen alles wieder wie vorher. Zu frischen Kräften gekommen verhielt sich Heinrich VIII. geradezu noch scheußlicher als zuvor. Mittlerweile träumte ich jede Nacht von dem Penner. Eines Morgens stand ich sogar senkrecht im Bett, um mich verlegen dabei zu ertappen, wie ich ihn mit der Machete …

Ach ja, neben den vielen ekelhaften Meetings mit der wilden Horde gab es sogar ein schönes, unvergessliches Zusammentreffen. Seit zehn Uhr morgens wurde ich schikaniert, hatte ich das Theater der Youth über mich ergehen lassen. Um vier Uhr nachmittags war ich völlig erschöpft und ausgelaugt. Meinen Gästen schien es ähnlich zu ergehen. Sie hatten alles gegeben, hatten geschrien, gegrölt, getanzt, die Muskeln spielen lassen, auf den Tisch geschlagen und ihre Oberkörper entblößt. Jetzt wirkten sie nicht minder müde. Nur noch in den Seilen hängend schaute ich den Präsidenten flehend an. »Sollten wir es für heute nicht besser gut sein lassen und uns auf morgen vertagen?«, wagte ich zu fragen.

»Kommt gar nicht in Fr...«, setzte der Vortänzer zu einer Antwort an. Dann besann er sich eines Besseren. »Wie meinst du das?«, erkundigte er sich misstrauisch.

»Ehrlich gesagt denke ich, wir sollten in eine Kneipe gehen und ein schönes, eiskaltes Bier trinken. Was hältst du davon?«

Der Führer beäugte mich lange kritisch. »Hm, wer bezahlt?«, knurrte er schließlich.

»Dumme Frage, ich natürlich.«

»Na gut, wenn du partout darauf bestehst, habe ich nichts dagegen einzuwenden, aber lass mich erst mal herausfinden, was die anderen davon halten.«

Zehn Minuten später marschierte ich mit der ganzen wilden Horde im Pavillon ein, das zu dieser frühen Stunde noch vollkommen leer war. Onkel Sam, der weißhaarige libanesische Gastwirt, schaute mich kopfschüttelnd aus den Augenwinkeln heraus an. Tische wurden zusammengeschoben, ehe Bedienungen in kurzen Röckchen sich bei den feinen Herren nach ihren Wünschen erkundigten.

»Star, Star, Gulder, Star, ...«, ertönte es aus verschiedenen Mündern. Eine der lokalen Größen fragte, ob es denn auch etwas zu essen gäbe. Bier auf nüchternen Magen, das ginge doch nicht. »Klar«, antwortete ich und bat eine Kellnerin, die nigerianische Karte zu bringen. Die Wahl zwischen den vier Garri- und Yamsgerichten fiel den Feinschmeckern ausgesprochen schwer. Sie nahm viel Zeit in Anspruch.

Als endlich jeder seine Entscheidung getroffen hatte, stand ich auf. »Einen für den Präsidenten und einen für die Erde!«, rief ich. Sogleich kippte ich einen ordentlichen Schluck Bölkstoff auf den Boden, woraufhin ein dreifaches »hipp, hipp, hurra!« erklang.

Nachdem die Bergen ähnelnden Portionen, die Sam mir zuliebe noch größer als sonst hatte ausfallen lassen, verspeist und die Teller blitzeblank waren, spannten sich die Bauchdecken der Gesättigten. Ein weiterer Gerstensaft musste aber trotzdem unbedingt vertilgt werden, schließlich handelte es sich ja um Freibier. Hiernach lehnte man sich gähnend im Stuhl zurück, wobei dem ein oder anderen bereits die Augen zufielen. Unterdessen wirkten die Folterknechte, in deren Mitte ich saß, irgendwie ganz anders auf mich, gar nicht mehr so abschreckend, geschweige denn gewalttätig. Meine Peiniger genauer betrachtend sann ich darüber nach, alle zukünftigen Treffen in Kneipen abzuhalten. Einige Ikwerre versuchten sich noch an einem dritten Kaltgetränk. Schlussendlich sanken aber auch die letzten Kokosnussköpfe auf die Tischplatten. Wenig später setzte ein Konzert ein, das dem der quakenden Frösche im Boot-Klub glich.

Zu unserem auf den nächsten Tag verschobenen Meeting kam niemand. Erholt und gestärkt schlugen die Youth dann aber eine Woche später umso grausamer zu. An den netten, gemütlichen Nachmittag in der Beiz wollte man nie und nimmer erinnert werden. Infolgedessen lehnte man zukünftige Treffen außerhalb unseres Konferenzraumes kategorisch ab.

Neuerdings versuchte ich, soweit sich auch nur die kleinste Möglichkeit dazu ergab, zu meditieren, wenn ich den Rebisi Youth wieder einmal schutzlos ausgeliefert war. Kraft schöpfte ich vor allem, indem ich an das Martyrium eines Menschen dachte, dem es wesentlich schlimmer als mir ergangen war, dessen Leiden mit meinen kleinen Wehwehchen keinesfalls vergleichbar waren.

»Das empörende Verhalten dieser Menschen lässt sich mit Worten nicht beschreiben. Sie sannen gleichsam nur auf Unheil und freuten sich an dem Elend ihrer Mitgeschöpfe. Ich war ihrer Rohheit, Wildheit und ihrem Fanatismus

vollkommen ausgeliefert. Fremd, ohne Schutz und Christ – einer dieser Um-
stände wäre schon genug gewesen, jeden Funken von Menschlichkeit in der
Brust eines Mauren zu ersticken, alle drei vereinigten sich nun in mir, also
konnte ich nichts Gutes erwarten. Um wenigstens nicht Ali zu missfallen und
überhaupt den Mauren keinen Vorwand zu geben, mir übel zu begegnen, tat
ich unweigerlich alles, was von mir verlangt wurde, und ertrug jede Beleidigung
mit Geduld. Aber ich gestehe es, in meinem ganzen Leben habe ich mich nie
in einer so drückenden Lage befunden wie hier in Alis Lager, wo ich von dem
rohesten, wildesten Volk auf Erden vom Morgen bis zum Abend die gröbsten Be-
schimpfungen ertragen musste und nicht einmal sauer dazu aussehen durfte.«

Mungo Park (1771–1806): Reisen ins Innerste Afrika (Edition Erdmann)

Asche zu Asche

In so mancher Nacht erschien sie mir im Traum, die höhnisch grinsende, auf ihrem Besen durch die Lüfte reitende Enna, unsere Putzfrau. Mir ging ihr Meisterstück einfach nicht mehr aus dem Sinn.

Teufel auch, war das peinlich gewesen! Zusammen mit ihrem Kärtchen hatte Frau Jaja, die deutsche Sekretärin meines vormaligen Arbeitgebers, drei traditionell gekleidete ältere Herrschaften, zwei Frauen und einen Mann, zu mir geschickt. Aufgrund von Frau Jajas Empfehlung beabsichtigten die Geschwister, unsere Dienste in Anspruch zu nehmen. Als ich dann hörte, um welche Art von Importabfertigung es ging, wollte ich den Auftrag, der hier winkte, zuerst ablehnen. Letztendlich entschied ich mich aber doch anders, denn ich konnte Frau Jaja nicht im Regen stehen lassen. Der Bruder der Anwesenden war in England verstorben und eingeäschert worden. Seine sterblichen Überreste waren bereits einer Londoner Spedition übergeben worden. Sie sollten in Kürze am Port Harcourt International Airport eintreffen. Da die Beerdigungsfeierlichkeiten Unmengen an Geld verschlangen, fragte man mich, ob wir die Asche zu einem günstigen Kurs verzollen und ausliefern könnten. Selbstverständlich war ich bereit, den Angehörigen in dieser schwierigen Zeit zu helfen. Mitfühlend sprach ich ihnen mein Beileid aus und offerierte, den Job kostenlos zu erledigen.

Alles lief wie am Schnürchen. Schon drei Tage später wollte Preye eine Art größeren Schuhkarton auf meinen Schreibtisch legen. Lauthals hielt ich ihn jedoch davon ab, denn an einer Seite rann etwas aus dem Behältnis.

»Preye, bist du von Sinnen?«, protestierte ich. »Halt das Ding gefälligst waagerecht, Mensch! Die Asche des Verstorbenen rieselt raus und auf

meinem Schreibtisch will ich das Zeug schon mal gar nicht haben, du Blödmann. Leg den Karton schön vorsichtig in den Konferenzraum.«

Im Laufe der Woche erschienen die Angehörigen nicht. Daher hatte ich
den Karton schon ganz vergessen, als sie schließlich doch auftauchten.

»Einen Moment, ich hole das Gefäß«, wisperte ich feierlich, wobei ich mir
so würdevoll wie ein Bestatter vorkam. Verflucht, wo war die Schachtel nur?
Jede Ecke des Konferenzraums inspizierend krabbelte ich sogar unter dem
großen Tisch herum. Dennoch gelang es mir nicht, das gesuchte Objekt zu
lokalisieren. Allmählich wurde ich nervös. Unauffällig schlich ich mich in
Frankas Büro und bat sie im Flüsterton, damit die Angehörigen mich nicht
hörten, mir zu folgen.

»Eh, das gibt es doch nicht. Der war doch immer hier«, stotterte die rat-
lose Sekretärin, nachdem sie sich im Besprechungszimmer umgesehen hatte.

Gemeinsam befragten wir den neuen Buchhalter, den Professor und den
Rest der wenigen anwesenden Mitarbeiter nach dem Verbleib des Packstücks.
Fatalerweise konnte uns aber niemand weiterhelfen. Es war wie verhext.

Nahe dran, einen Nervenzusammenbruch zu erleiden, blickte ich flehend
nach oben in der Hoffnung auf Erleuchtung. Außer einem kleinen Gecko,
der an der Decke klebte und auf Beute lauerte, entdeckte ich jedoch nichts.
Durfte das denn wahr sein? Die sterblichen Überreste waren weg. Sie hatten sich in Luft aufgelöst, waren im Nirvana verschwunden. Was half es, ich
musste mich nach dem Motto, wo die Angst ist, ist der Weg, zur Beichte zu
den Angehörigen begeben. Wie würden sie die Hiobsbotschaft aufnehmen?
Sicherlich hatten sie eine beträchtliche Summe Geld in die Hand genommen,
um tunlichst viele Gäste zur Beerdigung einladen zu können. Und nun das.
Jetzt fehlte das Wichtigste, die Asche. Mit hochrotem Kopf und rasendem Puls
zwängte ich mich auf den Stuhl hinter meinem Schreitisch. Die Geschwister
beobachteten mich erwartungsvoll. Gesenkten Blickes dachte ich angestrengt
über die passenden Worte für eine Trauerrede nach, als die Tür geöffnet wurde.
Mit Eimer und Schrubber ausgestattet schob sich Enna im Rückwärtsgang in
den Raum. Sie erschrak sichtlich, sobald sie bemerkte, dass ich nicht nur anwesend war, sondern auch noch Besuch hatte.

»Oh, Entschuldigung, Sir, es war so ruhig hier, da dachte ich, ich könnte das leere Zimmer sauber machen.«

Ich erkannte einen Hoffnungsschimmer am Horizont und fragte hastig: »Enna, hast du vielleicht den Karton gesehen, der im Konferenzraum lag?«

Dämlich grinsend stützte sich die Putzfrau auf ihren Schrubber. Anstatt meine Frage zu beantworten, stellte sie eine Gegenfrage. »Meinst du den, aus dem immer etwas herausrieselte, wenn man mal versehentlich mit dem Besen dagegen stieß?«

Fassungslos glotzte ich Enna an. Mist, was faselte sie denn da? Anscheinend wusste sie nicht, was der Karton beinhaltete, geschweige denn, dass die Angehörigen des Verstorbenen anwesend waren.

Ehe ich etwas erwidern konnte, fuhr die Reinemachfrau fort: »Der blöde Karton stand mir dauernd im Weg. Deshalb habe ich ihn in die Rumpelkammer geschmissen.«

Die molligere der trauernden Damen stöhnte erschrocken auf. Die andere stierte mich mit vernichtendem Blick an. Seine Augen mit den Händen verdeckend senkte der Herr das Haupt. Mein Gott, war das peinlich. Am liebsten wäre ich im Erdboden versunken. Kaum dass ich mich etwas gefasst hatte, lispelte ich: »Also, wenn ich dich richtig verstanden habe, hast du den Karton im Lager deponiert?«

Um weitere pietätlose Sprüche der Raumpflegerin zu verhindern, war ich im Nu bei ihr. Samt ihren Arbeitsutensilien drängte ich sie aus dem Zimmer. »Entschuldigen Sie mich bitte für einen Moment!«, rief ich der Verwandtschaft verlegen über die Schulter zu.

Im Sekretariat gab es eine klare Ansage hinter vorgehaltener Hand. »Franka, lass dir von Enna zeigen, wo dieser verdammte Karton ist. Mach ihn sauber und übergib ihn der Familie. Und achte bei der Übergabe der Pappschachtel bitte unbedingt darauf, sie waagerecht zu halten!«

Die Aktion lief reibungslos. Die Trauernden zogen ab, ohne ein weiteres Wort zu verlieren. Inzwischen befanden sich die sterblichen Überreste an einem sicheren Ort: Sie ruhten zwischen Armen, Händen und Bauch des Bruders des Verschiedenen. Für mich war das alles zu viel. Ich machte

Feierabend, brauchte dringend ein geistiges Getränk. Im Treppenhaus folgte ich der Spur einer Substanz, über die ich nicht weiter nachdenken wollte.

Bananen

Die drei Ostdeutschen waren ruhiger geworden. Ihre zweifelnden Blicke deuteten darauf hin, dass sie meine Geschichten für Anglerlatein hielten. Hinten im Boot vor den Außenbordern stehend, überprüfte ich die ausgebrachten Leinen der vier Schleppangeln. Der amerikanische Kollege, Jimmy, war ebenfalls still. Er hatte bestimmt schon seit zehn Minuten keinen Kalauer mehr erzählt. Jimmy war um die vierzig und trug sein dunkles Haar zurückgekämmt. Mit seinem kleinen Schnäuzer erinnerte er mich an Ron Mael, den Keyboarder der Sparks. Wie jedes Jahr war er für sechs Wochen in Port Harcourt, um den im Nigerdelta ansässigen Ölfirmen Sicherheitsschuhe zu verkaufen. Seine Auftragsbücher waren bereits prall gefüllt, denn sowohl die Qualität des feilgebotenen Produktes als auch das Talent seines Verkäufers waren einzigartig. Sobald man Jimmy sah, musste man schon schmunzeln. Wenn er dann noch begann, aus seinem unendlichen Repertoire an Witzen vorzutragen, wollte das Gelächter nicht mehr enden.

Der Einzige an Bord der »Kingfisher«, der überhaupt nicht über Jimmys Jokes lachen konnte, war Rainer, ein untersetzter Jüngling aus Gelsenkirchen, der für dieselbe Kranbaufirma wie der ostdeutsche Rest der Crew arbeitete. Rainer saß teilnahmslos auf dem Beifahrersitz und grübelte über seine am heutigen Samstag spielende Mannschaft, Schalke 04, nach. Da die Sonne immer erbarmungsloser herunterbrannte, hatte er zumindest seine blauweißen Klamotten abgelegt, die morgens für viel Gelächter gesorgt hatten. Pudelmütze, Schal und ein gestreiftes T-Shirt lagen neben ihm auf dem Boden. Wahrscheinlich würde der Schalke-Fan mit Konsequenzen für sein ungewohnt freizügiges Auftreten rechnen müssen, denn sein bereits geröteter freier Oberkörper, in Strömen fließender Schweiß sowie sein hochroter Kopf deuteten auf einen bevorstehenden Sonnenbrand oder gar einen Sonnenstich hin. Wer nicht hören will, muss fühlen, dachte ich schadenfroh, weil bis auf den Ami keiner der Matrosen meinen Rat, Sonnenbrillen und Baseballkappen nicht zu vergessen, befolgt hatte.

Das Nesthäkchen in der Familie der Kranbauer war Oliver, ein schlanker Adonis mit spärlichem Backenbart, in den sich viele Nigerianerinnen wegen seiner strahlend blauen Augen und seiner blonden, gelockten Haare auf Anhieb verliebten. Manchmal verdrehten sogar ältere Damen bei seinem Anblick die Augen, um schnell ein Kreuz zu schlagen oder zu murmeln: »Im Namen des Vaters und des Sohnes und des Heiligen Geistes.« Offenbar hielten sie ihn für den wiedergeborenen Erlöser.

Im Rahmen einer kleinen Entdeckungsreise waren die vier Deutschen, die im nahegelegenen Hafen den Bau einer Zementschiffsentladeanlage beaufsichtigten, am letzten Samstag in den Boot-Klub gekommen. Da wir dieselbe Sprache sprachen, ließ eine Konversation nicht lange auf sich warten. Fürs Fischen in Afrika war vor allem der Vorturner, Martin, ein begeisterter Angler, der bereits die mecklenburgische Seenplatte leergeräumt hatte, Feuer und Flamme. Und jetzt das. Nichts biss. Kein Fisch zuckelte an den Leinen. Außer dem Tuckern der Motoren waren kaum Geräusche zu vernehmen. Martin durchbrach die Stille.

»Was haltet ihr von einer schönen Tasse Bohnenkaffee, meine Herren?«, rief er.

Das schien eine hervorragende Idee zu sein. Augenblicklich griffen sich zwei seiner Kollegen ihre Rucksäcke, zauberten Thermoskannen hervor, schraubten die Trinkbecher ab und gossen ihre dampfende schwarze Brühe hinein. Rainer verdrehte die Augen, nachdem er mich vielsagend angeblickt hatte. Jimmy öffnete drei Bier. Uns zuprostend gab er dem Schalke-Fan und mir eins. Unbeeindruckt vom Trinkgelage an der Westfront ließ sich die ostdeutsche Fraktion nicht aus der Ruhe bringen. Den Bohnenkaffee sichtlich genießend, fuhr sie mit ihrem Ritual fort, das damit begann, in die Becher zu pusten, ehe es mit schlürfenden Geräuschen endete.

»Schau sie dir an, die Ossis«, flüsterte mir Rainer ins Ohr. »In der DDR haben sie zu lange auf dieses luxuriöse, stimulierende Heißgetränk verzichten müssen. Deshalb können sie den Hals jetzt nicht voll genug kriegen.«

Oliver hatte sein Becherchen als Erster geleert. In seinem Rucksack herumkramend förderte er eine weitere ostdeutsche Spezialität, eine Banane, zutage. Er klemmte sie sich zwischen die Knie und schälte sie mit beiden Daumen und Zeigefingern. Gerade wollte er der Vorfreude, die seine Augen ausdrückten, ein Ende bereiten, mit weit geöffnetem Mund genussvoll vom Affenbrot abbeißen, als Jimmy ein lautes »Fuck!« ausstieß. In Windeseile verließ der Yankee seinen Posten am Steuer und baute sich vor dem sitzenden Jüngling mit der Banane auf. »Was machst du denn da? Bist du nicht ganz klar im Kopf?«, brüllte er, was das Zeug hielt.

Zutiefst erschrocken starrte Jesus den Ami an. Dabei vergaß er, nach seiner exotischen Frucht zu schnappen. »Bei Gott dem Allmächtigen. Unglaublich!«, fuhr Jimmy sich ständig mit der Hand vor die Stirn schlagend fort. »Und da wundern wir uns, dass wir nichts fangen!«

»Warum fangen wir denn nichts?«, meldete sich Rainer kleinlaut zu Wort.

»Was für eine bescheuerte Frage ist das denn? Weil wir Bananen an Bord haben natürlich! Weil dieser gierige egoistische Mensch nicht auf Bananen verzichten kann! Jedes Kind weiß doch, dass man keinen Fisch fängt, wenn man Bananen an Bord hat. Nur dieser bekloppte Scheinheilige tut so, als ob er keine Ahnung hat!«

Oliver war völlig durcheinander. Langsam schloss er seinen Mund. »Entschuldigung, aber das wusste ich wirklich nicht«, stotterte er. »Was sollen wir denn jetzt machen?«

»Was wohl? Weg mit dem Ding! Schmeiß es über Bord, sofort! Was denn sonst?«

Es kostete Jesus viel Überwindung, seine geliebte Banane ins Wasser plumpsen zu lassen, aber er tat es letztendlich schweren Herzens.

»Hat vielleicht noch jemand Bananen mitgebracht?«, krakeelte Jimmy und schielte einen Ostdeutschen nach dem anderen herausfordernd wie ein Revolverheld an. »Na los jetzt, raus mit dem Zeug. Ich bevorzuge es nämlich zu fischen, anstatt meine wertvolle Zeit mit im Kommunismus versäumter Aufklärungsarbeit zu verplempern!«

Widerwillig kramten die Ossis in ihren Backpacks. Und, siehe da, immer mehr Bananen kamen zum Vorschein. Jimmys Handbewegungen folgend segelte eine nach der anderen durch die Luft, bevor sie ins Wasser platschte. Gerade erst war auch Heiners Bund, den er unauffällig hervorgezaubert hatte, um ihn lange zwischen dem Rucksack und seinem Bauch verborgen zu halten, unter der Wasseroberfläche verschwunden, als ein Knall ertönte. Gleichzeitig ratterte eine Rolle unüberhörbar. Unser erster Fisch hatte gebissen. Es war ein acht Kilo schwerer Barrakuda.

»Na bitte, geht doch«, stellte Jimmy zufrieden fest. »Nicht schlecht für den Anfang!«

Aufgrund weiterer Erfolge – wir hakten fünf Prachtexemplare – hatten wir im Verlauf der kommenden drei Stunden, in der Zeit vor der Flut, grenzenlosen Spaß am Fischen. Dabei ließen wir die sich zusammenziehenden schwarzen Wolken völlig außer Acht. Vielleicht wollten wir sie aber auch gar nicht sehen, um die Stimmung nicht zu verderben. Plötzlich kam Wind auf. Der Himmel verdunkelte sich. Zudem konnte man den Regen förmlich riechen. Ein Dreizack blitzte auf. Begleitet von einem gewaltigen Paukenschlag prasselten dicke, eiskalte Tropfen auf uns herab. Im Nu waren wir vollkommen durchnässt und zitterten wie die Schneider.

Nichts wie weg hier, dachten alle. Leider konnten wir aber keinen Blitzstart hinlegen, denn der zweite Außenborder versagte. Wir versuchten, den Motor manuell mit einem Seil anzuschmeißen, gaben allerdings nach dem zwanzigsten Versuch verzweifelt auf. Heiliger Strohsack, es würde Stunden dauern, mit nur einem Yamaha zurückzueiern. Obendrein würde die Heimreise bei diesem Unwetter bestimmt nicht ungefährlich sein, wenn nicht gar einem Harakiri gleichkommen. Unterdessen hatte sich die Sicht drastisch verschlechtert. In den sich auftürmenden Wellen schaukelte unser Bötchen wie eine Nussschale auf hoher See. Überall zuckten gewaltige Blitze, krachte es. Der Schalke-Fan war wieder mit Pudelmütze und Schal bekleidet. Dennoch klapperten seine Zähne im Takt des Außenborders.

Was war das? Weit vor uns ragte plötzlich eine Gestalt bis zum Bauch aus dem Wasser. Pausenlos bewegte sie ihre über dem Kopf ausgestreckten Arme halbkreisförmig bis auf Schulterhöhe. Mit abnehmender Entfernung nahm das Wesen langsam Kontur an. Es schien sich um eine den Fluten entstiegene Meerjungfrau zu handeln, die Zeichen gab und uns etwas Unverständliches zurief. Hinter ihr befand sich ein den Mangrovengürtel durchbrechender Strand, auf dem Kanus lagen. Kaum ausmachbar, in weiter Ferne, zeichneten sich die Schatten strohgedeckter Hütten ab.

Wenn ich es richtig deutete, forderte uns die Nixe auf, die Zeit bis zum Ende des Gewitters im Dorf, im Trockenen, zu verbringen. Ich wägte ab. Wo war es sicherer, im schlimmsten Unwetter auf dem Bonny River oder in einer uns unbekannten Ansiedlung, in der wir Gefahr liefen, im Kochtopf zu landen? Scheißegal, ich hatte mich entschieden. Ohne die anderen zu fragen – schließlich war ich der Kapitän –, manövrierte ich die Andrea Doria, soweit es ging, auf den Strand. Die Mannschaft schien meine Entscheidung gutzuheißen. Sie sprang unverzüglich in den Sand, um das Boot weiter bergauf zu schieben. Jimmy und Olli hatten sich die Kühlbox geschnappt. Sie eilten der Meerjungfrau folgend voraus. Martin, Heiner und Rainer schlossen sich ihnen an und ich humpelte hinterher.

Nachdem sie Meldung erstattet hatte, winkte uns unsere Retterin in die größte Hütte des Dorfes. Im Inneren war es zwar düster, aber Gott sei Dank trocken. An einem kleinen Feuer saßen Gestalten auf dem Boden. Bei dem älteren, vollbärtigen Herrn im dunkel gestreiften, weiten Gewand handelte es sich anscheinend um den Chief. Um bloß nicht die einst im Herzen der Finsternis gemachten Fehler zu wiederholen, ging ich gleich auf ihn zu. Mit einer tiefen Verbeugung stellte ich meine Begleiter und mich vor, ehe ich darum bat, uns während des Sturms zu beherbergen. Als Begrüßungsgeschenk überreichte ich dem Hausherrn unsere noch gut mit Bier gefüllte Kühlbox.

Der Chief nahm den Inhalt der Box neugierig in Augenschein. »Ah, Beck's Bier!«, rief er freudig. »Dummerweise kann ich nur mit Star aufwarten. Lasst uns trotzdem keine Zeit verlieren, indem wir sofort damit beginnen, unsere gemeinsamen Bestände zu vernichten. Das ist das Beste, was man in der Regenzeit tun kann. Nehmt Platz, ihr seid willkommen. Mein Haus ist euer Haus!«

Wir drängten uns ans wärmende Feuer, öffneten die ersten Flaschen und Jimmy begann unverzüglich damit, Witze zu reißen. Anscheinend gefielen dem Chief und seinen Kameraden die Jokes des Amis. Und nicht nur das. Sie waren völlig aus dem Häuschen, schlugen sich ständig aufs Knie, führten Freudentänze auf und lachten sich schief. Jimmy legte sich aber auch mächtig ins Zeug. In Gestik und Mimik lief er zur Höchstform auf, wobei sein Schnäuzer unentwegt auf und ab zuckte. Wenn er dem Chief jetzt noch ein Paar Sicherheitsschuhe angedreht hätte, wäre er für mich die allzeit größte Verkaufskanone gewesen. Irgendwann bastelte sich der Chief, er hieß Frank, ein riesiges Tütchen. Kaum dass das Kunstwerk fertiggestellt war, hielt er es Beifall heischend in die Höhe. »Schade, aber ihr Oyibos steht ja nicht auf so etwas«, behauptete er kopfschüttelnd.

Da hatte sich Frank aber gewaltig getäuscht. Die Ostdeutschen protestierten lautstark. Anschließend stürmte Martin nach vorn, um Frank Feuer zu geben, sowie der sich den Joint zwischen die Lippen geklemmt hatte. Während die Tüte herumgereicht wurde, gelang es dem Oberkranbauer sogar, den Schalke-Fan davon zu überzeugen, einen gewaltigen Zug zu nehmen. Erwartungsgemäß musste der Nichtraucher umgehend husten. Danach verdrehte er nur noch die Augen, wenn ihm das Gerät erneut unter die Nase gehalten wurde. Seine Kollegen hingegen wirkten gierig. Sie achteten sorgsam darauf, dass der Kelch auch ja nicht an ihnen vorüberging, sobald er wieder einmal die Runde machte. Unter keinen Umständen wollte man sich weitere exotische Köstlichkeiten entgehen lassen. Schließlich hatte man schon auf die leckeren Bananen verzichten müssen.

Ein Grüppchen von fünf in bunte Wickeltücher gehüllten, gut genährten Damen gesellte sich zu uns. Unaufgefordert flirteten die angeturnten Kranbauer mit ihnen. Nur den Schalke-Fan schienen die charmanten Dorfschönheiten nicht zu interessieren. Die Hüttendecke anglotzend lag er auf dem Rücken, war er voll auf Fußballtrip.

Bedauerlicherweise ging der entspannte Nachmittag viel zu früh zu Ende. Wegen der fortgeschrittenen Stunde mussten wir uns dringendst auf die Socken machen, da der Regen aufgehört hatte. Chief Frank, die kleine

Meerjungfrau, die liebenswerten Damen sowie alle anderen Dorfbewohner, ob groß oder klein, jung oder alt, standen winkend am Strand, als wir ablegten. »Kommt gut nach Hause und lasst euch mal wieder blicken!«, lauteten Franks Abschiedsworte.

Auf einem Motor tuckerten und tuckerten wir voran, bis wir den Boot-Klub endlich weit nach Einbruch der Dunkelheit mit eingeschalteten Taschenlampen erreichten. Dort hatte man sich Sorgen um uns gemacht und befürchtet, dass wir dem Gewitter zum Opfer gefallen wären. Dennoch hatten wir den anderen Gästen im Rahmen einer kleinen Feier viel Erfreuliches zu erzählen. Nur Rainer leistete uns keine Gesellschaft. Er stürmte zum Firmenfahrzeug der Kranbauer und befahl dem Fahrer, ihn schnellstens zum Büro zu bringen. Angeblich musste er unverzüglich telefonieren. Eine halbe Stunde später war das Muttersöhnchen zurück. Tränenüberströmt schluchzte er: »Schalke hat doch tatsächlich zu Hause gegen Dortmund verloren!«

Isa

Sie machte sich gut, unsere neue Rezeptionistin Jane. Das kleine Zimmer gleich neben dem Eingang teilte sie sich mit Enna. Die beiden nicht auf den Mund gefallenen Damen nötigten Besucher, ein Formular auszufüllen und im Fahrerraum zu warten, anstatt unaufgefordert ins Herz der Firma oder gar zu mir vorzudringen. Jane hatte ihre Garderobe verändert. Sie trug jetzt meist Jeans und schien ihre Faltenröcke entsorgt zu haben. Unabhängig davon stand ihr der eingeflochtene Fischgrätenzopf hervorragend. Ob ihr verändertes Äußeres der Grund für Passis Zuneigung war oder ob sie umgekehrt ihr Outfit der Liebe wegen geändert hatte, entzog sich meiner Kenntnis. Auf jeden Fall hatte es mit den beiden so nicht weitergehen können. Schließlich war Jane meine Angestellte. Daher war sie für meine Wohnung und nicht für das Wachhäuschen, in dem sich ihr Geliebter aufhielt, zuständig. Außerdem hatte Stella schon mehrmals eindringlich darauf hingewiesen, dass es eigentlich ihre Aufgabe war, sich um Haus und Hof zu kümmern. Die mit der Trennung der Turteltauben, mit einer Versetzung, verbundene Beförderung des Hausmädchens zur Rezeptionistin stimmte zu guter Letzt alle glücklich. Nur einer schmollte, Passi.

Dass man einem guten Kunden wie Godwill nicht zumuten konnte, ein Formular auszufüllen oder gar zu warten, hatte Jane schnell gelernt. Deshalb hatte sie den alten Charmeur auch sofort nach seinem Erscheinen in mein Office eskortiert. Godwill und ich plauderten gerade angeregt über Geschäfte, als meine Bürotür aufgestoßen wurde. Gleich darauf stand Heinrich VIII. mit vor der Brust verschränkten Armen mitten im Raum. Mir ging der Hut hoch. Hatte dieses Arschloch denn gar keinen Anstand? Inzwischen sollte selbst er mitbekommen haben, wie wichtig ein Klient wie Godwill für uns war.

»Ich muss dich sofort sprechen!«, trompetete der CLO und starrte mich mit zorniger Miene an. Godwill, der mit dem Rücken zu Henry mir gegenübersaß, verdrehte die Augen. Dadurch bekundete er Verständnis für meine Misere. Dann räusperte er sich, um zum Ausdruck zu bringen, dass er ohnehin gerade gehen wollte. Ich begleitete meinen Besucher zum Ausgang und bat den Oberflegel zu warten.

»Die haben keinen Respekt mehr, diese Jugendlichen, weder vor dem Alter noch vor sonst etwas«, brummelte Godwill. »Wo sind wir nur hingekommen? So etwas hätte es früher nicht gegeben. Wir haben jetzt auch so einen CLO-Vogel in unserem Betrieb. Der, na, reden wir lieber nicht davon. Lass das Früchtchen bloß nicht warten. Sonst bekommst du womöglich noch Ärger.« Godwill machte sich an den Abstieg, zog es vor, sich auf die Stufen im Treppenhaus zu konzentrieren.

»Schau mal, wie ich aussehe!«, tönte Henry. »Das ist mein bestes Hemd! Und das alles nur wegen dir! Nur weil ich pünktlich im Office sein wollte, habe ich mich ins Sammeltaxi gezwängt. Dabei ist mein schönstes Shirt draufgegangen, zerrissen!« Heinrich VIII. hob seinen linken Arm und deutete im Bereich der Achselhöhle auf einen winzigen Riss im Zwirn.

»Ach Mensch, du Armer. Das tut mir aber aufrichtig leid«, murmelte ich, Henry nicht ins Gesicht blickend, um aufkommende Schadenfreude zu verbergen.

»Da ich keinesfalls so rumlaufen kann, muss ich mich zu Hause umziehen. Ich hoffe mal, du gibst mir Geld, damit ich mir ein neues Oberhemd kaufen kann. Zusätzlich hätte ich gern die Fahrtkosten erstattet.«

Wieder einmal spielte ich mit dem Gedanken, mir eine Machete zu kaufen. Mit zusammengepressten Lippen hauchte ich: »Wie viel?«

»Fünfundzwanzigtausend! Zwanzig für das Hemd plus fünf Fahrgeld.«

Es lag mir auf der Zunge zu fragen, von welchem Designer oder königlichen Hoflieferanten der Herr Vertreter der Kommune seine Garderobe bezog. Mein Verstand sagte mir aber, dass ich es besser lassen sollte.

Stattdessen bat ich Henry, sich das Geld vom Buchhalter auszahlen zu lassen und machte mich auf den Weg. Es wurde auch langsam Zeit. Mein armer wiedergewonnener Freund musste fürchterliche Qualen erleiden, nur weil ich nicht in die Hufe kam.

Wir parkten zwischen dem Fahnenmast und dem großen Mangobaum vor der in einer Senke gelegenen Trans Amadi Polizeistation, die gerade von fliegenden Ameisen heimgesucht wurde. Es war eine Masseninvasion. Überall schwirrten die fetten, weichen Insekten mit ihren transparenten Flügeln herum. Drei schwarz Uniformierte saßen auf einer hölzernen Bank vor dem Bungalow der Sheriffs. Sie unterhielten sich angeregt. Die fliegenden Viecher schienen sie nicht im Geringsten zu stören. Andauernd Ameisen, die meinen Körper als Landeplatz benutzten, abstreifend erkundigte ich mich bei den Gesetzeshütern nach dem Stationsleiter. Daraufhin erfuhr ich, dass sich der DPO (Deputy Police Officer) momentan in der Hauptstadt aufhielt. Seine rechte Hand, der DCO (Deputy Crime Officer), war jedoch anwesend und ausnahmsweise einmal zu sprechen, ohne längere Wartezeiten in Kauf nehmen zu müssen. Ein Polizist mit zwei roten Streifen am Jackenärmel ging voraus. Er klopfte vorsichtig an eine Tür und verschwand sogleich im dahinter gelegenen Büro seines Vorgesetzten, um eine anständige Meldung zu machen. Fünf Sekunden später wurde die Tür wieder geöffnet. Gleichzeitig forderte mich eine laute Stimme im Befehlston auf, einzutreten.

Diesem Appell Folge leistend stand ich vor einem großen, mit vergilbtem Papier überladenen Schreibtisch, hinter dem ein uniformierter Mittdreißiger saß. Der Mann schaute mich erstaunt an, schnalzte mit der Zunge und stotterte: »O… O… Oyibo, schon wieder?« Dann forderte er mich mit einer Handbewegung auf, Platz zu nehmen. Wir musterten uns. Mein Gegenüber war schokoladenbraun, hatte gleichmäßige schneeweiße Zähne, eine kleine Nase und schöne, ein wenig traurig wirkende braune Augen. Sein Schädel war, wie der der meisten Uniformträger, kahl geschoren. Der ruhige Mann schien voll im Saft zu stehen. Auf jeden Fall wirkte er durchtrainiert.

»Was verschafft mir die Ehre, Oyibo?«, wollte er wissen.

Ich kramte meine Visitenkarte hervor, legte sie auf den Tisch, stellte mich vor und hielt mich nicht weiter mit Höflichkeitsfloskeln auf.

»Entschuldigen Sie bitte die Störung, Sir, aber ich habe von der Inhaftierung meines Freundes Larry Sailor erfahren. Er soll hier bei Ihnen einsitzen. Ich möchte ein gutes Wort für ihn einlegen. Des Weiteren wüsste ich gern, ob ich irgendetwas tun kann, um den Gefangenen freizubekommen. Wenngleich er manchmal etwas grob wirkt, weil er viele Schimpfwörter gebraucht, ist Larry im Grunde genommen ein ganz feiner Kerl, der sein Herz am rechten Fleck trägt.«

Belustigt verschränkte der DCO die Hände im Nacken. Völlig unverhofft begann er abwechselnd zu fluchen und zu gackern: »Fuck, fuck, fuck, hahaha. Fuck you, motherfucker, hahaha. Fuck you, fucking motherfucker, hahaha.« Der Polizist imitierte meinen schottischen Kumpel derart perfekt, dass ich automatisch mitlachen musste. Zum krönenden Abschluss der Parodie wiederholten wir die F-Wörter gemeinsam. Sowie wir uns beruhigt hatten, stellte ich japsend fest: »Offensichtlich kennen Sie den keltischen Krieger. Ich hoffe, dass er bei guter Gesundheit ist und dass Sie ihm die Flüche nebst seinen vielen anderen Sünden vergeben!«

»Der ist doch harmlos!«, gestand der Oberwachtmeister. »Obwohl er mich fürchterlich beschimpft und zutiefst beleidigt hat, habe ich ihn heute Morgen, gleich nach Dienstantritt, nach Hause geschickt. Meine Kollegen sahen das zwar anders. Sie wollten ihn wegen Fahrens ohne Führerschein, Alkohol am Steuer, Widerstand gegen die Staatsgewalt und Beleidigung für eine längere Zeit hinter schwedischen Gardinen sehen, aber was soll's? Schwamm drüber, wir alle machen mal Fehler. Das Einzige, was ich deinem Bruder wirklich übelnehme, ist seine Naivität. Als wir uns abschließend über Fußball unterhielten, fing er doch tatsächlich an, von den Glasgow Rangers zu faseln. Von Man United oder Arsenal hatte Braveheart anscheinend noch nichts gehört. Du bist doch Deutscher, sagtest du? Ich mag die deutschen Maschinen, Kahn, Ballack und Co. Die Bayern sind momentan richtig gut drauf, oder täusche ich mich etwa?«

»Kann sein, ich bekomme hier kaum etwas mit.«

Der DCO riss seine schönen Augen meilenweit auf. »Machst du Witze?«, fragte er entgeistert. »Ein Oyibo bekommt nichts mit? Das gibt es doch nicht! Hast du denn kein DSTV?«

Peinlich berührt schüttelte ich den Kopf.

»Mann, Mann, Mann. Du bist mir vielleicht ein sonderbarer Weißer. Jeden Samstag überträgt DSTV zwei Bundesligaspiele, live. Sieh zu, dass du hier nächsten Samstag um drei Uhr aufschlägst, sofern du nicht vergisst, eine Kiste kaltes Bier mitzubringen!«

Der Polizist erhob sich, steckte seine Visitenkarte in die Brusttasche meines Hemdes und schüttelte mir die Hand. Als ich schon in der Tür stehend noch einmal zurückblickte, verharrte er immer noch mit zweifelndem Gesichtsausdruck hinter seinem Schreibtisch.

»Wohin, Oga?«, erkundigte sich Peter, sobald ich mich auf die Rückbank des Peugeots gepflanzt hatte.

»Pisces.«

Auf der Fahrt zur Schenke studierte ich die Karte des DCO, auf der in verschnörkelter Schrift der Name Isa Haruna stand.

Der Kneipenbesitzer Larry schien seine Lektion nicht gelernt zu haben und das Glück, ausnahmsweise einmal an einen guten Polizisten geraten zu sein, überhaupt nicht wertzuschätzen. Wenngleich es erst Mittag war, hatte er bereits einen im Tee. »Drinnen, in der Zelle, gab es nur gute Jungs«, meckerte er. »Die fucking Arschlöcher auf der Wache liefen ausschließlich draußen rum. Und alle trugen eine Uniform! Wenn du drinnen Zigaretten hast und den richtigen Typen eine anbietest, bekommst du trotz des völlig überfüllten Kerkers sogar deinen eigenen Schlafplatz und ein Eckchen zum Scheißen, fuck!«

Schon nach fünf Minuten dröhnten mir die Ohren von den Schimpftiraden des Knastis. Aus diesem Grund verabschiedete ich mich schnell vom angetrunkenen, unbelehrbaren Schotten mit der Ausrede, einen dringenden Termin wahrnehmen zu müssen.

Mit einer Kiste Bier bewaffnet fand ich mich am folgenden Samstag pünktlich beim DCO auf der Trans Amadi Polizeiwache ein. Mein Gastgeber, Isa, hatte ähnliche Hobbys wie ich. Dazu gehörten Biertrinken und Fußball. Vom Angeln hingegen wollte der aus dem Norden des Landes stammende muslimische Fulani, der sich eher dem Stammeskodex seines Volkes als den religiösen Geboten verpflichtet fühlte, nichts wissen. Er fürchtete Wasser, das nicht zum Trinken oder Waschen verwendet wurde, wie der Teufel das Weihwasser. Auch in Sachen Frauen wichen unsere Geschmäcker erheblich voneinander ab. Der Mann aus der Sahelzone war zwar mit einer sehr hübschen, schlanken Lady verheiratet, hegte aber eine heimliche Leidenschaft für übergewichtige, um nicht zu sagen äußerst fette Damen. Mit diesen seinen Bekanntschaften sollte er mich schon bald immer mal wieder besuchen und darum bitten, ein kleines Nickerchen in meinem Gästezimmer abhalten zu dürfen. Kaum dass die Verliebten sich dann Händchen haltend zurückgezogen hatten, verdrehte Stella die Augen, bevor wir uns die Hände gegen die Lippen pressten, um nicht zu laut aufzulachen.

Wir saßen auf einem lokal gefertigten ledernen Sofa. Auf dem Tisch vor uns stand ein mittelgroßer Röhrenfernseher vor einer weiß getünchten Wand, an der gerahmte Porträtaufnahmen des Präsidenten und des Gouverneurs, Dr. Paul Ogburu, hingen. Eine Kiste Beck's stand auf dem Fußboden. Werder gewann mit zwei Toren Unterschied gegen die Bayern. Als Norddeutscher fühlte ich mich wie im Paradies. Weil jedoch selbst paradiesische Zustände verbessert werden konnten, schenkte ich meinem neuen Freund schon nach zwei gemeinsamen Fußballwochenenden einen kleinen Kühlschrank. Von da an genossen wir sogar eiskalten Bölkstoff, wodurch dann aber wirklich alles perfekt war. Das Einzige, was nervte, war der Gang zur Toilette, auf dem man die permanent überfüllte Gefängniszelle passieren musste. Sobald ich in Sicht kam, brüllten die Häftlinge: »Oyibo! Oyibo! Müssen Oyibos auch pinkeln?« Gelächter und versaute Sprüche folgten. Wenn man anschließend auf gleicher Höhe mit den Knastbrüdern war, schraubten sich Hände und Gliedmaßen wie die Fangarme eines Kraken durchs Gitter. Sie versuchten einen zu begrabbeln oder an die Stäbe zu ziehen. Folglich musste man sich mit steigender Blutalkoholkonzentration immer mehr konzentrieren und peinlichst genau darauf achten, nicht leichtsinnig zu werden.

Während meiner Zeit in Nigeria befreite mich Isa aus so manch einer misslichen Lage. Nur in einer Angelegenheit konnte er mir – so gern er es auch getan hätte – nicht helfen. Dabei handelte es sich um den Terror der Youth.

Später, als es auch in Afrika funktionstüchtige Mobilfunknetze gab, zahlte sich die Freundschaft mit einem hochrangigen Polizisten noch mehr aus. Immer wenn Forderungen im Rahmen von Polizeikontrollen zu unverschämt wurden oder Schikanen überhandnahmen, erkundigte ich mich bei dem jeweiligen Boss der wegelagernden Gesetzeshüter: »Sagen Sie mal, kennen Sie eigentlich Herrn Haruna?«

Falls meine Frage mit ja beantwortet wurde, wählte ich Isas Nummer, drückte dem Polizisten mein Handy in die Hand und sagte: »Dann erklären Sie ihm bitte mal unser Problem.« Wenn die Antwort nein lautete, erwiderte ich hingegen: »Dann lernen Sie ihn doch bitte jetzt kennen!« In beiden Fällen standen die Uniformierten schon nach Sekundenbruchteilen stramm, um unter Schweißausbrüchen in die Sprechmuschel zu brüllen: »Yes, Sir! No, Sir! Zu Befehl, Sir!« Zu guter Letzt, nach Beendigung des Telefonates, hörte ich dann meist nur noch die Worte: »Entschuldigung, Oyibo! Gute Nacht, Oyibo!«

MC Bringing

»Herbert, lange nicht gesehen!«, rief Nick und winkte mir zu. »Komm doch bitte mal rüber.«

Der Schotte hatte recht. Es waren bestimmt schon drei Jahre ins Land gegangen, seitdem ich ihn letztmalig zu Gesicht bekommen hatte. Damals war der gut aussehende Drummer mit dem dunklen, krausen Haar und den breiten Koteletten während eines Auftritts seiner Band sturzbetrunken auf das Schlagzeug gefallen. Ich entfernte mich vom Swimmingpool, den ich eigentlich mit Shorts, Badelatschen und einer Flasche Beck's ausgerüstet umrunden wollte, um mich zu dem weißen Plastiktisch zu begeben, an dem sich Nick im Kreise anderer Größen der Kneipenszene über diverse Grillspezialitäten hermachte. Wir begrüßten uns auf nigerianische Art mit einem ordentlichen Handschlag und anschließendem Fingerschnippen. Hiernach begann mein Bekannter, ohne seinen Hähnchenschenkel zu vernachlässigen, zu plaudern.

»Schön, dich zu sehen. Morgen hätte ich dich eh aufgesucht. Ihr habt euer Büro doch immer noch gegenüber dem Shell Residential Camp? Big Business, Kumpel, ich sage dir, das ist ein ganz großes Ding, das ich dir quasi auf dem goldenen Tablett präsentiere. Du siehst, Hartnäckigkeit zahlt sich aus. Nachdem du mir drei Jahre lang vergeblich auf den Sack gegangen bist, wirst du jetzt endlich einen triumphalen Erfolg verbuchen können. Übrigens, ich arbeite schon seit acht Monaten nicht mehr für die norwegische Ölbude. Jetzt bin ich Managing Director eines amerikanischen Zulieferers, der Firma MC Bringing. Wir sind Single Source Suppliers von Atlantic Nigeria. Aber lassen wir das. Gestern habe ich meine Yankees angewiesen, sich mit Albatros Houston in Verbindung zu setzen. Infolgedessen gehe ich mal davon aus, dass du Montag etwas von deinen texanischen Kollegen hören wirst. Mit deiner Konkurrenz, der Alpen Spedition, können wir nicht länger zusammenarbeiten. Deren Service ist unter aller Sau. Und weil du mir immer von eurem fantastischen Set-up in Houston berichtet hast und dein Kärtchen in meiner Schreibtischschublade schlummerte, habe ich meiner Geschäftsleitung kurzerhand Albatros empfohlen.«

Nicks Miene verfinsterte sich, als ich ihm nach seinem enthusiastischen Redeschwall beichtete, dass ich nicht mehr bei Albatros angestellt war. Sobald er jedoch von meiner eigenen Spedition erfuhr, die nicht nur mit meinem vormaligen Arbeitgeber zusammenarbeitete, sondern auch als dessen Agent fungierte, entspannten sich seine Gesichtszüge wieder.

»Entschuldige mich bitte, Herbert. Ich habe gleich noch einen Auftritt. Es ist aber auch alles gesagt, glaube ich. Melde dich doch, wenn du was aus Houston hörst. Hier ist meine neue Visitenkarte.«

Anscheinend zu so früher Stunde schon wieder voll wie ein Eimer, dachte ich. Mal sehen, ob er gleich wieder aufs Drumset stürzt. So einen Zufall kann es doch gar nicht geben. Drei Jahre haben wir uns nicht gesehen. Und jetzt, wo wir uns zufällig über den Weg laufen, faselt der Typ, dass er mich eh morgen besucht hätte, um mir ein bombastisches Geschäft auf dem Silbertablett zu präsentieren. Was für ein rührendes Märchen! Wahrscheinlich wollte sich der Schotte nur vor seinen Zechbrüdern wichtigtun.

Manchmal werden Märchen allerdings wahr. Montagnachmittag rief mich die bei Albatros Houston für Afrika zuständige Tiffany an. Aufgeregt berichtete sie über ein neues, lukratives Geschäft mit MC Bringing und Atlantic, einer Ölfirma, bei der man seit Jahren vergeblich versucht hatte, einen Fuß in die Tür zu bekommen. Schon bald würde sie mir Einzelheiten zum Big Business übermitteln, versprach die unter Druck stehende Abteilungsleiterin, ehe sie das Gespräch beendete. Noch für eine ganze Weile linste ich skeptisch in die Sprechmuschel. Anschließend schnappte ich mir Peter, setzte mich ins Auto und fuhr zu Nick, um mich bei ihm zu bedanken.

Das Büro des Drummers befand sich in seiner Wohnung, einem geräumigen, gerade erst fertiggestellten Penthouse am Rande der Stadt. Nach kurzem Klopfen an der Eingangstür wurde ich von einer langbeinigen Sekretärin empfangen. Sie trug einen superkurzen schwarzen Lederrock, ein rotes Poloshirt und eine rote Baseballkappe mit Firmenemblem. Die bildhübsche Dame bat mich im Flüsterton, auf einem Sofa in der Ecke des Wohnzimmers Platz zu nehmen und mich ruhig zu verhalten. Der Oga wolle zu dieser Zeit, zu der seine Lieblingssendung, »Gefragt – Gejagt«, ausgestrahlt wurde, nicht gestört werden. Nick lag in ein weites himmelblaues Gewand gehüllt in einem Ledersessel vor der Glotze am anderen Ende des Raumes. Er plapperte unverständliches Zeug vor sich her. Eine halbe Stunde später stellte er die Flimmerkiste aus und schlurfte zu mir. »Entschuldigung, aber man muss etwas für seine kleinen grauen Zellen tun. Damit sie fit bleiben, versuche ich immer, die vom Quizmaster gestellten Fragen als Erster zu beantworten.«

Abgesehen von diesen Ratschlägen in Sachen Gedächtnistraining erfuhr ich vom barfüßigen Gentleman von der Insel, der im nüchternen Zustand äußerst höflich und zuvorkommend war, dass er sich wegen Arbeitsüberlastung leider nicht ums Tagesgeschäft seines Unternehmens kümmern konnte. Hierfür waren sein englischer Kollege, Stuart, sowie sein nigerianischer Assistent, Sam, zuständig. Nick bat mich, geschäftliche Belange mit diesen Herren, deren Arbeitsplatz sich im Hafen von Onne in der Freihandelszone befand, zu besprechen.

Es war überwältigend zu sehen, wie sich alles in den achtzehn Monaten, in denen ich nicht vor Ort gewesen war, im zwanzig Kilometer von Port Harcourt entfernten Hafen von Onne verändert hatte. Der kleine Umschlagplatz am Bonny River, am Ende der Welt, war kaum wiederzuerkennen. Den Strand, OPI-Beach, an dem wir früher an Sonntagen gepicknickt hatten, gab es nicht mehr. Dort stand jetzt ein Lagerhaus neben dem anderen. Zudem wurden auf riesigen Freilagerflächen für den Pipelinebau benötigte Rohre verschiedenen Durchmessers gelagert. Überall standen aber auch andere für die Ölindustrie bestimmte Güter wie Turbinen, gigantische Kabelrollen, Bagger, Planierraupen, Gabelstapler, Bohrtürme, Gestänge, Ventile, in Kisten verpackte und auf Paletten verzurrte Ersatzteile herum. Straddle Carrier transferierten Container. Gabelstapler verschiedener Größen donnerten über

Betonpisten. Ein am Kai liegendes Containerschiff wurde mittels zweier moderner Containerbrücken entladen. Um das Löschen der drei Frachter weiter vorn an der Kaje kümmerten sich schienengeführte Krane. Da Nigerianer zu Übertreibungen neigen, hatte ich unsere Mitarbeiter immer belächelt, wenn sie aufgeregt von den Neuerungen in Onne berichteten. Jetzt sah ich die Veränderungen erstmals mit eigenen Augen und musste feststellen, dass unsere Leute eher untertrieben hatten. Mein Gott, das war Wahnsinn! Dem Italiener, Volpi, der sein letztes Geld in den Kauf des OPI-Beaches nebst einem dahinter gelegenen, von Buschwerk überwachsenen Gelände gesteckt hatte, war es tatsächlich gelungen, die Ölindustrie von den Vorteilen der hier entstandenen Freihandelszone zu überzeugen. In diese Zone, die zolltechnisch als Ausland galt, durften nicht nur Güter ohne große Formalitäten verbracht beziehungsweise transferiert werden, sondern in ihr konnte man auch Waren lagern, verbrauchen, an- und verkaufen, ohne Zoll und Steuern abzuführen. Einfuhrabgaben wurden lediglich fällig, wenn Güter die Free Zone verließen, um sie nach Nigeria zu exportieren.

Es war nicht einfach, MC Bringing zu lokalisieren, denn in Onne war jedes Unternehmen, das auch nur im Entferntesten irgendetwas mit der Ölindustrie zu tun hatte, ansässig. Überdies glichen sich die vom Betreiber des Hafens vermieteten Gebäude und Freilagerflächen wie ein Ei dem anderen. Nach mehrmaligem Fragen standen wir schließlich vor einem schwarzen eisernen Tor und hupten, was das Zeug hielt, bis uns endlich geöffnet wurde. Stuart, der mit Schutzhelm, Sicherheitsbrille sowie Sicherheitsschuhen ausgestattete Mann vor Ort, inspizierte gerade eine Lkw-Ladung Rohre. Er zeigte sich überrascht, mich zu sehen. »Normalerweise bekomme ich keinen Besuch«, knurrte er. »Ich bin nämlich bloß, wie mein Boss immer sagt, der Scheiß-Lager-Fuzzi.«

Durch eine Tasse Kaffee gestärkt zeigte mir Stuart sein tausend Quadratmeter großes, bis zum Rand gefülltes Regallager. Auf die Vielfalt der eingelagerten Artikel angesprochen, erklärte er mir, dass man als einziger Lieferant einer der größten multinationalen Ölfirmen natürlich alle Kundenwünsche schnellstmöglich erfüllen wolle. Deshalb favorisiere man es, einen ausreichenden Warenbestand vorzuhalten, anstatt Güter erst bei Bedarf auf die lange Reise von Amerika oder anderswo nach Nigeria zu schicken. Stuart arbeitete sieben Tage in der Woche. Er wohnte in einem Camp innerhalb der Freihandelszone, in dem Hunderte von Menschen, ausschließlich Mitarbeiter der Ölindustrie, untergebracht waren. Mit Nigeria hatten diese Leute nichts am Hut. Sie benötigten auch kein Visum, soweit sie das Zollausschlussgebiet nicht verließen. Nach Ankunft in der Transitzone des Port Harcourt International Airports wurden sie von Mitarbeitern der Einwanderungsbehörde in ihr Verlies eskortiert. Bei ihrer Ausreise lief der Transfer dann in die entgegengesetzte Richtung.

Mangels anderer Gesprächspartner schüttete mir der Lager-Fuzzi in einem langen, traurigen Vortrag sein Herz aus. Daraufhin bekundete ich bestürzt, dass seine Art von Camp- beziehungsweise Gefängnisleben nichts für mich sei. Obwohl er schon seit einem Jahr in Nigeria war, wusste Stuart nichts über Land und Leute. Ja, nicht einmal eine Buschbar in Onne, Port Harcourt oder anderswo im Lande hatte er besucht! Als ich obendrein von der astronomischen jährlichen Miete für seine kleine, fünfundzwanzig Quadratmeter große Butze hörte, verstand ich die Welt ganz und gar nicht mehr.

»Achtzigtausend Dollar plus Nebenkosten für was?«, murmelte ich schockiert. »Ist das der Preis für deine Gefangenschaft?«

Wie dem auch sei, jedenfalls funktionierte die Freihandelszone in einem Land, in dem sonst nicht viel flutschte. Für ihren »Weltklasse-Service« verlangten Volpi und Konsorten, bei denen es sich um nigerianische Politiker sowie einflussreiche Italiener handelte, allerdings auch astronomische Preise. Mittlerweile war Onne zum teuersten Hafen der Welt geworden. Das Absetzen eines Containers auf einen Lkw kostete hier eintausendfünfhundert Dollar. Das war um ein Vielfaches teurer als in Häfen wie Rotterdam oder Hamburg, wo der gleiche Service bereits für hundertfünfzig Dollar zu haben war. Folglich konstatierten Importeure, Spediteure und alle, die Dienstleistungen des Hafens in Anspruch nehmen durften, sobald die Freihandelszone erwähnt wurde: »There is nothing for free in the Free Zone!«

Licht und viel Schatten

Die VHN-Mitarbeiter waren stolz, denn sie hatten aufs richtige Pferd gesetzt. Endlich hatten wir neben Seaboats wieder einen zweiten Großkunden. Auf die langen mageren Jahre folgten nun wieder bessere Tage. Mit der vorhandenen Personaldecke war das enorme zusätzliche Geschäftsaufkommen natürlich nicht zu stemmen. Neue Arbeitnehmer mussten rekrutiert werden, und zwar nicht nur für den See-, sondern auch für den Luftfrachtbereich nebst der Verwaltung.

Klar, dass sich Heinrich VIII. zum Thema Neueinstellungen zu Wort meldete. In zähen Verhandlungen einigten wir uns darauf, zwei aus der Kommune stammende Hilfskräfte einzustellen und den neu geschaffenen Posten einer Kassenwartin mit Henrys Cousine, Queenette, zu besetzen. Bisher hatte sich der nicht voll ausgelastete Buchhalter, Policarp, um den Bargeldverkehr, das Abheben von Cash vom Bankkonto sowie Auszahlungen an Mitarbeiter, Lieferanten und dergleichen, gekümmert. Neuerdings hatten wir halt Queenette, die diese morgendlichen Aufgaben auch gewissenhaft erledigte. Danach war sie allerdings müde und nutzte den Rest des Tages für ein kurzes Nickerchen. Die Dame war ein klein wenig mollig, trug meist knöchellange rosa Gewänder, winzige goldene Ohrringe und eine Schleife im Haar. Sie hatte ein freundliches, gutmütiges Gesicht und es schien meist so, als ob ihre nur einen Spalt weit geöffneten Augen jeden Moment zufallen wollten. Für den Transport der gebündelten Geldscheine von der Bank zum Büro benutzte Queenette eine große Henkeltasche. Dadurch wirkte sie eher wie ein vom Markt kommendes Mütterchen als wie eine Schatzmeisterin, die große Naira-Summen transportierte. Mit an Sicherheit grenzender Wahrscheinlichkeit war ihr unscheinbares Äußeres der Grund dafür, dass sie nie überfallen oder ausgeraubt wurde.

In Feierlaune führte ich ein neues Besoldungssystem ein, das der Belegschaft das doppelte Gehalt garantierte, sobald ein gewisser monatlicher Umsatz überschritten wurde. Diese Maßnahme kam hervorragend an. Folglich stand unseren Mitarbeitern die Zufriedenheit ins Gesicht geschrieben. Immerhin sollte man in diesem Jahr, abgesehen vom Weihnachts- und Urlaubsgeld, acht doppelte Gehälter bekommen. Überall, insbesondere im Hafen und am Flughafen, stieg das Ansehen der VHN-Repräsentanten. Jeder kannte sie, weil sie im Gegensatz zu früher wesentlich mehr Waren zu verzollen hatten als die Vertreter der Konkurrenz. Wenn dennoch gerade neu nach Onne versetzte Zollbeamte oder andere unkundige Personen sie fragten, für wen sie arbeiteten, lautete die stolze Antwort: »Für VHN natürlich.«

Unser junger Seefrachtmanager, Banigo, war jetzt eine große Nummer. Er lachte nur noch, schien jede Menge weibliche Fans zu haben und lud sowohl Geschäftsfreunde als auch mich, seinen Boss, regelmäßig zum Biertrinken ein. Mit der Zeit vermied ich jedoch weitere nächtliche Trinkgelage mit ihm, denn die Spelunken, in denen er sich herumtrieb, wurden immer zwielichtiger. Bei dem letzten Schuppen, in den er mich geschleppt hatte, handelte es sich um ein düsteres, heruntergekommenes Bordell, in dem selbst mir angst und bange wurde. Banigo hingegen fühlte sich in dem Loch wie zu Hause. Schließlich war er mit der zahnlosen philippinischen Puffmutter befreundet. Um das Wohlergehen des Seefrachtmanagers besorgt, führte ich gleich am nächsten Morgen ein Mitarbeitergespräch mit ihm und wies auf die Gefahren im Zeitalter von HIV beziehungsweise AIDS hin. Banigo schien mich aber nicht ernst zu nehmen. Er tat das Thema mit einer wegwerfenden Handbewegung ab, ehe er mir kichernd zu verstehen gab: »Das weiß ich doch alles, Boss. Ich bin doch kein Kind mehr.«

Mein Besucher war pünktlich. Als ich ihn erblickte, fuhr mir der Schreck in die Glieder. Schockiert sprang ich auf und hielt mir die Hände vors Gesicht, um meine Tränen zu verbergen. Großer Gott, es war wahr. Es war wirklich wahr! Ein eiskalter Schauer lief mir über den Rücken. Ich konnte es nicht fassen! Hatte ich nicht noch geschmunzelt, als mir der Soldat vor drei Monaten telefonisch vom Überfall berichtet hatte? Da Nigerianer gern aus einer Mücke einen Elefanten machten, war ich felsenfest davon ausgegangen, dass es nicht stimmen würde. Jetzt sah ich es jedoch mit eigenen Augen. Vor mir stand er, der hünenhafte, stiernackige, für den Flughafen zuständige Kommandeur der Luftwaffe, den ich nun erstmals in Zivilkleidung sah. Aus den kurzen Ärmeln seines weißen Poloshirts quollen dicke Bandagen hervor. Der linke Verband war etwas länger als der rechte. Er reichte über den Ellbogen hinweg.

»Was hast du denn? Ich habe es dir doch gesagt«, wimmerte mein Freund. Auch er konnte seine Tränen nicht zurückhalten, ließ ihnen freien Lauf.

Seit unserem letzten Telefonat hatte ich nichts mehr vom Kommandeur, der erst vor einem Jahr nach Port Harcourt versetzt worden war, gehört. Ursprünglich hatten wir uns in unserer Airport Lounge kennengelernt und uns in Windeseile angefreundet. Von da an hatte mich der Kommandeur wie ein großer Bruder beschützt, mir bei zahlreichen Problemen mit den Flughafenbehörden geholfen.

Sobald uns die Tränen ausgingen, berichtete mein Besucher schluchzend, dass er an dem verfluchten Unglückstag frühmorgens um vier Uhr aus dem Schlaf gerissen worden war. Als er die Augen öffnete, standen zwei maskierte, mit Macheten bewaffnete Gestalten vor ihm und forderten ihn auf, ihnen sofort zu verraten, wo sein Geld versteckt sei. Zwei weitere Räuber befanden sich bereits im Wohnzimmer. Den Geräuschen nach zu urteilen, nahmen sie es regelrecht auseinander. Einer der Banditen hielt seine Machete an den Hals des Überfallenen. Er befahl ihm, aufzustehen, um ihn zu den verborgenen Schätzen zu führen. Die Anordnung befolgend witterte der massige Soldat plötzlich eine Chance, sowie er den für einen Moment unaufmerksamen, relativ kleinen Eindringlingen gegenüberstand. Er ergriff die Gelegenheit beim Schopf, indem er versuchte, dem einen Halunken die Machete zu entreißen. Unseligerweise hatte er aber nicht mit der Schnelligkeit des anderen gerechnet, der sein in die Höhe gehaltenes Buschmesser augenblicklich niederfahren ließ und ihm mit der scharfen Klinge den Unterarm abhackte. Der erste Räuber schlug jetzt auch zu. Wutentbrannt wollte er dem Militär den Schädel spalten. Trotz der unvorstellbaren Schmerzen brachte mein großer Bruder durch einen blitzschnellen Reflex seine linke Hand nach oben. Dadurch schützte er zwar seinen Kopf, aber nicht den zweiten Unterarm, den er bei dieser Aktion auch noch verlor. Langsam realisierend, was sie angerichtet hatten, und durch das viele Blut in Panik, brachen die Verbrecher, bei denen es sich, wie der Kommandeur vermutete, um Jugendliche handelte, ihren Raubzug ab. Sie verschwanden in der Dunkelheit. Er würde die Schlächter finden und richten, versicherte mir mein großer Bruder mit zitterndem Kinn immer wieder, auch wenn die Suche den Rest seines Lebens in Anspruch nehmen sollte. Wir saßen noch lange schweigend zusammen, hatten uns aber nichts mehr zu sagen. Letztendlich ließ ich Queenette mit einem großen braunen Umschlag kommen. Anschließend bat ich meinen Freund, nach Hause zu gehen und sich auszuruhen.

Ich musste mich vom erlittenen Schock erholen, brauchte dringend eine Limonade und fuhr zum Blues Café. Zumal mir das servierte Kaltgetränk aber nicht so richtig schmecken wollte, war ich ausnahmsweise schon früh zu Hause. Dort saß Gert Hofmeier, ein Österreicher, bei einem Beck's am Esstisch. Er schien die brüchigen Stellen im schwarzen Lack der Tischplatte zu studieren. Obwohl ich aufgrund der Erfahrungen mit Jonny Miller eigentlich keine gestrandeten Weißen mehr bei mir aufnehmen wollte, hatte ich bei Gert noch einmal eine Ausnahme gemacht. Der schlaksige, große Mann Mitte fünfzig hielt sich schon seit Jahrzehnten in Nigeria auf und war durch Höhen und Tiefen gegangen, wobei die Tiefen eindeutig überwogen. Das Schlimmste für ihn war ein Raubüberfall, bei dem er und seine österreichische Frau im Bett liegend von Schrotkugeln durchsiebt worden waren. Beide überlebten zwar, nach diesem Albtraum war jedoch nichts mehr wie vorher. Die attraktive jüngere Gemahlin wollte nichts mehr von ihrem Gatten wissen. Fortan ging sie ihre eigenen Wege und hatte diverse Affären, bei denen sie keinen Unterschied zwischen schwarzen und weißen Liebhabern machte. Gert konnte diese Schicksalsschläge nur schwerlich verkraften. Er wurde zum ständig von grandiosen Geschäften in der Vergangenheit,

Gegenwart und Zukunft faselnden, ab einem gewissen Pegel nur noch grölenden Alkoholiker. An diesem Tag wirkte der Mann mit der Hakennase
und den rot leuchtenden großen Segelohren allerdings in sich gekehrt und
niedergeschlagen.

»Was ist los? Schon so früh zu Hause?«, begrüßte ich ihn.

Gert antwortete nicht. Er saß weiterhin wie angewurzelt da, um sich auf
die Tischplatte zu konzentrieren.

Mit einem kalten Bier aus dem Kühlschrank bewaffnet setzte ich mich
zu ihm. »Los, erzähl, irgendetwas stimmt doch nicht«, bedrängte ich ihn.
»Lass es raus!«

»Mir ist schlecht«, lauteten die ersten leisen Worte, die ich an diesem Tag
von Gert hörte. »Es ist unfassbar. Ich könnte jetzt noch kotzen. Wäre ich heute
Morgen nur nicht zum Steinbruch gefahren! Auf unserem Rückweg wurden
der Taxifahrer und ich wegen einer Vollsperrung gezwungen, die City von Aba
zu passieren. Und danach durften wir alles live miterleben. Wenn du das nicht
mit eigenen Augen gesehen hast, kannst du es dir überhaupt nicht vorstellen.
Überall Feuer! Größtenteils brannten kleine Straßenstände, an denen vorher
Hausa-Händler Lebensmittel, Zigaretten und andere Waren verkauft hatten.
Es gab aber auch richtige Scheiterhaufen. Allerorts brüllte und johlte der Mob.
Mit Macheten bewaffnete Leute aller Altersgruppen zogen durch die Straßen
und suchten Menschen aus dem Norden des Landes, um sie zu massakrieren.
Busse, Kleinbusse und Taxis wurden gestoppt. Man durchkämmte sie nach
Muslimen. Wenn man jemanden, egal ob Mann, Frau oder Kind, der auch
nur im Entferntesten wie ein Hausa aussah oder sprach, entdeckte, wurde die
Person auf die Straße gezerrt und, nachdem man ihr die Klamotten vom Leib
gerissen hatte, in Stücke gehackt. Die Körperteile schmiss man auf brennende,
meterhohe, noch zuckende und sich bewegende Haufen.«

Gert schluchzte. Dicke Tränen quollen aus seinen verwaschenen blauen
Augen hervor. Um Beherrschung ringend fuhr er fort: »Diese Scheiterhaufen
mit ihrer Eigendynamik! Die ganze Stadt war voll davon. Dazu der grölende,
aufs Dach und an die Scheiben des Taxis hämmernde, bösartig gestikulierende Mob. Das werde ich niemals vergessen.«

Mir gelang es nicht, meinen Gast aus dem in seinem Kopf ablaufenden Film herauszuholen. An diesem Abend sprachen wir nicht mehr miteinander. Wir gingen früh zu Bett und träumten unsere Albträume.

Aus einer Tageszeitung sollte ich am nächsten Morgen mehr über die Ursache der schweren Ausschreitungen in Aba erfahren. Im muslimischen Norden des Landes, in Kaduna, hatten Igbos gegen die Einführung der Scharia demonstriert. Daraufhin machten sunnitische Hausa wie in den Zeiten vor und während des Biafra-Krieges Jagd auf Christen. Sie schlugen einige hundert tot und sandten ihre Leichen lastkraftwagenweise nach Aba sowie in andere Städte des Igbo-Landes. Bei Ankunft der ersten mit verstümmelten Getöteten beladenen Trucks in Aba drehten die Leute aus dem Südosten Nigerias förmlich durch. Sie rächten sich bitterböse an den Mördern ihrer Brüder und Schwestern, an den Hausa.

Gert Hofmeier blieb noch vier Wochen bei mir. Allerdings war er nunmehr permanent stark angetrunken. Infolgedessen wurde seine Anwesenheit trotz allen Mitgefühls allmählich unerträglich. Gleich nach Betreten des Hauses zwängte sich der meist schwankende Mann ohne Rücksicht auf andere Gäste selbst in die letzte Lücke auf der Sitzgruppe im Wohnzimmer, um lallend auf Österreichisch von seinem neuen Projekt, einem Steinbruch, zu schwafeln. Ich bekundete zwar Bedauern, atmete innerlich aber erleichtert auf, als Gert eines Tages mit seinem kleinen braunen Köfferchen vor mir stand und verkündete, dass er in ein Haus in der Nähe seines geliebten Steinbruches ziehen wollte. Zwei Jahre später hörte ich das letzte Mal etwas über den Österreicher. Willi erwähnte, dass er von der deutschen Botschaft gebeten worden war, sich um die Überführung der in einer Behausung in Enugu gefundenen, halb verwesten sterblichen Überreste eines gewissen Gert Hofmeier zu kümmern.

Hochzeit

»Das kannst du doch nicht machen!«, protestierte Isa, der mich zur Feier begleitet hatte.

»Quatsch, das ist eine meiner leichtesten Übungen.« Ich kehrte meinen Freunden den Rücken und begann, mich in Richtung Ausgang durchzudrängeln.

Hinter mir ertönten Worte wie: »Was für ein Schuft!«, »So sind sie nun mal, die Deutschen!«, »Schaut euch den Schaumschläger an. Erst zieht er voll die Show ab mit seinem luxuriösen Geschenkkorb und jetzt zeigt er sein wahres Gesicht, nimmt er alles wieder mit nach Hause, um es selbst auszusaufen, dieses asoziale Arschloch!« Nicht nur von meinen Kumpanen, sondern auch von anderen Leuten, meist Nigerianern, wurde ich auf meinem Spießrutenlauf zum Tor angepöbelt. Jemand rief: »Guckt mal da, der Oyibo! Der hat die schönsten Sachen vom Gabentisch geklaut! Warum hält ihn denn niemand fest, den Dieb?« Bei kleinem nervte es. Nur noch raus wollte ich hier und den Geschenkkorb mit den zwölf sorgfältig ausgesuchten Flaschen hochprozentigen Alkohols in Sicherheit bringen.

Wir befanden uns im neu eröffneten Barrakuda, einer Bar, in der auf zweitausend Quadratmetern unter freiem Himmel getanzt werden konnte, in der dreimal die Woche eine Liveband spielte. Der Platz war wunderschön. In seiner Mitte befand sich unter einem strohgedeckten Dach die tropenhölzerne runde Theke. Die anderen Konstruktionen auf dem Gelände waren zwei Toiletten, hinten rechts vor der Mauer, und eine Bretterbude, bei der es sich um das Fingerfood-Restaurant des Chinesen Ming Mang handelte.

Heute wurde das Barrakuda von einer geschlossenen Gesellschaft in

Beschlag genommen. Chris Hill, der neue Drill International Manager, und seine Liebste feierten ihre Hochzeit. Wenngleich der rot gelockte, sportliche Chris, der Mann mit dem Kaninchengebiss, noch nicht allzu lange im Lande war, hatte er bereits seine Traumfrau gefunden. Und die musste der Sportsmann, der jeden Sonntag in einer nigerianischen Mannschaft Fußball spielte, natürlich sofort heiraten, bevor sie ihm jemand anderes wegschnappte. Das Brautpaar hatte keine Kosten gescheut und alle Verwandten und Bekannten zu den Feierlichkeiten eingeladen. Mindestens fünfhundert Leute waren daraufhin erschienen. Alles drängte sich zu den Frischvermählten durch, um als Erstes zu gratulieren und Gaben auf einem der zwanzig aneinandergereihten Tapetentische niederzulegen. Das von einer Menschentraube umringte Brautpaar – er im schwarzen Anzug und seine verschleierte Partnerin ganz in Weiß – strahlte, denn das Fest schien ein voller Erfolg zu werden. Ein Zeichen dafür waren die vielen wunderschön dekorierten, in buntes, glitzerndes Geschenkpapier verpackten Präsente, die bereits auf den Tapetentischen lagen.

Bei diesem Massenauflauf werden Braut und Bräutigam meinen sorgfältig zusammengestellten Hamper gar nicht richtig wahrnehmen, geschweige denn würdigen können, ging es mir durch den Kopf. Dabei hatte ich mir bei der Auswahl der Getränke, die von Gin über Cognac bis hin zum besten Whisky reichten, die allergrößte Mühe gegeben. Trotz der Fehlinterpretation meines Verhaltens hielt ich aus diesem Grund an meinem Entschluss fest, mein Körbchen zurück ins Auto zu bringen, damit ich es den Eheleuten am folgenden Tag persönlich in die Hände drücken konnte.

Auch nach der Rückkehr zu meinen Freunden wollte die Kritik nicht abebben. Andauernd musste ich mir Sprüche wie »Na, hast du dir deinen Alk jetzt endlich gesichert?« anhören. Dennoch war die Party Extraklasse. Wir feierten ausgelassen bis in die Puppen. Am nächsten Morgen erinnerte ich mich nur noch daran, dass ich nichts zu essen bekommen hatte, weil einige wohlbeleibte Damen das ganze Buffet abgetragen und in Plastiktüten verpackt zu sich nach Hause geschleppt hatten. An etwas anderes erinnerte ich mich aber auch noch, und zwar an meinen geplanten Besuch beim Brautpaar.

Als ich an dessen Haustür läutete, wurde ich von Chris, der sowohl übermüdet als auch zerschlagen wirkte, empfangen. Da ich ihn nicht überfordern wollte, gratulierte ich nur kurz und streckte ihm gleich darauf meinen Geschenkkorb entgegen. Beim Anblick der edlen Tropfen kamen dem Frischvermählten beinahe die Tränen. Völlig außer sich stammelte er: »Kaum zu glauben, dass wir tatsächlich doch noch ein Geschenk bekommen.«

Die vielen fabelhaften Präsente auf den Tapetentischen noch vor Augen glotzte ich ihn fragend an, ehe mir langsam ein Licht aufging. Wahrscheinlich hatten sich liebe Verwandte, Bekannte sowie die hungrigen Damen freundlicherweise der Gaben angenommen – sich kurzerhand alles unter den Nagel gerissen, was nicht niet- und nagelfest war. Jetzt freuten sich Chris und seine Frau, zumindest ein Geschenk, meinen Hamper, zu erhalten.

Jungle Lovers

Ekaite suchte mich im Büro auf. »Was verschafft mir die Ehre? Lange nicht gesehen«, hieß ich die einen Meter achtzig große, sportliche Frau willkommen. Sie trug kurze beigefarbene Hosen, ein rotes T-Shirt und Badelatschen. Ihr geflochtenes weinrotes Haar zog sich in Strängen über das Haupt, um in einen langen Pferdeschwanz überzugehen. Das halbe Gesicht der Athletin verbarg sich hinter einer XXL-Sonnenbrille.

»Erst einmal hallo«, antwortete Ekaite mit sonorer Stimme. »Ja, es ist wirklich lange her. Wie geht es dir und was macht meine Freundin, deine Frau? Ich hoffe mal, dass sie nicht wieder irgendeinen Unfug angestellt hat.«

Obwohl gedanklich nicht mehr bei der Sache plapperte ich vor mich hin: »Mir geht es gut und Anne wahrscheinlich auch. Weißt du es noch gar nicht? Wir sind bereits seit einem halben Jahr geschieden.«

Nachdem Anne die Scheidung beantragt hatte und das Trennungsjahr vorüber war, hatten wir uns erstmals auf dem Flur vor dem Gerichtssaal des Amtsgerichtes Delmenhorst wiedergetroffen. Meine Angetraute befand sich in Begleitung ihres nigerianischen, in Deutschland praktizierenden Rechtsverdrehers. Sowie mich das Gespann allein und schutzlos erblickte – meine Anwältin war noch nicht eingetroffen –, stürzte es sich auf sein Opfer, um es mit Forderungen zu bombardieren. Dabei wirkten der ausladend gestikulierende Mann in der wogenden schwarzen Amtstracht und die Frau im tiefschwarzen Kostüm so bedrohlich wie zu allem bereite, über mir kreisende Aasgeier auf mich. Obendrein wurde mir schwindelig und mein Schädel begann fürchterlich zu brummen, denn man referierte über materielle Belange, über Firmen, Häuser, Autos und Konten in Nigeria, Togo,

Deutschland, Amerika, England und der Schweiz, über Monatsgehälter von mehr als dreihundertsechzigtausend Euro, Unterhalt und Abfindungen. Zum Glück musste ich nicht allzu lange leiden, da wir binnen Kurzem in den Gerichtssaal gerufen wurden.

Der alte grauhaarige Richter mit der Bobby-Charlton-Frisur kam, kaum dass er die Formalitäten hinter sich gebracht hatte, gleich zur Sache. Er wollte von mir wissen, ob ich die mit Anne in Port Harcourt, Nigeria, geschlossene Ehe für gescheitert erachtete. Ich bejahte. Daraufhin richtete er dieselbe Frage an meine zukünftige Ex-Frau. Die erhob sich theatralisch und setzte zu einer Rede an, die mit den Worten »Wissen Sie, Euer Ehren« begann.

»Dieser Mensch ist so ein Schwein, Euer Ehren, Sie können sich gar nicht vorstellen, was für ein Schwein das ist. Und gewalttätig ist der Kerl. Wenn ich das alles vorher gewusst hätte, hätte ich den Drecksack niemals geheiratet. Aber ich war damals ja noch so jung und unschuldig.« Anne hielt inne, um wie auf Kommando Krokodilstränen kullern zu lassen. Beeindruckt sann ich darüber nach, ihr zu ihrer perfekten schauspielerischen Leistung zu gratulieren.

»Wenn ich die vielen Affären, die der Lustmolch hatte und immer noch hat, aufzählen müsste, Herr Richter, würden wir morgen immer noch hier sitzen«, fuhr Anne fort. »Stellen Sie sich das mal vor, als mir im Krankenhaus der Blinddarm herausoperiert wurde, hat der doch mit meiner besten Freundin, Love, rumgemacht. Ich weiß es ganz genau, denn Love hat es mir selbst erzählt. Natürlich würde sie es auch jederzeit vor Gericht bezeugen. Und während meiner Zeit in Deutschland als alleinstehende, von Almosen lebende Mutter hat der Sittenstrolch sich mit einer gewissen Helen und jungen Studentinnen vergnügt. Ob Sie es glauben oder nicht, Euer Ehren, denen hat er für ihre Gefälligkeiten sogar meine Küche geschenkt. Alles habe ich versucht, um mit diesem Rassisten zusammenzuleben. Es geht aber nicht. Nach Deutschland wollte er mich ursprünglich gar nicht mitnehmen. Und als ich dann doch da war, hat er sich geschämt, mit mir in seinem Kuhdorf spazieren zu gehen. Nach Togo und in andere Länder der Dritten Welt durfte ich ihn jedoch begleiten. Dafür war ich gut genug.« Annes Worte gingen in ein Schluchzen über.

Derweil sie sich geräuschvoll schnäuzte, nutzte der Richter die Unterbrechung in ihrem Redeschwall. Er wiederholte seine Frage: »Wenn ich Sie richtig verstanden habe, Frau Hudu, erachten auch Sie Ihre Ehe als gescheitert?«

»Haben Sie mir denn überhaupt nicht zugehört? Das ist doch wohl selbstverständlich!«

»Also gut. Hiermit erkläre ich die am 15.08.1998 auf dem Standesamt in Port Harcourt, Nigeria, geschlossene Ehe zwischen Anne und Herbert Hudu für geschieden«, verkündete der Kadi. Für einen Moment herrschte absolute Stille. Danach erhob sich Bobby Charlton. Er kramte die vor ihm auf dem Tisch ausgebreiteten Papiere zusammen und verstaute sie in seiner Aktentasche. Anne verfolgte jede seiner Bewegungen mit misstrauischen Blicken. Ihre grauen Zellen schienen auf Hochtouren zu arbeiten. Als es endlich Klick gemacht hatte, schnellte sie in die Höhe.

»Aber, Euer Ehren, was ist denn mit der Kohle?«, protestierte sie.

Der erfahrene Richter, auf dessen Lippen ich ein kleines Schmunzeln zu erkennen glaubte, erwiderte kurz angebunden: »Die Themen Zugewinnausgleich und Unterhalt hätten Sie oder Ihr Advokat früher ansprechen müssen. Für heute ist es zu spät, darüber zu urteilen, da ich Ihre Scheidung gerade für rechtskräftig erklärt habe und die Verhandlung damit beendet ist. Ich wünsche Ihnen noch einen schönen Tag.«

An meinem Jackenärmel zupfend blickte meine Anwältin zum Ausgang. Ich verstand ihren diskreten Hinweis und setzte mich sofort in Bewegung. Bloß weg hier, so schnell wie möglich.

Ekaite hatte mir aufmerksam zugehört. Sie klatschte in die Hände. »Tjeh! Und diese abenteuerliche Geschichte soll ich dir so ohne Weiteres glauben? Es kann doch nicht sein, dass meine Freundin ihr Lieblingsthema, das Geld, vergessen hat. Das ist nahezu unmöglich.«

»Ob du es glaubst oder nicht, bleibt dir überlassen. Aber erzähl mir jetzt doch bitte erst einmal, was dich zu mir führt.«

Mein Gast schnalzte mit der Zunge, visierte den Deckenventilator an, auf dem tote Moskitos Karussell fuhren, und begann abermals mit einem langgezogenen: »Tjeh! Mein Bruder, ich bitte dich, du musst unbedingt etwas für mich tun. Bitte rede doch mal mit deinem Freund. So geht es nicht weiter. Schau mal, was der gemacht hat.« Ekaite nahm ihre Sonnenbrille ab und förderte ein riesiges Veilchen zutage. Der Bereich um ihr linkes Auge war stark geschwollen. Außerdem hatte er sich bläulich rot verfärbt.

Mitfühlend stieß auch ich ein »Tjeh« aus und wollte auf nigerianische Art mit der Zunge schnalzen, bevor mir einfiel, dass ich diese Technik gar nicht beherrschte. »Und das hat mein Bruder, Charles, getan?«

»Ja, stell dir das mal vor. Unternimm bitte etwas. Rede mit ihm. Ich vertraue dir. So etwas darf nie wieder vorkommen, sonst kann ich für nichts garantieren, verstehst du?«

Ich verstand sehr gut, was die beste Schwimmerin ihres Vereins, eine der wenigen Nigerianerinnen, die diese Sportart perfekt beherrschten, meinte. »Ich kümmere mich darum, verlass dich drauf!«, rief ich der Frau hinterher, die die Türklinke bereits in der Hand hielt.

Ich war beunruhigt. Dabei galt meine Sorge eher Charles als seiner Lebensgefährtin. Schließlich war es noch nicht allzu lange her, dass er nachts vor meiner Haustür gestanden und darum gebeten hatte, für ein paar Tage bleiben zu dürfen. Der Mister Bean nicht nur äußerlich ähnelnde Engländer lebte schon seit Jahren mit Ekaite und der gemeinsamen, ausgesprochen hübschen, mittlerweile vierzehnjährigen Tochter zusammen. Er hatte allerdings noch zwei weitere, ältere Töchter, die nichts ahnend von der Doppelehe des Familienoberhauptes bei seiner Frau in Liverpool lebten.

Aufgrund der Tatsache, dass Charles ihr seine Sünden in einer schwachen Stunde gebeichtet hatte, ging es bei den häufigen Streitereien mit Ekaite hauptsächlich um Bigamie. Am spannungsgeladenen Verhältnis zwischen den Eheleuten änderte sich auch nichts, nachdem der Engländer seiner Geliebten ein geräumiges zweistöckiges Haus gebaut hatte. Im Gegenteil, die Meinungsverschiedenheiten nahmen seitdem eher zu. Ein Grund dafür war eine Kleinigkeit, die der sparsame Mann aus Liverpool beim Erwerb des Baulandes übersehen hatte. Schräg gegenüber dem Grundstück befand sich eine gebirgige Müllhalde, die von einer ganzen Armee Ratten in Beschlag genommen wurde. Und da der zu ihrem Haus führende namenlose Weg ebenfalls zum Rattenreich gehörte, sagten Bekannte gemeinerweise immer Number 1 Rats Road, wenn sich jemand nach Charles und Ekaites Adresse erkundigte. Das stank Ekaite natürlich gewaltig.

Strategisch hatte Mister Bean in den letzten Jahren viel dazugelernt. Inzwischen wusste er, wann es besser war, den Rückzug anzutreten. In der Nacht, in der er vor meiner Haustür gestanden hatte, hatte Ekaite ihn mit einer Machete bedroht. In die Enge getrieben, fiel dem Briten nichts Besseres ein, als vom Balkon zu springen. Bei dieser Aktion kam sein rechtes Bein, mit dem er durch halb Port Harcourt zu mir humpelte, zu Schaden. Das war aber nicht so schlimm. Viel ärgerlicher war, dass er auf seinem alten 230er-Mercedes landete, dessen Dach für viel Geld ausgebeult werden musste.

Ja, Ekaite war schon eine richtige Granate, die meiner Ex in nichts nachstand. Einmal kehrten wir vom Fischen zurück, als die Nigerianerin bereits im Boot-Klub auf ihren Göttergatten wartete. Mit auf dem Rücken verschränkten Armen wanderte sie auf dem Landungssteg auf und ab, von wo aus sie ihn gebührend in Empfang nehmen wollte. Erwartungsgemäß dauerte es dann nicht lange, bis sich die Vermählten tierisch stritten. Und das ausgerechnet vor peinlich berührtem, zu Boden blickendem nigerianischem Publikum. In dem Augenblick, in dem Ekaite zur Untermauerung ihrer Argumente damit begann, sich vor allen Leuten zu entkleiden, rannte Mister Bean zu seinem Firmenwagen, einem Pick-up-Truck, um wieder einmal das zu tun, was er am besten konnte: den strategischen Rückzug antreten. Fatalerweise gelang es ihm aber nur bedingt zu entkommen, denn Ekaite hatte sich mit einem Hechtsprung auf die Ladefläche des Vehikels katapultiert. Im Verlauf der folgenden wilden Fahrt durchs abendliche Port Harcourt setzte die Frau aus Aqua Ibom State ihren Striptease fort. Von anderen Verkehrsteilnehmern angefeuert und musikalisch von einem Hupkonzert begleitet, ließ sie ein Kleidungsstück nach dem anderen auf die Fahrbahn segeln.

Da mich die im Boot-Klub Anwesenden zu sehr mit Fragen zu meinen Freunden löcherten, machte ich mich schnell vom Acker und fuhr zum Blues

Café. Dort entdeckte ich Charles von Polizisten umrundeten Pick-up zwischen den am Straßenrand geparkten Fahrzeugen. Vor seinem Auto stehend redete mein Bekannter mit Händen und Füßen auf die Obrigkeit ein. Offensichtlich versuchte er der Zahlung einer hohen Strafe, weiß der Teufel, ob wegen Erregung öffentlichen Ärgernisses, Unzucht oder was auch immer, zu entgehen. Ich machte keine Anstalten, ihn zu unterstützen, denn es stand zu befürchten, dass die Anwesenheit eines zweiten Oyibos die Forderungen der Gesetzeshüter nur in die Höhe treiben würde.

Gleich nach Passieren des Nebeneingangs des Blues fiel eine splitternackte Frau über mich her, die sich bis dahin im Schatten eines großen Mangobaumes verborgen hatte. Im Nu waren die Augen aller Wirtshausgäste auf uns, den Deutschen und die Nackte, gerichtet.

»Ekaite, Mensch, bloß weg hier«, stammelte ich entrüstet.

Die Frau meines Bekannten verdrehte die Augen. »Aber wo willst du denn hin, mein Bruder?«

»Na, an die Theke, nach drinnen, wohin denn sonst? Du musst doch frieren. Lass uns ein wärmendes Getränk einnehmen.«

»Nee, mein Bruder, besser nicht«, kicherte meine Schwester verlegen. »Ich glaube nicht, dass die mich so reinlassen.«

Jetzt erst wurde ich mir der Situation voll bewusst. Ich vermied es, Ekaite weiterhin anzublicken und lispelte: »Wahrscheinlich hast du nicht ganz unrecht. Ich geh dann schon mal vor. Du kannst ja später in Begleitung deines Ehemannes nachkommen.«

Auf meine Bitte hin besuchte Charles mich im Büro. Er verzichtete auf Begrüßungsfloskeln und wollte gleich wissen, warum ich ihn zu sprechen wünschte.

Unverzüglich begann ich, Dampf abzulassen. Dabei drohte ich dem Engländer mit dem Zeigefinger, um meinen Worten Nachdruck zu verleihen. »Es geht nicht an, dass du deine arme Frau verprügelst! Ich habe ihr Auge gesehen, es sieht schlimm aus. So etwas darf man seiner Partnerin nicht antun! Das macht man nicht, und schon gar nicht mit meiner Schwester!«

Mein Bekannter war ruhig geblieben. Während meines langen Vortrages hatte er verlegen nach unten geschaut. Langsam seine Sonnenbrille abnehmend, öffnete er endlich den Mund. Dabei fixierten seine Augen, von denen das rechte ein Veilchen zierte, das noch schlimmer aussah als das seiner Lebensgefährtin, einen Punkt in der Ferne.

»Herbert, ich habe dich gehört und du hast recht«, flüsterte der Mann aus Liverpool. »Aber versuch bitte, fair zu sein, indem du nicht nur ihr Auge, sondern auch meins in Betracht ziehst. Schau genau hin. Das hat deine Schwester mit mir gemacht. Bitte rede als Erstes mit ihr.«

Sechs Jahre nach diesem Ereignis war abrupt Schluss mit der Bigamie. Inzwischen war aus Charles und Ekaites Tochter eine resolute junge Frau geworden. Eines Tages schnappte sie sich kurz entschlossen Vaters Handy, rief damit dessen englische Gattin an und stellte sich vor. Der Scheidungsantrag ließ nicht lange auf sich warten.

My sweet Lady Jane

Man sah es jetzt schon sehr deutlich, dass unsere Rezeptionistin schwanger war. Und wer der Vater war, stand für mich auch fest. Jedenfalls hätte ich viel Geld auf meinen Wachmann Passi gesetzt. Da Jane immer mal wieder für ein, zwei Tage fehlte, teilte mir unsere Sekretärin hinter vorgehaltener Hand mit, dass es Schwangerschaftskomplikationen gab. Als die Rezeptionistin schließlich gar nicht mehr zur Arbeit kam, bat ich Franka, sie mit einem Blumenstrauß zu Hause zu besuchen, um herauszufinden, wie es ihr ging und ob wir irgendetwas für sie tun konnten. Zurück im Büro dauerte es nicht lange, bis mir Franka mit in Falten gelegter Stirn gegenübersaß.

»Jane gefällt mir nicht«, beklagte sie sich. »Das Baby ist bereits überfällig. Und die werdende Mutter sieht alles andere als gut aus.«

»Was sagt denn der Doktor?«

»Ich glaube nicht, dass sie sich in ärztlicher Behandlung befindet.«

»Was? Warum geht sie denn nicht in die Aid Clinic? Wozu haben wir ein Abkommen für die medizinische Versorgung unserer Mitarbeiter mit denen geschlossen, wenn keiner es nutzt? Alle VHN-Angestellten können sich dort doch kostenlos behandeln lassen! Nimm meinen Peugeot und fahr bitte noch mal zu Jane. Versuch, sie in den Wagen zu verfrachten, damit ihr gemeinsam ins Krankenhaus fahren könnt.«

Franka rauschte ab. Bereits neunzig Minuten später stand sie mit Peter im Schlepptau jedoch laut fluchend wieder in meinem Office.

»Na, na, Madam, so kenne ich dich ja gar nicht«, unterbrach ich sie. »Was ist denn los?«

»Ach, dieses dumme Ding und die Scheinheiligen, die sie umgeben. Die

156

wollen nichts von einem Krankenhaus wissen. Die meinen, ein Arzt sei nicht erforderlich, weil der liebe Gott schon alles richten wird. Kannst du dir das vorstellen? Jane liegt auf dem kalten Betonfußboden in ihrer Wohnung und verdreht die Augen. Ein zottelbärtiger Pfaffe im schwarzen Anzug mit einer Bibel unter dem Arm umkreist sie ständig. Der predigt, was das Zeug hält. Und immer, wenn er eine Pause einlegt, beginnen sechs alte, knorrige Weiber, die auf dem Boden hocken, zu singen. Peter und ich haben wirklich alles versucht, aber Jane will partout keinen Arzt sehen. Sie vertraut auf Gottes Hilfe und ihre Glaubensgemeinschaft oder Sekte oder weiß der Kuckuck, was für ein Verein das ist.«

Mich hatte es nicht auf meinem Stuhl gehalten. Im Raum auf und ab wandernd spürte ich, wie mein Blutdruck stieg. »Das gibt es doch nicht! Mann, wie dumm kann man denn nur sein?«, brüllte ich. »Was für ein Club ist das, der solch einen Schwachsinn verzapft? Los, fahrt noch mal h…«

»Wir haben wirklich unser Bestes gegeben, Oga«, fiel mir Peter ins Wort. »Die lassen nicht mit sich reden. Und jetzt wird es wahrscheinlich noch schwerer sein, etwas auszurichten, denn der Prediger prophezeite, dass bald weitere Mitglieder der Glaubensgemeinschaft aufkreuzen werden.«

»Gibt es wirklich nichts, was wir tun können?«

»Nein, ich fürchte nicht«, antwortete die resignierte Franka.

»Dann bleibt auch uns nur, auf Gottes Hilfe zu hoffen. Trotzdem, fahrt bitte zu mir nach Hause und teilt Passi mit, dass er bis auf Weiteres beurlaubt ist. Er soll sich sofort zu Jane begeben, ihr nicht mehr von der Seite weichen und versuchen, sie doch noch davon zu überzeugen, einen Arzt aufzusuchen.«

Vier Tage später war Jane tot. Sie starb an einer Blutvergiftung, weil sich ihr totes Baby zu lange im Mutterleib befunden hatte. Ihre Habseligkeiten hatte sie der Sekte vermacht. Passi haben wir nie wiedergesehen.

In dieser Zeit schossen in Port Harcourt neue Kirchen wie Pilze aus dem Boden. Ob sie nun »Gottes Kirche der Versprechen einlösenden Christen«, »Leben vertiefende Bibelkirche«, »Kirche der sich verpflichtenden Christen« oder wie auch immer hießen, bei allen handelte es sich um Pfingst- oder

157

Erweckungskirchen, um Sekten, die bei entsprechender Bezahlung versprachen, Wünsche in Erfüllung gehen zu lassen. An der neuen, kilometerlangen East-West-Road stand derweil ein Gotteshaus neben dem anderen. In diesen Tempeln wurden sowohl ganztägige als auch nächtliche Messen abgehalten, zu denen festlich gekleidete Gläubige in Scharen anrückten. Durch nächtelanges monotones Beten und langes Stehen wurden die gottesfürchtigen Kirchgänger ermüdet und zermürbt, bis sie meinten, ihr frommes Leben völlig nach den mantraartig wiederholten Bibelsprüchen der Prediger ausrichten zu müssen, bis sie bereit waren, alles zu tun, was ihnen suggeriert wurde.

Auch mein Haus war von Kirchen umringt. An Schlaf war deshalb vor allem sonntags nicht zu denken. Die erste Vorstellung startete bereits um vier Uhr morgens, wenn ein Kirchenfreak begann, in sein Megafon zu blöken. Das klang so ähnlich wie eine kalbende Kuh. Ab acht Uhr legte auch die Konkurrenz los. Mit wilden Predigten, Gesang, Gegröl und Geheul versuchten Priester und selbst ernannte Bischöfe, die Gläubigen in ihren Bann zu ziehen. In einer Kapelle lautete jede zweite Strophe, die der Chor der Gefangenen anstimmte: »Und der liebe Gott fährt vom Himmel hernieder und verbrennt das Böse mit Feuer!«

Alles, was die Priesterschaft in Aussicht stellte, konnte erreicht werden. Jeder Wunsch ging in Erfüllung, wenn man nur daran glaubte und bereit war, das erforderliche Kleingeld auf den Tisch zu legen. Man konnte sogar durch den heiligen Geist errettet und sündenfrei wiedergeboren werden. Das kostete allerdings ein kleines Vermögen. Selbst mein Freund Humphrey, der einst in Deutschland Ingenieurwissenschaften studiert hatte, verkündete stolz, dass er jetzt ein Wiedergeborener sei. Wie konnte ich das nur übersehen haben? Schließlich trug er doch eine Anstecknadel am Revers seines Jacketts, die ihn eindeutig als Reinkarnierten auswies.

Völlig aus dem Häuschen war Humphrey, nachdem er den deutschen Prediger Reinhard Bonnke hatte live erleben dürfen. Der selbst ernannte Mann Gottes kam alle zwei Jahre nach Nigeria. Während seines letzten Besuches auf dem Sandfeld an der East-West-Road hatte er zu sage und schreibe vierzigtausend Gläubigen gesprochen. »Herbert, ich wünschte, du wärest mitgekommen«, hauchte Humphrey mit verzückter Stimme und verdrehten Augen. »Du wirst es nicht glauben, aber ich habe Wunder gesehen. Lahme konnten wieder gehen! Und Blinde konnten wieder sehen! Die Gläubigen sind förmlich durchgedreht. Sogar die Ärmsten der Armen haben ihre letzten Kröten in die herumgereichten riesigen Ghana Must Go Bags geworfen. Abschließend hat Reinhard Bonnke uns alle gesegnet.«

Der Kapitän

Es war angenehm, einen Gleichgesinnten, einen Verbündeten im Bunker zu haben. Ob es sich um die Kommune, die Youth oder um Steuern und Gebühren handelte, neuerdings konnte ich mich mit einem anderen Oyibo austauschen. Schon nach wenigen Schritten befand ich mich im Stockwerk über uns, das Nalco angemietet hatte. Boss des maritime Dienstleistungen offerierenden Unternehmens mit Hauptsitz in Abu Dhabi war der südafrikanische Kapitän, Johan Morrison. Nachdem wir uns mehrmals im Treppenhaus begegnet waren, zählten unsere anfangs noch sporadisch abgehaltenen Kaffeekränzchen schon bald zu den Highlights eines jeden Tages. Es machte einfach nur Spaß, mit dem äußerst disziplinierten, akkuraten Kapitän zu plaudern, der meist ein freundliches Lächeln auf den Lippen hatte. Johan war bereits ergraut. Seine Brille hing, damit sie nicht verloren ging, an einer um den Hals geschlungenen Kordel und in seiner Hemdtasche steckte ein vergoldeter Kugelschreiber. Am liebsten erzählte der Kapitän von seiner fantastischen Heimat, Südafrika, aber auch von Neuseeland, wo er und seine Frau, eine Lehrerin, sich häufig bei Verwandten aufhielten. Nach Nigeria wollte ihm seine Angetraute nicht folgen, denn ein Leben im »tiefsten Schwarzafrika« passte nicht in das Weltbild der häuslichen Frau, einer strenggläubigen Christin. Wenn Johan von seiner Liebsten redete, geriet er immer – mit dem rechten Auge auf das auf seinem Schreibtisch stehende Jugendfoto einer blond gelockten Schönheit schielend – ins Schwärmen. Offensichtlich hatte er das große Los gezogen, die perfekte Lady geheiratet.

Eines Tages besuchte ich den Kapitän wieder einmal. Zuerst dachte ich, im falschen Büro gelandet zu sein. Der Kopf und die Arme des sonst so kontrollierten Mannes lagen auf seinem Schreibtisch. Auch meinte ich, ein leises Wimmern zu vernehmen. Das gerahmte Porträt des Lockenkopfes lag ebenfalls auf der Tischplatte, und zwar mit dem Gesicht nach unten. Johan sah nicht zu mir auf. Das Einzige, was sich außer dem kleinen Gecko an der Wand, der sich gerade einen Moskito geschnappt hatte, im Raum bewegte, war sein bebender Oberkörper. Was war hier los? Innerlich aufgewühlt setzte ich mich. Ich klopfte dem Südafrikaner leicht auf die Schulter und flüsterte: »Johan, geht es dir nicht gut? Kann ich dir helfen?«

Es dauerte eine ganze Weile, bis der Kapitän endlich mit verheulten Augen zu mir aufblickte.

»Ist etwas mit deiner Frau?«, hakte ich nach. »Ist ihr etwas zugestoßen?«

Völlig unerwartet brüllte mein Freund: »Nein!« Und dann saß er auch schon kerzengrade im Stuhl, schlug mit der geballten Faust auf den Tisch und verfehlte dabei den Bilderrahmen nur um Haaresbreite. Erschrocken zuckte ich zusammen.

»Was ist denn los, Mann?«

»Scheiden lassen will sie sich, die Hure! Das ist los!«

»Aber du hast doch immer von ihr geschwärmt, mir erzählt, dass deine bessere Hälfte eine fantastische, liebenswürdige Frau ist, dass ihr ein Herz und eine Seele seid. Woher kommt denn ihr plötzlicher Sinneswandel? Hast du irgendetwas angestellt?«

»Nein, hab ich nicht! Ich war ihr immer treu ergeben. Genauso, wie sie mich haben wollte. Oder hast du mich hier schon einmal mit einer Frau gesehen? Aber die!« Erneut sauste die Faust des Südafrikaners hernieder. »Kannst du dir das vorstellen? Durchgebrannt ist sie! In Neuseeland, mit einem Maori, einem arbeitslosen, stadtbekannten Trinker! Der Kerl ist von Kopf bis Fuß tätowiert und seine Haare reichen ihm bis zum Allerwertesten.«

Johan war hochrot angelaufen, sein Kinn und seine Lippen zitterten. Augenscheinlich war für ihn eine Welt zusammengebrochen.

Um meinen Verbündeten, den ich in den folgenden Tagen kaum zu Gesicht bekam, wieder auf andere Gedanken zu bringen, lud ich ihn mit seinem ebenfalls südafrikanischen Kumpel Nelson zum Fischen ein. Nelson war ein begeisterter, erfahrener Angler. Er wohnte in Mosambik, in einem Häuschen am Strand. Dort widmete er seiner Leidenschaft jede freie Minute. Die Haut des kleinen, gedrungenen Mannes war von Wind und Sonne gegerbt. Seine Augen wanderten ständig listig umher. Sie schienen alles um ihn herum zu erfassen.

Seit noch nicht allzu langer Zeit wagte ich mich hinaus in den Atlantik, fischte ich nicht mehr in den Flussarmen des Niger. Das war eine völlig andere Nummer als das, was ich bisher gemacht hatte, denn man brauchte schon einmal eine Stunde, um die von weißen Schaumkämmen gesäumte, unendlich breite Mündung des Bonny Rivers zu erreichen. An diesem Sonntag im März stand die Sonne bereits hoch, als wir uns endlich im Atlantik befanden, den wilden Ritt auf den Wellen hinter uns hatten und wieder Fahrt aufnehmen konnten. Es wurde auch langsam Zeit, da wir beabsichtigten, einen achtundzwanzig Meilen von der Küste entfernten Punkt anzusteuern, an dem eine ExxonMobil-Bohrinsel verankert sein sollte. Laut Johan würde das Wasser dort vor lauter Fischen nur so brodeln.

Der Kapitän hatte nicht zu viel versprochen. Beim Umrunden unseres Zielpunktes, der Ölplattform, brachten wir einen Traumfisch nach dem anderen ins Boot. Wir hakten Red Snapper, Dorados, Jacks und vor allem Barrakudas, die immer wieder an derselben Stelle, an der die täglichen Essensabfälle der Bohrinsel über Bord geschmissen wurden, zuschnappten. Das Einzige, was nervte, war Nelsons Technik, Fische mit dem Gaff aufzuspießen und an Bord zu hieven. Dabei zog er die Wassertiere nicht etwa senkrecht hoch, sondern schleuderte sie wie ein Kugelstoßer in hohem Bogen in die Mitte des Bootes, ohne Rücksicht darauf, ob jemand im Weg stand oder nicht. Johan und ich beschwerten uns, denn mehrmals waren wir dem Kuss eines grinsenden Meeresungeheuers nur um Haaresbreite entgangen. Nelson akzeptierte unsere Kritik jedoch nicht. Er, der erfahrene Fischer, der Profi von der Küste Mosambiks, wusste alles besser.

Und dann passierte es. Weil ich auch ein richtiges Schwergewicht an der Leine hatte, bemerkte ich zu spät, dass sich wieder ein Barrakuda mit weit aufgerissenem Maul und lückenlosem Gebiss meinem Gesicht näherte. Um mich zu schützen, riss ich im letzten Moment die Arme hoch. Dadurch verhinderte ich zwar den fischigen Schmatzer. Was sich aber nicht vermeiden ließ, war die Berührung mit einem Haken, einem Drilling, der nebst dem dazugehörenden Plastikköder jetzt anstatt im Maul des Fisches an meinem Unterarm hing.

Es war schon etwas dran an der Redewendung: »Ein Indianer kennt keinen Schmerz.« Und eine Rothaut mit genügend Feuerwasser intus schon mal gar nicht. Das klappernde, an meinem Arm hin- und herschaukelnde Ding interessierte mich anfangs nicht weiter. Ich konzentrierte mich nach wie vor ausschließlich auf den immer wieder abtauchenden, mir einen schweren Kampf liefernden Red Snapper. Erst nachdem ich den Fisch gelandet hatte, kümmerte ich mich um den Haken, indem ich probierte, ihn durch Anwendung unterschiedlicher Dreh-, Zug- und Drucktechniken aus meinem Arm zu bekommen. Leider waren alle Versuche erfolglos. Sie wurden stets vom perfekt versenkten Widerhaken zunichtegemacht. Genervt verlor ich die Geduld. Ich nahm den Köder in die Hand, um den an ihm hängenden Drilling aus dem Fleisch herauszureißen. Gottlob hinderte mich Johan an der Ausführung des Vorhabens.

»Bist du bescheuert, Mann?«, protestierte er und umklammerte mein Handgelenk. »Hör sofort auf damit. Mit solchen Schlachtermethoden wirst du nur noch mehr Unheil anrichten. Wenn eine Vene oder Sehne beschädigt wird, hast du die Arschkarte. Lass uns die Leinen einholen und nach Hause fahren. In Port Harcourt gehst du dann gleich ins nächste Krankenhaus. Dort lässt du dir den Haken fachmännisch herausoperieren.«

»Verdammt noch mal!«, fluchte ich. »So viele Fische habe ich noch nie gefangen. Wer weiß, wann das Wetter es erlaubt, dass wir wieder so weit rausfahren können? Wisst ihr, was wir machen? Wir fischen noch zwei Stunden weiter. Danach müssen wir uns eh auf den Rückweg begeben. Die Babyklapper stört mich nicht im Geringsten. Sie darf ruhig noch bis zum Sankt-Nimmerleins-Tag an mir baumeln. Das wird mich auch nicht umbringen.«

Johan zeigte mir zwar einen Vogel, passte sich aber der Mehrheit an, weil sich auch Nelson fürs Angeln entschieden hatte. Um ein unkontrolliertes Herumschlackern zu vermeiden, zurrte ich den Köder mit meinem Gürtel am Unterarm fest und weiter ging's. Während der nächsten halben Stunde bissen die Fische noch wie verrückt. Anschließend zuckelte allerdings immer seltener etwas an den Leinen. Wir erhöhten den Abstand zur Bohrinsel auf circa zweihundert Meter und, siehe da, abermals stellte sich Erfolg ein.

Schon seit geraumer Zeit hatte ich einen anfangs kleinen, sich ständig vergrößernden Punkt am Horizont im Auge. Allmählich verwandelte sich dieser Stecknadelkopf in ein Schiff, das sich uns mit hoher Geschwindigkeit näherte. Am Heck der »Kingfisher« stehend schweifte mein Blick zwischen unseren stramm im Wasser liegenden Schnüren und dem Kahn hin und her. Es war schon merkwürdig. Sobald wir unseren Kurs änderten, zog der Pott mit, korrigierte auch sein Steuermann den Kurs. Was hatten die vor? Verfolgte man uns etwa? Und was für ein Geisterschiff war das? Es war schwarz angestrichen. Ansonsten wies es keinerlei Besonderheiten auf. Aber was wollten die Häscher von uns? Waren es womöglich Piraten?

Einer inneren Eingebung folgend riss ich eine Rute aus ihrer Halterung und begann, mit Volldampf zu kurbeln. »Reinholen, sofort!«, rief ich. »Weg hier, schnell!«

Nichts passierte. Aufgebracht drehte ich mich um und erblickte Nelson, der mich ungläubig angaffte. Johan hingegen fuhr stur weiter geradeaus.

»Habt ihr was an den Ohren? Los Männer, alles reinholen, sofort!«, schallte ich.

»Spinnst du? Was ist denn in dich gefahren?«, beklagte sich Nelson. »Die beißen doch gerade wieder ohne Rücksicht auf Verluste.«

Es war zum Kotzen. Was war nur mit der Mannschaft los? Erkannten die Leichtmatrosen die Gefahr denn nicht? Ich setzte gerade zu einem noch lauteren Gebrüll an, als plötzlich ein alles durchdringendes Knattern ertönte. Links und rechts von uns spritzte Wasser auf. Scheiße! Das durfte doch wohl nicht wahr sein. Die Piraten schossen auf uns!

Nelson eilte ans Heck, schnappte sich eine Rute und krakeelte in Richtung Johan: »Gas geben, los, nichts wie weg!«

Daraufhin schmiss ich meine Angel auf den Boden. Im Nu war ich bei Johan und hielt ihn davon ab, die Gashebel weiter runterzudrücken. »Jetzt ist es zu spät, Mann!«, fluchte ich. »Das waren nur Warnschüsse. Die nächste Salve sitzt!«

»Aber wir müssen doch was unternehmen«, kreischte der Star unter den Anglern der südlichen Hemisphäre hinter mir.

»Wirf die Rute weg und streck die Flossen in die Höhe! Das ist das Einzige, was wir jetzt noch machen können.«

Mit erhobenen Händen standen wir an Deck und beobachteten, wie sich das Schiff, das mittlerweile seine Fahrt gedrosselt hatte, langsam näherte, wie es immer größer wurde. In den Wellen, die es verursachte, schwappte unser Bötchen hin und her, rauf und runter. Sowie sich der aus dem Wasser ragende Eisberg direkt neben uns befand, ertönte eine durch ein Megafon verzerrte Stimme.

»Hier spricht die nigerianische Marine. Identifizieren Sie sich und lassen Sie uns wissen, was Sie hier draußen, so nah an einer Bohrinsel, verloren haben. Wir lassen jetzt eine Strickleiter herunter, damit Ihr Kapitän an Bord kommen kann, um sich zu erklären.«

Johan blickte Nelson und mich fragend an. »Navy?«, brummte er zweifelnd. »Das ist aber kein Marineboot. Wenn das man stimmt!«

An der runtergeworfenen Strickleiter arbeitete ich mich unsicher in die Höhe. Dabei schielte ich immer wieder nach unten auf die kleiner werdende Nussschale, in der meine Freunde schaukelten. Vier starke Hände unterstützten mich auf den letzten Zentimetern. Sie hievten mich an Deck, wo ich sogleich von einem Rudel Uniformierter umzingelt wurde. Die niedrigeren Dienstgrade trugen Knobelbecher, dunkelblaue, von schwarzen Gürteln gehaltene Hosen, blau-lila Hemden und Schiffchen. Drei Offiziere unterschieden sich vom Rest der Mannschaft durch Uniformjacken und Kapitänsmützen. Erleichtert atmete ich tief durch. Zumindest befanden wir uns im Gewahrsam der Marine und nicht in den Händen von Freibeutern. Einige Besatzungsmitglieder glotzten mich dämlich an. Anscheinend hatten sie noch nie einen Oyibo aus nächster Nähe gesehen. Der vollbärtige Offizier mit dem Megafon, ich ging davon aus, dass es sich um den Kapitän handelte, beendete das Schweigen. Nachdem er sich mehrmals geräuspert hatte, bat er mich um unsere Boots- und Ausweispapiere. Meine Begeisterung hielt sich in Grenzen, zumal ich weder mit dem einen noch mit dem anderen aufwarten konnte. Wo die Angst ist, ist der Weg, dachte ich und trat die Flucht nach vorn an. Geschwätzig erzählte ich meinen Gastgebern, dass es sich bei meinen Kollegen und mir nur um drei harmlose Oyibos, um Mitglieder des Boot-Klubs von Port Harcourt auf ihrem sonntäglichen Angelausflug handele, die bedauerlicherweise ihre Dokumentenmappe im Heimathafen vergessen hatten.

»Du kannst mir ja viel erzählen«, knurrte der Kapitän kurz angebunden. »Woher soll ich denn wissen, dass ihr keine Piraten seid, die beabsichtigen, Bohrinseln zu überfallen, zu deren Schutz wir uns hier draußen aufhalten? Schwenkt den Kran über das Boot und lasst Gurte herunter«, befahl er seinem Adjutanten. »Wir werden den Kutter an Bord nehmen und ihn mitsamt seiner Besatzung zu unserem Stützpunkt auf Bonny Island bringen. Dort wird man schon herausfinden, was die Oyibos im Schilde führen. Ich gehe in die Operationszentrale, wo ich den Funker anweisen werde, die Kollegen auf Bonny schon mal vorzuwarnen.«

Geschockt malte ich mir verschiedene Horrorszenarien aus. Auf jeden Fall würde die Angelegenheit teuer werden. Und wer garantierte für die Sicherheit der »Kingfisher«, dafür, dass sie nicht beim Be- oder Entladen zu Schaden kommen würde?

»Herr Kapitän, bitte machen Sie das nicht!«, flehte ich. »Ich befürchte, unser Boot wird den Ladevorgang nicht überstehen. Lassen Sie uns bitte versuchen, eine andere Lösung zu finden. Wir werden uns auch erkenntlich z…«

Der Kommandant hatte sich bereits abgewandt, als eine kräftige, mir nur allzu vertraute Stimme ertönte. »Na, na, Herr Kapitän, bitte, unter Seeleuten können wir das Problem doch sicherlich auch auf eine elegantere Art und Weise aus der Welt schaffen. Ich bin selbst Skipper und habe ein paar Erfrischungsgetränke mitgebracht. Vielleicht sollten wir uns erst einmal eine

Dose Bier gönnen.« Johan beförderte seine Kühlbox aufs Deck, kletterte über die Reling, eilte zum Kommandanten und stellte sich strammstehend mit einer ordentlichen Meldung vor: »Kapitän Johan Morrison, Sir, Managing Director der Nalco Reederei, meldet sich an Bord, Sir. Hier ist meine Visitenkarte, Sir.«

Für einen Moment schaute der Soldat verdattert aus der Wäsche. Dann stand auch er stramm und erwiderte Johans Gruß: »Kapitänleutnant Happiness Nwosu, Kommandeur der von der nigerianischen Marine gecharterten MS Flower. Willkommen an Bord, Sir.«

Die beiden Seebären schüttelten sich die Hände. Nach dieser Zeremonie verteilte Johan Beck's Bier – nur an die Offiziere, versteht sich. Der Kapitänleutnant war jetzt nicht mehr wiederzuerkennen. Er schien ein völlig anderer, weniger diensteifriger Mensch zu sein. Es dabei vermeidend, Johan direkt ins Gesicht zu sehen, druckste er lange herum, ehe er es schließlich wagte, die für ihn so wichtigen Fragen zu stellen: »Sagen Sie mal, habe ich das richtig verstanden? Sie sind der Boss von Nalco, der Reederei, der die vielen Versorgungsboote und Schlepper gehören, denen wir immer auf See begegnen?«

Johan nickte. »Richtig, Sir, der bin ich, Sir.«

Ein Raunen ging durch die Menge, wobei die Mannschaft mit gespitzten Ohren näher an die Gesprächspartner heranrückte.

»Entschuldigen Sie, Sir, aber heuern Sie auch Fahrensmänner an? Meine Dienstzeit bei der Marine ist bald vorüber. Deshalb würde es mich mit Stolz erfüllen, wenn ich mich bei einem renommierten Unternehmen wie Nalco vorstellen dürfte.«

Im Hintergrund meldeten sich mehrere Personen gleichzeitig zu Wort. »Meine auch!«, ertönten verschiedene Stimmen. »Meine Dienstzeit neigt sich auch dem Ende zu!«

»Momentan haben wir leider keinen Personalbedarf, aber das wird sich hoffentlich bald ändern«, erklärte Johan mit auf dem Rücken verschränkten Armen. »Wir sind recht zuversichtlich, in spätestens sechs Monaten einen Großauftrag zu erhalten. Und dann brauchen wir jede Menge guter, erfahrener Seeleute. Falls Sie Interesse haben, können Sie und Ihre Crew uns gern jetzt schon Ihre Bewerbungsunterlagen zukommen lassen. Zu meinen Händen bitte, Herr Kapitän. Meine Visitenkarte haben Sie ja.«

Sowie das aufgeregte Gemurmel seiner Mannschaft abgeklungen war, rief der Kaleu: »Habt ihr das gehört, Männer?« Die Besatzung antwortete mit nicht enden wollendem Applaus, während ich die Zeit nutzte, um den Rest des Bieres ohne Rücksicht auf Dienstgrade zu verteilen.

Die Skipper unterhielten sich weiterhin angeregt, bis der Kaleu in die Hände klatschte. »Alle mal herhören! Ich glaube, unsere Gäste haben glaubhaft gemacht, dass sie nichts Böses im Schilde führen. Sie können sich zwar nicht ausweisen, allerdings bin ich mir aufgrund unserer Unterhaltung absolut sicher, dass es sich bei diesem Gentleman hier um Kapitän Johan Morrison handelt. Da es schon spät ist und unsere Besucher noch einen weiten Weg vor sich haben, werde ich sie jetzt entlassen.«

Abermals wurde applaudiert. Beim anschließenden Händeschütteln mit den Offizieren fragte mich ein wissbegieriger, stattlicher Leutnant, warum ich denn die ganze Zeit mit dem komischen, klappernden Ding am Unterarm herumlaufen würde. Obwohl ich mich redlich bemühte, eine plausible Erklärung abzugeben, ging ich nicht davon aus, dass er mir auch nur ein Wort meines Anglerlateins abnahm. Als wir uns schon auf der Strickleiter befanden, wurde zu unseren Ehren mit der Bootsmannsmaatenpfeife Seite gepfiffen. Dabei stand die gesamte Mannschaft der MS Flower an der Reling und salutierte.

Wir waren spät dran. Deshalb erreichten wir den Boot-Klub erst kurz vor Einbruch der Dunkelheit. Wenngleich er wie in letzter Zeit des Öfteren mal wieder meckerte, sandte ich Peter unverzüglich zur Aid Clinic. Er sollte herausfinden, ob man dort zu dieser unchristlichen Uhrzeit an einem Sonntag in der Lage war, chirurgische Eingriffe vorzunehmen. Die große Zeitspanne bis zu seiner Rückkehr nutzte ich, um mich auf meine bevorstehende Operation vorzubereiten, um mich mit Hochprozentigem zu betäuben. Im Hospital arbeite man sonntags nur mit einer Notbesetzung, teilte mir Peter schließlich mit. Aus diesem Grunde sah man sich bedauerlicherweise nicht imstande, mir zu helfen.

Nach Alternativen suchend gelangten die südafrikanischen Petrijünger und ich zu dem traurigen Schluss, dass in anderen Krankenhäusern höchstwahrscheinlich ähnliche Verhältnisse herrschen würden. Demzufolge hatte ich mich schon damit abgefunden, eine Nacht mit meinem scheppernden Anhängsel verbringen zu müssen, als Nelson plötzlich eine Eingebung hatte.

»Leute, ich weiß, was wir machen! Ich kenne einen Doktor, einen Libanesen. Zwar wird er auch Pferdedoktor genannt und man munkelt, er sei gar kein richtiger Arzt. Aber das macht ja nichts. Er soll dich ja nicht am offenen Herzen operieren, sondern nur den verdammten Haken rausschneiden. Der Medikus wohnt in meiner Gegend, braucht immer Geld und macht auch Hausbesuche. Ich schlage vor, wir fahren zu mir und rufen ihn von meiner Wohnung aus an.«

Wider Erwarten hatte ich schon auf der Fahrt zu Nelsons Haus die Hosen gestrichen voll. Auch wurde ich immer nervöser. Mit dem Wort »Pferdedoktor« verbundene Horrorvorstellungen wollten sich nicht verdrängen lassen. Als erste Amtshandlung in Nelsons Hütte setzte ich mich gleich an die Hausbar, um ein aus Whisky und Bier bestehendes letztes Abendmahl einzunehmen.

Und dann kam der Vogel auch schon. Mein Gott! Das Einzige, was seriös an ihm wirkte, war sein schwarzer Arztkoffer, der aber leider – dem Klappern nach zu urteilen – nur spärlich mit Instrumenten bestückt war. Der Doktor trug eine kurze Hose mit Umschlag, die einmal weiß gewesen sein musste, gleichfarbige Kniestrümpfe und ein fleckiges elfenbeinfarbenes Poloshirt. Wenn er auch noch einen Tropenhelm aufgehabt hätte, hätte ich ihn mit all dem Alkohol intus sicherlich mit Dr. Livingstone angeredet. Der Mann war potthässlich. Er hatte einen Eierkopf, kurzes dunkles Haar und einen Dreitagebart. Da die mittleren seiner oberen Schneidezähne fehlten, ging ich davon aus, dass einmal ein nicht vollständig zufriedengestellter Patient sofort und in bar bezahlen haben musste.

Ich wurde gebeten, mich aufs Sofa zu legen. Meinen Unterarm drehend und wendend betrachtete Onkel Doktor den im Fleisch versenkten Haken aus unterschiedlichen Blickwinkeln. Anschließend fuhr seine Hand ans Kinn und er dachte für eine halbe Ewigkeit angestrengt nach, bevor er sich endlich zu Wort meldete: »Mr Nelson, würden Sie mir bitte assistieren? Ich benötige eine Rasierklinge, eine Kerze und eine Schachtel Streichhölzer. Diese Dinge haben Sie doch sicherlich im Haus?«

Schlagartig war ich wieder stocknüchtern. Ich saß kerzengrade auf dem Sofa, wobei mir Gedanken, die ich nicht richtig fassen konnte, durch die Birne schwirrten. Nelson verließ den Raum, um nach den erforderlichen Instrumenten zu suchen.

»Und vergiss das Wichtigste, die Medizin, die Flasche Whisky, nicht«, lallte ich ihm hinterher.

Viel Zeit verging, bis ich – um mich zu sammeln – eine halbe Flasche des braunen Getränkes geleert hatte. Wie am ersten Advent war das Kerzlein bereits weit heruntergebrannt, als ich die Hand hob und somit das Startzeichen gab, auf das das Ärzteteam sehnsüchtig wartete. Blitzartig drückten Johan und Nelson meinen auf dem Tisch liegenden Arm mit aller Kraft nach unten. Der Pferdedoktor wirkte jetzt wie der Protagonist eines schlechten Horrorfilms auf mich. Sich die Kerze vor die Augen haltend erwärmte er die Rasierklinge, ehe er langsam und genüsslich zu schneiden begann. Glücklicherweise gab es keinerlei Komplikationen. Schon bald lagen sowohl der freigelegte Haken als auch der an ihm befestigte Plastikköder auf dem Operationstisch. Da ich überhaupt nichts gemerkt hatte, dachte ich erleichtert darüber nach, ob dies dem Geschick des Doktors oder meinem Alkoholgenuss zuzuschreiben war. Dann riss mich der Libanese aus meinen Gedanken.

»Mr Nelson! Seien Sie doch bitte so freundlich! Schauen Sie mal, ob Sie auch eine Nadel und Zwirn im Hause haben. Ich beabsichtige, die Wunde zu nähen, damit eine allzu große Narbenbildung vermieden wird.«

Wundersamerweise war ich erneut ausgenüchtert. Wie ein Stehaufmännchen in die aufrechte Lage schwingend beteuerte ich: »Ich mag Narben! Hab bereits ein paar davon. Das sind Männlichkeitssymbole! Lass mal gut sein, Nelson. Wir brauchen keine Nadel und keinen Faden, hihihi. Falls Sie es wünschen, Herr Doktor, komme ich gern morgen zwecks Nachuntersuchung zu Ihnen. Bei der Gelegenheit könnte ich auch meine Rechnung begleichen.«

Knappe Abschiedsworte murmelnd stürmte ich zur Tür, um die Flucht anzutreten. Draußen teilte mir jedoch Nelsons Wachmann zu seinem Bedauern mit, dass Peter essen gegangen und daher nicht anwesend war. »Genug ist genug«, stammelte ich wutentbrannt mit zusammengepressten, bibbernden Lippen. Dieser verdammte Schwachkopf hatte es jetzt auch noch gewagt, mich in einer meiner schwersten Stunden allein zu lassen. Der Mann war so gut wie gefeuert. Gottlob erklärte sich Nelsons Chauffeur bereit, mich nach Hause zu bringen.

Der gewissenhafte, zuverlässige Kapitän Morrison machte sein Versprechen wahr. Sechs Monate später stellte er ein gutes Dutzend Marinesoldaten ein. Stolz erzählte er jedem, der es hören oder nicht hören wollte, dass es sich dabei um handverlesene Leute handelte, die er selbst rekrutiert hatte. Für gemeinsame Angelausflüge konnte ich Johan allerdings nicht mehr begeistern. Wenn man in der Unternehmenszentrale Wind von der Sache mit der Navy bekommen hätte, wäre er zweifellos seinen Job los gewesen.

Drei Jahre waren ins Land gegangen, als der Kapitän nach Abu Dhabi versetzt wurde. Stolz berichtete er mir von seinem neuen Job in einem Land, in dem Recht und Ordnung herrschten, das mit Nigeria in keinster Weise vergleichbar war. Selbstverständlich sollte ich mich um den Umzug, um den Versand seiner persönlichen Effekten, kümmern. Johan bat mich, ihn zu besuchen und seine Habseligkeiten zwecks Erstellung eines Kostenvoranschlages zu inspizieren, was ich gern tat.

Geschockt stand ich vor den Umzugsgütern. Dabei fragte ich mich, ob mein Freund den Verstand verloren hatte. Auf einem Tisch, der es von der Größe her durchaus mit unserem Konferenztisch aufnehmen konnte, standen, dicht an dicht, mit edlen Getränken befüllte Flaschen. Bei näherer Inaugenscheinnahme der Buddeln hätte es mich fast umgehauen. Deshalb ließ ich mich vorsichtshalber auf einen Stuhl fallen.

»Jo… Jo… Johan«, stotterte ich.

Die Arme ausbreitend übertönte mich der Kapitän majestätisch und ließ mich nicht weiter zu Wort kommen: »Da staunst du nicht schlecht, was?

Ja, dieser Anblick kann schon Schwindel verursachen. Das hättest du bestimmt nicht von mir gedacht? Weißt du, ich bin kein großer Trinker, eher ein Sammler, der sich am Anblick und Geruch dieser vorzüglichen Tropfen ergötzt. Das, was du hier siehst, sind hauptsächlich Weihnachtsgeschenke, die ich im Verlauf der letzten Jahre erhalten habe.«

»Wie viele Flaschen Feuerwasser sind das denn?«

»Einhundertachtundzwanzig.«

»Und die willst du alle mitnehmen, nach Abu Dhabi?«

»Du hast es erfasst. Weißt du, ich habe ja sonst nicht viel, keine Möbel, eigentlich nur ein paar Klamotten.«

»Sag mal, Johan, dir ist doch hoffentlich klar, dass Abu Dhabi die Hauptstadt der muslimischen Vereinigten Arabischen Emirate ist?«

»Was soll die dumme Frage? Das ist mir sehr wohl bekannt, schließlich befindet sich ja der Hauptsitz unserer Reederei in dem Wüstenstaat.«

»Und dahin willst du einhundertachtundzwanzig Flaschen Alkohol mitnehmen? Sag mal, machst du Witze?«

»Mir ist weiß Gott nicht nach Späßen zumute«, knurrte Johan kurz angebunden. »Sag mal, worauf willst du eigentlich hinaus?«

»Schon mal was von Einfuhrverboten und dem Zoll gehört? Mann, nach Deutschland darfst du nur ein Fläschchen Hochprozentigen zollfrei einführen. Hier reden wir aber über ein muslimisches Land. Ich müsste mich noch mal schlau machen, bin mir allerdings ziemlich sicher, dass man überhaupt keinen Alkohol nach Abu Dhabi mitnehmen darf.«

Der Kapitän lachte dümmlich. »Ne, ne, bestimmt täuschst du dich. Gleich morgen früh werde ich mit unserer Logistikabteilung in Abu Dhabi telefonieren und mir von denen bestätigen lassen, dass das, was du mir erzählst, absoluter Schwachsinn ist. Können wir uns in 24 Stunden wieder hier treffen?«

Am Gabentisch sitzend hielt Johan sich die Hände vors Gesicht, als sein Steward mich zum vereinbarten Zeitpunkt zu ihm führte.

»Ich hätte es niemals für möglich gehalten, aber du hast recht«, wimmerte er. »Mann, ich bin völlig fertig. Diese Schätze, die ich gesammelt, gehegt und gepflegt habe, schau sie dir doch einmal genauer an.« Der Kapitän nahm mich bei der Hand und wir schlenderten um den Tisch herum. Immer wieder nahm er ein Fläschchen in beide Hände, um es versonnen zu beäugen. Sehnsuchtsvoll erklangen die Namen Hennessy, Remi Martin, Jameson, Calvados und so weiter. Abermals hielt sich der Südafrikaner die Hände vors Gesicht.

»Mensch, was mach ich denn nur mit dem ganzen Zeug?«, rief er verzweifelt und blickte dabei hilfesuchend nach oben.

Obwohl ich plötzlich hellwach war, erschrak ich, sowie ich meine lauten, wie ein Echo nachhallenden Worte vernahm:

»Das ist doch ganz easy, Johan! Wozu hat man denn Freunde? Mach mir einfach nur einen guten Preis!«

In den kommenden Jahren hatte ich ohne Zweifel die am besten sortierte Hausbar in Port Harcourt. Immer wenn ich die schönen Pullen anschaute oder ihren Inhalt reduzierte, musste ich jedoch wehmütig an den Kapitän denken. Nach einer halben Ewigkeit nahm ich schließlich all meinen Mut zusammen, um bei Nalco in Abu Dhabi anzurufen. Und, oh Wunder, schon Sekunden später hatte ich Johan am Apparat. Von meinem ausführlichen Bericht über den Genuss seiner sagenhaften Schätze war er nicht gerade begeistert. Auf meinen bevorstehenden Besuch freute er sich aber riesig. Bei der Gelegenheit wollte er mir sein Angelboot zeigen und mich seiner neuen Lebensgefährtin vorstellen.

Nun, das Boot war klasse. Es handelte sich um eine Boston Whaler. Das war ein ganz anderes Geschoss als mein kleiner Kahn. Johans neue Lebensgefährtin hingegen, eine schon etwas in die Jahre gekommene hagere Chinesin mit langem Zopf, war, na sagen wir mal, gewöhnungsbedürftig. Sie konnte ihren Mund nicht schließen, schnatterte unentwegt auf Mandarin oder in einer anderen chinesischen Mundart. Als sie vor meinem Abflug auf dem Flughafen erneut loslegte, erfuhr ich zu guter Letzt den Grund für ihre Schimpftiraden.

»Sag mal, Mary, warum meckerst du eigentlich immer über Herbert?«, beschwerte sich Johan. »Herbert ist doch mein Freund.«

Gedankenverloren fielen mir während des langen Rückfluges immer wieder die Augen zu. In den Schlafphasen träumte ich meist. Ich träumte vom leidenden Johan und einer Maoriflotte, die mit ihren Kanus in Abu Dhabi einfiel, Chinesinnen raubte und meinen Kumpel von seinem Übel befreite.

Weisheit, der Himmel und das Fegefeuer

Mein neuer Fahrer hieß Wisdom. Der hagere Typ mit den zarten Gesichtszügen versuchte zwar, seinem Namen alle Ehre zu machen. Dennoch stellte sich meist heraus, dass seine Ratschläge und Empfehlungen eher kontraproduktiv als weise waren. Wie dem auch sei, der junge Mann mit der Glasperlenkette, an der ein übergroßes hölzernes Kreuz hing, war ein höflicher, zuvorkommender Mensch, dessen gestenreiches Gehabe mich vermuten ließ, dass er auf Männer stand.

Wir befanden uns auf dem Weg zum Airport. Der Chef der Flughafenbehörde, FAAN (Federal Airports Authority of Nigeria) wünschte mich zu sprechen. Die neue, erst vor einem Jahr fertiggestellte Straße war schon wieder kaputt. Sie sah aus wie ihre Vorgängerin, wie ein Schweizer Käse. Daher hoffte man, sie ohne großes Tränenvergießen schnellstmöglich durch eine neue Piste ersetzen zu können. Schließlich wollten die armen für den Straßenbau zuständigen Politiker und Offiziellen auch mal wieder Geld verdienen.

In einem Vorort Port Harcourts passierten wir den Wochenmarkt. Ungeachtet der frühen Morgenstunde waren bereits viele Leute auf den Beinen. Folglich kamen wir wegen der rechts und links der Straße parkenden Kleinbusse sowie der auf den Markt drängenden Menschenmassen nur im Schritttempo voran. Festlich gekleidete, in lange bunte Gewänder gehüllte Marktfrauen transportierten stolz und kerzengrade voranschreitend mit Obst und Gemüse gefüllte Körbe auf ihren Köpfen. Viele Damen hatten schwer zu schleppen, besonders wenn sich zusätzlich zu den Lasten auf ihren Häuptern auch noch in Wickeltücher gehüllte Kleinkinder auf ihrem Rücken befanden.

Eine halbwüchsige Lady, die sich gerade ihr schlafendes Baby mit einem Tuch aufs Kreuz gebunden hatte, kniete sich hin und ließ sich von älteren, schwergewichtigen Marktfrauen eine riesige, weiß emaillierte, mit kleinen, dicken Bananen gefüllte Schüssel auf den Kopf setzen. Die junge Mutter machte dann wie eine Seiltänzerin einen ersten, unsicheren Schritt, balancierte ihre Last aus und schraubte sich, darauf bedacht, das Gleichgewicht zu erlangen, langsam in die Höhe. Während des ganzen Vorganges kaute sie unbeirrt auf einem etwa zwanzig Zentimeter langen Stöckchen herum, das ihr zur Zahnpflege diente. Ich überlegte, den Fahrer zu bitten, anzuhalten, um ein Bund der köstlichen Bananen zu erstehen. Kaum hatte ich mich nach vorn gebeugt, stieß ich jedoch erschrocken einen anderen Satz aus als den, der mir auf der Zunge lag: »Wisdom, wo willst du denn hin? Hier geht es nicht zum Flughafen!«

»Ja, ich weiß, dass wir die gewohnten Pfade verlassen, Master. Wir nehmen diese Route, um die Polizeikontrolle hinter der nächsten Kurve zu umgehen.«

»Und deshalb begeben wir uns auf dunklen Pfaden in den Busch? Dreh sofort wieder um!«

»Sorry, Master, aber unsere Fahrzeugzulassung ist abgelaufen. Um Unannehmlichkeiten mit den Sheriffs zu vermeiden, möchte ich ausnahmsweise diesem Weg folgen, den ich gut kenne, bei dem es sich außerdem um eine Abkürzung handelt.«

»Gleich morgen früh lässt du die Papiere erneuern!«, wetterte ich. »Warum hast du Schlaumeier mir das denn nicht vorher gesagt? Wir hätten ein anderes Fahrzeug nehmen können.«

»Sorry, Master.«

»Sag mal, woher kennst du diese angebliche Abkürzung eigentlich? Du bist doch erst seit ein paar Wochen in der Stadt. Trotzdem meinst du, dich bereits besser auszukennen als altgediente Chauffeure wie Umo oder Peter, die diesen Kurs nie eingeschlagen haben.«

»Tja, ich habe halt bessere Informanten.«

Ich wollte etwas entgegnen, bevor ich mich anders entschied. Die rote Lateritpiste war zwar gut befahrbar, wurde aber immer schmaler. Wir durchquerten einen Teakbaumwald, eine Anpflanzung beiderseits des Pfades. Die schnell und gerade wachsenden, von hellen Flecken durchzogenen Stämme hatten bereits einen Durchmesser von circa fünfzig Zentimetern. Sie würden bald erntereif sein. Eine alte, fast bis auf den Boden gekrümmte Großmutter schleppte Feuerholz auf dem Rücken. Sie sprang ins Gebüsch, als sie unseren Wagen kommen hörte. Sobald wir die Anpflanzung passiert hatten, bot sich uns wieder das altbekannte Bild: hohes Elefantengras und ab und zu mal eine Palme mit ausgefransten Blättern am Wegesrand. Auf einmal gab Wisdom unvermittelt Vollgas. Schon nach hundert Metern bremste er die Klapperkiste aber wieder ab, um danach im normalen Tempo weiterzufahren.

»Was für eine Nummer war das denn?«, wollte ich wissen.

»Ja, hast du es nicht gesehen? Dort stand doch ein Baobab! Anscheinend wisst ihr Oyibos nicht, dass sich Hexen im Geäst der Affenbrotbäume verstecken.«

Obwohl ich langsam begann, an Wisdoms Verstand zu zweifeln, entspannte ich mich schnell wieder. Anschließend musste ich eine ganze Weile vor mich hingedöst haben, als es anfing, nach verbranntem Gras zu riechen und Rauchschwaden in Sicht kamen. Auf den nächsten Metern nahmen der Brandgeruch und der Qualm zu, bis schließlich das gesamte Grünland links und rechts der Straße vor uns in mannshohen, züngelnden Flammen stand. Bauern bei der Brandrodung, ging es mir durch den Kopf. Ähnliches hatte ich schon häufig, meist auf dem Weg nach Ikot Abasi, gesehen.

Wider Erwarten stoppte Wisdom den Peugeot vor dem Flammenmeer. Ich ging davon aus, dass er gleich beschleunigen und mit Highspeed durch den Qualm preschen würde. Augenscheinlich lag ich jedoch falsch mit meiner Vermutung. Mein hasenfüßiger Fahrer hatte abermals die Hosen gestrichen voll. Etwas vom Fegefeuer faselnd legte er hektisch den Rückwärtsgang ein. Wenngleich ich Wisdoms und meine gemeinsame Zukunft zunehmend infrage stellte, musste ich schmunzeln. Der Bengel mit den weit aufgerissenen Augen und dem panischen Gesichtsausdruck versuchte, schlenkernd einen Weltrekord im Rückwärtsfahren aufzustellen.

Erinnerungen an unseren zwei Wochen zurückliegenden Trip in den Bundesstaat Cross River wurden wach. Der Kranbauer Oliver, Wisdom und ich hatten zuerst in der nahe der Grenze zum Nachbarland Kamerun gelegenen Stadt Calabar haltgemacht. Dort besuchten wir die von zwei Amerikanerinnen geleiteten Aufzuchtstationen für elternlose Meerkatzen und Menschenaffen. Wir übernachteten in Calabar, einem sehr sauberen, gut organisierten und verkehrsmäßig nicht überlasteten Städtchen. Ausgeruht ging es frühmorgens weiter in die Afi Mountains zur Drill Ranch, von wo aus große Mandrill-Affen mit ihren blauen Hinterteilen sowie Schimpansen ausgewildert wurden. Und dann musste – wer auch sonst? – ausgerechnet der arme Wisdom wieder mal dran glauben. Gleich nachdem sie ihn erblickt hatte, begrüßte eine kreischende Horde Schimpansen den Hungerhaken, indem sie ihn mit Kot und anderem Unrat bewarf. Über die Unverschämtheiten unserer nächsten Verwandten empört flüchtete sich der Fahrer ins Auto, schloss sich darin ein und verließ es bis zu unserer Abfahrt am nächsten Tag nicht mehr.

Olli und ich schliefen im Busch, weit getrennt voneinander auf hölzernen Hochbetten, über denen ausgespannte Moskitonetze hingen. Es war eine der schönsten Nächte, die ich je erleben durfte. Unter dem funkelnden, klaren Sternenhimmel war ich ganz allein in der Wildnis, um den Geräuschen der Affen, Papageien und anderen Urwaldbewohner zu lauschen.

Beim ersten Hahnenschrei ging es weiter zur Obudu Cattle Ranch. Das Bergresort war 1951 von einem Schotten, der dort europäische Rinder züchtete, erbaut worden. Früher einmal sollte es dort sowohl Berggorillas als auch eine in die luftige Höhe von tausendsechshundert Metern führende Seilbahn gegeben haben. Inzwischen war das in die Jahre gekommene Hotel auf der Spitze des Berges aber nur noch über die Straße erreichbar.

Ehrfürchtig folgte Wisdom der immer weiter den Berg hinaufführenden Serpentine. Olli, der bekanntlich ja auch Jesus genannt wurde, und ich baten ihn andauernd anzuhalten, damit wir die herrliche Aussicht genießen konnten. Begierig saugten wir Norddeutschen die lange vermisste immer kälter werdende Luft ein. Irgendwie fühlten wir uns bei diesen Temperaturen fast wie zu Hause. Auf Wisdom hingegen, der noch nie im Gebirge gewesen war, wirkte die ungewohnte Umgebung alles andere als entspannend. Sie erschien ihm unheimlich und bedrohlich. Am ganzen Körper zitternd traute er sich in den Pausen, die wir einlegten, keinen Schritt vor die Tür des Fahrzeugs. Als wir uns zum für ihn krönenden Abschluss auch noch den tiefhängenden Wolken näherten, hielt er es nicht mehr aus. Abrupt brachte er den Peugeot zum Stehen und sprang unversehens ins Freie. »Bis hierhin und nicht weiter!«, rief er, gen Himmel stierend.

Anschließend sprintete er, als ob der Leibhaftige hinter ihm her wäre, bergabwärts.

»Wisdom, halt, warte!«, brüllten wir, doch der panisch Flüchtende schien uns nicht zu hören. Mit Olli am Steuer nahmen wir die Verfolgung auf. Nach einer halben Ewigkeit sichteten wir Wisdom völlig außer Atem am Straßenrand stehend. Um den Verstörten keinesfalls noch mehr zu verschrecken, parkten wir das Auto mit gehörigem Abstand zu ihm. Dann stiegen wir aus und näherten uns langsam unserem Zielobjekt, beruhigende Sprüche vor uns hin murmelnd.

»Ich will noch nicht in den Himmel!«, flehte der bibbernde Jüngling aus Aqua Ibom, sowie wir uns bis auf fünf Meter angepirscht hatten. »Dafür bin ich zu jung! Schlimm genug, dass ich mit Jesus in einem Auto sitzen muss. Seinem Vater möchte ich heute nicht auch noch begegnen!«

Eigentlich hätten wir uns totlachen können. Trotzdem schätzten Olli und ich den Ernst der Lage richtig ein. Der Chauffeur stand am Rand eines zweihundert Meter in die Tiefe fallenden Abhangs. Er hatte die Hände auf die Ohren gepresst. Sein Oberkörper bewegte sich unregelmäßig auf und ab, Schweißperlen hatten sich an seinen Schläfen gebildet. Bei einem beabsichtigten oder unbeabsichtigten Fehltritt hätten wir Wisdom nie wiedergesehen. Zentimeterweise bewegten wir uns vorwärts und redeten weiterhin besänftigend auf die schlotternde Bangbüx ein. Letztendlich gelang es Jesus, Wisdom in den Arm zu nehmen und ihn langsam zum Auto zu führen. Der Sohn Gottes setzte sich zu seinem Jünger auf die Rückbank, wohingegen ich den Fahrersitz einnahm. Beim Anschmeißen des Motors wurde der gerade erst Besänftigte erneut zappelig.

»Uns wird oben auf dem Berg nichts passieren. Dort sind wir in Sicherheit«, beteuerte ich. »Unabhängig davon glaube ich, auch noch nicht alt genug zu sein, um an die Himmelspforte klopfen zu dürfen.«

Unseligerweise bewirkte mein frommes Geplapper nicht das Geringste. Im Gegenteil. Es machte den Verängstigten nur noch fickriger. Erst nachdem Jesus ihm seine Hand aufs Haupt gelegt und ihn davon überzeugt hatte, die Augen zu schließen, willigte er zähneknirschend ein, dass ich die Fahrt fortsetzte.

Ewig lange passierten wir Nebelschwaden, ehe wir uns endlich über den Wolken befanden und die Cattle Ranch erreichten.

Es war unglaublich, aber wahr. Mit unserem Chauffeur musste zwischenzeitlich etwas geschehen sein. Er war jetzt ein vollkommen anderer Mensch, kein Häufchen Elend mehr, sondern ein lebensfrohes, zufriedenes Wesen. Vermutlich glaubte er, sündenfrei in einer jenseitigen Welt wiedergeboren zu sein.

Und jetzt, auf dem Weg zum Airport, musste ich den Wiedergeborenen vor einer weiteren Apokalypse bewahren. »Wisdom, stopp das Fahrzeug, sofort!«, befahl ich. »Wir drehen um und fahren zurück, zur Hauptstraße, weg vom Fegefeuer! Außerdem fahre ich von nun an mal wieder! Scheiß auf die Verkehrskontrolle! Ende! Aus! Wisdom, Wisdom!«

Luftschlösser

Selbstverständlich fand das Treffen mit dem FAAN-Manager in unserer Airport Lounge statt. Bei einer Tasse Kaffee machte ich es mir auf dem Sofa gemütlich und wartete darauf, dass Ify, die für unsere Airport-Aktivitäten verantwortlich war, in Begleitung des Behördenvertreters zurückkehren würde. Mein Gesprächspartner, ein älterer Herr in königsblauer Uniform, ließ auch nicht lange auf sich warten. Gleich nach dem traditionellen Handshake mit Fingerschnippen setzte er sich, entledigte sich seines Schiffchens und wischte sich mit dem Jackenärmel den Schweiß von der Stirn.

»Ah, schön, so eine funktionierende Klimaanlage. In unserem Büro ist sie schon wieder ausgefallen. Aber zuerst sollte ich mich einmal vorstellen. Mein Name ist Frank Akeredolu. Ich bin der neue FAAN-Manager des Flughafens. Hier ist meine Visitenkarte. Ich habe um eine Zusammenkunft gebeten, damit wir eine äußerst delikate Angelegenheit besprechen können. Unsere frisch gebackene Verkehrsministerin beabsichtigt, einiges zu verändern. Unter anderem möchte sie zukünftig nur noch Unternehmen in den Terminals sehen, die direkt oder indirekt etwas mit dem Flugverkehr zu tun haben. Alle anderen Dienstleister, die diese Voraussetzungen nicht erfüllen, müssen raus, das Flughafengebäude verlassen.«

»Gut, aber was haben wir damit zu tun?«, unterbrach ich Herrn Akeredolu.

»Uns betrifft diese Neuerung nicht, denn mit unserem Service erleichtern wir Passagieren das Reisen. Wir helfen ihnen bei den stressigen Formalitäten, die mit dem Fliegen verbunden sind. Unsere Klienten relaxen hier in der Lounge, während VHN-Mitarbeiterinnen alle Arbeiten für sie erledigen, sich um den

Check-in, die Gepäckaufgabe, die Zollabfertigung und den Ausreisestempel im Pass kümmern.«

Mein Gegenüber suchte nach Worten. Er wirkte sichtlich verlegen. »Ich weiß, ich weiß«, fuhr er schließlich fort. »Aber Frau Ministerin sieht das anders. Sie hat eine Liste von Dienstleistern erstellt, die zukünftig auf Flughäfen vertreten sein dürfen. Dazu gehören Fluggesellschaften, Banken, Luxus-Boutiquen, Kioske, Telefongesellschaften, Restaurants und so weiter. Andere Betriebe wie Friseure, Schuhputzer, Nepper, Schlepper und Etablissements, die ähnliche Dienste wie Ihr Unternehmen offerieren, haben dann nichts mehr auf dem Airport verloren.«

Angefressen versuchte ich, mich zu beherrschen, bevor ich den Mund aufmachte.

»Mein lieber Herr Akeredolu, ich glaube, die verehrte Frau Ministerin und Sie machen einen großen Fehler. Wir haben diese Lounge, in der wir uns momentan befinden, von meinem vorherigen Arbeitgeber, Albatros, übernommen. Ich möchte Sie daran erinnern, dass Albatros den Raum erst vor vier Jahren aufwendig renoviert hat. Vorher glich er einem Loch, einer Ruine. Wegen der hohen finanziellen Aufwendungen hat FAAN Albatros sowie deren eventuellen Rechtsnachfolgern, also uns, ein zwanzigjähriges Wohnrecht eingeräumt. Auf dieser Grundlage wurde ein notariell beglaubigter Vertrag geschlossen, von dem ich Ihnen gern eine Kopie zukommen lassen kann, falls Ihre verlorengegangen sein sollte.«

Herr Akeredolu blickte zu Boden. Er legte eine schöpferische Pause ein. Trotz der gut arbeitenden Klimaanlage schwitzte er plötzlich wieder. »Ich kenne den Vertrag«, seufzte er. »Aus diesem Grund habe ich Sie ja um ein Gespräch in dieser komplexen Angelegenheit gebeten. Wenngleich ich lange über einen Ausweg nachgedacht habe, muss ich schlussendlich einräumen, dass wir in der Zwickmühle stecken. Das besagte Übereinkommen wurde nämlich in Zeiten der Militärdiktatur getroffen. Daher ist fraglich, ob es in unserem heutigen Rechtssystem Bestand hat.«

Je länger ich über die Worte meines Gesprächspartners nachdachte, desto unsicherer wurde ich. Zweifellos hatte der Mann nicht ganz unrecht.

Außerdem waren recht haben und recht bekommen zwei verschiedene Paar Schuhe. Das galt besonders in einem korrupten Land wie Nigeria.

»Sie haben zwei Möglichkeiten«, fuhr der Beamte fort. »Ihnen steht es selbstverständlich frei, den Rechtsweg zu bestreiten, wobei ich glaube, dass langwierige, teure Prozesse weder in Ihrem noch in unserem Interesse sind. Oder wir schließen einen Kompromiss, indem Sie den Vorschlag, den ich Ihnen jetzt unterbreiten möchte, akzeptieren. Sie kennen sicherlich den Grünstreifen vor dem Flughafengebäude rechts neben den Parkplätzen? Dort stehen diverse Container, die Speditionen – unter anderem auch Ihre Schweizer Konkurrenz – als Flughafenbüros nutzen. Der vorderste und beste Platz in der Reihe ist noch frei. Dieses Stück Land möchte ich Ihnen zu sehr günstigen Konditionen zur Pacht anbieten. Um Ihrem Gewerbe weiterhin nachgehen zu können, müssten Sie sich nur noch einen 40-Fuß-Container besorgen, ihn zu einer Lounge umfunktionieren und auf diesen Flecken Erde stellen. Im Endeffekt würde Ihnen für Ihre Aktivitäten wesentlich mehr Platz als jetzt zur Verfügung stehen. Der einzige Nachteil für Reisende, die Ihre Räumlichkeiten in Anspruch nehmen, besteht darin, dass sie fünfzig Meter mehr zurücklegen müssen, wenn zum Boarding aufgerufen wird.«

Drei Tage nach dem Gespräch mit dem FAAN-Manager unterzeichneten wir einen Vertrag. Bedauerlicherweise betrug seine Laufzeit nur zwei Jahre, weil die Geschäftsbedingungen der Behörde es nicht erlaubten, Abkommen mit einer längeren Gültigkeitsdauer zu treffen. Unendlich vielen Vertragsverlängerungen zu gleichen Konditionen stand laut Herrn Akeredolu jedoch nichts im Wege. Dafür verbürgte er sich.

Zu einem guten Kurs besorgte uns Banigo einen gebrauchten, weder Löcher noch Rostspuren aufweisenden 40-Fuß-Container, der in der Werkstatt, die auch unser Firmenschild angefertigt hatte, unseren Wünschen entsprechend umgerüstet wurde. Da Ubong den Fabrikationsbetrieb ja bereits bestens kannte, wurde er zum »Projektmanager Lounge« ernannt. Der Professor verbrachte viel Zeit in der Produktionsstätte, wobei er genauestens darauf achtete, dass die Öffnungen für die Tür und die Fenster auch an den richtigen Stellen ins Metall geschnitten wurden, nicht an Isolationsmaterial gespart wurde und so weiter. Demzufolge war das Fertigprodukt beeindruckend. Vor allem stachen die in den deutschen Nationalfarben lackierten Außenwände der Lounge ins Auge.

Alle VHN-Mitarbeiter hatten sich zur Einweihungsparty eingefunden, ehe es endlich losging und der von Ben, unserem Auszubildenden, eskortierte, mit dem Prunkstück beladene Truck am Flughafen eintraf. Glücklicherweise war ich vor Ort und somit in der Lage, das sich anschließende Abladen zu stoppen. Der Container hing bereits am Haken des bestellten Autokranes, der ihn vom Lkw heben und auf das frisch gegossene Fundament setzen sollte, als sich herausstellte, dass die Nutzlast des alten, klapprigen Monsters bei der für das Manöver erforderlichen Auslegerstellung zu gering war. Es hätte nicht viel gefehlt und der bereits schwankende Mobilkran wäre auf unser fantastisches Meisterwerk gestürzt. Dann wäre unser Traum ausgeträumt, wären all unsere Bemühungen für die Katz gewesen. Erfreulicherweise lief tags darauf alles glatt. Der Container stand an seinem Platz, sodass eine Flasche Schampus an seinem Rumpf zerschmettert und er auf den Namen »Franka« getauft werden konnte.

Es war gemütlich in unserer mit zwei ledernen Sitzgruppen, einem Kühlschrank und einem Schreibtisch ausgestatteten Lounge. Die freundlichen VHN-Mädels, Ify und Nneka, sorgten dafür, dass aktuelle Hits im Radio erklangen, die Tagespresse auslag und stets frische Blumen in den Vasen auf den Tischen standen. Unser Kundenstamm war nicht nur happy. Er vergrößerte sich auch ständig, denn man pries das VHN-Servicepaket in den höchsten Tönen.

Durch die werbewirksame Präsenz am Flughafen wurde die Airline Comfortable Aviation Nigeria, CANA, mit Hauptsitz in Kaduna, im Norden des Landes, auf uns aufmerksam. Auf der Strecke zwischen Abuja und Lagos war man bereits erfolgreich unterwegs. Deshalb wollte man auch mit Linienflügen zwischen Port Harcourt und Lagos sowie Abuja starten. Eines Tages erschien der englische Business Development Manager der Fluggesellschaft in meinem Paradies. Ob wir Interesse daran hätten, CANA in Port Harcourt zu vertreten, uns um den Verkauf der Flugscheine zu kümmern, wollte er wissen. Was für eine Frage! Natürlich hatten wir Interesse.

Die CANA-Flotte bestand aus Flugzeugen mit Turboprop-Antrieb des Modells Dornier 328-100. Diese Maschinen wurden als sehr zuverlässig eingestuft. Darum ließen sich die Tickets der Gesellschaft – gerade nach den vielen Abstürzen in Nigeria registrierter Jets – sehr gut an den Mann bringen. Ein weiteres Verkaufsargument war das Flugfeld. Aufgrund eines Abkommens durften CANA-Flieger auf der Air Force Base, auf einem Militärgelände in der Mitte der Stadt, starten und landen. Stundenlange Fahrten auf verstopften, kaputten Straßen zum weit außerhalb der City gelegenen internationalen Flughafen erübrigten sich somit.

In der Ölindustrie wurde das Wort Sicherheit besonders großgeschrieben. Folglich kamen die Marketingargumente Turboprop und Luftwaffenstützpunkt bei ihren Einkäufern hervorragend an. Schon bald hatten wir Einzelkunden, denen wir monatlich mehr als fünfzig Tickets verkauften. Spitzenreiter war eine Bohrfirma, die alle vier Wochen sogar mindestens zweihundert Flugscheine erstand.

Während der nächsten zwei Jahre lief alles reibungslos. Ganz entspannt hatten wir viel Spaß an unserem Begleitservice am International Airport und dem Verkauf der CANA-Tickets. Zwar stimmte es mich stets traurig, wenn ich unser früheres Büro im Flughafengebäude sah. Trotzdem waren mir die Hände gebunden, konnte ich nichts an den Gegebenheiten ändern. Schnell und effizient hatten die Transportministerin und ihre Behörde den Rückbau vorangetrieben, indem man die Eingangstür und das Fenster des Raumes herausgerissen hatte. Das war eine ihrer leichtesten Übungen. Nur mit dem Wiederaufbau hatte man so seine Probleme, denn der kostete ja Geld. Schon bald glich unsere schöne vormalige Lounge einem zerbombten Bunker, dessen Wände von grünem Schimmel befallen waren.

Kurz vor Ablauf des mit FAAN geschlossenen Vertrages erhielten wir mal wieder ein schönes Weihnachtsgeschenk. Man setzte uns davon in Kenntnis, dass die Pacht für die dreißig Quadratmeter Grasland, auf denen unser Container stand, zukünftig zehnmal so hoch wie gegenwärtig sein würde.

Obwohl man in dem an uns gerichteten Schreiben bedauerte, uns diese unangenehme Nachricht überbringen zu müssen, wünschte man uns ein frohes Fest und hoffte weiterhin auf eine gute Zusammenarbeit. Mich hätte es fast vom Stuhl gehauen. Wutentbrannt knüllte ich den FAAN-Brief zusammen. Anschließend stürmte ich die Treppe hinunter, um mich auf den Weg zum Airport zu machen. Dort teilte mir der neue Manager der Airport Authorities mit, dass Herr Akeredolu versetzt worden war. Von der zwischen ihm und mir getroffenen mündlichen Absprache bezüglich Vertragsverlängerungen zu gleichen Konditionen wusste er nichts. Und einen Spielraum für Verhandlungen gab es auch nicht, da jüngst einheitliche Pachten für Grasland auf Flughafengelände von der Ministerin festgeschrieben worden waren.

Unter den veränderten Bedingungen war es bei den niedrigen Preisen für unseren Begleitservice, die wir ja nicht einfach so wie eine Behörde um das Zehnfache erhöhen konnten, nicht mehr möglich, kostendeckend zu arbeiten. Infolgedessen war es vorbei mit dem schönen Geschäft. Schweren Herzens gelang es mir, unseren geliebten Container mitsamt den Einrichtungsgegenständen für kleines Geld zu verkaufen. Glücklicherweise waren die bei uns angestellten Ladys, Ify und Nneka, am Flughafen bekannt und beliebt. Sie wurden sofort nach Bekanntwerden ihrer Lage von anderen Betrieben umworben und mit Kusshand von einer Fluggesellschaft übernommen.

Die CANA-Tickets durften wir noch für ein weiteres Jährchen vertreiben. Irgendwann rief mich aber der Business Development Manager der Airline an, um mir mitzuteilen, dass man es von nun an aus Kostengründen vorzog, den 200-Flugschein-Kunden selbst zu bedienen. Wie immer hatte ich einen anständigen Handschlag für ausreichend gehalten und keinen Agenturvertrag abgeschlossen. Meine letzten Worte an den Vertreter der Luftfahrtgesellschaft waren daher schlicht: »Der Herr hat's gegeben, der Herr hat's genommen, gelobt sei der Name des Herrn. Amen.«

Das Trauerspiel mit dem Umbau unseres Flughafenbüros sollte sich schon bald im großen Stil wiederholen. Fünfzig Meter vom bestehenden Gebäude entfernt beabsichtigte man, ein neues Terminal für den internationalen Flugverkehr zu bauen. Und abermals war man so schlau, die Baumaßnahmen mit dem Rückbau, dem Abriss der vorhandenen Abfertigungshalle, einzuleiten. Die Übergangslösung bis zur Fertigstellung des neuen Komplexes sollte darin bestehen, Reisende in Zelten abzufertigen. Dummerweise verzögerten sich die Arbeiten aber, ehe sie letztendlich mangels Liquidität gänzlich eingestellt wurden. Man vermutete, dass die bereitgestellten Gelder in den Taschen der vielen Entscheidungsträger verschwunden waren. Aus dem geplanten vorübergehenden wurde daher ein dauerhafter Zustand, der fünf Jahre anhielt. Zumal keiner der Fluggäste Muammar al-Gaddafi hieß, der den Aufenthalt in Zeltlagern favorisierte, kam es immer wieder zu Tumulten, wenn schweißtriefende Passagiere vor ihrem Abflug in den überhitzten Zelten schmachteten, um danach in tiefgekühlte Flieger getrieben zu werden.

Banigo

»Wie siehst du denn aus?«, tönte ich erschrocken, kaum dass ich Banigo montagmorgens in der Teeküche erblickt hatte. Der Abteilungsleiter hatte einen schlimmen Ausschlag, große rötlich blaue Flecken, im Gesicht.

»Das ist nicht so dramatisch, wie es vielleicht den Anschein erweckt, Boss. Am Wochenende war ich auf einer Hochzeit, zu Hause, auf Bonny Island. Dort muss mir wohl jemand was ins Bier gemischt haben. Es geht mir aber schon wieder besser. Daher gehe ich mal davon aus, dass die Krätze morgen wieder weg ist.«

Ich setzte mich ihm gegenüber und begutachtete den verunstalteten Insulaner. »Junge, ich bin zwar kein Arzt, aber nach meinem Dafürhalten schaut das nicht gut aus. Geh bitte gleich nach Hause und bleib da, bis du wieder vorzeigbar bist. Wir wollen die Kollegen doch nicht gefährden. Vielleicht ist das, was du dir eingefangen hast, ja ansteckend. Zum Zoll können wir dich so schon mal gar nicht schicken. Bei deinem Anblick erschrecken sich die Weicheier garantiert zu Tode.«

»Na gut, wenn du meinst, Boss.« Banigo rang sich ein kleines Lächeln ab und schlurfte zum Ausgang.

Ich begab mich in die entgegengesetzte Richtung, zurück in meine Operationszentrale, ins Paradies, wo es mir schwer fiel, mich auf die Arbeit zu konzentrieren. Ständig hatte ich Banigos Gesicht mit den rot-lila Furunkeln vor Augen. Besorgt rief ich am späten Vormittag Doktor Megwa, den Inhaber der Aid Clinic, an, um mich nach den Symptomen einer HIV-Infektion zu erkundigen. Sowie der Doktor meine Vermutung bestätigt hatte, dass eines der ersten Anzeichen für diese Virusinfektion ein Hautausschlag war, rutschte mir das Herz in die Hose.

Verdammt! Ausgerechnet Banigo, dein bester Mann, der sympathische, intelligente Junge, der in dir eine Art Vaterfigur sieht, ging es mir durch den Kopf. Bevor wir unser Gespräch beendeten, bat ich Dr. Megwa um eine Chefarztbehandlung für einen unserer Angestellten, den ich so schnell wie möglich zwecks eines Tests zu ihm schicken wollte. Von meinem Ersuchen um Bekanntgabe des Untersuchungsergebnisses war der Mediziner alles andere als begeistert. Erst nachdem ich ihm mehrmals glaubwürdig versichert hatte, dass es für mich ausschließlich um das Wohl unseres Mitarbeiters ging, versprach er, mir einen diskreten Hinweis zu geben.

Zweiundsiebzig Stunden später erschien Banigo wieder am Arbeitsplatz. Er war bester Laune, denn sein fleckiger Ausschlag war nicht nur abgeklungen, sondern fast verschwunden. Trotzdem informierte ich unseren Überflieger über Gefahren, die in der großen weiten Welt lauerten, ehe ich ihn bat, in der Aid Clinic einen HIV-Test zu machen – nur um jeglichen Verdacht auszuschließen. Banigo belächelte mich zwar, willigte aber ein. »Na gut, Boss, wenn ich dich damit glücklich mache, werde ich das selbstverständlich sofort in Angriff nehmen, hihihi.«

»Wie ist es gelaufen und wie lautet das Testergebnis?«, fragte ich den Manager zwei Tage danach, als wir uns morgens im Treppenhaus begegneten.

»Nun mach dir mal nicht ins Hemd, Boss. Ich habe es doch prophezeit. Alles ist bestens.«

Erleichtert aufatmend zog ich mich in mein Paradies zurück. Dennoch, trotz dieser guten Nachricht, kreisten meine Gedanken weiter um Banigo. Von Zweifeln geplagt, rang ich mich mittags dazu durch, zum Telefon zu greifen, um mir Banigos Aussage von Dr. Megwa bestätigen zu lassen.

Und dann hörte ich das Wort, das ich auf gar keinen Fall hören wollte: »Positiv!«

Mir rauschten die Ohren. Meine Kiefer waren wie gelähmt. Nach langem Schweigen bat ich den Doktor stockend, das Testergebnis doch bitte zu wiederholen.

»Ihr Mitarbeiter ist HIV-positiv«, flüsterte der Mann am anderen Ende der Strippe.

Eine Flut von Gedanken brach über mich herein, mir schwirrte der Kopf, ich hörte alles wie durch Watte. Irgendwann nahm ich des Doktors Stimme wieder wahr. Er wollte wissen, ob ich okay sei. Zudem bat er mich eindringlich darum, unser Gespräch vertraulich zu behandeln. Ich ging nicht weiter auf die Bitte des Mediziners ein. Vielmehr interessierten mich Behandlungsmethoden, wobei ein kleiner Hoffnungsschimmer aufkam, als ich erfuhr, dass Medikamente in Port Harcourt wie auch in vielen anderen afrikanischen Großstädten sowohl in ausreichendem Maße als auch zu erschwinglichen Preisen zur Verfügung standen. Da Eile geboten war, empfahl Dr. Megwa, umgehend mit der Therapie zu beginnen. Ich begrüßte seinen Vorschlag und versprach, alles in meiner Macht Stehende zu tun, um Banigo davon zu überzeugen, sich schleunigst der vorgeschlagenen Behandlung zu unterziehen. Abschließend wurden noch Fragen finanzieller Natur geklärt, indem ich mich für VHN bereiterklärte, alle Kosten zu übernehmen.

Frühmorgens bat ich Banigo in mein Büro. Ohne Umschweife begann ich mit dem Vortrag, den ich während der Autofahrt vor Arbeitsbeginn einstudiert hatte.

»Banigo, du hast mir zwar zu verstehen gegeben, dass dein HIV-Test negativ ausgefallen ist. Ungeachtet dessen hege ich Zweifel an der Richtigkeit des Untersuchungsergebnisses, denn bei deinem Ausschlag handelt es sich um ein Symptom der Immunschwächekrankheit AIDS. Und damit ist, wie wir alle wissen, nicht zu spaßen.«

Der Seefrachtmanager schien nicht richtig bei der Sache zu sein. Er rutschte nervös auf seinem Stuhl hin und her, wirkte geistesabwesend.

»Also, um vollkommen sicher zu sein, bitte ich dich, nochmals zwecks Blutentnahme ins Krankenhaus zu gehen. AIDS ist zwar nicht heilbar. Es lässt sich mittlerweile aber selbst in Nigeria behandeln, weil die erforderlichen Arzneimittel erhältlich sind. Falls du positiv getestet werden solltest, mach dir bitte keine Gedanken wegen der entstehenden Kosten. VHN zahlt alles, den Arzt, das Krankenhaus, die Medikamente, einfach alles. Du hast das Herz am rechten Fleck und bist für uns ein wertvoller Mitarbeiter, den wir alle lieben und schätzen. Lass dich bitte noch einmal testen und mach dir, was auch immer geschieht, keine allzu großen Sorgen. Wir, deine Familie, stehen dir zur Seite.«

Tränen rannen über Banigos Wangen. Er wischte sie mit einem übergroßen karierten Taschentuch weg. »Okay, Boss«, murmelte er, bevor er mein Zimmer verließ. Auch ich musste raus, da mich das Gespräch mit unserem besten Mann sehr mitgenommen hatte.

Im Verlauf der kommenden drei Tage bekamen wir Banigo nicht zu Gesicht. Das sollte sich am Freitagmorgen ändern. Franka stürmte aufgeregt in mein Büro.

»Oga, komm schnell. Sieh dir das an!«, stotterte sie.

»Was ist los? Was soll ich mir denn anschauen?«

»Banigo – komm und schau selbst.«

Nachdem ich der Sekretärin ans Fenster in ihrem Büro gefolgt war, glaubte ich, meinen Augen nicht trauen zu können. Unten im Hof, umringt von einer Menschenmenge, wanderte ein Nackter herum. Er schien etwas Bedrohliches zu verkünden, denn immer, wenn er sich gestikulierend auf die Umstehenden zubewegte, wichen sie kreischend zurück. Mein Gott, jetzt erst erkannte ich den splitternackten Propheten. Es war Banigo!

Erschrocken fuhr meine Hand zum Mund. »Franka, unternimm doch etwas«, flehte ich.

»Was soll ich denn machen, Oga?«, flennte die Sekretärin verzweifelt.

»Aber, wir können das nicht zulassen. Wir müssen Banigo beruhigen und ihn ins Krankenhaus bringen. Dann werde ich eben …«

Ehe ich ausgeredet hatte, unterbrach mich Franka energisch. »Untersteh dich, Oga, du wirst gar nichts unternehmen. Du bleibst schön hier. Falls das Volk dich mit dem Durchgeknallten in Verbindung bringt, meint es womöglich noch, dass der Oyibo ihn verhext hat.«

Banigo näherte sich der Grundstückseinfahrt, um die Straße mit ausgebreiteten Armen zu überqueren. Autoreifen quietschten. Der Verkehr kam zum Erliegen. Unbeirrt schritt der Nackte weiter voran und passierte den Eingang zu einem kleinen Markt, wo er in der Menge der Besucher unterging. Völlig außer sich gesellte sich der Professor zu Franka und mir. Wir baten ihn, Ruhe zu bewahren und, anstatt Krach zu machen, mit Wisdom zum Markt zu fahren. Vor Ort sollte er versuchen, mit Banigo zu reden, ihn ins Auto zu verfrachten und in die Aid Klinik zu bringen.

Der Professor rauschte ab. Franka und ich diskutierten aufgeregt weiter. Die Zeit verging.

Es war schon dunkel, als Ubong und Wisdom endlich zurückkehrten. Beide ließen sich abgekämpft auf die Stühle im Konferenzraum plumpsen. Dann begann der Professor zu berichten: »Tjeh! Das war Schwerstarbeit. Es war unmöglich, mit Banigo zu reden. Der war vollkommen weggetreten, meinte, Jesus zu sein, und begann, Marktfrauen zu segnen. Die meist gut genährten Damen nahmen das aber nicht einfach so hin. Zwar wichen sie vor dem selbst ernannten Heiland zurück, aber nur unter Protest. ›Hau ab, wir wollen deinen Segen nicht. Du bist nicht der Messias‹, schimpften sie. Ihr solltet die Menschenmenge gesehen haben! Sie folgte dem nackten Erlöser auf Schritt und Tritt. Einige Leute feuerten Banigo an, andere bewarfen ihn mit Obst, Gemüseabfällen und Unrat. Wisdom und ich trennten uns. Er blieb in der Nähe Banigos, ich bin zu der kleinen Klinik gleich neben dem Markt gerannt. Dort bat ich den diensthabenden Doktor, mir zum Ort des Geschehens zu folgen und unseren Kollegen in sein Hospital einzuweisen. Als der Arzt den predigenden Messias erblickte, zeigte er mir allerdings nur einen Vogel. Er meinte, dass kein Krankenhaus, sondern eine Irrenanstalt für diesen Fall zuständig sei.

Mit unserem Latein am Ende fuhren wir zu deinem Freund, Mr Isa. Sobald wir ihm die Situation erklärt hatten, mobilisierte er einen voll besetzten Polizei-Pick-up-Truck, mit dem er uns zum Markt begleitete. Mittlerweile hatte unser falscher Prophet das Fass zum Überlaufen gebracht. Man wollte ihn steinigen.

Mr Isa und seine Mannschaft schlugen sich zu dem Umzingelten durch und nahmen ihn in ihre Mitte. Anschließend redete der DCO beruhigend auf unseren Kollegen ein. Ich habe nicht mitbekommen, was er gesagt hat. Auf jeden Fall folgte Banigo dem Polizisten schon nach kurzer Zeit, zahm wie ein Lamm. Auf der Trans-Amadi-Polizeiwache verfrachtete dein Freund ihn in eine leere Zelle. Sie wurde nicht abgeschlossen. Das war auch nicht erforderlich, denn unser Seefrachtmanager schlief sogleich ein. Mr Isa lässt dir ausrichten, dass er morgen früh in unser Büro kommt, um Bericht zu erstatten. Ansonsten soll ich dich von ihm grüßen.«

Isa schnalzte am nächsten Morgen in meinem Paradies mehrmals mit der Zunge, ehe er das Wort ergriff. »Hudu, Hudu, Hudu! Das kostet aber nicht nur eine Kiste Bier. Ich helfe dir gern, aber dass ich jetzt auch noch den Irrenarzt spielen muss, geht etwas zu weit!«

»Hör auf zu quatschen«, unterbrach ich meinen Kumpel. »Erzähl lieber, was des Nachts noch auf der Wache los war und wie der Stand der Dinge ist.«

»Gefolgt von der halben Besatzung unserer Station stand dein Manager, so, wie der Herr ihn erschaffen hat, lange nach Sonnenuntergang vor meinem Schreibtisch. Er wirkte wieder völlig normal, erkannte und grüßte mich, kicherte sogar wie immer. Ich habe ihm erst mal Klamotten besorgt. Auf die jüngsten Geschehnisse wollte ich ihn nicht ansprechen, um keine Erinnerungen in ihm hochkommen zu lassen. Dann fragte ich Banigo, ob er hungrig sei und ich ihm etwas zu essen kommen lassen sollte. Er bestellte einen Teller Reis mit zwei Stücken Hammelfleisch. Sowie das Menü geliefert wurde, rührte er es jedoch nicht an. Er reklamierte die Anzahl der Filets: Drei anstatt der gewünschten zwei befanden sich auf dem Teller.«

Isa legte eine Pause ein. »Nun erzähl doch bitte weiter«, drängte ich ungeduldig. »Spann mich nicht unnötig auf die Folter. Was passierte danach und wo ist Banigo jetzt?«

»Da er bis auf die Sache mit der Mahlzeit wieder ganz normal war, habe ich ihn von meinen Leuten nach Hause bringen lassen. Schließlich gab es keinen Grund dafür, ihn länger festzuhalten.«

Den DCO nicht weiter beachtend griff ich zum Telefon. Ich rief Doktor Megwa an und berichtete von den jüngsten Ereignissen. Der Mediziner erklärte sich sowohl bereit, den Kranken stationär aufzunehmen, als auch, sofort mit der Therapie zu beginnen. Im Anschluss an das Telefonat schickte ich Ubong und Wisdom mit dem Auftrag zum Haus des Seefrachtmanagers, ihn unverzüglich zu mir zu bringen. Bereits nach einer Stunde kehrten unsere Mitarbeiter zurück, allerdings ohne den Gesuchten. Unglücklicherweise waren sie zu spät dran gewesen. Daher hatten sie ihn nicht mehr angetroffen. Laut Auskunft eines Nachbarn hatte Banigo das Gehöft schon bei Tagesanbruch verlassen, um sich in seine Heimat, nach Bonny Island, zu begeben, wo er seinen Ausschlag von einem traditionellen Doktor behandeln lassen wollte. Von der Hiobsbotschaft schockiert schlug ich die Hände über dem Kopf zusammen. Es war kaum zu glauben, dass der pfiffige, intelligente Klassenprimus seine HIV-Therapie, sein Leben, in die Hände eines JuJu-Mannes, eines Magiers, legen wollte. Sechs Wochen später tauchte ein Verwandter unseres Managers im Büro auf. Er setzte uns vom Ableben Banigos in Kenntnis.

Geteert und gefedert?

»I am the boss, I hire and fire«, trompetete der Elefant, anstatt sich mit vollem Namen vorzustellen.

»Nett, dich kennengelernt zu haben«, entgegnete ich. »Ich wünsche dir noch einen schönen Tag. Tschüss!« Ich verspürte kein Verlangen, mit Rednecks Geschäfte zu machen. Schließlich hatte ich mit derartigen Kollegen schon genügend unvergessliche Erfahrungen gesammelt. So schön es auch gewesen wäre, für Winterford International arbeiten zu dürfen, die Begrüßungsworte des bulligen, kuhäugigen Bosses reichten, um mich eine Kehrtwendung machen zu lassen.

Das anschließende Vorstellungsgespräch in meinem Büro verlief wesentlich angenehmer als das morgendliche Verkaufsgespräch. Das lag daran, dass der jugendliche Kandidat, Ifeanyi, der sich um die Position eines Seefracht-Sachbearbeiters bewarb, gut drauf war. Das fehlende Fachwissen würde er sich schon noch aneignen. Neben seiner Qualifikation sprach eine nicht unbedeutende Tatsache für seine Einstellung: Er war der Cousin Obinas, der bisherigen rechten Hand Banigos. Da es nach dem Tod des Seefrachtmanagers darum ging, die entstandene Lücke zu schließen, beförderte ich Obina zum Abteilungsleiter und verstärkte das Team durch Ifeanyi. Dennoch war ich um den Seefrachtbereich besorgt, zumal ein Banigo nicht einfach so zu ersetzen war.

Wider Erwarten traten meine Befürchtungen jedoch nicht ein. Obina war zwar nicht mit seinem Vorgänger zu vergleichen, aber der Laden lief, nicht zuletzt auch, weil das Nesthäkchen, Ifeanyi, sein Handwerk schnell erlernt hatte. Als er einige Wochen nach Amtsantritt nach einem Arbeitsvertrag verlangte, verwies ich ihn an Franka, mit der ich insgeheim vereinbart hatte, neue Mitarbeiter keinesfalls mit Verträgen auszustatten. Durch diese Maßnahme sollte vermieden werden, dass sich Beschäftigte gewerkschaftlich organisierten. Denn das, was die starken Arbeitnehmervertretungen, denen es gestattet war, sich in Betrieben mit mehr als zehn Mitarbeitern zu organisieren, seinerzeit in Nigeria abzogen, war alles andere als lustig. Jeden Tag sah man Gruppen von streikenden Arbeitern vor verschlossenen Werkstoren demonstrieren. Oft forderten die Genossen Lohnerhöhungen von zweihundert Prozent und mehr. Nach langem, ermüdendem Arbeitskampf gaben sie sich manchmal gnädigerweise schon mit hundert Prozent zufrieden. Das war allerdings auch das absolute Minimum, darunter ging gar nichts.

Erst neulich hatte mir die Frau des Betriebsleiters der Firma Lion Machetes verraten, dass die Geschäftsleitung des Unternehmens beschlossen hatte, die Produktion nach Ghana zu verlagern. Auf die Frage nach dem Warum, nach all den Jahren in Port Harcourt, antwortete die ältere Engländerin: »Stell dir das nur einmal vor: Der Fahrer meines Mannes verdient mittlerweile mehr als sein Boss.«

Franka beherrschte ihr Spielchen perfekt. Wenngleich sie neuen Mitarbeitern stets treuherzig versprach, sie würde sich um die gewünschten Arbeitsverträge kümmern, verschob sie die Ausgabetermine aus unterschiedlichen Gründen immer wieder, bis die Papierfetischisten zu guter Letzt aufgaben.

Lautstark kündigte sich Besuch an. Mist, das konnte nichts Gutes bedeuten. Dringendst musste ich mir etwas für die Rezeption einfallen lassen. Seitdem die Stellung nicht mehr von Jane gehalten wurde, war es für Besucher ein Leichtes geworden, unseren Außenposten zu überwinden.

Vielleicht sollte ich einen vorzeigbaren Türsteher einstellen, sinnierte ich, als die Tür zu meinem Heiligtum so unsanft wie schon lange nicht mehr aufgerissen wurde. Zuerst dachte ich, die heiligen drei Könige hätten sich wider Erwarten noch einmal in unseren Stall verirrt, denn der erste Eindringling trug wie einst Caspar eine rote orientalisch-islamische Kopfbedeckung.

Der zweite Invasor erinnerte sogar noch mehr an einen Weisen aus dem Morgenland als Gelbauge, der Steuereintreiber mit der Schiebermütze. Dieser Mann verbarg seine Glatze unter einer nach links abgeknickten himmelblauen Zipfelmütze, die aus demselben Material wie sein Boubou gefertigt war. Zumal mir aber nur zwei Störenfriede die Ehre erwiesen, handelte es sich definitiv nicht um die heiligen drei Könige. Vielleicht hatte ich es jedoch mit entfernten verarmten Verwandten der Monarchen zu tun? Die hageren Körper und verschrumpelten Gesichter der beiden ließen jedenfalls nicht gerade auf große Reichtümer schließen.

An Stimmgewalt konnten es die Besucher durchaus locker mit ihren royalen Vorgängern aufnehmen. Sie begannen umgehend damit, zu grunzen, zu grölen, auf den Tisch zu klopfen und bedrohlich vor meinem Schreibtisch auf- und abzuschreiten. Inzwischen an dramatische Inszenierungen gewöhnt, verfolgte ich die Aufführung der Eindringlinge eher belustigt, wobei ich versuchte, mir meine Heiterkeit nicht anmerken zu lassen.

Die Herren waren vom Arbeitsamt. Kaum dass ich erstaunt nachgefragt hatte, ob es denn wirklich ein Arbeitsamt in Port Harcourt gäbe, zeigten sich die Beamten empört und ich musste Schimpftiraden über mich ergehen lassen. Danach kam Caspar zur Sache: Weil ich ungebildeter Mensch nicht einmal etwas von der Existenz des Arbeitsamtes wusste, ging er davon aus, dass mir auch die neue, von Herrn Soundso erlassene Verordnung Nummer soundso nicht bekannt sein würde. Diese Verordnung besagte, dass in Rivers State nur noch Leute, die auch in Rivers State geboren wurden und dort ihren ständigen Wohnsitz hatten, beschäftigt werden durften. An ihren Worten zweifelnd beäugte ich meine Gäste. Die meinten den Schwachsinn, den sie erzählten, doch wohl nicht ernst?

Da er in unseren Räumlichkeiten auch kleinwüchsige Menschen ausgemacht hatte – wahrscheinlich war ihm der Professor über den Weg gelaufen –, mutmaßte Balthasar, wir würden auch Arbeitnehmer aus anderen Bundesstaaten, wie Aqua Ibom, beschäftigen. So ging es natürlich nicht. Die müssten allesamt so schnell wie möglich gefeuert und durch Rivers-State-Leute ersetzt werden. Man forderte mich auf, ein Organigramm anzufertigen, aus dem alle bei VHN verfügbaren Stellen sowie die Namen und Ethnien der Mitarbeiter, die sie besetzten, hervorgingen. Die Herren vom Arbeitsamt wollten am morgigen Freitag wiederkommen, um dieses Papier zusammen mit mir durchzugehen und erste Maßnahmen einzuleiten.

Aufgebracht protestierte ich. Ich bezeichnete die neue Verordnung als Humbug, gebrauchte wiederholt das Wort Rassismus und fragte, ob denn nicht alle unsere Angestellten außer mir Nigerianer seien. Umgehend nahm die Diskussion chaotische Formen an. Schreiend und gestikulierend standen die Staatsdiener und ich uns gegenüber, bis wir uns schließlich nur noch mit bösen Blicken taxierten.

Caspar sprach das Amen in der Kirche. »Bis morgen um zehn Uhr!«, brüllte er und wandte sich zum Gehen um.

»Ich habe morgen aber leider keine Zeit!«, protestierte ich.

»Dann musst du dir eben Zeit nehmen!«

»Entschuldigung, aber es geht morgen wirklich nicht. Was ist mit Montag? Da habe ich noch nichts auf dem Zettel.«

»Der Ernst der Lage scheint dir nicht bewusst zu sein, mein Freund«, zischte Balthasar. »Diese Angelegenheit hat absolute Priorität. Falls du schon andere Meetings hast, musst du sie eben absagen. Wir stehen auf jeden Fall morgen um zehn wieder bei dir auf der Matte und gnade dir Gott, wenn du uns dann nicht zur Verfügung stehst!«

Ein flüchtiger Gedanke huschte an mir vorüber. Als ich ihn zurückgeholt hatte, musste ich mich zusammennehmen, um nicht zu kichern. »Na gut, wenn ihr unbedingt auf ein morgiges Treffen besteht, bitte nicht um zehn. Zu dieser Zeit erwarte ich schon Besucher. Wie sieht es mit drei Uhr nachmittags aus?«

Gebieterisch sprach Caspar ein letztes Machtwort: »Morgen um zehn Uhr und dabei bleibt es!«

Wieder allein in meinem Paradies musste ich ständig gackern, denn ich malte mir etwas in allen Farben aus, das zu schön war, um wahr zu werden.

Am Tag darauf um neun Uhr hatte ich ein Meeting mit zwanzig Vertretern der Rebisi Youth. Wir saßen im Konferenzraum, um lautstark über

Neueinstellungen zu diskutieren. Nachdem man mich bereits zur ersten Strafe von hunderttausend Naira verdonnert hatte, wurde die Diskussion mit fortschreitender Zeit immer heftiger geführt, bis es an der Tür klopfte. Enna trat ein.

»Sir, diese Typen von gestern sind wieder da«, meldete sie. »Die bestehen darauf, dich sofort zu sprechen.«

Von der Störung alles andere als begeistert, wanderten böse Blicke der Halbstarken einschließlich ihres Hauptmanns und seines Sprachrohres zwischen Enna und mir hin und her.

»Dann lass sie doch bitte rein, meine liebe Enna«, säuselte ich. Dabei versuchte ich, verlegen zu wirken. »Vielleicht können wir uns alle zusammen ja wie vernünftige Menschen unterhalten.«

Sobald ich diese Worte ausgesprochen hatte, standen die Herren vom Arbeitsamt auch schon gehörig Krach machend im Raum. Offensichtlich schätzten sie die Lage falsch ein, indem sie davon ausgingen, dass man bei VHN mehr Wert darauf legte, eine Mitarbeiterversammlung abzuhalten als höhergestellte Beamte zu empfangen.

»Liebe Gäste, darf ich Sie erst einmal miteinander bekanntmachen?«, erkundigte ich mich feierlich und brachte meine Kaffeetasse mit dem Teelöffel zum Erklingen. »Bei diesen Herren hier, den Neuankömmlingen, handelt es sich um Bedienstete des Arbeitsamtes. Und die sowohl am Tisch als auch auf dem Boden sitzenden Gentlemen sind Vertreter der Rebisi-Kommune. Obwohl dieses Treffen nicht geplant wurde und eher zufälliger Natur ist, freue ich mich, dass wir heute zusammengekommen sind. So können wir über eine äußerst wichtige, uns alle betreffende Angelegenheit reden. In meiner Funktion als Direktor der Firma VHN sitze ich nämlich in der Zwickmühle: Einerseits bestehen die Vertreter der Rebisi Youth darauf, dass wir nur noch Personen aus ihrer Kommune einstellen. Die Mitarbeiter des Arbeitsamtes hingegen fordern, dass wir ausschließlich von ihnen auserwählte Kandidaten, Leute aus Rivers State, beschäftigen. Da die Forderungen der beiden Parteien nicht unerheblich voneinander abweichen, hoffe ich, unsere zukünftige Personalpolitik jetzt gemeinsam mit Ihnen diskutieren zu können, um eine Alle zufriedenstellende Lösung zu finden.«

Gerade hatte ich ausgeredet, als auch schon die Hölle losbrach. Jugendliche sprangen wutentbrannt auf. Sie stürzten sich auf die Beamten. Als Erstes wurde Balthasar die Mütze über die Ohren gezogen. Anschließend gab es anständig was auf die Backen. Caspar war noch schlimmer dran, denn er sah die Schläge kommen. Die Behördenvertreter wurden nach unten in den Hof gezerrt. Bei geöffnetem Fenster lauschend vernahm ich noch lange Gegröl, begleitet von Geräuschen, die auf Schläge, Tritte und zerreißenden Stoff schließen ließen. Ob die Invasoren zu guter Letzt geteert und gefedert wurden, entzieht sich meiner Kenntnis. Die Youth fanden sich wieder im Konferenzraum ein, nachdem man den Feind vernichtend geschlagen hatte. Sie stimmten das schöne, dreifache »hipp, hipp, hurra« an, bei dem ich das erste und einzige Mal lauthals mitgrölte. Vom Arbeitsamt habe ich nie wieder etwas gehört.

Der fliegende Holländer und der Trunkenbold

Mir ging das Gefasel nur noch auf den Sack. Himmel, Herrgott, Sakrament, warum wollte es denn nicht aufhören? Eigentlich hätte es mich stutzig machen müssen, als mein Gast beteuert hatte, Antialkoholiker zu sein. Dass er aber wie Obelix im Kindesalter in ein Fass hochprozentigen Zaubertranks geplumpst sein musste, hatte er mir verschwiegen.

Seit Verlassen des Boot-Klubs stand er neben mir, dem Steuermann, um wie ein Betrunkener oder Bekiffter unentwegt dummes Zeug zu faseln, das mich absolut nicht interessierte. Am schlimmsten waren die nicht enden wollenden Monologe über seine Heldentaten als Kapitän. Zumal die Fische an diesem Tag keinen Appetit hatten und die Sonne erbarmungslos auf uns niederbrannte, schien der einzige Ausweg aus meiner Misere über die mit eiskaltem Bier gefüllte Kühlbox zu führen. Schon am frühen Nachmittag hatte ich daher bereits leicht einen in der Krone. Dennoch wollte ich es unbedingt wissen. Nachdem wir jeden Quadratzentimeter der bekannten, ergiebigen Fischgründe in Onne bearbeitet hatten, kreuzten wir auch in Flussarmen herum, in denen ich noch nie etwas gefangen hatte. Normalerweise hätten wir uns an diesem fürs Fischen katastrophalen Tag schon viel früher auf den Heimweg machen müssen. Fanatischen Seebären wie dem holländischen Kapitän Ahab und mir fiel es jedoch schwer, mit einer Niederlage zu leben. Folglich gaben wir erst am späten Nachmittag auf, um dann auch prompt die gelbe Karte für Fanatismus zu erhalten. Wir hatten gerade mal die halbe Strecke des Rückweges hinter uns gebracht, als plötzlich nur noch einer der Außenborder sang. Der andere Motor schwieg. Er sprang auch nach mehreren Startversuchen nicht mehr an.

Herzlichen Glückwunsch! Das hast du ja fantastisch hinbekommen, schalt ich mich, sobald wenig später auch noch das zweite Triebwerk versagte. Wie vermutet waren nach dem langen Herumeiern in den Creeks beide Tanks leer.

»Wo ist der Reservekanister?«, quengelte mein Gast, der Mann im Hawaiihemd mit dem weiten, durch rotes Brusthaar und eine goldene Panzerkette geschmückten Ausschnitt.

Ohne zu antworten, griff ich mir einen der beiden leeren Plastikbehälter und hielt ihn dem Flying Dutchman unter die Nase. Daraufhin fiel ihm die Kinnlade herunter. Mich zornig anstierend dauerte es eine ganze Weile, bis er seine Fassung wiedererlangte. Anschließend durfte ich nicht enden wollende Flüche nebst Wutgeheul über mich ergehen lassen. Was für ein unfähiger, verantwortungsloser Kapitän, was für ein Volltrottel ich sei, ertönte es andauernd. »Wie kann man denn nur beide Tanks leerfahren und nicht einmal einen gefüllten Reservekanister an Bord haben? Das gibt es doch nicht! Ich glaube, ich träume. Ist dir Trunkenbold überhaupt bewusst, dass du unser beider Leben aufs Spiel setzt? Falls wir das große Los ziehen, müssen wir nur eine Nacht in diesen moskitoverseuchten Sümpfen verbringen. Und im ungünstigsten Fall verrecken wir hier draußen! Mensch, wo hast du denn bloß deinen Bootsführerschein gemacht?«

Trotz unserer prekären Situation konnte ich es mir nicht verkneifen, die mir gestellte Frage mit einer Gegenfrage zu beantworten: »Was für einen Bootsführerschein denn?«

Die unerwartete Replik brachte den Rotgelockten vollends auf die Palme. Er begann damit, im Kreis herumzulaufen, führte Selbstgespräche, fluchte auf Niederländisch und sogar auf Deutsch: »Kaum zu glauben, da hat der Mof nicht mal einen Führerschein!«

Weil er sich ständig wiederholte, dachte ich schon, der Holländer hätte einen Sonnenstich erlitten. Zum krönenden Abschluss seiner Ansprache baute er sich vor mir auf und brüllte: »Wo sind die Paddel?«

»Welche Paddel?«

Erneut drehte der Kreisläufer seine Runden. Er schien jetzt völlig übergeschnappt zu sein.

»Mann, wir sind hoffnungslos verloren! Was machen wir denn nur?«, jammerte er, ständig verzweifelt gegen die Reling schlagend.

Mittlerweile war mein Informationsbedarf mehr als gedeckt, sein Kasperletheater tangierte mich überhaupt nicht mehr.

»Keine Panik auf der Titanic«, lallte ich, zeigte dem Holländer den Mittelfinger, schnappte mir den Reservekanister und sprang über Bord.

»Komm sofort zurück! Du kannst doch nicht einfach schwimmen gehen und mich hier mutterseelenallein verrecken lassen«, brüllte mir der Kapitän hinterher.

Ich ließ mich nicht beirren. Einsam meine Bahnen ziehend nahm ich das Gezeter des verwirrten »blinden« Passagiers schon bald nicht mehr wahr.

Allmählich näherte ich mich meinem Ziel, dem im Fluss ankernden, ungefähr fünfhundert Meter von unserer Titanic entfernten Frachter des Zementwerkes Eagle Cement, den man für die Midstream-Entladung von Klinker nutzte. Als ich dort ankam, hielt ich meinen Kanister in die Höhe und rief dem an der Reling stehenden, mich schon seit geraumer Zeit beobachtenden Inder zu: »Hey, wir haben keinen Sprit mehr! Habt ihr Gemisch an Bord? Wenn ja, würdet ihr mir bitte aushelfen?«

Der Inder bekam einen Lachanfall. Dabei schüttelte er in der für seine Heimat typischen Art und Weise den Kopf. »Warte mal«, lispelte er schließlich, wandte sich ab und verschwand. Kurz darauf schwenkte ein Kran aus, um ein kleines Schlauchboot, in dem der Inder saß, zu Wasser zu lassen. Mit Hilfe des Kopfschüttlers enterte ich den Kahn. Danach ging es mit Vollgas in Richtung »Kingfisher«, wo der holländische Kapitän Maulaffen feilbot. Ohne ein Wort zu verlieren, befüllte mein indischer Retter beide Tanks meines manövrierunfähigen Seelenverkäufers mit je fünfzig Litern Gemisch. Last but not least bedankte ich mich beim Protagonisten dieser Mission Impossible. Wir vereinbarten, uns zwecks Begleichung meiner Schulden am Freitag im Blues Café zu treffen.

Minuten später war jeglicher Stress vergessen. Vom Gesang der Motoren begleitet genoss ich es, mir den Wind um die Ohren wehen zu lassen. Auf der Rückfahrt vermieden der fliegende Holländer und ich es, auch nur ein Wort miteinander zu wechseln.

Nach diesem denkwürdigen Tag wurde hinter vorgehaltener Hand getuschelt, sobald ich eine Kneipe betrat. Auch wollte mich außer meiner alten Crew keiner mehr auf Angeltrips begleiten. Vertraulich berichteten mir Freunde, dass der fliegende Holländer bei jeder sich nur bietenden Gelegenheit immer fantastischere Geschichten über einen deutschen Leichtmatrosen, über mich, verbreitete. Eines Abends erstarb das Gespräch der einzigen an der Bar sitzenden Gäste, kaum dass Leon und ich das Blues betreten hatten. Die vier Typen, unter denen sich auch der niederländische Kapitän befand, hatten fortan nichts anderes zu tun, als mich wie das achte Weltwunder anzuglotzen. Wir beschlagnahmten ein Plätzchen an der Theke – gleich neben den Klatschtanten – und bestellten Erfrischungsgetränke. Weil mich unsere Nachbarn weiterhin blöd angafften, entschloss ich mich, an den Kapitän gewandt, einen kleinen Vortrag zu halten.

»Na, du fliegender Holländer«, begann ich meine Rede. »Schön, dich lebend wiederzusehen. Berichtest du mit inzwischen gewechselten Pampers mal wieder über all deine Heldentaten und das hasenfüßige Verhalten deines vertrottelten deutschen Angelbruders? Wenn du schon über die christliche Seefahrt referierst, vergiss bitte nicht zu erwähnen, dass du es vor nicht allzu langer Zeit fertiggebracht hast, eine Jack-Up Barge zu versenken. Technisch soll es eine wahre Meisterleistung gewesen sein. Nachträglich noch herzlichen Glückwunsch! Ich hoffe mal, irgendeine Versicherung kommt für deine Dusseligkeit auf und reguliert den Schaden. Oder redest du vielleicht über die Panik auf der Titanic, die ein holländischer Großadmiral mit vollgeschissenen Hosen verbreitet hat?«

Der Mann im Hawaii-Hemd fluchte, wobei er rot anlief. Er knallte sein mit sprudelndem Mineralwasser gefülltes Glas auf den Tresen, nahm eine drohende Haltung ein und stierte mich mit vernichtendem Blick an. Da ich volle Granate dagegenhielt, begannen die Augen des Niederländers allerdings schon bald zu flackern. Unverständliche kehlige Laute ausstoßend verließ er das Lokal. Alle Anwesenden – sowohl vor als auch hinter der Bar – brachen in Gelächter aus. Zur Feier des Tages bestellte ich eine Lokalrunde. Die Gäste des Blues grölten noch mehr, als der gut informierte Leon die ganze Geschichte der zweihundert Millionen Dollar teuren Jack-Up Barge erzählte, die der Kapitän auf Grund gesetzt hatte. Nach dem Vorfall im Blues verschwand der fliegende Holländer aus Port Harcourt. Auf den Weltmeeren sowie in Lagos und Abuja wurde er jedoch immer mal wieder gesichtet.

Ja, ich war durchaus ein kleiner Trunkenbold, auf den das nächste, dem Alkoholgenuss zuzuschreibende Missgeschick bereits warten sollte. Mangels passender Flugverbindungen von Port Harcourt war ich zu früh, schon mittags, auf dem Murtala Muhammed International Airport in Lagos. An der Bar im Departure Terminal sitzend versuchte ich, die Zeit bis zu meinem Abflug nach Deutschland totzuschlagen, indem ich gleichzeitig Leute beobachtete und Sekunden zählte. Plötzlich klopfte mir jemand auf die Schulter. Aus tiefster Meditation gerissen nahm ich langsam Mike Leonard wahr, den alten Iren, den ich schon lange kannte.

»Wann geht dein Flieger?«, wollte Mike wissen.

»Erst um zweiundzwanzig Uhr.«

»Meiner hebt zwar schon um neun ab. Trotzdem sollten wir noch genügend Zeit haben, um uns in einem Pub das ein oder andere Glas irischen Whisky zu genehmigen. Komm, lass uns ein Taxi nehmen und den Abflug proben. Vor vielen Jahren habe ich einmal hier, in Ikeja, nicht weit entfernt vom Flughafen, gelebt und gearbeitet. Daher kenne ich mich aus in der Gegend. Du wirst erstaunt sein, welch exotische Lokalitäten es hier gibt.«

Wahrlich, ich war mehr als erstaunt. Die erste Bar hieß »The Londoner«. An die Namen der vielen anderen konnte ich mich später nicht mehr erinnern, wohl aber daran, dass es überall Whisky gab und dass irische Volkslieder gesungen wurden.

Als British Airways gegen neunzehn Uhr letztmalig zum Boarding aufrief, eskortierte ich meinen mit einem Schluckauf kämpfenden Kumpanen zu seinem Flugsteig. Das durfte doch wohl nicht wahr sein! Das Personal der Fluggesellschaft wollte Mike nicht mitnehmen! Man behauptete, er sei sturzbetrunken. Na, denen habe ich aber etwas erzählt – mit Händen und Füßen. Zu guter Letzt gelang es mir, dem stocknüchternen der Gefährten, die Chicken-Airlines-Schönlinge davon zu überzeugen, meinen Freund – gestützt von zwei breitschultrigen Nigerianern – in die Maschine zu schleppen. Nach dieser diplomatischen Glanzleistung hätte ich mir selbst auf die Schulter klopfen können. Mit breiter Brust begab ich mich zu meinem Gate. Sowie die Lufthansa dann endlich zum Einsteigen aufrief, sollte ich die Welt nicht mehr verstehen. Jetzt wurde ich der Trunkenheit bezichtigt und man wollte mir die Ausreise verweigern. Auch denen musste ich aber etwas erzählt haben? Frühmorgens wachte ich im Flieger auf und wunderte mich, wie in drei Teufels Namen ich als Einziger in die First Class gelangt war, obwohl ich Economy gebucht hatte.

Marketing

Entfernt erinnerte er mich an Calvin, den Protagonisten des Romans »Jungle Lovers« von Paul Theroux. Nur hieß mein Freund nicht Calvin, sondern Brian, Brian Green. Im Gegensatz zu Calvin hatte Brian mit dem Biertrinken nicht viel am Hut. Vermutlich machte er aber von anderen berauschenden Mitteln Gebrauch. Wie der berühmte Romanheld war mein Freund, ein Mann aus Tennessee, immer gut gekleidet – meist trug er ein weißes, kurzärmeliges Hemd und eine zur Bundfaltenhose passende Krawatte. Auch er hatte eine junge, lokale Schönheit geehelicht. Sie hieß Happiness und sang in einer Band. Brian hatte ein Lausbubengesicht. Er war liebenswürdig, entgegenkommend und immer gut drauf, ein Gentleman eben, der besonders bei nigerianischen Geschäftsleuten und Politikern ausgezeichnet ankam.

Der Amerikaner und ich hatten uns kennengelernt, als er noch für Western World gearbeitet hatte, als er praktisch ihr »last man standing« gewesen war, derjenige, der das Unternehmen abgewickelt und Rücktransporte von schlecht oder gar nicht verkäuflichen Gütern organisiert hatte. Das waren noch Zeiten, Zeiten, in denen Brians Lohntüte prall gefüllt gewesen war. Mittlerweile war es jedoch vorbei mit sicheren Gehaltszahlungen am Monatsende. Der Mann aus Tennessee war selbstständig, wobei er und sein Partner, der nigerianische Buchhalter seines vormaligen Arbeitgebers, auf Regierungsaufträge hofften. Bedauerlicherweise lief das Geschäft der Jungunternehmer aber nicht gerade wunschgemäß. Obwohl sie versuchten, sich nichts anmerken zu lassen, mussten sie ihre Gürtel oft sehr eng schnallen. Abhilfe sollte Brians neuer Nebenjob als für den Raum Lagos zuständiger Marketingmanager der VHN-Spedition schaffen. Und, siehe da, es lief gut an.

Schon nach kurzer Zeit hatte der Amerikaner zwei neue Kunden gewonnen und dafür stattliche Kommissionszahlungen auf seinem Konto verbuchen können.

Dennoch befanden wir uns mit unseren Lagos-Aktivitäten erst im Anfangsstadium, in dem es sich noch nicht rechnete, See- und Luftfrachtsendungen mit eigenem Fachpersonal abzufertigen. Folglich arbeiteten wir mit einem Agenten zusammen. Er nannte sich Eke, hatte fünf Angestellte und ein kleines Büro in Ikeja, in der Nähe des Flughafens. Der Yoruba war ein hoch aufgeschossener Mittdreißiger, der über ein beachtliches Fachwissen verfügte. Blöderweise hatte er aber eine Schwäche, die vor allem abgezockte Zollbeamte stets gnadenlos auszunutzen wussten. Eke stotterte. In der Zeit, die er benötigte, um eine Frage zu beantworten, hatten ihn die mit allen Wassern gewaschenen, erbarmungslosen Beamten schon mit fünf weiteren bombardiert. Dieses Spiel wurde so lange getrieben, bis Eke den Wald vor lauter Bäumen nicht mehr sah und überfordert kapitulierte.

Stuart, der »Lager-Fuzzi« von MC Bringing, hatte uns der Firma VHZ, deren Initialen bis auf das Z unseren glichen, empfohlen. Die Lieferanten von »oil well equipment« waren zwar in Lagos ansässig, hofften aber, schon bald für Nexxon Stabil in Onne, in Rivers State, tätig werden zu können. Brian hatte VHZ bereits mehrmals aufgesucht. Trotzdem blieben viele Kundenfragen unbeantwortet. Man bestand daher darauf, mit mir, dem Logistik-Experten, in heimischen Gefilden, in der Metropole, zu sprechen.

Vor meinem Lagos-Trip hatte mich Brian eindringlich gewarnt. Er hatte sich sogar mehrfach wiederholt, weil er offenbar der Überzeugung war, dass ich eine andere Sprache spräche oder Schwierigkeiten hätte, ihn zu verstehen.

»Herbert«, hatte er gesagt. »Hör mir bitte gut zu. Das sind Christen, richtige Christen, amerikanische Christen. Wenn wir mit denen ins Geschäft kommen wollen, verzichte bitte, auch wenn es dir noch so schwerfällt, aufs Rauchen. Und versuch ja nicht, diesen Bigotten eine Runde Schnaps oder andere alkoholische Getränke anzubieten. Selbst für dich gibt es nur eine Antwort, falls dich jemand fragt, was du trinken möchtest. Und die lautet: ›Wasser, bitte.‹ Merk dir das und vergiss es nicht!«

Wir waren an unserem Ziel angelangt und parkten vor einem chinesischen Restaurant in Ikoyi, nachdem Brian mich vom Flughafen abgeholt hatte. Ich winkte entnervt ab, als mein Freund erneut begann, von Prohibition und vom Nichtrauchen zu schwafeln. »Jetzt ist es aber gut, Mann. Ich hab's ja kapiert!«, brummte ich.

Vier an einem großen runden Tisch gleich neben dem Eingang sitzende Leute sprangen auf, kaum dass wir das Lokal betreten hatten. Zuerst stellte mich Brian dem Vice President, Herrn Dong, vor. Herr Dong war vietnamesischer Abstammung, lebte allerdings schon seit mehr als fünfzig Jahren in Pennsylvania in den USA. Er war bereits leicht ergraut, hatte eine hohe Stirn und freundliche, kleine schwarze Augen. Im Gegensatz zu seinen Kollegen, deren Bundfaltenhosen und kurzärmelige Hemden vermutlich von Woolmart oder einem anderen Discounter stammten, war Herr Dong elegant gekleidet. Er trug einen braunen Anzug und eine rote Seidenkrawatte. Der dunkelhaarige Logistikmanager, Carl, hatte einen Backenbart, der dem Abraham Lincolns ähnelte. Seine braunen Augen schienen den Herrn zu suchen, denn sie wanderten ständig unruhig hin und her. Mr Samuel, der Leiter des Einkaufs, glänzte durch einen laschen Händedruck. Bei ihm handelte es sich um einen eher ruhigen Vertreter. Financial Controller war der blasse Bernhard, ein Jüngling mit verschwommenen hellblauen Augen.

Sobald wir Platz genommen hatten, fragte Mr Dong, was man mir zu trinken anbieten dürfte. »B«, startete ich, alle frommen Vorsätze vergessend. Brian hielt sich die rechte Hand vor die Augen, blickte nach unten, konnte dann aber ein lautes Auflachen nicht unterdrücken, als ich fortfuhr: »Bitte eine Flasche Wasser ohne Kohlensäure.«

Das war knapp, dachte ich und nahm mir vor, von nun an jegliche Fehler zu vermeiden. Weil alle Gericht Nummer 92, vegetarisches Nasi Goreng, gewählt hatten, verzichtete ich auf die Pekingente, indem ich mich meinen Gastgebern anschloss. In Windeseile wurde aufgetischt, eine große Schüssel Reis in die Mitte des Tisches gestellt. Danach passierte lange nichts. Alle schienen die Reiskörner zu zählen, keiner rührte sich. Ich wollte gerade »Mahlzeit« rufen, zum Löffel greifen und Mr Dong als Ersten bedienen. Ein schmerzhafter Tritt vors Schienbein hielt mich jedoch von meinem Vorhaben ab und ließ mich verstummen. Nach der Zeit der Einkehr faltete Mr Dong, gefolgt von den anderen Christen, Brian und mir, die Hände. Anschließend begann er, ein nicht enden wollendes Gebet herunterzuleiern. Das Amen erklang zwar im Chor, aber leider zusammen mit Brians knurrendem Magen. Dem war sein Fauxpas äußerst peinlich, sodass er rot anlief.

Da ich ihm, wie Herr Dong bekundete, sehr sympathisch war und auch alle Fragen zufriedenstellend beantworten konnte, war das Geschäftliche schnell abgehakt. Man beschloss, VHN eine Chance zu geben, uns auf die Probe zu stellen. Ob ich denn übers Wochenende in Lagos bleiben und die Herren zum sonntäglichen Gottesdienst begleiten wolle, lautete die Abschlussfrage. Ich bekundete, dass es mir leidtäte, aus terminlichen Gründen nicht am Service teilnehmen zu können. Selbstverständlich hätte ein gemeinsamer Kirchenbesuch höchste Priorität für mich gehabt, wenn da nicht der lang erwartete Besuch aus Japan gewesen wäre. Brian würde mich jedoch liebend gern vertreten. Gemeinsam sprachen wir ein finales Dankgebet, bevor ich endlich erlöst war.

Wir hatten nicht einmal einen Kilometer zurückgelegt, als ich den wegen des bevorstehenden Gottesdienstes nörgelnden Mann aus Tennessee nötigte, vor der nächsten Kneipe anzuhalten. Sobald die Räder unseres fahrbaren Untersatzes zum Stillstand gekommen waren, stürmte ich in die Kaschemme und bestellte ein großes Star. Puh, kam der eiskalte Bölkstoff gut nach all dem heiligen Wasser und den frommen Sprüchen.

Schon bald sollten Mr Dong, Brian und ich uns wiedersehen. Glücklicherweise fand unser nächstes Treffen im Konferenzraum von Nexxon Stabil an einem Montag statt, sechs Tage vor dem nächsten sonntäglichen Kirchgang der Christen. Wir hatten VHZ ein Angebot für den Export von reparaturbedürftigen Ventilen von Eket nach Houston unterbreitet. Wenngleich Mr Dong unsere Offerte akzeptiert hatte, gab es ein Problem: Für Nexxon Stabil, VHZs Auftraggeber, der die Transportkosten erstatten sollte, waren wir ein unbeschriebenes Blatt. Daher stellte man die Seriosität unseres Angebotes in Frage. Um Zweifel an unserer Kompetenz auszuräumen, bot man mir allerdings Gelegenheit, unseren Betrieb im Rahmen des bevorstehenden Meetings vorzustellen und Nexxon Stabil Rede und Antwort zu stehen. Im Versammlungsraum der Nigeria-Zentrale des Ölkonzerns war ordentlich was los. Nachdem andere Spediteure und Transportunternehmen betreffende Punkte der Tagesordnung abgehandelt waren, kam mein großer Auftritt. Dabei kam mir zugute, dass uns drei aus Onne angereiste Nexxon-Mitarbeiter – im Gegensatz zu ihrem in Lagos stationierten Chef – kannten. Und da ihnen nichts Negatives über VHN zu Ohren gekommen war, hatten sie nicht das Geringste gegen eine Zusammenarbeit mit uns einzuwenden. Dennoch stand der Boss der Logistikabteilung, ein stark schwitzender, schwergewichtiger Mann im blauen Blazer, unserer Beauftragung weiterhin kritisch gegenüber. Unter Berufung auf die Compliance Policy seines Unternehmens, durch die ja auch Geldwäsche und Korruption ausgeschlossen werden sollten, verlangte er nach einem Breakdown, einer Aufschlüsselung der Kosten unseres Angebotes.

Verdammt, trotz intensiver Vorbereitungen hatte ich ausgerechnet diesen Breakdown nicht zur Hand. Um unseren Kunden die Arbeit zu erleichtern, pflegte ich Gesamtpreise, die alle Kosten beinhalteten, für Transporte von A nach B zu offerieren. Unerwarteterweise forderte man jetzt von mir, all das, was ich zu Hause fein säuberlich zusammenaddiert hatte, wieder aufzudröseln. Ich erklärte dem Manager im blauen Blazer nebst dem vielleicht fünfzigköpfigen Publikum, unter dem sich auch erwartungsvoll dreinschauende Konkurrenten befanden, man hätte mich vorher darüber unterrichten müssen, dass eine Kostenspezifikation erforderlich sei. Danach bedauerte ich, ohne Einsicht in meine Unterlagen, die sich in meinem Büro in Port Harcourt befanden, nicht in der Lage zu sein, einen Breakdown zu präsentieren.

Da hatte ich aber etwas gesagt! So ging es natürlich ganz und gar nicht. Auf dieser Basis könnte ich mir Geschäfte mit einer Weltfirma wie Nexxon abschminken, gab mir der Logistikmanager postwendend zu verstehen. Zustimmung bekundende Rufe ertönten. Einige Leute applaudierten sogar, wobei ich davon ausging, dass es sich um Wettbewerber handelte. Herr Dong erhob sich und versuchte, eine Lanze für mich zu brechen. Alle Schuld auf sich nehmend gestand er, mich nicht über die Nexxon-Vorschriften informiert zu haben. Der Mann im blauen Blazer ließ diese, wie er betonte, faule Ausrede jedoch nicht gelten. Nein, so hatten wir nicht gewettet. Schließlich redeten wir über Korruption, etwas Abscheuliches, das in seinem Betrieb einer Todsünde gleichkam. Mr Dong beugte sich nicht. Er kämpfte wie ein Löwe für seinen Spediteur, für mich. Daran entzündete sich eine heftig geführte Debatte, an der sich auch andere Logistikexperten beteiligten. Zumal sich die Kostenaufschlüsselungsgegner und -befürworter nicht einigen konnten, wurde eine Entscheidung in dieser wichtigen Angelegenheit auf den Schluss der Veranstaltung vertagt.

Nach der Mittagspause ging es in die mit Spannung erwartete letzte Runde, in der der einzige noch nicht abgehakte Punkt der Tagesordnung, unser Angebot für den Transport von Ventilen nach Houston, aufs Neue diskutiert werden sollte. Der Veranstaltungsleiter, der Herr im blauen Blazer, stand auf, streckte mahnend seinen Zeigefinger in die Höhe und forderte mich letztmalig auf, die geforderte Aufschlüsselung zu präsentieren. Falls ich nach der langen Mittagspause immer noch nicht in der Lage sein sollte, die Kosten zu spezifizieren, würde man seinen Lieferanten, VHZ, dazu verdonnern, Abstand von meiner Firma zu nehmen.

Die Augen aller waren auf den im Rampenlicht stehenden, auf mich, gerichtet. Langsam erhob ich mich, um mich dafür zu bedanken, dass man mir sowohl erneut das Wort erteilt als auch Gelegenheit gegeben hatte, in der Mittagspause meine Hausaufgaben zu machen. Anschließend bat ich den Schriftführer mitzuschreiben.

»Also, fangen wir mal von vorn an«, begann ich meinen Vortrag. »Wenn wir mit der Absicht, die Exportartikel zu laden, zu Ihnen nach Eket kommen, werden wir schon sehnsüchtig von jugendlichen Vertretern einer Kommune erwartet. Die eskortieren unser Personal zu ihrem Chief, dem wir einen braunen, mit zehntausend Naira gefüllten Umschlag überreichen. Falls wir die Zahlung dieses Betrages ablehnen sollten, dürfen wir uns dem Werkstor nicht weiter nähern, geschweige denn es passieren.« Die

Zuhörerschaft wurde unruhig, Gemurmel war zu hören. »Sobald das Geschäft mit der ersten Kommune abgeschlossen ist, stürzen sich die Freaks einer zweiten Kommune auf unsere Mitarbeiter. Alle hier Anwesenden kennen diese Typen mit Sicherheit. Die sind sehr aggressiv. Mit Drohgebärden verlangen sie den doppelten Preis ihrer Konkurrenz, zwanzigtausend Naira.«

Zwei Nexxon-Mitarbeiter sprangen auf. Sie streckten ihre Arme wie Verkehrspolizisten auf der Kreuzung quer zu meiner Blickrichtung aus. »Halt! Aufhören!«, riefen sie aufgebracht.

Die Menge war jetzt sehr laut. Niemand hatte es auf seinem Hocker gehalten. Alles stand, gestikulierte, schnatterte. Selbst der Herr im blauen Blazer hatte sich erhoben.

»Herr Hudu, lassen Sie das, sofort. Ich bitte Sie!«, schrie er, nachdem er sich den Schweiß mit einem Tempo von der Stirn und den Schläfen getupft hatte.

Inzwischen hatte ich Spaß an meiner Büttenrede. Breit grinsend nahm ich das Wort wieder auf: »Und wenn unser Lkw in Onne vor der Einfahrt zum Hafen steht, vermehren sich die Jünglinge wie Karnickel. Die bekommen ...«

Der Mann im blauen Blaser übertönte mich. »Schluss! Aus!«, brüllte er. »Schriftführer, notieren Sie, der Transport von Eket nach Houston wird von der VHN-Spedition durchgeführt. Die Veranstaltung ist beendet!«

VHZ deckte uns, den Benjamin der von Nexxon genehmigten Spediteure, von nun an ordentlich mit Arbeit ein. Leider zahlte sich unser Engagement aber nicht in barer Münze aus. Dafür hörte unser Faxgerät gar nicht mehr auf zu rattern, denn wir erhielten so viel zu meinen Händen adressiertes Papier, dass ich es wegen Platzmangels auf meinem Schreibtisch auf dem Fußboden stapeln musste. Anfangs stürzte ich mich noch erwartungsvoll auf die wie Schneeflocken aus einer Wolke aus dem Fax rieselnden Blätter. Da ich aber über mehrere Wochen hinweg vergeblich versucht hatte, die Transportrelevanz der uns übersandten Dokumente zu ergründen, gab ich schlussendlich auf. Es sah ganz danach aus, als ob der Logistikmanager Carl und sein Kollege Samuel, der Leiter des Einkaufes, – vielleicht auch nur, um beschäftigt zu wirken – alle ihnen in die Hände kommenden Schriftstücke ungeprüft an uns weiterleiteten. Welch andere Erklärung hätte es sonst dafür gegeben, dass ich Mietverträge, Autopapiere, Gehaltsabrechnungen und dergleichen erhielt? Mittlerweile war mein Schreibtisch wie eine mittelalterliche Stadt von einer fünfzig Zentimeter hohen, aus gestapelten Faxen bestehenden Mauer umgeben. Und der Papierterror nahm kein Ende. Immer exotischere Drucksachen erhaltend musste ich befürchten, dass man mir mangels Masse schon bald benutztes Toilettenpapier zukommen lassen würde. Verzweifelt rief ich Brian an und bat ihn, ein Treffen mit dem VHZ-Management zu arrangieren.

In Lagos ließen der Taxifahrer, der mich vom Flughafen in die Stadt gebracht hatte, und ich jeweils zwei große Aktentaschen krachend zu Boden fallen. Aufgrund meines ungewöhnlichen Verhaltens verfolgten Mr Dong, Carl, Samuel, Bernhard und Brian, die sich bereits im China-Restaurant eingefunden hatten, jede meiner Bewegungen mit argwöhnischen Mienen. Ohne ein Wort über die Lippen zu bringen, öffnete ich die Taschen und warf vier schwere, sich breit verteilende Stapel VHZ-Faxe auf den runden Tisch. Dann stemmte ich die Hände in die Hüften, blickte die tuschelnden, verunsichert dreinschauenden Geschäftsleute einen nach dem anderen an und fragte mit einer lässigen Handbewegung, die ich mir von meinen italienischen Bekannten abgeschaut hatte: »Gentlemen, was soll der Unsinn?«

Sprachlos nahmen die VHZ-Größen die den Tisch bedeckenden Papiere in Augenschein. Obwohl es mucksmäuschenstill war, meinte ich, von Zahnrädern in überbeanspruchten Gehirnen verursachte Geräusche wahrzunehmen. Schließlich begriff zumindest Mr Dong doch noch, worauf ich hinauswollte. Mich mit bösem Blick taxierend erhob er sich.

»Herbert, du willst damit doch wohl nicht etwa sagen, dass wir Idioten sind?«, schnauzte er.

Von der schnellen Auffassungsgabe meines Gegenübers beeindruckt nickte ich anerkennend. »Gut erkannt, Mr Dong. In meinen Augen seid ihr sogar die größten Idioten in der großen weiten Welt!«

Ein unbeschreiblicher Tumult brach aus. Alle schraubten sich von ihren Stühlen in die Höhe, grölten, schrien durcheinander. Brian hielt sich die linke Hand vor den Mund. Nicht wissend, ob er lachen oder weinen sollte, schielte er mich für eine Weile zweifelnd an, ehe er das Weite suchte, nach draußen rannte. Ich beachtete unsere scheltenden, wild herumhüpfenden Großkunden nicht weiter. Stattdessen ging ich seelenruhig an die Bar, um mir ein Bier zu bestellen. Nachdem ich die Flasche geleert hatte, wurde es langsam ruhiger. Immerhin saßen die Christen in ihrem heiligen Zorn wieder einigermaßen gesittet am Tisch.

Mr Dong räusperte sich und zeigte auf mich. »Gentlemen, trotz all seiner Fehler glaube ich, dass dieser Mann, Mr Herbert, ein ehrlicher Mensch ist, der sagt, was er denkt«, konstatierte er. »Und ich bin der Meinung, Ehrlichkeit sollte belohnt werden. Falls niemand etwas dagegen hat, möchte ich, dass Mr Herbert von nun an all unsere Ex- und Importe abwickelt.«

Die Anwesenden klatschten in die Hände. Beifall bekundende Pfiffe ertönten. Bis auf Brian hatten alle Amerikaner Spaß daran, mich zu umarmen oder mir auf die Schulter zu klopfen.

Erst kurz vor dem Flughafen fand mein geschockter Freund aus Tennessee seine Sprache wieder. An seinen Fingernägeln knabbernd brabbelte er geistesabwesend: »Unglaublich. Solch eine Marketingstrategie findet man in keinem Lehrbuch.«

Mr Dong hielt sein Versprechen. VHZ berücksichtigte uns von nun an noch mehr als bisher. Unseligerweise erhielten wir jedoch nach wie vor keine Aufträge. Dafür aber, wenngleich ich ursprünglich davon ausging, dass es unmöglich wäre, wesentlich mehr Papier. Einen Monat nach dem letzten Abendmahl fand ich mich zur Beichte in Mr Dongs Büro ein. Ich bedankte mich für die hervorragende Zusammenarbeit und das entgegengebrachte Vertrauen, gestand dann aber, dass wir uns wegen Arbeitsüberlastung zukünftig nicht mehr um die Belange seines Geschäftes kümmern könnten. Mr Dong zeigte Verständnis. Er vergab mir meine Sünden.

In Erinnerung an das legendäre VHZ-Meeting hatte Brian mir zu Ehren einen Song geschrieben, den seine Frau Happiness mit ihrer Band in diversen Clubs in Lagos zum Besten gab.

Smoke My Cigarettes & Drink My Beer

I work hard every day, I go home every night
I say my prayers and I try to live right
I do all that I can, to be a good man
And I always try to do, the best I can

But sometimes I feel like having a drink
I don't wanna work, I don't wanna think
I wanna smoke a cigarette and drink a beer
And forget my problems, & just sit right here

I was minding my business, sittin all alone
It was just me, and my cell phone
When someone tried to tell me I wasn't livin right
If I would listen to him, I would see the light
I thought, who is this person, tryin to tell me what to do
He doesn't know me & what I've been through
I know he's given good advice, I don't mean to be rude
Please forgive, my bad attitude
I said,
I'm gonna smoke my cigarettes and drink my beer
No matter what you say, I don't wanna hear
If you don't like it, don't come near
I'm gonna smoke my cigarettes and drink my beer
They were not discouraged, and just went right on

They didn't even stop, when I was on the telephone
I said I really appreciate, what your tryin to do
But let me tell ya what we're gonna do
I said,
I'm gonna smoke my cigarettes and drink my beer
If you don't like it, you can kiss my rear
As a matter of fact, you can get out of here
I'm gonna smoke my cigarettes and drink my beer.

Entführungen

Wonder Wonder war entführt worden, um Lösegeld von seinem Arbeitgeber, Seaboats, zu erpressen. Das geschah zu einer Zeit, als das Kidnapping-Geschäft im Nigerdelta noch in den Kinderschuhen steckte. Warum der Holländer Wonder Wonder gerufen wurde, weiß ich nicht. Jedenfalls kannte man ihn nur unter diesem Namen. Wenn mal wieder über ihn getratscht wurde, konnte jeder mitreden, denn das Original war bekannt wie ein bunter Hund. Schon sein Äußeres trug dazu bei, dass es einem schwerfiel, Wonder jemals zu vergessen. Der Mann war mit Sicherheit der einzige Weiße in Port Harcourt, der ständig mit grünen, kniehohen Gummistiefeln herumlief. In den Dingern fühlte er sich sauwohl, mit ihnen schien er schon auf die Welt gekommen zu sein. Auch seine braune, abgewetzte Manchester-Hose und die blaue Arbeitsjacke waren bereits etwas aus der Mode. Sie passten eher in die Fünfzigerjahre. Wonder Wonder hatte kurzes, schwer zu bändigendes goldgelbes Haar, hohe Wangenknochen, permanent rote Bäckchen sowie einen großen Mund mit wulstigen Lippen. Er sprach Pidgin English mit niederländischem Akzent. Daher konnte er sich selbst mit der hiesigen Landbevölkerung problemlos unterhalten.

Weißen hingegen fiel es schwer, ein Gespräch mit dem Mann zu führen. Aus diesem Grunde involvierte man ihn selten in philosophische Debatten. Wonder kam es zupass, wenn Oyibos nicht mit ihm redeten, zumal er sowieso lieber mit Einheimischen plauderte. Meist hielt er sich in Gesellschaft lokaler Schönheiten in Buschbars auf, um in entspannter Atmosphäre sein Feierabendbier zu zischen. Nach der vierten oder fünften Flasche setzte er seinen Motorradhelm auf, zurrte umständlich den Kinnriemen fest, nahm sein Mädchen bei der Hand und verfrachtete es wie ein anständiger friesischer Gentleman auf den Rücksitz einer kleinen Motocross-Maschine. Dann schmiss er seinen Hobel an, ließ ihn erst einmal ordentlich knattern und anschließend mehrmals laut aufheulen, bevor er in Evel-Knievel-Manier einen Blitzstart auf dem Hinterrad hinlegte und lauthals »Jee-haw« grölte.

Und jetzt das. Wonder Wonder war aus einer Buschbar in der Nähe des Camps, in dem er gemeinsam mit seinen Kollegen wohnte, entführt worden. Bereits einen Tag nach seinem Verschwinden hatte sein Arbeitgeber einen Brief, aus dem sowohl die geforderte Lösegeldsumme als auch die Übergabebedingungen hervorgingen, erhalten. Da man sich morgens vertagt hatte, kam der Seaboats-Krisenstab kurz nach Sonnenuntergang ein weiteres Mal zusammen, damit letzte noch unklare Punkte, die Bestandteil des an die Entführer adressierten Antwortschreibens sein sollten, diskutiert werden konnten. Von finsterer Nacht umschlossen saß man mit rauchenden Köpfen auf der Terrasse des Base Managers, als plötzlich das Quaken der Frösche von einem lauter werdenden, allen bekannten Knattern übertönt wurde. Aufgeschreckt stürmten die Mitglieder des Krisenstabes zum Einfahrtstor, wo sie dem Wachpersonal befahlen, es umgehend zu öffnen. Und dann kam er auch schon auf dem Hinterrad angerauscht und stieß sein lange vermisstes »Jee-haw« aus. Wonder Wonder war vollkommen unversehrt zurückgekehrt. Ohne jedes Verständnis für den ganzen Trubel um ihn herum verhielt er sich so, als ob nichts gewesen wäre, und verlangte nach einem Gulder.

Mit der Zeit und fortschreitendem Bierkonsum ließ sich Evel Knievel Details der Entführung aus der Nase ziehen. Man hatte ihn auf ein Motorboot verfrachtet und in ein Dorf in den Mangrovensümpfen verschleppt. Von der traditionellen Empfangszeremonie sichtlich enttäuscht protestierte Wonder bei seiner Ankunft erst einmal lautstark. Der Friesenhäuptling bestand auf Etikette, verlangte, vom Chief persönlich empfangen zu werden. Sobald seiner Forderung nachgekommen worden war, stellte er sich dem lokalen Herrscher nicht etwa mit einem nigerianischen Handshake vor. Vielmehr quetschte er die lasche Hand des alten Herrn mit seiner riesigen Pranke, bis der vor Schmerz aufstöhnte.

Damit waren die Machtverhältnisse geklärt und Wonder setzte zu einer kurzen Begrüßungsrede an: »Hey, Chief, vielen Dank für die Einladung. Es sieht hier ja ganz nett aus, deshalb würde ich auch gern bleiben. Aber wo sind die Mädchen und wo ist das Bier?«

Die Kidnapper hatten sich vorgenommen, ihren Entführten gut zu behandeln, denn man hoffte auf ein geringes Strafmaß, falls man erwischt werden sollte. Wonders Wünsche wurden ihm daher ausnahmslos erfüllt. Tagsüber vernichtete er sämtliche Biervorräte des Bauernkaffs und nachts vergnügte er sich mit den Dorfschönheiten. So ging es natürlich nicht! Am nächsten Nachmittag kam der nervös gewordene, über alles bestens unterrichtete Chief zum Holländer, um sich zu beschweren. Zunächst einmal wollte er jedoch wissen, was für ein merkwürdiger Oyibo Wonder sei und ob er denn überhaupt keine Angst hätte. Der Entführte ging gar nicht auf diese Fragen ein. Er gab dem Alten zu verstehen, dass er schon lange nicht mehr solch einen paradiesischen Urlaub genossen habe, bedankte sich für Kost und Logis und brachte zum Ausdruck, dass er hoffe, noch ein paar Tage länger bleiben zu dürfen. Als Wonder auch noch darum bat, seine Biervorräte aufzufüllen, schüttelte der verwirrte Chief den Kopf. Missmutig entschied er sich für das kleinere Übel, indem er auf das Lösegeld verzichtete und den Holländer davonjagte.

Ach ja, zu dieser Zeit wurde noch jemand entführt. Es war die Schwiegermutter von Chief Oghene. Bei ihr muss es sich um ein schreckliches, andauernd meckerndes, habgieriges altes Weib gehandelt haben. Kaum dass der Chief den Brief mit der Lösegeldforderung erhalten hatte, antwortete er umgehend: »Kein Problem! Ihr dürft die Alte gern behalten!« Leider wurden seine Träume nicht erfüllt. Schon drei Tage später war der Drachen unversehrt zurück. Unter den gegebenen Umständen spuckte er natürlich noch mehr Feuer und hatte noch mehr zu meckern.

Schon wieder ...

Hatte ich mir unnötige Sorgen gemacht? Wider Erwarten lief es im Seefracht-bereich mehr als zufriedenstellend. Unser Team bestand inzwischen aus Obina, Stanley, Ben, Ifeanyi und dem Nesthäkchen Kelvin, der gerade sein Englischstudium abgeschlossen hatte. Bei Kelvin war ich mir nicht sicher, ob es mir jemals gelingen würde, einen guten Spediteur aus ihm zu machen. Der Verzweiflung nahe dachte ich häufig darüber nach, ihm nahezulegen, sich anderweitig zu orientieren. Zwar funktionierten seine grauen Zellen, aber sie arbeiteten langsam, sehr langsam. Als ich ihm einmal eine Fachfrage gestellt hatte, antwortete er nach zehnminütiger wortloser Kontemplation mit einem tiefen Seufzer: »Oga, ich kenne die Antwort. Dummerweise ist sie meinem Gehirn aber vorübergehend entwichen.« Wie dem auch sei, wo Schatten ist, ist auch Licht. Kelvin war ein richtig feiner Kerl, ein guter Mensch, der nicht unbedingt in das spitzbubenhafte Speditionsmilieu passte.

In Hinblick auf seine bevorstehende Hochzeit bat er mich um Rat. Vor solch einem entscheidenden Schritt im Leben wollte er schließlich keine Fehler begehen. Seine eigenen und die Eltern seiner Zukünftigen hatten sich bereits kennengelernt und sich bezüglich des Brautpreises nebst der Mitgift geeinigt. Auch hatte man die Lebenshaltungskosten kalkuliert und geschluss-folgert, dass man mit seinem Gehalt sowie dem Lohn seiner Verlobten gut über die Runden kommen würde. Eine schöne kleine Wohnung in der Nähe eines Kindergartens war bereits gefunden. Des Weiteren hatte sich das Braut-paar einem HIV-Test unterzogen.

Das war der Stand der Dinge, zu dem mich Kelvin fragte, ob er viel-leicht etwas vergessen hätte. Natürlich fühlte ich mich geehrt, konsultiert zu werden. Und nicht nur das. Obendrein kam ich mir vor wie eine Art Vater. Zwar konnte ich ihm in Sachen bevorstehender Ehe in Ermangelung positiver eigener Erfahrungen keine Ratschläge erteilen, dafür gab ich mir aber noch mehr Mühe, dem jungen Mann das fehlende Speditionsfachwissen zu vermitteln. Und, siehe da, meine Anstrengungen zahlten sich, wenn auch langsam, aus, sodass ich letztlich sogar einen kleinen Rohdiamanten im Betrieb hatte.

Nachdem er aufgrund meiner Empfehlung von MC Bringing übernommen worden war – die Amis konnten wesentlich bessere Gehälter zahlen als ich –, verlor ich Kelvin allmählich aus den Augen. Erst Jahre später tauchte er wieder auf. Zumal auch er gealtert war und einen teuren schwarzen Anzug trug, erkannte ich den plötzlich in meinem Büro stehenden Jüngling von einst anfangs nicht. Doch dann ließen sich die Freudentränen nur mit Mühe zurückhalten. Kelvin teilte mir stolz mit, dass er jetzt Leiter der Logistikabteilung eines indischen Herstellers petrochemischer Produkte war. In diesem riesigen, in Nigeria produzierenden Betrieb war er das einzige nigerianische Mitglied der Geschäftsleitung. All das, flüsterte Kelvin ehrfurchtsvoll, hätte er ausschließlich mir und meiner Ausdauer zu verdanken.

Eines Tages kam Obina besorgt dreinblickend in mein Paradies. Kurz und schmerzlos reklamierte er, dass Intels, die Betreiberfirma des Hafens in Onne, keine Barzahlungen mehr akzeptiere. Im Rahmen der Antikorruptionspolitik des Unternehmens sollten Hafengebühren ab sofort nur noch bargeldlos, per Scheck, beglichen werden.

»Sind die bescheuert?«, protestierte ich. »Dadurch verlieren wir zweiundsiebzig Stunden! Oder wissen die etwa nicht, dass das Scheck-Clearingverfahren der Banken drei Tage in Anspruch nimmt? Folglich verzögert sich die Freigabe verzollter Ware um diese Zeit. Wie sollen wir das denn unseren Kunden vermitteln? Vor allem bei MC Bringing wird man vor Freude an die Decke springen. Eigentlich darf das nicht wahr sein. Bitte kläre das mit dem Intels-Management!«

»Mist, ich kann es nicht glauben!«, fluchte ich am nächsten Tag, als Obi die Richtigkeit der Neuerung bestätigte. »Was können wir denn nur machen, um lästige Verzögerungen zu vermeiden? Bitte check Alternativen, andere Zahlungsarten. Es muss doch irgendeinen Ausweg geben!«

Unser Seefrachtmanager versprach, sich schlau zu machen. Während der folgenden Tage winkte er aber immer nur ab und meinte, er sei noch nicht so weit, wenn ich ihn ungeduldig auf dieses Thema ansprach. Nach einem langen Wochenende saß Obi mir schließlich gegenüber, um die ersehnte Erfolgsmeldung zu verkünden.

»Ich habe mit Intels Chefbuchhalter gesprochen. Und er will mir helfen, weil wir entfernt verwandt sind. Er ist der …«

»Deine Verwandtschaftsverhältnisse interessieren mich nicht«, unterbrach ich den Seefrachtmanager knurrend. »Komm bitte zur Sache. Los, mach es nicht so spannend!«

»Also, der Chief Accountant und ich haben vereinbart, dass ich für die Begleichung von Rechnungen immer direkt zu ihm gehe, denn er ist der Einzige in der Buchhaltung, der den Status von Importsendungen im Computersystem manuell ändern kann. Er nimmt dann unser Bargeld entgegen und leitet es an den Kassenwart weiter, nachdem er die Zahlung im System von ›offen‹ auf ›erfolgt‹ geändert hat. Aufgrund des Vermerks ›Zahlung erfolgt‹ werden unsere Importgüter freigegeben, was die Ausgabe aller für ihre Zustellung erforderlichen Hafenpapiere beinhaltet.«

»Fantastisch!«, rief ich und klatschte wie ein Kleinkind in die Hände. Anschließend bat ich unseren Mitarbeiter, sich in der Buchhaltung seinen wohlverdienten Bonus, ein Extragehalt, abzuholen.

Alles funktionierte planmäßig. Obi fuhr weiterhin mit voluminösen, mit Naira gefüllten Ghana-Must-Go-Taschen zu Intels, um Rechnungen bar zu bezahlen. Die Kunden waren nach wie vor mit unserem Service zufrieden und ich befand mich im siebten Himmel, da man auch bei MC Bringing nur Gutes über uns zu berichten hatte.

Ein halbes Jahr war ins Land gegangen, als wir eine Mahnung von Intels erhielten. Mit diesem Stück Papier machte man uns freundlichst darauf aufmerksam, dass sich unsere Außenstände mittlerweile auf 6,7 Millionen Naira beliefen.

»Diese Idioten«, brummelte ich, knüllte die Mahnung zusammen und warf sie in den Papierkorb. Vierzehn Tage danach flatterte uns ein Erinnerungsbrief ins Haus, in dem das Wort »freundlichst« durch »letzte Zahlungsaufforderung« ersetzt worden war. Außerdem hatte sich die geforderte Summe geändert. Sie betrug jetzt 7,1 Millionen Naira.

»Wie kann man nur so doof sein!«, schimpfte ich. Dabei fuchtelte ich vor Obis Nase mit dem blauen Brief in der Luft herum. »Denn sie wissen nicht, was sie tun. Im Vergleich zu deren unübersichtlichem, computergesteuertem accounts department funktioniert unsere kleine Buchhaltung hundertmal besser. Jedes Kind weiß doch: Man kann Intels kein Geld schulden! Die arbeiten ausschließlich auf der Basis ›Cash and carry‹. Das heißt, dass sie in ihrem Hafen liegende Güter nur freigeben, wenn die relevanten Rechnungen bezahlt wurden. Und alle von uns verzollten Sendungen wurden nicht nur freigegeben, sondern sogar schon ausgeliefert. Demnach müssen die Fakturen beglichen worden sein. Da gibt's kein Vertun.«

Sobald ich mich ein halbes Stündchen über Intels Dusseligkeit ausgelassen hatte, drückte ich Obi schadenfroh das Erinnerungsschreiben in die Hand, mit dem Auftrag, die ärgerliche Angelegenheit schleunigst aus der Welt zu schaffen. Bereits am frühen Abend vernahm ich dann mit Genugtuung das Feedback unseres Seefrachtmanagers. Wegen der uns entstandenen Unannehmlichkeiten entschuldige sich Intels vielmals. Selbstverständlich handele es sich bei den Zahlungserinnerungen um ein Versehen. Wir sollten diese Angelegenheit bitte als erledigt betrachten.

Stressfrei fuhren wir fort, business as usual zu betreiben. Obi beglich die Hafengebühren weiterhin in bar, was nach wie vor dazu führte, dass Sendungen, für die wir bezahlt hatten, freigestellt wurden. Richtig stinkig wurde ich allerdings beim Erhalt einer erneuten Zahlungsaufforderung, die uns trotz der vorherigen Entschuldigung zugestellt wurde. Gegen so viel Unvermögen half nur eins: Ich musste mich dieser Angelegenheit persönlich annehmen, mich ans andere Ende der Stadt zu Intels begeben und einmal gehörig Dampf ablassen. Ich bat Obi, mich zu begleiten, um mich mit seinem Verwandten, dem Oberfliegenbeinzähler, bekanntzumachen. Bedauerlicherweise hatte der

Abteilungsleiter aber an diesem Morgen keine Zeit, weil er einer Zollbeschau beiwohnen musste.

Bei Intels bat ich darum, den Chefbuchhalter, Herrn Amaechi, zu sprechen. Die unbedarfte Mitarbeiterin an der Rezeption beteuerte jedoch, der Name des Bosses der Buchhaltung sei nicht Amaechi, sondern Prakash. Außerdem gäbe es im gesamten Accounts Department keinen Herrn Amaechi. Um des lieben Friedens willen gab ich nach einer nicht enden wollenden Diskussion mit der sich nebenbei die Fingernägel lackierenden Rezeptionistin klein bei. Ich ließ mich bei Herrn Prakash anmelden.

Überraschenderweise kannte ich Prakash, einen sympathischen Inder. Es handelte sich um den ehemaligen Assistenten Jean Claude´s, des Buchhalters einer französischen Konstruktionsfirma, der früher immer Spaß daran gehabt hatte, Schulden zu begleichen, indem er mir einen mit Kleingeld gefüllten Pappkarton übergab. Mann, war das ein Wiedersehen nach all den Jahren! Wir hatten uns viel zu erzählen, ehe wir uns meinem eigentlichen Anliegen widmeten. Abu Prakash bestätigte belustigt, dass er der Chef der Buchhaltung sei und dass kein Herr Amaechi für ihn arbeiten würde. Obendrein attestierte er die Rechtmäßigkeit der versandten Mahnungen. Eigentlich hätte man uns schon seit Langem keinen Service mehr gewähren dürfen. Da Abu mich aber kannte und sicher zu sein glaubte, dass wir unsere Außenstände begleichen würden, hatte er ausnahmsweise ein Auge zugedrückt. Langsam wurde mir mulmig. Wenn ich mich nicht ganz und gar in ihm täuschte, würde Abu niemals Spielchen mit mir spielen.

Noch bestand allerdings Hoffnung. Daher vermied ich es, auch nur im Entferntesten daran zu denken, was wäre, wenn die Intels-Forderungen berechtigt sein sollten.

Binnen kürzester Zeit sollte ich jedoch nackten Tatsachen ins Auge sehen müssen. Abu ließ Kopien sämtlicher unbezahlter VHN-Fakturen kommen und breitete sie vor mir aus. Ich verglich die Rechnungsnummern und -beträge mit den aufgelisteten Zahlungen auf der mir von unserem Buchhalter zur Verfügung gestellten Liste. Meine anschließende Beteuerung, wir hätten alles bar bezahlt, verursachte nur das typisch indische Kopfwackeln beim Chief

Accountant, das ausnahmsweise einmal als Nein interpretiert werden durfte. Er gab mir zu verstehen, dass das unmöglich sei, da man seit geraumer Zeit keine Barzahlungen mehr akzeptierte. Nun war der Zeitpunkt für mein stärkstes Argument, den Joker, gekommen. Nach einer kurzen Verschnaufpause wollte ich von Abu wissen, wie es bei den Vorkasse-Zahlungsbedingungen seines Unternehmens dazu kommen konnte, dass Sendungen freigestellt wurden, obwohl die hierfür relevanten Fakturen – Auge zudrücken hin, Auge zudrücken her – angeblich noch nicht beglichen worden waren.

Die unerwartete Antwort des Finanzexperten kam prompt. Sie war so brutal, dass sie mir den Boden unter den Füßen wegzog. Nicht uns, sondern unserem Kunden MC Bringing hatte man einen nicht unerheblichen Kreditrahmen von sechs Millionen Naira eingeräumt, weil der ja auch das große Lagerhaus, Stuarts Wohnung, diverse Gabelstapler und so weiter von Intels angemietet hatte. Unter diesen Kreditrahmen fielen auch Rechnungen für Dienstleistungen im Hafen, die, wenngleich sie von uns beglichen wurden, MC Bringing als Rechnungsempfänger auswiesen. Folglich sah es ganz danach aus, dass Obi Quittungen gefälscht und Intels berechtigte Forderungen in Höhe von 7,1 Millionen Naira hatte.

Mir hatte es die Sprache verschlagen. Mir war schlecht. Gebeugt wie ein uralter Mann verließ ich das Büro des Chefbuchhalters. Dabei dachte ich darüber nach, ob ich die Rebisi Youth fragen sollte, woher sie ihre Handstöcke bezogen. Von der Fahrt zum Geschäft bekam ich nicht viel mit, denn mir schwirrte der Kopf. Obi, dieser hinterhältige Ganove! Ich hoffte inbrünstig, dass er bei meiner Rückkehr nicht im Büro sein würde, sonst hätte ich für nichts garantieren können. Und ich hatte diesen Halunken immer für einen kleinen, braven Jungen gehalten. Nun, da hatte ich mich offenbar gewaltig getäuscht. Der Betrüger hatte es faustdick hinter den Ohren.

Zum Glück war der Seefrachtmanager nicht anwesend, als ich im Office aufschlug. Dafür schlummerte aber sein Chauffeur Francis im Fahrerraum, der kleine Mann, der immer zwei Kissen unter seinem Hintern platzieren musste, um durch die Windschutzscheibe auf die Straße blicken zu können. Auf der Stelle zitierte ich ihn in einem alles andere als freundlichen Tonfall zu mir.

Francis gab zu, massenweise prall mit Geld gefüllte Ghana-Must-Go-Taschen in Obis Haus gebracht zu haben. Angeblich hatte er auch schon darüber nachgedacht, ob das denn seine Richtigkeit haben könne. Dennoch war er nicht auf die Idee gekommen, mich oder Arbeitskollegen über die außergewöhnlichen Finanzströme zu informieren. Warum sollte er auch schlafende Hunde wecken? Schließlich hatte er ja, wie er bereitwillig gestand, immer zweitausend Naira für das Schleppen der Geldsäcke erhalten. Ich war so wütend, dass ich nicht einmal mehr schimpfen wollte oder konnte. Francis war mit einem Wink meiner Hand fristlos entlassen. Der war Geschichte.

Da Obi am kommenden Tag nicht zur Arbeit kam, ließ ich ihn frühmorgens durch ein von Isa zusammengestelltes Kommando verhaften. Leider konnte im Rahmen einer Hausdurchsuchung kein Bargeld bei ihm sichergestellt werden. Der betrügerische Seefrachtmanager wurde im Hauptquartier der Polizei in der Moscow Road hinter schwedische Gardinen gebracht und angeklagt.

Vermutlich durchlitt trotzdem ich wesentlich größere Qualen als der Knastbruder, denn ich war begeistert von meinen unternehmerischen Fähigkeiten, von meinem unbeschreiblichen Talent dafür, mich selbst und von mir Abhängige so richtig in die Scheiße zu reiten. Tatsächlich hatte ich es abermals geschafft. Wieder war alles für die Katz gewesen, war ich pleite. Herzlichen Glückwunsch!

Calabar

Erfreulicherweise konnte mir auch die dritte Pleite – so schmerzlich sie auch war – letztendlich nichts anhaben, denn mittlerweile hatte ich mir sämtliche Charaktereigenschaften eines unverwüstlichen Stehaufmännchens angeeignet. Zwar ärgerte ich mich grün und blau über meine Naivität. Aufgeben wollte ich aber nicht. Das wäre gegenüber den Angestellten und mir selbst, dem bis zum bitteren Ende kämpfenden Ex-Marathonläufer, auch nicht fair gewesen. Ein weiteres Mal hatte ich den Fehler begangen zu glauben, bereits genügend aus meinem riesigen Schatz an negativen Erfahrungen gelernt zu haben. In dieser Annahme hatte ich mich leider gewaltig getäuscht. Die Nummer, die Obi abgezogen hatte, kannte ich nämlich noch nicht. Und es würde mir wahrscheinlich auch nicht erspart bleiben, neue Erkenntnisse aus zukünftigen Fehleinschätzungen ziehen zu müssen. Die meisten Tricks, mit denen man in Nigeria konfrontiert wurde, standen eben in keinem Lehrbuch und man konnte sie auch an keiner Universität studieren.

Ruhig bleiben und bloß keine Panik verbreiten, weder Kunden noch Geschäftspartner über den erneuten durch dein Unvermögen entstandenen finanziellen Engpass informieren, das hatte ich mir vorgenommen. Abu Prakash bestand nicht auf der sofortigen Begleichung der Schulden. Er gestattete uns, sie langsam abzustottern. Arschloch Obi hatte man unterdessen gegen Hinterlegung einer Kaution auf freien Fuß gesetzt. Woher das Geld dafür stammte, war sonnenklar. Nach eingehender Prüfung teilte Isa mir mit, dass es uns nicht gelingen würde, Einspruch gegen den Kautionsbeschluss einzulegen, weil Obis Onkel seine Finger im Spiel hatte. Der gute Mann bekleidete eine höhere Position in der Polizeizentrale in Abuja. In der Betrugssache sah es daher alles andere als gut für uns aus und ich fand mich langsam damit ab, keinen Kobo des veruntreuten Geldes wiederzusehen.

Als ich eines schönen Tages nach einem Hafenbesuch ins Paradies zurückkehrte, wurde ich aufgeregt von Franka empfangen. Ein von uniformierten Gesetzeshütern eskortierter Inspektor Akan hatte stundenlang an der Rezeption auf mich gewartet, berichtete sie hektisch. Er wollte mich wegen einer dringend benötigten Zeugenaussage im Verfahren gegen Obi in die dreihundert Kilometer entfernte regionale Hauptgeschäftsstelle der Polizei in Calabar mitnehmen. Da ich aber nicht auffindbar war und der Inspektor auf seinem Rückweg nicht in die Dunkelheit geraten wollte, war er mürrisch ohne mich abgereist. Als kleines Andenken hinterließ er ein Schreiben, in dem ich aufgefordert wurde, innerhalb der nächsten sieben Tage in der Hauptgeschäftsstelle vorstellig zu werden. Wenngleich es mir gewaltig stank, den weiten Weg auf mich nehmen zu müssen, empfand ich es als Genugtuung, an höchster Stelle gegen meinen Ex-Seefrachtmanager, den Schurken, aussagen zu dürfen. Den Calabar-Trip für den kommenden Montag einplanend bat ich Wisdom, sich und das Auto schon mal für die große Reise vorzubereiten.

Am Samstagnachmittag saßen Isa und ich wieder in seinem Büro auf der Polizeiwache, um uns ein paar Bierchen und Manchester United reinzuziehen. Sobald ich meinen bevorstehenden Besuch bei der regionalen Polizeizentrale beiläufig erwähnte, war es allerdings vorbei mit der entspannten Atmosphäre. Mein Freund und Helfer flippte förmlich aus.

»Gar nichts tust du!«, schrie er. »Oder bist du etwa so bescheuert, dass du das nicht checkst? Das ist eine Falle, Mann! Sowie du in der Hauptgeschäftsstelle auftauchst, steckt man dich ins Loch!«

»Aber es geht doch nur um eine Zeugenaussage. Überdies bin ich verpflichtet, die Anordnung der Polizei zu befolgen«, versuchte ich meinen Kumpel zu beruhigen.

»Von einer Aussage kann überhaupt nicht die Rede sein! Eine Erklärung kannst du auch hier, in Port Harcourt, abgeben. Dafür musst du dich nicht extra in die regionale Zentrale begeben. Da ist eine ganz große Schweinerei im Gange. Das rieche ich. Aber lass mich mal mit dem Boss der Hauptgeschäftsstelle, dem stellvertretenden Generalinspektor der Polizei, reden. Den alten Herrn kenne ich recht gut. Er ist auch Fulani und mein Mentor, mein Patron. Morgen komme ich zu dir nach Hause, dann werde ich hoffentlich schon mehr sagen können.«

Bereits um acht Uhr fand sich Isa am nächsten Tag bei mir ein, um mir ohne lange zu fackeln seinen Plan vorzustellen. »Also, wir fahren am Dienstag nach Calabar. Und wenn ich sage wir, dann meine ich dich und mich. Habe ich mich klar ausgedrückt? Ich lasse meinen Kumpel doch nicht allein, wenn er sich in die Höhle des Löwen begibt. Wozu hat man denn Freunde? Und rede mal mit dem Anwalt, den du im Boot-Klub kennengelernt hast. Der scheint mir ganz in Ordnung zu sein. Es würde nicht schaden, wenn er uns begleitet.«

Am Dienstag saß das A-Team abfahrbereit im Peugeot, Wisdom am Steuer, der hünenhafte, joviale, mit einer großen Flasche Star bewaffnete Anwalt Dipiri auf dem Beifahrersitz und Isa und ich auf der Rückbank. Es ging nur langsam voran, da ich in jedem Dorf beziehungsweise bei jeder sich bietenden Gelegenheit frisches Bier für den Rechtsverdreher kaufen durfte, obwohl er eine schwache Blase hatte. Ansonsten war die Stimmung innerhalb unserer kleinen Reisegesellschaft ausgesprochen gut. Jedenfalls wurde viel gelacht. Nachdem wir nach vierstündiger Fahrt den Cross River, die Grenze zum gleichnamigen Bundesstaat, überquert hatten, genossen auch Isa und ich die ersten geistigen Getränke. Dipiri hingegen war ausnahmsweise nicht an Brause interessiert. Er wollte unbedingt Welse erstehen, die in Flussnähe von Marktfrauen feilgeboten wurden. Zum Glück hatten wir keine Kühlbox an Bord, daher gelang es uns, den Fischliebhaber von vorteilhaften Einkäufen auf dem Rückweg zu überzeugen.

Wie schon während des Trips mit Olli stachen die Sauberkeit des Stadtgebietes sowie der ungehindert fließende, durch Ampeln geregelte Verkehr in Calabar sofort ins Auge. Diese ausgesprochen schöne, am Atlantik gelegene City war ganz und gar nicht mit Käffern wie Aba oder Onitsha vergleichbar. Die regionale Hauptgeschäftsstelle der Polizei war ebenfalls beeindruckend, allerdings nicht im positiven Sinne. Die großflächigen, hinter einer hohen Mauer verborgenen Betonbauten wirkten so bedrohlich wie eine Festung auf mich. Mein Gemütszustand verschlechterte sich daher augenblicklich, als wir vor dem geschlossenen Schlagbaum an der Einfahrt standen. Obwohl der wachhabende Polizist – nach Inaugenscheinnahme von Isas Dienstmarke – die Schranke bereits halb geöffnet hatte, sprang ein anderer, schwarz uniformierter Gesetzeshüter mit erhobenen Armen vor unser Fahrzeug, um uns den Weg zu versperren. Reaktionsschnell trat Wisdom auf die Bremse. Danach klopfte der wieselflinke Sheriff auf meiner Seite an die Scheibe des Peugeots und stellte, kaum dass ich das Glas heruntergekurbelt hatte, breit grinsend fest: »Mr Hudu, wenn ich mich nicht irre, oder?«

Infolge meines Nickens riss er flugs die Autotür auf und befahl mit einer weit ausladenden Armbewegung: »Mitkommen! Und zwar sofort. Schließlich warten wir schon seit Tagen auf dich.«

»Gar nichts tut er, Sergeant!«, tönte Isa. »Herr Hudu hat eine Verabredung mit dem stellvertretenden Generalinspektor. Dieses Meeting hat ja wohl Vorrang vor dem, was auch immer Sie von ihm wollen.«

»Wer gibt Ihnen das Recht, sich in unsere Angelegenheiten einzumischen?«, brüllte der Sergeant wutentbrannt.

Isa holte gemächlich seine bereits wieder in der Gesäßtasche verstaute Dienstmarke hervor, hielt sie in die Höhe und krakeelte: »Mein Name ist Isa Haruna. Ich bin der DCO der Trans Amadi Polizeidienststelle in Port Harcourt, Mann! Machen Sie erst einmal eine vernünftige Meldung, bevor wir weiterreden, oder hat man Ihnen das etwa auf der Polizeischule nicht beigebracht?«

Augenblicklich stand der schwarz Uniformierte stramm. »Mein Boss, Inspektor Akan, hat mich abkommandiert, Sir, um Mr Hudu gleich nach seinem Eintreffen zu ihm zu bringen, Sir.«

»Dann bestellen Sie Ihrem Boss mal einen schönen Gruß von mir. Und vergessen Sie dabei nicht, ihm auszurichten, was ich Ihnen gerade mitgeteilt habe.«

»Was ist hier los?«, verlangte ein aufgebracht herbeieilender Zivilist in dunkelblauem Blouson mit gleichfarbiger Schiebermütze zu wissen.

Dipiri zwängte sich aus dem Auto, baute sich vor dem wesentlich kleineren Mann auf und fragte ihn, warum er solch einen Lärm mache.

Daraufhin forderte der erboste Störenfried Dipiri auf, aus dem Weg zu gehen, anstatt ihn an der Ausübung seines Amtes, an der Verhaftung eines Verdächtigen, zu hindern. Der Sergeant stotterte etwas, wurde aber mit den Worten »Halt's Maul« vom Mann mit der Schiebermütze, bei dem es sich offensichtlich um Inspektor Akan handelte, aufgefordert, gefälligst ruhig zu sein.

Mittlerweile hatte sich auch Isa zu dem Grüppchen, den zwei Polizisten und dem Anwalt, gesellt. Zuallererst musste er unseren Rechtsbeistand beruhigen. Das hatte oberste Priorität, denn der stark angetrunkene Goliath war drauf und dran, dem Inspektor an die Gurgel zu gehen. Sobald der kampfeslustige Advokat sicher im Pkw verstaut worden war, wandte sich Isa an Herrn Akan.

»Herr Inspektor, ich nehme an, Ihnen ist die Rangordnung der nigerianischen Polizei bekannt. Falls das vielleicht, aus welchen Gründen auch immer, nicht der Fall sein sollte, möchte ich Sie darauf hinweisen, dass ich Deputy Superintendent bin und daher einen Rang innehabe, der etwas höher ist als der Ihrige. Folglich grölt hier nur einer. Und das bin ich! Also, nehmen Sie Haltung an, ehe Sie den Weg freigeben! Haben wir uns verstanden?«

Mit zornigen Augen brabbelte der strammstehende Inspektor noch, dass Isa ihn von seiner Pflichterfüllung, der Gefangennahme eines Oyibo, eines gesuchten Schwerverbrechers, abhalte.

»Es bleibt Ihnen überlassen, sich beim stellvertretenden Generalinspektor zu beschweren«, schrieb Isa ihm barsch ins Stammbuch.

Wir hatten unsere Plätze im Auto wieder eingenommen und fuhren im Schritttempo zum größten Gebäude auf dem Gelände, einem dreistöckigen Klinkerbau.

Dipiri war inzwischen eingeschlafen. »Pst«, flüsterte Isa mir ins Ohr. »Lass ihn nur, unser großer Boss ist strenggläubiger Moslem. Aus diesem Grund ist es wahrscheinlich besser, wenn wir ihn ohne den Schluckspecht aufsuchen.«

Nach dreimaligem Klopfen ertönte ein lautes: »Herein!« Mein Kumpel machte ein paar Schritte in den durch Vorhänge verdunkelten Raum. Dann fiel er andächtig auf die Knie. »Oga«, stammelte er.

Ich blieb gebeugten Hauptes in der Tür stehen, um den schnell in einer mir unbekannten Sprache gesprochenen Worten zu lauschen. Im Anschluss an die Begrüßungszeremonie forderte uns der stattliche Hausherr in der mit Orden gespickten Uniform auf, vor seinem gewaltigen Schreibtisch Platz zu nehmen. Der Alte wirkte sehr sympathisch auf mich, seine freundlichen Augen strahlten Ruhe und Wärme aus. Er musterte mich lange, wandte sich schließlich an Isa und erkundigte sich: »Was macht der weiße Mann hier, mein Junge?«

Isa erzählte ihm die Geschichte mit Obina. Er berichtete vom Komplott, das der Ex-Seefrachtmanager und sein Onkel geschmiedet hatten, und dem Versuch, mich hier, in Calabar, einzukerkern, um womöglich noch das letzte verbliebene bisschen Geld aus mir herauszupressen. Den Ausführungen meines Freundes lauschend gab der stellvertretende Generalinspektor, kurz auch AIG genannt, verschiedene Schnalz- und Knacklaute von sich.

»Ah, ah, und das alles ohne mein Wissen«, stöhnte er zu guter Letzt. »Einen Oyibo hier, bei mir, ungerechtfertigt einkerkern, das darf doch wohl nicht wahr sein. Wo kommen wir denn da hin? Ich möchte mir gar nicht ausmalen, was passieren würde, wenn die Presse von solch einer Missetat Wind bekäme. Na, die können was erleben! Als Erstes werde ich mir mal diesen Inspektor Akan vorknöpfen. Isa, mein Junge, ich danke dir. Ich hoffe, du weißt, dass du noch eine große Karriere vor dir hast und dass ich dich auch weiterhin, so gut ich kann, protegieren werde.«

Der alte Mann musterte mich noch einmal von Kopf bis Fuß. Dann nickte er zufrieden und wünschte uns eine gute Heimreise.

Der Weg zurück

Wir feierten unseren Erfolg gehörig, indem wir uns abends alle Mühe gaben, die Hotelbar leerzutrinken. Als Dipiri zum krönenden Abschluss noch die nahegelegene Diskothek unsicher machen wollte, verabschiedeten Isa und ich uns. Gleich nach dem Frühstück erlangte der von den Toten auferstandene Anwalt eine Erleuchtung. Ihm fiel plötzlich ein, dass er unbedingt einem in der Nähe lebenden entfernten Verwandten seine Aufwartung machen musste. Der Tradition seiner Heimat, des Königreiches Opobo, entsprechend würde sich das so gehören.

Vor lauter Staunen verschlug es mir bei Einfahrt in den Hof dieses Verwandten die Sprache. Nicht einmal in meinen kühnsten Träumen hätte ich mir vorstellen können, dass der offenbar verarmte Anwalt derart vermögende Familienangehörige haben könnte. Mein Gott, auf dem weiträumigen, von einer rosa getünchten Mauer umgebenen Anwesen seines Cousins stand ein Traumwagen neben dem anderen. Alle Fahrzeuge waren auf Hochglanz poliert und funkelten in der Sonne. Und was da nicht alles rumstand: Vom Jaguar E-Type, Porsche 911, Lamborghini Aventador und Ferrari bis hin zum Rolls Royce war alles vertreten.

Am Säuleneingang des Haupthauses wurden wir von einem alten Diener im Frack empfangen. Er führte uns über einen roten Läufer in den Warteraum, wo wir eine lederne Sitzgruppe in Beschlag nahmen, um die vom Fernsehsender CNN ausgestrahlten Nachrichten zu verfolgen. Nach fünfzehn Minuten holte uns ein anderer Bediensteter ab und geleitete uns in das angrenzende Zimmer, in dem alles noch exklusiver und großzügiger arrangiert war. Auch hier liefen Nachrichten in der Flimmerkiste. Allerdings war die Mattscheibe wesentlich größer als die im ersten Raum. Genau eine Viertelstunde später wurde das Spielchen fortgeführt. Der Boden des kleinen Saales, in dem wir uns jetzt befanden, war von einem schweren rot-schwarzen Perserteppich bedeckt. Ein Flachbildfernseher erstreckte sich über eine ganze Zimmerwand. Zudem wirkte die seidenbezogene Sitzgruppe so extravagant, dass ich eine Weile überlegte, ob ich mich überhaupt aufs Sofa setzen sollte.

Die weitere obligatorische Wartezeit verging wie im Flug. Dann öffnete sich eine Tür und ein Herr mittleren Alters betrat den Raum. Er trug einen goldbestickten Boubou, der über ledernen Sandalen endete. Der ganze Mann funkelte regelrecht, wobei das Funkeln nicht etwa von seinen Augen, sondern von einem breiten Armreif, einer dicken, langen Kette nebst einer goldenen Patek Phillipe ausging. Wir erhoben und verbeugten uns vor unserem Gastgeber. Der schien hocherfreut zu sein, seinen Vetter wiederzusehen, dem er lange die Hand drückte, bevor er uns begrüßte.

»Ich hoffe, es gefällt euch in meinem bescheidenen Heim«, eröffnete er das Gespräch, sobald wir wieder Platz genommen hatten. Da ich anscheinend etwas dümmlich dreinschaute, wandte sich der Herr des Hauses als Erstes an mich: »Was denken Sie, Herr Hudu? Was mache ich beruflich? Womit verdiene ich wohl meine Brötchen, um mir all das hier leisten zu können?«

»Das ist doch nicht schwer zu erraten«, erwiderte ich prompt, zumal ich meinte, mir völlig sicher zu sein. »Sie sind Autohändler!«

Offensichtlich hatte ich ungewollt einen guten Witz gerissen, denn unser Gastgeber begann, lachend im Saal umherzuwandern. Verunsichert verfolgte ich seine Bewegungen aus den Augenwinkeln heraus. Kaum dass er sich beruhigt und wieder gesetzt hatte, nahm Dipiris Cousin mich erneut ins Visier.

»Der war gut!«, meinte er und nickte anerkennend. »Wie kommen Sie denn darauf? Sehe ich etwa so aus wie ein Autohändler?«

»Selbstverständlich sehen Sie nicht aus wie ein Autohändler«, stotterte ich, wobei ich zu erröten glaubte. »Aber ich dachte, wegen der vielen feinen Fahrzeuge, die im Hof herumstehen, dass Sie …«

»Nein, völlig falsch«, unterbrach mich unser Gastgeber. »Ich bin Politiker. Außerdem leite ich noch eine recht erfolgreiche Consultingfirma. Bei den

Autos da draußen handelt es sich um genau einunddreißig Stück. Diese Anzahl an Fahrzeugen muss man haben, wenn man etwas auf sich hält. Was sollen sonst die Leute von einem denken, wenn man nicht einmal an jedem Tag des Monats mit einem anderen Gefährt unterwegs sein kann?«

Bedauerlicherweise hatte der Hausherr wegen dringender Geschäfte nicht viel Zeit für seine Besucher. Daher fanden wir uns schon bald in unserem eigenen Rolls Royce, dem klapprigen Peugeot 504, wieder. Vor der Brücke über den Cross River deckten wir uns mit den üblichen Erfrischungsgetränken ein. Wenngleich Isa und ich mit Engelszungen auf ihn einredeten, gelang es uns nicht, Dipiri davon abzuhalten, drei Welse zu erstehen, die in Kürze ungekühlt unseren Kofferraum verschleimen sollten. Der selbstsüchtige Riese hörte einfach nicht auf uns. Ihn interessierte lediglich seine Kostenersparnis, die Differenz zwischen dem Fischpreis in Port Harcourt und in Calabar.

Nach langer Fahrt durch den Busch war unser Biervorrat erschöpft. Aus diesem Grund wurde es ruhiger im Wagen. Isa erkundigte sich beim Chauffeur, ob er denn sicher sei, dass wir den richtigen Weg nehmen würden.

»Klar«, antwortete Wisdom selbstsicher. »Ich bin doch kein Anfänger.«

Alles war wie zuvor. Unser Fahrer glotzte weiterhin stur auf die Piste und fuhr und fuhr und fuhr.

Dreißig Minuten später meldete sich Dipiri zu Wort: »Wisdom, die Gegend hier kommt mir überhaupt nicht bekannt vor. Ich denke, wir hätten schon längst links abbiegen müssen. Halte bitte an, wenn du jemanden erblickst, und erkundige dich nach der Strecke.«

Am Straßenrand kam ein verhutzeltes, ein Zicklein hinter sich herziehendes Weib in Sicht. Wisdom legte eine Vollbremsung hin, sprang aus dem Auto, joggte zum Mütterchen und diskutierte mit ihm mit Händen und Füßen. Wieder an Bord legte er hektisch Gänge ein, um die Fahrt fortzusetzen.

»Was hat Großmutter gesagt?«, wollte ich wissen.

»Sorry, Master, sie sprach in einem Dialekt, den ich nicht kenne. Das Einzige, was ich verstanden habe, ist, dass wir hier richtig sind.«

Obwohl ich die geographischen Kenntnisse der Alten, die ihr verschlafenes Nest wahrscheinlich noch nie verlassen hatte, anzweifelte, hielt ich den Mund. Wenig später – wir passierten ein aus runden, strohgedeckten Lehmhütten bestehendes Dorf – bat ich Wisdom, erneut zu halten und Auskünfte einzuholen. Unser weiser Fahrer kam meiner Bitte nach, interviewte aber ausgerechnet eine Gruppe spärlich bekleideter Kinder, die am Straßenrand mit einem Chamäleon spielten. Wir befänden uns auf dem rechten Pfad, bestätigte uns Wisdom abermals, nachdem er die Rasselbande intensiv verhört hatte.

Wir fuhren weiter. Dipiri und Isa waren zwischenzeitlich eingeschlafen. Sie schienen, nach ihrem Gesichtsausdruck zu urteilen, süße Träume von schönen Frauen, schnellen Autos und guten Straßen zu träumen. Ich hingegen wurde immer grantiger. Nach meinem Dafürhalten hätte unser Chauffeur anstelle der Kinder ebenso gut die durchs Dorf flatternden Hühner befragen können. Mich am Beifahrersitz festhaltend ließ ich die eintönige Landschaft mit mir zu Berge stehenden Haaren an mir vorüberfliegen.

»Halt da vorne an«, schrie ich, kaum dass ich einen Fahrradfahrer ausgemacht hatte. Wir kamen in einer Staubwolke zum Stehen. Ich stürzte aus dem Auto, zwang den Radler zum Anhalten und bombardierte ihn mit Fragen. Mein Gesprächspartner, es handelte sich um einen Dorfschullehrer, begann zu wiehern, sobald es mir endlich gelang, ihm glaubhaft zu versichern, dass wir nach Port Harcourt und nicht nach Kamerun wollten. Wir seien hier nicht nur vollkommen falsch, sondern hätten auch schon vor zweieinhalb Stunden links abbiegen müssen, erklärte er mir. Ich bedankte mich und gab ihm etwas Kleingeld, von dem er Süßigkeiten für seine Schüler kaufen sollte. Wisdom hätte ich umbringen können. Wenn ich ihre Mienen richtig deutete, hegten meine wiedererwachten, über unsere missliche Lage hocherfreuten Kumpanen ähnliche Gelüste.

Um elf Uhr nachts erreichten wir endlich Port Harcourt. Keiner hatte während der letzten vier Stunden auch nur ein Wort gesagt. Jeder war allein gewesen mit seinen Gedanken, die sich mit dem Kilometerzählen und unserer Sicherheit beschäftigten. Isa hatte sein Baby, seine Pistole, aus dem

Gewand hervorgezaubert. Er hielt sie schussbereit in der Hand. Der Gestank des mittlerweile verdorbenen Fisches war unerträglich. Dennoch lehnte der geizige Anwalt es auch nach wiederholtem Bitten ab, die Welse am Straßenrand zu entsorgen. In einem Punkt waren sich die Fahrgäste allerdings einig: Wisdom war an allem schuld! Vielleicht waren es aber auch seine Eltern, die dem Schlaumeier versehentlich oder in völliger geistiger Umnachtung den Namen Weisheit verpasst hatten.

Für seine Verbrechen wurde Obina nie zur Rechenschaft gezogen. Vermutlich ging ein großer Teil des geklauten Zasters für die Bestechung der im Strafsystem Verantwortlichen drauf. Den Rest des Geldes investierte er in seine Erfolg versprechende Zukunft, in die Politik, in seinen Wahlkampf als Kandidat für das Amt des lokalen Bosses (Local Chairman) einer Kommune. Im Sinne einer höheren Gerechtigkeit verlor Obi die Wahl aber. Da er sich auch als unehrenhafter Verzollungsspediteur einen Namen gemacht hatte und sich im Hafen nicht mehr blicken lassen konnte, endete er als verarmter, der Flasche verfallener Dorftrottel.

In Amt und Würden

Schon vor geraumer Zeit hatte mich der NPA (National Ports Authority) Manager in Onne darum gebeten, seinen Neffen, einen gewissen Kapitän Good Luck, einzustellen. Jetzt, da durch Obis Ausscheiden eine Lücke entstanden war, bot sich die Gelegenheit dazu.

Erwartungsvoll lud ich den Kandidaten zu einem Vorstellungsgespräch ein. Leider war mein erster Eindruck von ihm alles andere als positiv, denn schon sein Äußeres, vor allem sein Modebewusstsein, ließ Unbehagen in mir aufkommen. Nach meinem Empfinden passten seine weißen Tennissocken nicht unbedingt zu den schwarzen Schuhen, der schwarzen Bundfaltenhose und dem bunten Aloha-Shirt. Außerdem hatte der hässliche Vogel mit dem Backenbart und der Nickelbrille eine dicke Warze auf der rechten Wange. Aber darum ging es ja nicht. Wichtig war, dass der Neue seinen Job beherrschen und in der Lage sein würde, erfolgreich für unser Unternehmen zu arbeiten.

Was mir gefiel, war, dass sich der Bewerber bei all meinen Fragen immer auf die, wie er sich ausdrückte, technischen Bücher berief, womit er den Zolltarif sowie die Erklärungen dazu meinte. Um den Kandidaten nicht zu überfordern, beschloss ich, ihn erst einmal einzustellen, anstatt ihn intensiv zu seiner Kapitänsausbildung zu befragen. Während der dreimonatigen Probezeit würde ich, falls der Neue nicht geeignet sein sollte, immer noch Gelegenheit haben, ihn wieder nach Hause zu schicken. Insgeheim auf eine erfolgreiche Zusammenarbeit hoffend, spielte ich jedoch bereits mit dem Gedanken, Kapitän Good Luck und Ifeanyi mittelfristig zu befördern, sie zu Teamleadern zu ernennen.

Zu diesem Zeitpunkt wusste ich noch nichts von der erbitterten Feindschaft zwischen den beiden, die sich schon seit einer halben Ewigkeit kannten. Aus der Rivalität der Dickköpfe sollte sich ein gnadenloser Konkurrenzkampf entwickeln, der aber gut fürs Geschäft war.

Im Boot-Klub rückte der große Tag, an dem ein neuer Vereinsvorstand gewählt werden sollte, immer näher. Überraschenderweise fragte mich Dipiri, der für das Amt des Schriftführers kandidierte, ob ich mich als Social Member, Verantwortlicher für soziale Aktivitäten, zur Verfügung stellen würde.

»Mann, ich habe mit Politik nichts am Hut!«, gab ich dem Anwalt zu verstehen. »Wenn ich den großen Boss, den Vereinsvorsitzenden, Herrn Anike, auch nur aus der Entfernung sehe oder seine dröhnende Stimme höre, wird mir speiübel. Schau ihn dir doch an, den Penner mit der Schiffsglocke, die er immer mit sich herumschleppt. Wenn er die läutet, müssen sich die Bediensteten im Laufschritt in Bewegung setzen, um seiner Majestät Bestellung aufzunehmen oder andere Befehle auszuführen. Als kleines Dankeschön für ihren fantastischen Service dürfen sie sich anschließend vor allen Leuten zusammenscheißen lassen. Dieser fette Jurist, der wie ein Clown gekleidet ist, hat mit Wassersportaktivitäten nichts am Hut. Er und seine arroganten, speichelleckenden Vorstandskollegen sind Snobs und obendrein auch noch Weißenhasser. Für die geht es nur darum, den Verein zu unterwandern, den großen Macker zu markieren und sich das wenige Geld, das dem Klub zur Verfügung steht, unter den Nagel zu reißen.«

Erst vor einem Jahr hatte der Klub für das Ausbaggern des Hafenbeckens, das erforderlich war, um Boote auch bei Ebbe zu Wasser lassen zu können, acht Millionen Naira vom Rivers State Government erhalten. Nachdem der größte Teil des Geldes bereits spurlos verschwunden war, hatten Anike und seine Getreuen, die anderen Mitglieder des Vorstandes, eine glorreiche Idee, die sie letztendlich doch noch gut aussehen lassen und zum Ziel führen sollte. Anstatt – wie geplant und vom Gouverneur genehmigt – den Schlamm aus dem Hafenbecken, dem Wattenmeer, zu entfernen, entschied man sich für eine wesentlich günstigere Variante. Man wollte jetzt begehbares beziehungsweise von Bootstrailern befahrbares Neuland gewinnen. Deshalb beabsichtigte man, den bis zum Ende des Bootssteges, bis zum tiefen Wasser, reichenden Schlamm mit Sand aufzufüllen. Dabei würde als Nebenprodukt zu einem gezeitenunabhängig nutzbaren Bootsanleger, so dachte man, auch noch ein schöner Sandstrand abfallen. Am künstlich geschaffenen Beach wollten die alten Säcke dann Strohdächer errichten, unter denen man in Begleitung der Rosen Nigerias Erfrischungsgetränke und andere Köstlichkeiten hätte genießen können.

Dummerweise musste man, obwohl bereits viele Ladungen Sand mit geländegängigen Kipperfahrzeugen auf den Schlamm verbracht worden waren, einer traurigen Wahrheit ins Gesicht sehen: Der aufgeschüttete Sand war, wenngleich es die Verantwortlichen nicht wahrhaben wollten, schwerer als der Schlamm, sodass er langsam in ihm versickerte. Folglich hatte sich das Matschfeld, die Schweinerei vor der Haustür, nur noch vergrößert. Anike und Konsorten wurde angst und bange. Sie befürchteten, dass der Gouverneur eines Tages im Klub aufkreuzen würde, um sich von der sachgerechten Anlage der bereitgestellten Gelder zu überzeugen. Da man ihm in diesem Fall nicht Rede und Antwort stehen wollte, zog man es vor, bei den bevorstehenden Wahlen ausnahmsweise einmal für keines der zu vergebenen Ämter zu kandidieren.

Dipiri drückte mir ein Bier in die Hand. »Mensch, Hudu, sei doch nicht blöd«, posaunte er. »Die Langfinger stehen für eine Wiederwahl nicht mehr zur Verfügung. Das ist unsere Chance! Mit etwas Glück sind wir die zukünftigen Bosse des Klubs. Dann kannst du mit der Glocke läuten und Anike und die anderen Galgenvögel bei dir antanzen lassen. Stell dir das mal vor! Und als Social Member musst du nicht viel machen. Es reicht, wenn du an der Bar sitzt, die Leute vollquatschst und ihnen Bier ausgibst. Das wirst du doch wohl noch hinbekommen, oder?«

Ich musste kichern, sah mich schon, mit einer Bimmel ausgestattet, meinen Busenfreund Anike runtermachen.

Zumal die Mitglieder des vormaligen Vorstandes nicht zur Vollversammlung erschienen waren, wurde ich wundersamerweise sogar einstimmig zum Social Member des Port-Harcourt-Boot-Klubs gewählt. Und außer mir erhielt ein weiterer Oyibo ein unbedeutendes Amt: Ein Engländer namens Len Heslop, jemand, den ich bislang noch nicht kannte, der aber schon bald einer meiner besten Freunde werden sollte, wurde zum Bar and Kitchen Member ernannt. Wie sich später herausstellte, war Len derjenige, der seinerzeit Jonny Millers Klamotten auf meinem Grundstück hatte entsorgen wollen, weil der auch in seinem Haus mit dem Ding da gespielt hatte. Die anderen neu gewählten Mitglieder des Vorstandes waren: Mr Okey, der Vorsitzende, der Oga, ein freundlicher, etwas gesetzter Herr im lila-grünen, traditionellen Gewand mit dazu passendem Turban, Dipiri, der Schriftführer, der Kassenwart Mike, ein bescheidener Herr im schwarzen Anzug, und Peter, der für die Boote und Bootsbewegungen zuständig sein sollte. Das Ressort Haus und Hof ging an Danny. Bei diesem großen älteren Ex-Marineoffizier, der gegenüber vom Klub im Township wohnte und gern zu seinen rosa Hosenanzügen passende Zipfelmützen trug, handelte es sich um einen Spion, den Anike eingeschleust hatte, der ihm wie ein Tonbandgerät jedes im Komitee geführte Gespräch wortgetreu wiedergab.

Wider Erwarten und zum Missfallen der bisher herrschenden Clique nahmen die Mitglieder des neu gewählten Vorstandes ihre Aufgaben ernst. Alle vierzehn Tage hielten wir unsere Treffen ab, wobei wir immer beschlussfähig waren. Oberste Priorität wurde vorerst den Finanzen eingeräumt. Unsere Vorgänger hatten sich alle Mühe gegeben, uns bei Null starten zu lassen – in letzter Minute hatte man das wenige Geld, das sich noch auf dem Bankkonto befand, unter dem Decknamen »Aufwandsentschädigung« unter sich aufgeteilt. Die neuen Verantwortlichen aktualisierten die Mitgliederliste, indem sie die Namen bereits verstorbener, nicht mehr in Nigeria lebender sowie unauffindbarer Personen entfernten. Von den verbliebenen zweihundertsechsunddreißig Aktiven und Passiven waren ganze acht – unter ihnen Len und ich – mit ihren Beitragszahlungen auf dem Laufenden. Das Gros der ehrenwerten Klubmitglieder hatte es leider über Jahre hinweg aus verschiedenen Gründen versäumt, Abgaben zu entrichten. Zu den Zechprellern gehörten auch Anike, sein bester Freund Chief Lukman und andere Ex-Komiteemitglieder, die es aufgrund ihrer Position als nicht für nötig erachteten, Zahlungen zu leisten.

Anfangs wurden wir wegen der Mahnungen, die wir verschickten, noch belächelt. Sobald Schuldner aber keine Getränke mehr erhielten, fanden viele gestandene Persönlichkeiten mit großem Mundwerk und kleinem Geldbeutel die Angelegenheit überhaupt nicht mehr lustig. Der buckelige Chief Lukman beschimpfte mich gar vor versammelter Mannschaft, circa zwanzig Gästen, denen Drinks verweigert wurden. Mit erhobenem Krückstock stürmte er auf mich zu. Als ich ihn durch eine einladende Handbewegung aufforderte, doch bitte näherzukommen, zog er es allerdings vor, eine elegante Kehrtwende hinzulegen, um sich wieder unter seine durstigen Freunde zu mischen.

Zu guter Letzt bewirkte die Ankündigung, dass Debitoren der Einlass in den Club verwehrt werden sollte, etwas. Sogar die größten Schaumschläger zahlten, zwar zähneknirschend und unter Protest, aber sie zahlten. Dafür wurde ihnen freilich auch etwas geboten. Inzwischen konnte man nicht mehr nur zwei Oyibos beäugen und sich über ihr exotisches Verhalten amüsieren. Nun wurde die Bar permanent von meist tätowierten, muskelbepackten, sich laut unterhaltenden oder singenden weißen Jungs in Beschlag genommen. Obwohl sich der Klub am Arsch der Welt befand, war es Len und mir gelungen, viele unserer Freunde vom fantastischen Ambiente und den, vor allem von Schotten geschätzten, niedrigen Bierpreisen zu überzeugen. Ja, wer hätte das gedacht, dass diese beiden Bleichgesichter, die bisher nur durch dumme Sprüche an der Bar aufgefallen waren, ihren Job ernst nehmen und den Port Harcourt Boat Club aus seinem Dornröschenschlaf wecken würden?

Neuerdings wurde an vielen Orten gleichzeitig gehämmert, gepinselt und geschrubbt. Und es gab sogar einen Billardtisch, ein Dartboard sowie einen riesigen, selbst gefertigten Smoker-Grill, das Geschenk einer amerikanischen Ölfirma. An Wochenenden versuchten sich dann Texaner und ihre Konkurrenten aus Louisiana an diesem Teil, um den Grillkönig zu ermitteln. Eine Begleiterscheinung der Veranstaltung war immer die »Speisung der Armen«, an der selbst Leute wie Anike, Lukman und Kollegen teilnahmen. Nach anfänglicher Zurückhaltung wurden sie immer skrupelloser. Flink griffen sie sich ein Tellerchen, womit sie sich in die Schlange stehende Menge einreihten, sobald die Schiffsglocke das große American-Steak-Fressen ankündigte.

Selbstverständlich arrangierten Len und ich auch Open-Air-Partys, auf denen nicht nur laute Mucke aus großen Lautsprechern ertönte, sondern auch richtig abgerockt wurde. Weil sie Rockmusik verabscheuten, erschienen die nigerianischen Honoratioren an Partytagen natürlich nicht. Sowohl bei den eventbezogenen als auch bei anderen Arbeiten packte Lens nigerianischer Arbeitskollege und Stellvertreter, ein hoch aufgeschossener, muskulöser Typ, tatkräftig mit an. Er war ein Original, das einfach nur gut drauf war, gern lachte, herumblödelte, Bier trank und Rothmans rauchte. Nur wenn Manchester United einmal verlor, was selten vorkam, ging man dem Mann mit dem großen Mundwerk besser aus dem Weg. Falls sein Fußballverein jedoch siegreich war, entledigte er sich gern mal seiner Klamotten und tanzte grölend in rot-weißen Boxershorts auf dem Rasen herum. Der Bursche hieß Newton. Wegen Isaak Newtons Gravitationstheorie hatte der Vater seinem Sohn diesen Namen verpasst, denn der Bengel war seiner hochschwangeren Mutter, als sie vor dem Herd in der Küche stand, einfach so herausgeflutscht und aufgrund der Erdanziehungskraft auf den Boden geplumpst.

Ja, er war schon ein uriger Vogel, unser Isaak. Frisch von seinem ersten Trip nach England zurückgekehrt – sein Arbeitgeber hatte ihn zu einem Lehrgang eingeladen –, berichtete er stolz vom Old-Trafford-Stadion, in dem er ein Spiel seiner Traummannschaft hatte live miterleben dürfen. Newton erzählte aber auch von seiner Ankunft in London, wo er vor Kälte schlotternd mitten im Winter ein Zimmer in einem 3-Sterne-Hotel bezogen hatte. Um aufzutauen, war es erst einmal unter die heiße Dusche gegangen. Der Nigerianer duschte und duschte. Singend genoss er es, seinen ausgekühlten Körper langsam wieder zum Leben zu erwecken. Er überhörte daher das lautstarke Hämmern an seiner Zimmertür. Als die beschlagene Schiebetür der Duschkabine plötzlich aufgerissen und er aufgefordert wurde, herauszukommen, erschrak er sich zu Tode, ehe er begann, am Verstand der barbarischen Engländer zu zweifeln. Newton musste sich anschließend – nur mit dem hoteleigenen Bademantel bekleidet – eine ellenlange Moralpredigt anhören. Er erfuhr, dass man außer ihm bereits sämtliche Hotelgäste wegen eines Feueralarms evakuiert hatte. Geschockt nahm der Igbo zu guter Letzt obendrein zur Kenntnis, wer diesen Alarm ausgelöst hatte: Bedingt durch sein stundenlanges Duschen und der eingelegten Zigarettenpausen war der Rauchmelder aktiviert worden. In seiner Kabine Man-United-Songs schmetternd hatte Newton von alldem nichts mitbekommen.

Einmal fragte ich Isaak, wie er sich fühle, als Leon Legrand gerade die Toilettentür hinter sich geschlossen hatte. An diesem Abend hatte der Nigerianer das große Glück, neben dem redseligen Kanadier am Tresen sitzen zu dürfen. Weil alle anderen die Quasselstrippe kannten, hatten sie sich, sobald Leon die Bar betrat, abgewandt und zu einem undurchdringlichen Halbkreis formiert. Folglich musste Newton dran glauben, sich nicht nur ein Ohr abkauen lassen. Humorvoll verdrehte der spaßige Typ die Augen, um meine Frage zu beantworten: »Wie ich mich fühle, fragst du? Nun, das weiß ich auch nicht so genau, nur dass mein linker Lauscher nicht mehr aufhört zu summen. Weißt du, in Gesellschaft von Leon ist es wie beim Friseur. Du hast keine Chance, dem Palaver zu entrinnen.«

Einen guten Freund unter den nigerianischen Honoratioren im Boot-Klub hatte ich. Bei ihm handelte es sich um den angesehensten, den einzigen Aktiven des Ältestenrates, den Treuhänder, Richter a. D. Chief Fibresima. Der gebrechliche weißhaarige Mann brachte das Neuerwachen des traditionsreichen Klubs mit meiner Person in Verbindung. Aus diesem Grund hatte er mich ins Herz geschlossen. Als ich ihn auf seine Einladung hin besuchte und ihm einen kleinen Geschenkkorb überreichte, war er völlig aus dem Häuschen. Fortan redete er mich nur noch mit »Herbert, mein Sohn« an. Der allwissende Richter hielt sein Versprechen, mich vor Anike, Lukman und, wie er sich ausdrückte, ungebildeten Emporkömmlingen zu beschützen. Immer wenn die Gegenspieler des Vorstandes etwas Hinterhältiges planten, gab mir der Richter diskrete Hinweise, die uns in die Lage versetzten, Abwehrmaßnahmen zu ergreifen oder rechtzeitig zu Gegenangriffen überzugehen. Zum Missfallen vieler Neider holte ich meinen gehbehinderten, sich meist auf mich stützenden Ziehvater in unregelmäßigen Abständen in seinem Haus ab, verbrachte einen schönen Nachmittag mit ihm im Klub und brachte den alten Mann vor Sonnenuntergang wieder zurück. An diesen Nachmittagen erfuhr ich viel von meinem Mentor. Als wandelnde Bibliothek erzählte er mir von den Anfängen des Klubs während der Kolonialzeit, den Aktivitäten, nachdem Nigeria die Unabhängigkeit erlangt hatte, und dem Chaos in der Zeit des Biafra-Krieges.

Der Boot Klub war mittlerweile mein zweites Zuhause geworden. Hier fühlte ich mich wohl. Hier hatte ich eine neue Familie gefunden. In anderen Kneipen ließ ich mich daher kaum noch blicken.

Matt

Eines Tages stand er vor mir, der nicht besonders groß gewachsene Amerikaner, ein Mann mit Schnauzbart und hoher Stirn, der sich zurückgekämmtes dunkelbraunes Haar anschloss. Seine Kinnpartie ähnelte der einer Bulldogge. Mein norwegischer Bekannter, Emil, hatte den frischen Fisch, den Neuling in Nigeria, zum Boot-Klub begleitet, in der Hoffnung, mich dort anzutreffen.

Nach einem kurzen Handshake verlor der Ami keine Zeit, um die Frage zu stellen, die ihm auf den Nägeln brannte: »Sag mal, kann man hier, im Nigerdelta, fischen?«

Wenngleich ich die Ungeduld in den hin und her wandernden Augen meines Gegenübers wahrnahm, machte ich mir einen Spaß daraus, ihn auf die Folter zu spannen. Vorerst musterte ich den Neuen vom Scheitel bis zur Sohle. Bis auf das kleine Bäuchlein und seinen leicht geröteten Kopf sah er durchaus fit aus.

»Mach es doch nicht so spannend. Was ist denn nun?«, drängelte der Mann, der mir als Matt Pevey vorgestellt worden war.

»Wenn du Bekanntschaft mit nigerianischen Seeungeheuern machen möchtest, dann sieh zu, dass du morgen früh um sechs Uhr hier bist«, erwiderte ich kurz und bündig.

Matt war sichtlich überrascht. Anstatt seinen Mund wieder zu schließen, glotzte er mich mit weit aufgerissenen Augen an. »Es geschehen noch Zeichen und Wunder«, stammelte er.

»Genau«, brummte ich, drehte mich, da ich ohnehin gerade gehen wollte, um und machte mich auf den Heimweg. Schon wieder so ein Spinner, ging es mir durch den Kopf. Der kriegt genauso wenig wie all die anderen

Möchtegernangler frühmorgens den Arsch hoch. Außerdem scheint es sich bei dem Kerl – dem Akzent nach zu urteilen – auch noch um einen Redneck aus Houston, Texas, zu handeln.

Doch ich sollte mich in Matt Pevey getäuscht haben. Bei Sonnenaufgang wartete er bereits ungeduldig auf mich. Zwischenzeitlich hatte er sich mit Oye, dem gehörlosen Bootsjungen im Blaumann, angefreundet, der mich mangels anderer Partner in den letzten Wochen auf meinen Expeditionen begleitet hatte. Seitdem die Größen der Kneipenszene überall verbreitet hatten, man müsse lebensmüde sein, um mit mir fischen zu gehen, wollte kein Oyibo mehr an meinen Angelausflügen teilhaben. Mir waren sowohl die Gerüchteküche als auch mein schlechter Ruf komplett egal, denn es hatte sich herausgestellt, dass Oye ein besserer Seemann war als jeder dieser Wirtshausphilosophen. Der Junge hatte kein Problem mit der Seekrankheit. Er kannte sich mit Motoren aus, hatte ordentlich was in den Armen und redete kein dummes Zeug, was er ja leider auch nicht konnte. Da Oye und Matt schon alles vorbereitet hatten, düsten wir gleich ab, nachdem auch die Angeln und der Bölkstoff an Bord waren.

Ach du liebes Lieschen, was für ein Tag war das! Die Fische waren so hungrig wie nach langer Fastenzeit. Vor allem die Red Snapper legten keine Beißpause ein. Der neue amerikanische Leichtmatrose konnte es nicht fassen. Auf der »Kingfisher« war richtig was los. Dort floss der Schweiß in Strömen. Völlig erschöpft kehrten wir gegen Abend mit neunzehn Red Snappern, sechs Barrakudas, zwei Jacks und zwei spanischen Makrelen zurück. Nach diesem brutheißen, kräftezehrenden Tag bevorzugten wir es, uns gleich auf den Heimweg zu machen, anstatt Zeit mit Biertrinken an der Bar des Klubs zu verplempern.

Matt hatte Blut geleckt. Andauernd auf die Armbanduhr schielend tigerte er schon auf dem Steg auf und ab, als ich am kommenden Sonntag wiederum verspätet eintraf. Abermals hatten wir einen fantastischen Tag erwischt. Immer wenn wir bei unseren Umrundungen der Bohrinsel Cliff Landley die westliche Ecke der Plattform erreicht hatten, schlugen Barrakudas zu. Oft wurden die Leinen aller vier Angeln auch gleichzeitig abgespult.

Weil er schon ganz lange Arme hatte, übernahm Matt die Rolle des Kapitäns und überließ es dem eingespielten Team, Oye und mir, sich ums Fischen zu kümmern – fortzufahren, Schwerstarbeit zu verrichten. Wir liebäugelten bereits damit, den Rückweg anzutreten, bevor es plötzlich knallte und das Boot zurückgeworfen wurde. Gleichzeitig ertönte das nicht enden wollende Surren der Schnur. Nur mit größter Mühe gelang es mir, die durchgebogene Angel aus dem Rutenhalter zu bekommen. Ich schlug an und war für die nächste Stunde in einen erbarmungslosen Kampf verwickelt. Dieser Fisch verlangte mir alles ab. Sobald ich ein wenig Leine eingeholt hatte, nahm mein Rivale sie sich zurück. Der Kollege versuchte schier Unmögliches. Er stellte einen Rekord im Tieftauchen auf, trat wilde Fluchten an, schraubte sich achtmal bis zu vier Meter in die Höhe. Als Oye ihn endlich gegafft hatte, war ich stolz, aber auch fix und fertig. Den vor mir liegenden geschlagenen Gegner betrachtend ließ ich den Kampf noch einmal Revue passieren.

Plötzlich donnerte es wieder. Erneut ratterte eine Rolle bis zum Gehtnichtmehr. »Oye!«, rief ich. Verdammt, wo war der Junge nur? Warum musste er denn gerade jetzt am Bug des Bootes herumwursteln?

»Herbert, nimm ihn, schlag an, Mensch!«, krakeelte Matt.

Obwohl Arme und Rücken noch immer schmerzten, signalisierte mein Hirn, dass der Ami recht hatte. Oye war zu weit entfernt, um den bereits überfälligen Anschlag zu setzen. »Fuck!«, fluchte ich, die Rute aus der Halterung zerrend. Augenblicklich begann das gleiche Spiel wie zuvor. Wiederum hatte ich einen riesigen Barrakuda am Haken. Dieses Mal dauerte der Kampf Fisch gegen Mensch sogar noch länger. Zudem setzte mein Gegner neunmal zum Hochsprung an. Oye war der beste Mann, den ich je am Gaff gesehen hatte. Gleich der erste Hieb saß. Anschließend beförderte der muskulöse Naturbursche einen kolossalen Fisch, der genau wie sein Vorgänger achtundzwanzig Kilo auf die Waage brachte, an Bord. Nur noch in den Seilen hängend ließ ich mich auf die Sitzbank fallen. Oye reichte mir ein eiskaltes Bier. Er konnte Gedanken lesen. Gerstensaft war das Einzige, was ich in diesem Moment brauchte.

»Herbert, was hängst du da rum wie ein nasser Sack?«, ertönte es. »Los,

Mensch, Leinen raus! Und weiter geht's. Schließlich haben wir keine Zeit zu verlieren. Momentan beißen die Fische wie verrückt. Das müssen wir ausnutzen. Nun mach schon, beweg deinen Arsch!«

Der Aufforderung des Rednecks Folge leistend bewegte ich meinen Hintern tatsächlich. Ich stand auf, hielt Matt den Mittelfinger unter die Nase und zischte: »Fick dich, Pevey. Heute bewege ich meinen Allerwertesten überhaupt nicht mehr. Ich bin nämlich total kaputt! Wenn du Lust hast, darfst du das nächste Monster gern selbst reinziehen. Sonst schlage ich vor, wir machen uns vom Acker. Es reicht.«

Der neue Rückweg, den wir nach intensiver Planungsphase erstmals einschlugen, schien uns vor eine schier unlösbare Aufgabe zu stellen. Schon als wir die vielen auf Untiefen hindeutenden Schaumkronen und Strudel in der Mündung des Andoni Rivers aus der Ferne sahen, standen uns die Haare zu Berge. Schlagartig waren wir wieder hellwach. Was war denn hier los? Soweit das Auge reichte, überall in der weiten Flussmündung schäumte und kräuselte sich das Wasser, brachen sich die Wellen.

»Wenn das man gut geht«, seufzte ich. »Hoffentlich hat Tempo recht mit seiner Theorie, dass es tatsächlich einen Weg durch diese nasse Hölle gibt. Falls nicht, werden wir hier erbärmlich absaufen. Schwimmend kommen wir jedenfalls nicht durch diesen sprudelnden Irrgarten.«

Tempo, eines der wenigen nigerianischen Klubmitglieder, das sowohl einen eigenen Kahn als auch Spaß an der Seefahrt hatte, hatte mir geraten, den zugegeben gefährlichen, aber wesentlich kürzeren Rückweg über den Andoni River zu nehmen. Laut dem erfahrenen Kapitän musste man zwar höllisch aufpassen, weil es galt, jede Menge Sandbänke zu umschiffen. Bei guter Navigation sollte es jedoch möglich sein, einen Weg durch das Nadelöhr zu finden.

Matt saß am Steuer. Ich stand neben ihm und achtete im Hundertachtzig-Grad-Bereich auf sich brechende Wellen, Schaumkronen, Strudel sowie andere Hindernisse. Mir die Kehle heiser grölend gab ich Anweisungen: »Rechts, noch mehr rechts, langsamer, links, wieder Gas geben!«

Oye hatte sich am Heck aufgestellt. Er behielt die Wellen hinter uns im

Auge. Bei Gefahr eilte er nach vorn, um an unseren Klamotten zu zerren, Laute von sich zu geben und auf sich nähernde Brecher zu deuten. Ach du Scheiße, teilweise zeigte das Echolot nur noch einen Tiefgang von fünfzig Zentimetern an. Mir ging der Arsch auf Grundeis. Ich rechnete damit, dass sich unser Boot jeden Moment überschlagen würde. Wellenreiten war die einzige Fortbewegungsmethode, mit der man diesen brodelnden Hexenkessel lebend verlassen konnte. Sobald uns ein Brecher eingeholt hatte, versuchten wir, so lange wie möglich auf ihm zu bleiben, uns von ihm tragen zu lassen. Die an den Steuermann gerichteten Kommandos lauteten dann: »Gas geben, schneller, schneller, rechts, rechts, rechts, etwas langsamer, Geschwindigkeit halten!«, und so weiter. Es war kaum zu glauben, aber wir hatten es schlussendlich tatsächlich geschafft. Wie durch ein Wunder befanden wir uns im Andoni, in ruhigen Gewässern.

Zuerst einmal atmeten alle erleichtert auf, wobei ich den Eindruck hatte, dass Oye gen Himmel blickend sogar ein stilles Gebet sprach. Hiernach stießen wir auf unseren Erfolg an. In uns gekehrt genossen wir das Bier, die idyllische Umgebung und die paradiesische Stille, die eingekehrt war. Rechts vor uns befand sich ein aus Rundhütten bestehendes Fischerdorf, in dem sich in der Gluthitze nichts bewegte. Bunt bemalte Kanus lagen auf dem Strand. Dort war er, der erste Flussarm an unserer Backbord-Seite, den wir laut Tempos Wegbeschreibung unbedingt nehmen mussten, um Bonny Island zu umrunden. Wir folgten der Wasserstraße, passierten eine weitere, kleinere Ansiedlung mit ihren in Ufernähe ausgebrachten Stellnetzen. Danach waren für eine lange Zeit nur noch sich auf stelzenartige Wurzeln stützende Mangroven zu sehen.

Oye zupfte an meinem T-Shirt. Wild gestikulierend zeigte er auf das rechte Ufer. Was war das? Da lagen doch tatsächlich drei circa fünf Meter lange graue Krokodile auf einem kleinen, schlammigen Strand! Es waren die ersten und einzigen Krokodile, die ich in Nigeria je zu Gesicht bekommen sollte. Mein amerikanischer Kumpel und ich waren völlig aus dem Häuschen. Langsam näherten wir uns den sich sonnenden, auf Beute lauernden Panzerechsen, von deren Anblick wir uns nur schwer losreißen konnten. Die

Krokodilsafari war der krönende Abschluss eines aufregenden, erfolgreichen Tages, den ich nie vergessen würde.

Zu unserem Leidwesen war am kommenden Sonntag alles ganz anders. Zwar war es nicht allzu heiß, denn der kalte, trockene Harmattan hatte bereits eingesetzt. Er blies kräftig aus dem Norden. Auch war die See spiegelglatt, wodurch wir trotz der schlechten Sicht schnell fahren konnten. Das Schlimme an diesem Tag war jedoch, dass absolut nichts biss. Wir probierten alles, wechselten laufend die Köder, änderten unsere Geschwindigkeit und die Fahrtrichtungen, aber nichts nutzte etwas. An diesem Sonntag hätten wir gar nicht erst rausfahren brauchen, wären wir besser zu Hause geblieben. Aufgrund der widrigen Umstände konnten Matt und ich uns erstmals ungestört unterhalten und bekamen Gelegenheit, mehr voneinander zu erfahren.

Dass mein viel in der Welt herumgekommener Fishing Buddy alles andere als ein Redneck war, hatte ich schon mitbekommen. Jetzt hörte ich von seinen Abenteuern in Syrien, Indonesien und Kuwait, wo er half, die Feuer an den von Saddam Husseins Soldaten in Brand gesteckten Ölquellen zu löschen. Es war kaum zu glauben, was der Mann mit dem Kinn einer Bulldogge bereits alles erlebt hatte. Und reden konnte er! Am Ende einer jeden Geschichte gab es immer tüchtig etwas zu kichern, wobei die Lachfalten unter Matts Augen noch unendlich viele neue Anekdoten versprachen. Trotzdem kannte ich einige seiner Lieblingsstorys aus seiner Zeit in Syrien schon bald in- und auswendig, zum Beispiel die von Mohamed.

Mohamed, Matts Agent in Damaskus, ein älterer, gesetzter Herr, der dem Amerikaner auch in schwierigen Situationen mit Rat und Tat beiseite stand, war ein muslimischer Familienvater. Seine Frau und die beiden Töchter im Teenageralter liefen in der Öffentlichkeit zwar verschleiert herum, zu Hause jedoch nicht. Daher erstaunte es Matt bei einem gemeinsamen Abendessen, den eher hässlichen Araber mit dem Doppelkinn von wahren Schönheiten umgeben zu sehen. Die Attraktivität seiner zierlichen, aus gut betuchtem Hause stammenden Frau hielt den Macho aber nicht davon ab, sich auch anderweitig zu orientieren. Wenn Matt ihn aufsuchte, prahlte er zur Begrüßung immer erst einmal mit seinen neuesten Eroberungen. Anschließend untermauerte er seine detaillierten Ausführungen durch Bilder von unterschiedlichen Rosen der Wüste. Einmal traf der Texaner den sonst permanent gut gelaunten Alten allerdings am Boden zerstört an. Da sein Klopfen an der Bürotür des Agenten nicht erhört wurde, trat Matt unaufgefordert ein. Sogleich erschrak er: Mohameds ausgebreitete Arme und sein Kopf lagen auf dem Schreibtisch. Der sonst so agile, selbstsichere Mann schien zu schluchzen. Mitfühlend legte Matt eine Hand auf Mohameds Schulter und fragte, was denn los sei. Erst nach einer ganzen Weile realisierte der Leidende die Anwesenheit seines Klienten. Zu ihm aufblickend stammelte er etwas von einer Katastrophe. Angesichts des permanenten, sanften Drängens des Amerikaners war er schließlich eine halbe Stunde später bereit, Details über seine Misere preiszugeben.

»Weißt du, Matthew, wir Araber sind reinliche Leute«, begann er seine Ausführungen. »Deshalb säubere ich meinen kleinen Mann nach jedem Geschlechtsverkehr gründlich. Ich wische ihn immer mit Toilettenpapier ab. Ja, und dieses Mal – ich mag gar nicht mehr daran denken – kam ich nach einem Stelldichein mit einem rassigen, wilden Weib nach Hause, wo mich meine Angetraute freudig begrüßte. Obwohl es mir selbst entfallen war, hatte sie meinen Geburtstag nicht vergessen. Sie zerrte mich ins Schlafzimmer, um mich reichlich zu verwöhnen. Und dann – das war so peinlich, du kannst dir überhaupt nicht vorstellen, wie peinlich mir das war – klebte doch tatsächlich ein großes Stück Toilettenpapier an meinem besten Stück. Meine Frau, die meine Gewohnheiten kennt, wusste natürlich sofort Bescheid. Seitdem redet sie nicht mehr mit mir.«

Ohne einen einzigen Hering erreichten wir den Boot-Klub. Es ging gleich nach Hause, denn es gab nichts mehr zu bereden, zumal wir uns den ganzen Tag über unterhalten hatten. Etwas brummelte Matt aber noch, ehe er abdüste. Er bat mich, ihn am nächsten Morgen um neun Uhr in seinem Büro aufzusuchen.

Wir tranken pechschwarzen Kaffee, nachdem wir uns zum vereinbarten Zeitpunkt bei ihm getroffen hatten und die Ereignisse des Vortages noch einmal Revue passieren ließen. Zu meiner Überraschung handelte es sich bei meinem Fishing Buddy nicht etwa um einen kleinen Angestellten, sondern um den großen Boss, den neuen Niederlassungsleiter einer amerikanischen, auf Bohrschlamm spezialisierten Ölfirma. Wir hatten schon ein gutes Stündchen geplaudert, als ich auf die Uhr blickte.

»Sorry, Matt, danke für den Kaffee, aber ich muss langsam ins Büro. Schließlich habe ich heute noch ein bisschen was zu erledigen.«

»Warte. Ich habe dich doch nicht umsonst hergebeten.« Matt griff zum Telefonhörer und knatterte etwas in die Sprechmuschel. Offensichtlich sprach er mit seiner Vorzimmerdame. Dann begann er, mich mit den neuesten Witzen zu unterhalten, während seine Bürotür immer wieder geöffnet und geschlossen wurde. Leute traten ein, um sich an der Wand rechts und links neben der Tür aufzureihen. Auch sie hörten sich die Kalauer ihres Chefs an und lachten, wann immer es ihnen angebracht erschien.

»Sag mal, Matt, was soll das hier eigentlich werden?«, verlangte ein riesiger Schotte im Blaumann zu wissen. »Wenn ich meinen Arbeitsvertrag richtig interpretiere, werden wir nicht fürs Rumstehen, sondern fürs Schaffen bezahlt.«

Matt grinste breit. »Gute Bemerkung, Shuggy. Recht so. Sind doch brave, arbeitsame Leute, diese Schotten, oder was meinst du, Herbert?«

Alle lachten. Nur Shuggy lief – sich etwas Unverständliches in den Bart murmelnd – rot an. Da das Gegacker allmählich abklang, begann Matt, seine elf an der Wand stehenden, größtenteils mit Jeans und Poloshirts bekleideten Supervisors – einen nach dem anderen – zu begutachten. Anschließend breitete er die Arme aus.

»Also Männer, ich will euch nicht weiter auf die Folter spannen. Das hier ist Herbert.« Der Texaner zeigte auf mich. »Er ist Spediteur. Und ich möchte, dass ihr ihm Business gebt. Habe ich mich klar ausgedrückt oder gibt es zu diesem Thema noch irgendwelche Fragen?«

Im Verlauf des aufkommenden Gemurmels wurde ich von vielen Augenpaaren begafft, ehe der Boss in die Hände klatschte. »Danke, meine Herren. Das war's. Ihr könnt zurück an die Arbeit.«

Zu meiner eigenen Überraschung protestierte ich irritiert, anstatt mich zu freuen, kaum dass mein Kumpel und ich wieder allein waren. »Du kennst weder mich noch die Qualität der Dienstleistungen meines Betriebes. Außerdem habe ich nicht einmal ein Angebot für das, was auch immer wir für euch machen sollen, abgegeben und ...«

Matt Pevey ließ keine Einwände zu. Mit ernster Miene schnitt er mir das Wort ab. »Ganz falsch, mein Freund! Ich kenne dich sehr gut. Bei unseren letzten drei Angeltrips hatte ich reichlich Gelegenheit, dich zu studieren. Welcher Ort sollte sich besser dazu eignen als ein kleines Boot? Es hat mir gefallen, dass du, während wir unserem Hobby nachgingen, zu keiner Zeit anfingst, von Geschäften zu faseln. Auch bin ich zu dem Schluss gelangt, dass du ein guter, ehrlicher Mensch bist, der mich niemals bescheißen würde. Und das reicht mir, um Geschäfte mit dir zu machen. Ich arbeite nämlich nur mit Leuten zusammen, denen ich vertraue, und mache kein Business mit unbekannten Arschlöchern!«

Von der unvorhersehbaren klaren Ansage meines Freundes geschockt fuhr ich ins Büro. Geistesabwesend konnte ich mich dort jedoch nicht auf die Arbeit konzentrieren. Sowohl bei einem Bier im Pavillon als auch des Nachts dachte ich unentwegt über die ungewöhnliche Geschäftsphilosophie des Texaners nach.

Am folgenden Tag stand unser Telefon nicht mehr still. Fast alle Vormänner, denen ich vorgestellt worden war, hatten etwas zu verzollen, zu im- oder exportieren. Von der kleinsten Luftfrachtsendung bis hin zu einem mit Chemikalien beladenen Tanker war alles dabei. Und Matts Firma war nicht nur im Stadtgebiet ansässig. In der Freihandelszone in Onne war man ebenfalls beheimatet, weshalb ich natürlich auch den dort stationierten Führungskräften einen Besuch abstattete. Was ich bei der Gelegenheit auf dem Betriebsgelände der Amis sah – riesige Tanks, in denen Bohrflüssigkeiten bevorratet wurden, Lagerhallen, Freilagerflächen –, war mehr als beeindruckend. Bei unserem neuen Kunden, für den außer uns noch zwei weitere Spediteure arbeiteten, handelte es sich um alles andere als ein kleines Unternehmen. Mit seinen Warenbewegungen stellte dieser Ölkonzern selbst unsere größten Klienten, MC Bringing und Seaboats, bei Weitem in den Schatten.

Zwecks Fakturierung der bereits erbrachten Dienstleistungen hatte Matt mich gebeten, seinen Logistikmanager, Herrn Ayodele, zu kontaktieren. Dieser arrogante Yoruba zeigte sich anfangs beileibe nicht hilfsbereit. Anscheinend mochte er keine germanischen Oyibos. Demzufolge ließ er mich mehrmals abblitzen, als ich um einen Gesprächstermin bat. Da half nur eins: deutsches Bier. Unter Anwendung all meiner Überredungskünste gelang es mir, den Herrn in den Boot-Klub einzuladen. Dort vernichteten wir das kalte Beck's, das ich einen Tag zuvor in den angerosteten, knatternden Kühlschrank gestellt hatte. Und, siehe da, mit jedem geleerten Fläschchen kamen wir uns näher. Mr Ayodele, den ich von nun an Ayo nennen durfte, wurde einer meiner besten Freunde und später sogar mein Trauzeuge. An einer schriftlichen VHN-Offerte war Ayo allerdings selbst nach weiteren Trinkgelagen nicht interessiert, denn mit seinem Arbeitgeber rechnete man nach Tarif ab: Für jede Verzollung zahlte er 1,3 Prozent des Warenwertes. Von solch kuriosen, mir völlig unverständlichen Abrechnungsmodalitäten hatte ich bisher noch nichts gehört. Darum monierte ich, dass ich zu diesen Konditionen bei gleichem Arbeitsaufwand an der Verzollung eines Sackes Zement Verlust machen, am Import einer Containerladung Fernseher hingegen ein kleines Vermögen verdienen würde. Ayo ging nicht weiter auf meine Bedenken ein. Er meinte nur, es sei mir freigestellt, für seinen Betrieb zu arbeiten oder es bleiben zu lassen. Weil der Klügere stets nachgibt, entschied ich mich für eine Testphase, während der ich schnell feststellte, dass es sich aufgrund hoher Warenwerte seiner Importsendungen um äußerst lukrative Geschäfte mit unserem Auftraggeber handelte.

Matt war zufrieden. Der erfahrene Manager hatte wieder einmal mehrere Fliegen mit einer Klappe geschlagen. Dank des Vertrauens, das er mir entgegengebrachte, tat ich buchstäblich alles für sein Unternehmen. Für diesen Kunden war ich vierundzwanzig Stunden am Tag erreichbar und mir auch nicht zu schade, in Notfällen nachts in den Hafen zu fahren. Ob Matt mein grenzenloses Engagement von Anfang an hatte kommen sehen oder ob es sich dabei nur um einen Nebeneffekt unserer hervorragenden Zusammenarbeit handelte, entzieht sich meiner Kenntnis.

Im Übrigen kontrollierte der clevere Niederlassungsleiter durch mich auch einen Teil der Aktivitäten seiner Leute. Zumindest wusste er im Logistikbereich, was sie taten und mit welchen Schwierigkeiten sie zu kämpfen hatten. Zwei, drei richtig gestellte Fragen während der gemeinsamen Zeit an Bord oder am Tresen genügten, um voll im Bild zu sein und seinen Angestellten, falls nötig, Hilfestellung zu geben.

Mein texanischer Freund schlug in Nigeria ein wie eine Granate. Schon bald hatte er den Betrieb, der sich vorher in finanziellen Schwierigkeiten befunden hatte, saniert. Der Neue brachte das erforderliche Fachwissen mit. Und er konnte nicht nur reden, sondern wusste auch, wie er mit verschiedenen Menschen umzugehen hatte. Ob es die italienischen Manager Bruno und Enrico von Agip oder die Franzosen Jean-Claude und Pascal von Total Fina Elf waren, die Größen der Ölindustrie fanden sich gern bei Texas-Steaks und Whisky zu einem unterhaltsamen Abend in Matts Haus ein. Zudem liebten und verehrten alle Mitarbeiter seines Unternehmens, unabhängig von Hautfarben, Religionen oder Geschlechtern, ihren neuen Boss. Anfangs hatte er mich noch um Rat gefragt, wenn er Probleme hatte. Schon bald war es jedoch umgekehrt, dass vorwiegend ich die Hilfe meines Kumpels in Anspruch nahm. Auf meine Frage, warum er so gut mit Nigerianern klarkam, antwortete Matt: »Ich kenne sie doch von klein an. Ich bin mit Schwarzen zur Schule gegangen, habe mit ihnen Football gespielt und mich mit ihnen geprügelt. Die Leute hier sind im Grunde genommen nicht anders drauf als meine Freunde in Amerika. Deshalb fühle ich mich hier ganz wie zu Hause.«

Konkurrenz belebt das Geschäft

»Und du hältst es nicht einmal für nötig, mich zu informieren, wenn du Probleme hast!«, schimpfte ich. »Du bist nicht allein auf dieser Welt, mein Freund. Du arbeitest für eine Firma, in einem Team. Wenn du dein eigenes Süppchen kochen willst, musst du selbst ein Unternehmen gründen! Wie, du lachst auch noch? Meinst du etwa, du bist großartig? Ich glaube, du siehst immer einen König mit einer Krone auf dem Kopf, wenn du morgens in den Spiegel schaust. Aber ich sage dir, dein Selbstbild stimmt nicht mit der Realität überein. Du bist nicht derjenige, der du zu sein meinst. Und schmeiß deine Scheiß-Visitenkarten, auf denen Kapitän steht, weg. Ich weiß nicht, bei welchem Verein du dir den Kapitänstitel gekauft hast, aber jedem in diesem Betrieb, selbst Enna und Wisdom, ist klar, dass du kein Kapitän bist. Also entsorge die Karten schleunigst, bevor ein richtiger Kapitän einen von diesen Zetteln in die Hände bekommt, sich mit dir über die christliche Seefahrt unterhält und sich totlacht.«

Endlich hatte ich es geschafft. Sowohl der freche Blick als auch das dumme Grinsen waren aus dem Gesicht unseres Mitarbeiters verschwunden. Auf den Fußboden schauend verzichtete er darauf, sich weiterhin zu rechtfertigen. Um meine Standpauke zu untermauern, schlug ich mit der flachen Hand auf den Schreibtisch. Anschließend verkündete ich das Amen in der Kirche: »Ich erwarte, dass die Container innerhalb der nächsten drei Tage ausgeliefert werden. Falls du dazu nicht in der Lage bist, lass es mich wissen. Dann werde ich Ifeanyi bitten, den Job zu erledigen. Du kannst gehen!«

Ich kannte meine Pappenheimer und wusste, dass ich in unregelmäßigen Abständen das Alphamännchen, den Silbernacken machen musste, um zu vermeiden, dass die männlichen Angestellten zu selbstgefällig wurden. Gerade dieser Kapitän Good Luck war ein arroganter Mensch, dessen jüngstes Verhalten aufs Neue die Frage aufkommen ließ, warum ich ihn nicht längst gefeuert hatte. Wahrscheinlich würde er sich inzwischen – wie es die meisten Arbeitnehmer nach derartigen Theaterinszenierungen taten – über meine Show kaputtlachen. Aber was konnte ich schon daran ändern? Zumindest hatte ich mein Bestes gegeben. Die Bürotür öffnend bat ich Franka in mein Paradies. Die Sekretärin setzte sich schmunzelnd. Sie wusste nur zu gut, was kommen würde.

»Na, wie war ich?«

Frankas Belustigung steigerte sich. Sowie sie reichlich Luft ausgestoßen hatte, versuchte sie, wieder sachlich zu werden, was ihr nur bedingt gelang.

»Du warst ausgezeichnet, Oga. Ganz große Klasse! Ich habe alles genau mitbekommen. Dem hast du es aber richtig gegeben! Das war einer deiner besten Auftritte, ehrlich.«

»Ja, meinst du wirklich? War ich nicht zu cholerisch, zu laut?«

»Nein, Sir, das war genau richtig. Du hättest ruhig noch heftiger werden können. Immerhin hat es diese Person mehr als verdient. Nicht auszudenken, wenn wir wegen dem einen guten Kunden wie die Bohr AG verlieren würden. Das hat schon gepasst wie die Faust aufs Auge, hihihi.«

»Dann bin ich ja beruhigt«, seufzte ich erleichtert und prostete der Sekretärin mit der Kaffeetasse zu.

»Warum schmeißen wir den eigentlich nicht raus?«, wollte Franka wissen. »Der baut doch eh nur Mist.«

»Momentan brauchen wir jeden Mann. Unabhängig davon weißt du ja, wie lange es dauert, einen Neuen einzuarbeiten. Kennst du das Sprichwort: Der Teufel, den man kennt, ist besser als der, den man nicht kennt?«

»Da hast du wohl recht«, attestierte die Sekretärin, ehe sie sich erheben wollte.

Ich hielt sie davon ab und bat sie, wieder Platz zu nehmen. Mit in Falten gelegter Stirn begann ich, mich einer äußerst unangenehmen Angelegenheit zu widmen, die mir schon lange auf dem Herzen lag.

»Franka, könntest du vielleicht einmal mit der Frau von Good Luck reden? Irgendwie mag ich unseren ›Kapitän‹ nicht darauf ansprechen, denn er könnte es falsch verstehen. Du hast es sicherlich auch schon bemerkt, aber, hm, wie soll ich sagen? Nun ja, der gute Mann stinkt wie die Pest. Vermutlich wäscht seine Gemahlin seine Klamotten nicht regelmäßig oder es liegt an etwas anderem? Jedenfalls ist der penetrante Geruch kaum zu ertragen. Albert von Seaboats hat mich deswegen bereits darum gebeten, Good Luck nicht mehr zu ihm zu schicken.«

Franka nickte heftig. Sie erklärte, dass auch sie sich des Geruches wegen nur ungern im selben Raum wie der »Kapitän« aufhielt und versprach, seiner Angetrauten in den nächsten Tagen einen Besuch abzustatten.

Auf dem Nachhauseweg, im Peugeot, meldete sich Wisdom stolz zu Wort. »Sir, ich habe die Frage gestellt, Sir.«

»Wie, was für eine Frage denn? Drück dich bitte klarer aus.«

»Na, die Frage, mit der ich Interesse an seiner Arbeit bekunden sollte. Die Frage, die du mir empfohlen hast, dem Flottenadmiral zu stellen, damit der mich nicht immer wie einen dummen Jungen behandelt.«

»Ne, ich glaub es nicht! Das hast du wirklich gemacht? Du hast tatsächlich die Frage gestellt, hast Good Luck darum gebeten, dir zu erklären, was eine Seemeile ist?«

»Jawohl, Sir.«

»Da bin ich aber mal gespannt wie ein Flitzebogen. Was hat der Möchtegernkapitän denn geantwortet?«

»Angebrüllt hat er mich. Dass ich mich um meine eigenen Angelegenheiten kümmern soll, anstatt von Dingen zu schwafeln, die ich eh niemals verstehen werde, hat er gegrölt.«

Schon nach kurzer Zeit in Nigeria hatte ich begriffen, wie wichtig es war, ehrlich zu sein. Außerdem war es von enormer Bedeutung, nicht etwa aufgesetzt, sondern echt auf Mitarbeiter zu wirken. Sich verstellen war das Schlimmste, was man machen konnte. Lügen und Hinterlist kamen schnell ans Tageslicht. Sie wurden alles andere als honoriert. Auch war es unerlässlich, Versprechen einzuhalten und keinesfalls Leute zu verarschen.

Lob und Tadel nahmen einen weiteren hohen Stellenwert ein. Beides musste sowohl gut dosiert als auch gerecht erfolgen. Ich hasste weiße Chefs, die nichts anderes zu tun hatten, als von morgens bis abends an ihren Mitarbeitern herumzunörgeln, die sich über jede Kleinigkeit beklagten, die vom angeblichen »Standard« in ihren Heimatländern abwich. Häufig stellte ich solchen Meckerern die Frage, warum sie nicht wieder zurück nach Hause gingen, wenn hier doch alles so schlecht und rückständig sein würde. Ein Schulterklopfen, ein paar anerkennende Worte sowie eine kleine Gratifikation bei außergewöhnlichen Leistungen kamen immer gut an. Das sah man in den Augen der Angestellten, die bei solchen Anlässen strahlten. Das Schlimmste für Betroffene war, wenn der Chef es überhaupt nicht realisierte oder honorierte, dass sie eine Heldentat vollbracht hatten.

An diesem Tag klopfte ich Ifeanyi auf die Schulter. Mit lobenden Worten teilte ich ihm mit, dass der MI-Boss, mein Kumpel Matt, sehr zufrieden mit seiner Arbeit war. Der Supervisor gab mir daraufhin mit einer langen Rede, die dutzende Sprichwörter enthielt, zu verstehen, dass Kundenwünsche absolute Priorität für ihn hätten. Seinen Bonus von dreißigtausend Naira quittierte er durch seine Unterschrift mit einem langen Schlenker am Ende sowie mehreren Schleifen, Strichen und Punkten. Auf meine Frage versicherte mir der Seefrachtexperte bei seiner Ehre, er würde die Container der Bohr AG innerhalb achtundvierzig Stunden ausliefern, falls sein Konkurrent, Kapitän Bligh, versagen sollte.

Nach dem frühmorgendlichen angenehmen Gedankenaustausch mit Ifeanyi wurde ich im Laufe des Vormittags immer stinkiger. Schon seit vier Tagen hatte ich unseren »Kapitän« nicht zu Gesicht bekommen. Peinlich berührt konnte ich daher die Frage des Logistikmanagers der Bohr AG, der anrief, um sich nach dem Liefertermin seiner Container zu erkundigen, nicht beantworten. Wie schon am Vortag sandte ich Wisdom zum Haus von Good Luck. Er sollte den Supervisor nochmals freundlichst bitten, umgehend bei mir vorstellig zu werden. Zumal mein weiser Bote den Gesuchten aber auch dieses Mal nicht persönlich antraf, blieb ihm nichts anderes übrig, als eine Nachricht zu hinterlassen.

Abends erzählte ich Isa aufgebracht vom flegelhaften Verhalten unseres sich versteckenden Großadmirals. Achselzuckend fragte mich der Polizist, worin denn das Problem bestünde. Falls Wisdom bereit wäre, seinen Leuten, die sich draußen vor meiner Haustür mit ein paar Flaschen Star vergnügten, die Wohnung des Übeltäters zu zeigen, würde ich ihn unverzüglich zu Gesicht bekommen.

»Ausgezeichnete Idee!«, pflichtete ich meinem Freund bei. »Lass uns das gleich angehen. Selbstverständlich wird diese wichtige Amtshandlung entsprechend honoriert werden, indem ich deinen Männern nach ihrer Rückkehr Bölkstoff in unbegrenzter Menge zur Verfügung stelle.«

Schon bald wurde es laut im Hof. Gleich darauf riss eine mollige Frau im rosa Morgenmantel, die mich wegen ihrer Frisur an einen Haubentaucher erinnerte, die Haustür auf und watschelte durchs Wohnzimmer. Laut schimpfend näherte sie sich mir mit geballten Fäusten.

Isa stellte sich ihr in den Weg. »Madam, raus!«, zischte er. Da die Dame es vorzog, weiterhin Krach zu machen, anstatt der Aufforderung des Ordnungshüters nachzukommen, ergriff Isa erneut und dieses Mal unmissverständlich das Wort: »Habe ich mich unklar ausgedrückt, gnädige Frau? Sie haben hier nichts zu suchen. Sofort raus, sonst setzt es Prügel!«

Das zeigte Wirkung. Die Tür hinter sich zuknallend tauchte der gut genährte Wasservogel ab. Von zwei Sheriffs eskortiert wurde gleich darauf der Sünder in den Beichtstuhl gezerrt. Anscheinend hatte man ihn aus dem Bett geholt, denn er war nur mit einer ausgeleierten Unterhose bekleidet.

Ich konnte mich nicht länger zurückhalten. Mich vor Kapitän Bligh auftürmend ließ ich den angestauten Ärger raus.

»Wo sind die Container?«, schrie ich, aus Leibeskräften.

»Das geht dich einen Scheißdreck an«, lautete die falsche Antwort, die mit einem Ellenbogenhieb in den Magen von einem der Polizisten honoriert wurde.

»Hör mir jetzt mal gut zu, Kumpel«, flüsterte Isa. »Du hast die Wahl. Entweder du sagst uns umgehend, wo sich die Container und die Verzollungspapiere befinden, oder wir unterhalten uns ausführlich auf dem Polizeirevier. Dort werden wir aber nicht mehr so freundlich zu dir sein.«

Der Capitano hatte gut zugehört. Noch am selben Abend erhielt ich die benötigten Dokumente. Ifeanyi lieferte die Container sogar noch schneller als versprochen aus und Good Luck war gefeuert.

Wisdom der Weise

Unausgeschlafen saß ich am Schreibtisch und ließ die vergangene lange Nacht noch einmal an meinem inneren Auge vorbeiziehen. Eigentlich war gestern schon alles klar gewesen. Mein schwedischer Bekannter, der Managing Director eines Bohrgestänge vertreibenden Betriebes, hatte die Registrierung der VHN-Spedition bereits abgewunken und mich zur Erfassung unserer Daten zu seinem Adlatus geschickt. Als ich das Büro dieses Herrn, des kanadischen General Managers, betrat, erschrak ich. Hinter einem robusten Schreibtisch saß ein alter Bekannter, der Elefant, der bis vor Kurzem noch für ein anderes Unternehmen gearbeitet hatte. Seinerzeit hatte er sich mir auf einer meiner Verkaufstouren mit den Worten »I am the General Manager. I hire and fire.« vorgestellt.

Daraufhin hatte ich, bevor ich das Weite suchte, erwidert: »Nett, dich kennengelernt zu haben. Ich wünsche dir noch einen schönen Tag. Tschüss!«

Der Kleiderschrank schien mich nicht wiederzuerkennen. Durch eine Bewegung seiner fleischigen Hand forderte er mich auf, mich zu setzen. Mitten im Prozess der Datenerfassung setzte sein Erinnerungsvermögen wundersamerweise aber doch noch ein, sodass der Hüne von seinem Computer abließ, mich aus großen braunen Augen eine Zeit lang stumpfsinnig angaffte und konstatierte: »Ich glaube, ich kenne dich. Für dich arbeitet doch ein Holländer.«

Mein Gott, ist das Riesenbaby bescheuert, ging es mir durch den Kopf. Viel Masse, aber wenig Hirn. Jetzt verwechselt mich diese Intelligenzbestie auch noch.

»Für mich arbeitet kein Niederländer. Da musst du etwas durcheinanderbringen«, entgegnete ich.

»Blödsinn, ich besinne mich jetzt wieder und bin mir hundertprozentig sicher. Für dich schafft ein Holländer. Und dieser Drecksack hat mich nach Strich und Faden beschissen! Deshalb suche ich ihn.«

Langsam wurde mir die Konversation zu blöd. »Bei VHN ist aber kein Niederländer angestellt«, gab ich dem Giganten nochmals kurz angebunden zu verstehen.

»Du lügst!«, trompetete der Elefant. Sein Getöse ließ die Wände wackeln. »Falls nicht, bring mir einen Beweis dafür, dass du keinen Käskopp beschäftigst!«

Auch ich wurde nun laut. »Ich habe dir bereits mehrmals versichert, dass kein Holländer für mich tätig ist! Das sollte dir eigentlich genügen. Was für einen Nichtbeschäftigungsnachweis verlangst du denn? Das, was du hier abziehst, geht mir ehrlich gesagt ganz schön auf den Geist!«

Es wurde dunkel im Raum, denn der Kleiderschrank, der mit dem Rücken zum Fenster an seinem Pult gehockt hatte, erhob sich, um noch lauter als zuvor zu posaunen: »Es ist mir scheißegal, wie das Ding aussieht! Aber du bringst mir den unwiderlegbaren Nachweis! Solltest du das nicht wollen oder können, wirst du niemals für unser Unternehmen arbeiten!«

»Weißt du was? Fick dich, Popeye«, schimpfte ich, bevor ich mich abwandte und die Tür hinter mir zuknallte.

Abends stand ich mit Len, Newton und Leon an der Theke der Cheers Bar. Es war bereits zehn Uhr. Ich wollte gerade bezahlen, als der Elefant das Lokal betrat, sich neben mich stellte und mir von oben herab auf die Schulter tippte.

»Kraut, du hast mich beleidigt. Lass uns nach draußen gehen. Unter freiem Himmel lassen sich unsere Differenzen besser klären.«

Verängstigt schielte ich nach oben, dann noch weiter nach oben, bis ich schließlich einen über beide Backen grinsenden Eierkopf erblickte. Augenblicklich war meine Hose gestrichen voll. Scheiße, das setzt richtig Haue, warnte mein Hirn.

Anfangs noch leise und stockend, schnell aber lauter werdend tönte ich, damit es auch ja jeder mitbekam: »Sag mal, hast du überhaupt keine Manieren? Ich befinde mich gerade in geselliger Runde und bin dran, die nächsten

Getränke zu bestellen. Gedulde dich doch bitte noch ein wenig, bis ich mein Bier ausgetrunken habe. Danach können wir gern frische Luft schnappen gehen.«

Den Streithammel nicht weiter beachtend wandte ich mich wieder meinen Freunden zu, um mit ihnen anzustoßen. Dem lauten Schnauben nach zu urteilen, hatte sich mein Widersacher nicht vom Fleck bewegt. Weiterhin stand er schmachtend hinter mir. Wenngleich es mir äußerst schwerfiel, versuchte ich, so lange wie möglich an meiner Buddel herumzunuckeln. Kaum dass meine Flasche aber doch leer war, stieß mir jemand seinen Wurstfinger aufs Schlüsselbein.

»Los jetzt, gehen wir.«

»Nichts da, jetzt bin ich dran, einen auszugeben«, beschwerte sich Len, der englische Gentleman, der die Situation erfasst hatte. »Ihr könnt euch gern später noch die Köpfe einschlagen, aber jetzt trinkt Herbert erst mal meine Maurerbrause. Ich bestehe darauf.«

Nach Len war Newton an der Reihe, eine Runde zu bestellen, wobei sich das mit einem schmerzhaften Fingerstupsen beginnende Spielchen wiederholte. Allerdings protestierte der Dickhäuter dieses Mal lauter.

Ich war bereits leicht angetrunken. Die drohende Gefahr ignorierend bewegte ich mich frei von allen Zwängen. Ich lachte, gestikulierte und prostete meinen Freunden zu. Die Zeit verging. Als Nächstes sorgte Leon für Nachschub. Mittlerweile fühlte ich mich wie das tapfere Schneiderlein, das das ständige, von Grunzen begleitete Schulterstupsen völlig außer Acht ließ.

Sobald sich schließlich auch Leons Getränk dem Ende neigte, konnte sich der Elefant nicht mehr beherrschen. Er klotzte sich vor mir hin und ließ seine lang vermisste Trompete erschallen: »Jetzt reicht's mir aber! Ich warte schon seit einer halben Ewigkeit! Komm sofort mit nach draußen!«

»Nun blas dich mal nicht so auf, Kollege«, lallte ich, von allen Ängsten befreit. »Die nächste Runde geht auf mich, und dabei handelt es sich um eine Lokalrunde. Folglich musst du dich leider noch etwas gedulden. Oder muss der Kleine etwa schon ins Bettchen?«

Wutentbrannt machte der Elefant einen Schritt auf mich zu. Sofort wurde er jedoch von sämtlichen Gästen ausgebuht. Das große Finale des Riesenbabys bestand dann nur darin, den Kopf zu schütteln, ehe es sich schnaufend und vom Gelächter aller Anwesenden begleitet aus dem Staub machte.

Das war gegen drei Uhr morgens. Wir tranken noch aus, um uns anschließend auf den Heimweg zu begeben. Vorher musste ich meinen Freunden aber noch versprechen, sie für ihre Ausdauer am nächsten Abend mit Freibier zu belohnen. Im Boot-Klub natürlich, denn in der Cheers Bar wollte ich mich erst einmal nicht mehr blicken lassen.

Wo blieben sie denn nur? Hatte die Bank mal wieder Computerprobleme? War der Geldtransporter zu spät eingetroffen oder gar überfallen worden? Trotz meiner Müdigkeit wollte ich an diesem Tag eigentlich einen Kunden aufsuchen, um ihm ein kleines Geldgeschenk zu überreichen. Das würde ich jedoch langsam vergessen können, weil es bereits zwölf Uhr war. Ich bat Franka, bei der Bank anzurufen und herauszufinden, ob es dort zu Verzögerungen gekommen war. Vielleicht befand sich Mütterchen Queenette ja immer noch in der Warteschlange vor dem Kassenschalter? Unseligerweise waren alle Telefonleitungen des Geldinstitutes permanent besetzt. Somit blieb mir wegen der zunehmenden nervlichen Anspannung nichts anderes übrig, als unflätig zu fluchen.

Böses ahnend, wobei mir das Drama mit traurigem Ausgang, die kostspielige Geschichte mit unserem Ex-Buchhalter Chima, wieder durch den Kopf ging, sandte ich zu guter Letzt Daniel, einen neuen Fahrer, zum Geldinstitut. Nachdem er zwei Stunden später nach wie vor unterwegs war, begann ich, ruhelos in meinem Büro herumzuwandern. Alle fünf Minuten legte ich eine Pause ein, in der ich mich bei unserer Sekretärin nach dem Verbleib des Chauffeurs erkundigte.

Um halb drei tauchte Daniel endlich wieder auf. Er teilte mir mit, dass Queenette – laut Auskunft einer Bankangestellten – das Geldinstitut bereits gegen elf Uhr verlassen hatte. Verdammt noch mal, irgendetwas Unvorhersehbares, Unerfreuliches musste passiert sein! Ich zermarterte mir das Hirn, dachte über mögliche Katastrophen sowie einzuleitende Maßnahmen nach, bis mich ein Klopfen an der Tür aus meinen Horrorgedanken riss. Franka und die durchgeschwitzte vermisste Kassiererin drängten sich laut schnatternd in mein Paradies.

»Na endlich, Queenette, wir haben uns schon große Sorgen um dich gemacht!«, stöhnte ich erleichtert auf. »Warum hat es heute denn so lange gedauert?«

Die leicht übergewichtige junge Frau mit dem zu einem absonderlichen Muster geschorenen Haar schüttelte verzweifelt den Kopf. »Oga, ich weiß auch nicht, was los ist. Wisdom ist weg.«

»Wie, Wisdom ist weg? Was soll das heißen?«

»Er ist verschwunden, wie vom Erdboden verschluckt. Deshalb musste ich den ganzen Weg hierher zu Fuß laufen.«

Meine Antennen waren ausgefahren, alles deutete auf einen bevorstehenden Alarm hin. Dennoch bemühte ich mich, einigermaßen ruhig zu wirken.

»Erzähl mir bitte alles von Anfang an, Mädchen, ganz langsam.«

»Also, sobald wir die fünfhunderttausend Naira vom Konto abgehoben hatten, sind wir noch kurz zum Markt gefahren. Dort wollte ich meine bereits bezahlten Kochbananen, die ich gestern an einem Stand vergessen hatte, abholen.«

»Ihr seid mit dem ganzen Zaster im Kofferraum zum Markt gefahren? Seid ihr noch ganz bei Trost? Das darf doch wohl nicht wahr sein!«

»Ich weiß, wir hätten das nicht machen dürfen. Aber der Markt ist nicht weit von der Bank entfernt. Zudem brauchte ich nur fünf Minuten, um die Bananen in Empfang zu nehmen. Als ich zum Parkplatz zurückkehrte, waren Wisdom und das Auto weg. Sie hatten sich in Luft aufgelöst. Ich dachte, dass der Schlaumeier vielleicht auch etwas besorgen wollte. Deshalb wartete ich eine halbe Stunde. Da er dann immer noch nicht wieder aufgetaucht war, fragte ich parkende Autofahrer und Verkäufer an den am Parkplatz gelegenen Ständen, ob sie Wisdom oder den Peugeot gesehen hätten. Niemandem war aber irgendetwas Ungewöhnliches aufgefallen. Keine Menschenseele konnte sich an die Verschwundenen erinnern. In der Hoffnung auf eine baldige Rückkehr

Wisdoms rannte ich eine Zeit lang kopflos auf dem Parkplatz herum, ehe ich den Rückweg zum Büro antrat. Wie schon erwähnt, musste ich die ganze Strecke in der brütenden Hitze laufen, denn ich hatte kein Geld für ein Taxi. Das ist ja in meiner Handtasche, im Peugeot.«

Mir schwirrte der Kopf. Fürchterliche Erinnerungen kehrten zurück. Schließlich hatte ich schon einmal einen Chauffeur samt Auto verloren. Die blutige, von Kugeln durchsiebte Leiche meines Fahrers Aliu war am Tag nach seinem Verschwinden auf dem Express-Way gefunden worden. Plötzlich fühlte ich mich nicht nur unwohl, sondern begann, am ganzen Körper zu zittern. Das Einzige, was ich noch zustande brachte, war, Daniel mit der Bitte zu Isa zu schicken, mich schnellstmöglich im Büro aufzusuchen.

Mit geschlossenen Augen saß ich am Schreibtisch, als die Tür zu meinem Paradies aufgerissen wurde. Völlig außer Atem stürmte Isa herein.

»Was ist los?«, verlangte der Polizist zu wissen. »Daniel sagte mir, etwas Schlimmes habe sich ereignet.«

Tränen unterdrückend begann ich, Bericht zu erstatten. Noch bevor ich meinen Vortrag, in dem sich die Worte Entführer, Räuber und Mörder wiederholten, beendet hatte, brach mein Kamerad, anstatt Mitleid zu bekunden, in höhnisches Gelächter aus. Was war mit dem denn los? War er völlig übergeschnappt oder hatte er etwa berauschende Mittel zu sich genommen?

»Vollkommen fertig habe ich dir gerade von einer Tragödie berichtet. Und du lachst auch noch!«, protestierte ich wütend.

Isa schien meine Worte immer noch nicht ernst zu nehmen. Er zeigte sich weiterhin belustigt. Obendrein forderte er mich auf, mal halblang zu machen und ihm zuzuhören.

»Sag mal, bist du eigentlich so naiv, Hudu? Was faselst du denn da von einem Überfall? Und warum soll ich alles nur Erdenkliche unternehmen, um das Leben deines geliebten Wisdom zu retten? Der ist der Dieb, Mensch! Der hat die Gelegenheit beim Schopf ergriffen, sich mit dem Geld und dem Auto aus dem Staub gemacht, kapier das doch.«

Ich gaffte den Polizisten an. Erbost gab ich ihm zu verstehen, dass es gemein sei, meinen armen Fahrer, der so viel durchzumachen hatte und sich womöglich gerade in Lebensgefahr befand, zu verdächtigen. Daraufhin wurde der DCO lauter.

»So viele Zufälle auf einem Haufen gibt es nicht! Wenn man das Fahrzeug gleich vor der Bank geentert hätte, wäre es eine ganz andere Nummer gewesen. Aber wer hijackt schon einen alten, verbeulten Peugeot, der vor einem Marktplatz parkt, aus dem ein Mütterchen wie eure Queenette aussteigt? Woher sollen die Räuber denn wissen, dass sich im Kofferraum dieser Schrottkarre fünfhunderttausend Naira befinden, hahaha.«

Ich dachte über das Gehörte nach. Das Wort Schrottkarre war mir nicht entgangen. Darauf würde ich bei passender Gelegenheit zurückkommen. Momentan gab es jedoch andere Prioritäten. Obwohl ich immer noch äußerst besorgt um das Wohlergehen meines Chauffeurs war, hatte Isa womöglich recht. Zumindest waren seine Argumente logisch. Während ich meine kleinen grauen Zellen bis zum Äußersten strapazierte, versuchte mein Kumpel weiterhin, mich zu beschwichtigen. Ich solle mir keine allzu großen Sorgen machen, predigte er andauernd. Außerdem versprach er, sofort eine Fahndung einzuleiten, einen Suchaufruf an alle stationären und mobilen Polizeieinheiten im Stadtgebiet zu senden. Abends wollte er mich zu Hause besuchen, um Bericht zu erstatten.

Mit einem Absacker ausgestattet saß ich grübelnd am Tresen im Wohnzimmer. Isa trat ein. Er hatte gute Nachrichten. Mein Fahrer lebte!

»Gott sei Dank«, seufzte ich.

Wisdom hatte sich eine Stunde nach Sonnenuntergang bei der Besatzung eines Polizeifahrzeuges in der Nähe der Bezahlstation für die Straße nach Aba, weit außerhalb der Stadt, gemeldet. Er war zu Fuß erschienen. Zwar war er bis auf seine Boxershorts vollkommen nackt gewesen, aber er weilte unter den Lebenden. Auf diese frohe Botschaft prosteten der DCO und ich uns mehrmals zu, ehe Isa sich entschuldigte und sich wegen anderer dringend zu erledigender Angelegenheiten verabschiedete. Er versprach, mich am folgenden Tag im Büro über den neuesten Stand der Dinge in Kenntnis setzen. Und das tat er auch, allerdings nicht wie ein pflichtbewusster Polizist, sondern eher wie der vertrottelte Wachtmeister in einer Aufführung des Ohnesorg-Theaters. Ich missbilligte das Verhalten des »urkomischen« Gendarmen, fand seinen gestenreichen Auftritt ganz und gar nicht lustig. Schnippisch erkundigte ich mich, ob ich mitlachen dürfte.

»Na klar, Hudu«, scherzte der Sheriff. »Glücklicherweise hatten die Kollegen meine per Sprechfunk übermittelten Anweisungen nicht richtig verstanden. Deshalb brachte man deinen Wisdom zur Polizeistation Eleme statt zu meiner Dienststelle in Trans Amadi. Dort hat man ihm angedroht, ihn zwecks Wahrheitsfindung erst einmal an den Füßen aufzuhängen. In dem Augenblick, in dem Wisdom dann das Kabel sah, mit dessen Hilfe der ermittelnde Beamte ihn angeblich anschließend befragen wollte, hörte er gar nicht mehr auf zu quasseln. Sofort gab er alles zu. Als Erstes verriet er uns, wo er den Peugeot geparkt hatte. Dann führte er die Kollegen zum Geldversteck, zum Haus eines mit ihm befreundeten Ehepaares, zu dem er einen Schlüssel besaß. Die Frau war hochschwanger. Sie und ihr Gatte schliefen noch, als unsere Leute frühmorgens die Bude stürmten. Zu ihrer Überraschung befand sich der gestohlene Schotter an dem Ort, den Wisdom uns genannt hatte, unter der Matratze des Ehebetts. Bedauerlicherweise ist aber nur noch die Hälfte der Kohle vorhanden.«

Ich hatte den Ausführungen des DCO reglos gelauscht und versuchte, das Gehörte langsam zu verdauen. Die Methoden der hiesigen Polizei waren nicht gerade zimperlich, das wusste ich. Es entzog sich aber meiner Kenntnis, ob bei einem Schweigen des Straftäters tatsächlich Foltermethoden angewandt worden wären. Über eine andere Sache hingegen war ich mir vollkommen im Klaren. Da ich nigerianische Gesetzeshüter diesbezüglich zu kennen meinte, leuchtete mir ein, dass nur noch die Hälfte des Geldes vorhanden war. Trotz der Freude über das Wiederbeschaffte war ich nicht hundertprozentig happy. Hatte ich mich so sehr in meinem Fahrer getäuscht? War meine Menschenkenntnis so schlecht? Für den Schnösel mit dem großen vom Hals herabbaumelnden Kreuz hätte ich jederzeit meine Hand ins Feuer gelegt.

Wisdom der Weise wurde angeklagt und verurteilt. Danach ging er für drei Monate in den Bau. Gleich nach seiner Entlassung fand er sich gut gelaunt in meinem Paradies ein. Er bekundete, geläutert zu sein, bevor er um Wiedereinstellung bat.

Die Krankheit

Der Kaffeebecher war geleert. Aus diesem Grund hielt mich nichts mehr auf dem Autobahnparkplatz. Ich wollte ihn gerade verlassen, um die Fahrt nach Dresden fortzusetzen, der Klingelton meines Handys hielt mich jedoch davon ab.

»Hallo Stella«, begrüßte ich meine Freundin. »Bist du so vermögend, dass du dir teure Telefonate nach Deutschland leisten kannst? Was macht der Blinddarm? Wann kommst du unters Messer? Stella? Weinst du etwa? Was ist denn los? Du musst doch keine Angst vor dem Eingriff haben. Doktor Steve hat mir versichert, die Operation sei eine seiner leichtesten Übungen.«

Stella schwieg. Lediglich ihr schwerer Atem und ihr Schluchzen waren zu vernehmen, ehe sie in verzweifeltes Weinen verfiel.

»Stella! Sag mir bitte, warum du weinst. Was auch immer es ist, lebensbedrohlich wird es schon nicht sein.«

»Die, die haben mir Blut abgenommen.«

»Ja und? Das ist doch nichts Ungewöhnliches. Das macht man im Krankenhaus halt so, vor einer Operation.«

»Ich weiß, aber aufgrund dessen haben sie festgestellt ...« Meine Geliebte redete nicht weiter. Sie heulte jetzt Rotz und Wasser.

»Stella, Stella? Was hat man festgestellt? Spann mich bitte nicht unnötig auf die Folter. Raus mit der Sprache!«

Anscheinend hatte ich versucht, von Ostdeutschland bis nach Nigeria zu brüllen. Leute waren auf mich aufmerksam geworden. Sie beäugten mich, den nervös auf dem Parkplatz Herumlaufenden, lautstark in einer fremden Sprache Kommunizierenden. Anfangs verstand ich die Nigerianerin nicht, als ihre schwache Stimme erneut erklang. Um weniger aufzufallen, vor allem aber, um ein wenig Ruhe auf Stella auszustrahlen, bat ich sie mit leise und langsam gesprochenen Worten, ihren letzten Satz zu wiederholen.

Ganz weit entfernt vernahm ich daraufhin die Botschaft: »Ich habe die Krankheit.«

»Ja, welche Krankheit denn?«, bohrte ich nach. Bevor ich weiterreden konnte, zuckte ich aber zusammen. Eine düstere Ahnung überkam mich. »Sag mal, meinst du etwa die Krankheit?«

»Ja, die Krankheit«, hallte es unwirklich wie aus einer anderen Welt kommend.

Stellas Antwort ging mir durch Mark und Bein. Wegen eines Schwächeanfalls musste ich mich am Autodach abstützen. Mit bibbernden Lippen bat ich um Bestätigung, in der Hoffnung, dass es nicht wahr sein würde. »D… d… du meinst doch wohl nicht etwa AIDS?«

»Selbstverständlich meine ich AIDS, was denn sonst?«

Wie gelähmt stand ich auf dem Parkplatz. Auf das Telefon in meiner Hand starrend vernahm ich Meeresrauschen im Kopf mit Möwenrufen, Stellas Schluchzern, im Hintergrund.

»Bleib bitte ruhig, mein Engel, ganz ruhig«, flüsterte ich nach einer halben Ewigkeit, wohl darauf bedacht, mir meine Gefühle nicht anmerken zu lassen. »Da müssen wir gemeinsam durch. Morgen früh rufe ich Doktor Steve von zu Hause aus an. Ich bin gespannt, was er sagt. Hoffentlich hast du ihn falsch verstanden. Jetzt muss ich weiter, meine Eltern aus Dresden abholen. Die kehren von einer Flusskreuzfahrt auf der Elbe zurück, die ich ihnen zur goldenen Hochzeit geschenkt habe.«

Wie ich nach Dresden und von dort aus zurück in mein Heimatstädtchen Hude gekommen bin, weiß ich nicht mehr. Meine Eltern schilderten mir ihre fantastischen Reiseeindrücke. Sie redeten mit mir und ich beantwortete auch brav all ihre Fragen. Meine sich ständig im Kreis drehenden Gedanken waren jedoch ganz woanders.

Fatalerweise bestätigte Doktor Steve tags darauf die Hiobsbotschaft meiner Freundin. Ansonsten empfahl er mir dringendst, auch einen HIV-Test zu machen. Er versprach, sich bis zu meiner Rückkehr um Stella zu kümmern, sie mit Medikamenten, die in Nigeria ausreichend und zu erschwinglichen Preisen zur Verfügung standen, zu versorgen.

Das war's dann halt, sinnierte ich. Den Test kannst du dir sparen. Immerhin bist du schon drei Jahre mit deiner Lebensgefährtin zusammen. Und du Schlaumeier dachtest, du wärst auf der sicheren Seite, weil du in dieser Zeit nur mit einer Person sexuelle Kontakte gepflegt hast. Pustekuchen! Die Gefahr hat direkt in deinem Schlafzimmer gelauert!

Tagsüber konnte ich an nichts anderes als an AIDS denken und auch in meinen Träumen, aus denen ich häufig wild um mich schlagend hochschreckte, beschäftigte sich mein Gehirn ausschließlich mit diesem Thema. Stella, AIDS? Wo mochte sie sich nur angesteckt haben? Und wann? Seitdem wir uns näher kannten, waren wir fast jede Nacht zusammen. Das ruhige, häusliche Mädchen war alles andere als eine Person, die freizügig mit Männern oder Frauen herummachte. Verdammt! Das durfte doch nicht wahr sein, oder? Leider Gottes war es aber wahr!

Dass ich einen HIV-Test machen musste, hatte mir Doktor Steve dringlichst angeraten. Daran führte kein Weg vorbei. Nur wo? Auf keinen Fall in Hude. Nicht auszudenken, wenn sich im Dorf herumspräche, dass ich positiv sei, wenn man hinter vorgehaltener Hand im Beisein meiner Eltern tuscheln würde. Ich überlegte, mich in Bremen oder Hamburg testen zu lassen, entschied mich schlussendlich aber dafür, erst einmal die AIDS-Beratung in Oldenburg aufzusuchen. Die Hilfseinrichtung befand sich in einer Stadtvilla in der Nähe des Bahnhofs. Diesem Gebäude näherte ich mich auch, allerdings nur bis auf zehn Meter, um dann mit der Angst vor der Wahrheit unverrichteter Dinge wieder abzuziehen.

Die tatenlose Zeit verrann in Windeseile. Mein Rückflug nach Nigeria war bereits für den kommenden Mittwoch gebucht. Somit schwanden die Chancen, auf den letzten Drücker einen Test an einem »sicheren« Ort durchzuführen. Eigentlich verblieb nur noch eine Alternative, die ich ursprünglich unbedingt vermeiden wollte: ein Test beim Hausarzt. Am Ende eines Gebetes versprach ich dem lieben Gott, ein guter, sittsamer Mensch zu werden, falls er mich dem Teufel von der Schippe springen lassen würde. Anschließend fand ich mich mit zitterigen Knien freitagsmorgens in der Hausarztpraxis An der Bäke ein. In welcher Angelegenheit ich den Chef zu sprechen wünsche, wollte die Dame an der Rezeption wissen. »Das werde ich dem Herrn Doktor persönlich mitteilen«, stammelte ich errötend.

»Also, raus mit der Sprache, wo drückt der Schuh?«, drängte Doktor Denker, kaum dass ich ihm wenig später gegenübersaß.

»Herr Doktor, äh, ist es möglich, hier bei Ihnen, äh, einen HIV-Test zu machen?«

»Warum drucksen Sie denn so herum? Sicher doch. Sie wären schließlich nicht der einzige Huder, der sich testen lässt.«

Überrascht glotzte ich den Arzt an. Der ergriff wieder das Wort: »Meine Mitarbeiterin wird Ihnen gleich Blut abnehmen. Das schicken wir ein, zum Labor. Das Ergebnis sollte mir Montagmorgen vorliegen. Danach rufe ich Sie an und teile es Ihnen mit. Ich wünsche Ihnen noch ein schönes Wochenende.«

Leider hatte ich alles andere als ein schönes Wochenende. Genauer gesagt war es das schlimmste meines Lebens. Pausenlos zermarterte ich mir das Hirn, konnte ich nur an eine Sache denken. Die Zeit schien stehengeblieben zu sein.

Das Telefon misstrauisch anstierend saß ich am alles entscheidenden Tag schon seit sieben Uhr morgens an meinem Schreibtisch. Einerseits ersehnte ich den Anruf des Arztes. Andererseits hatte ich aber auch richtig Schiss davor. Zumal der Kasten, auf den ich mich ganz und gar fixierte, bis elf Uhr dreißig immer noch nicht gebimmelt hatte, griff ich zum Hörer und betätigte die Drehscheibe mit unsicherer Hand.

»Ah ja, stimmt. Entschuldigung, aber Sie habe ich völlig vergessen«, schnaufte Doktor Denker, nachdem man mich zu ihm durchgestellt hatte. »Ich muss mal eben im Computer nachschauen. Gedulden Sie sich bitte einen Augenblick.«

Die nun folgende Zeitspanne – das Warten auf mein Todesurteil – war die längste, die ich je durchlebt hatte. Unzählige wirre Gedanken flogen mir in diesem nicht enden wollenden Moment durch den Kopf. Schließlich vernahmen meine hochsensiblen Ohren lauter werdende Schritte, die Schritte des Mediziners, der den Telefonhörer auf seinen Schreibtisch gelegt hatte und sich ihm jetzt wieder näherte. Hiernach war Dr. Denker erneut am Apparat. Tief durchatmend sagte er die Worte, die ich nie vergessen werde: »Machen Sie sich mal keine Sorgen. Sie sind negativ. Ich wünsche Ihnen noch einen schönen Rückflug ins sonnige Afrika.«

Der Arzt machte Anstalten, das Gespräch zu beenden. Ich hielt ihn davon ab. »Herr Doktor, ich glaube, ich habe Sie nicht richtig verstanden«, stotterte ich. »Könnten Sie das gerade Gesagte bitte noch einmal wiederholen?«

»Sie sind negativ, Mann«, krächzte es aus dem Hörer, bevor es in der Leitung klickte.

Nur schwerlich kann ich beschreiben, was ich empfand. Jedenfalls brauchte ich lange, um die Nachricht zu verstehen, sie zu verarbeiten. Als der Groschen endlich gefallen war, fühlte ich mich plötzlich wie neu geboren. Abends zog ich meinen schwarzen Anzug an und fuhr zur St.-Elisabeth-Kirche, denn ich wollte mich beim Großmeister bedanken. Außer mir waren noch zwei ältere Damen anwesend, die ich allerdings nur beim Betreten des mittelalterlichen Gotteshauses wahrnahm. Im Anschluss daran war ich betend in tiefe Meditation versunken.

Wenngleich ich während des langen Fluges nach Port Harcourt angestrengt nachdachte, fand ich keine Antworten auf die vielen offenen Fragen. Hinsichtlich des größten Problems würde ich leider erst in zwei Monaten Klarheit erlangen – nach einem zweiten HIV-Test, nach Ablauf der dreimonatigen Inkubationszeit. Womöglich hatte ich mich ja noch in letzter Minute angesteckt? Eine andere elementare Frage war, wie Stellas und meine Zukunft aussehen sollte. Gab es überhaupt eine gemeinsame Zukunft für uns?

Bei meinem Eintreffen lag Stella weinend auf dem Sofa im Wohnzimmer. Verständlicherweise gelang es mir weder durch tröstende Worte noch durch Zärtlichkeiten, sie aufzuheitern. Sobald sie von meinem Testergebnis erfuhr, verschlimmerte sich ihr Zustand. Wie ein Schlosshund heulend zog sie sich ins Gästezimmer zurück, um sich darin zu verbarrikadieren.

Am folgenden Tag besuchten wir Doktor Steve. Der schüttelte skeptisch den Kopf, als ich ihm mein deutsches Testergebnis präsentierte. Weil HIV-Viren erst drei Monate nach Ansteckung nachweisbar waren, machte auch er ausdrücklich auf die Notwendigkeit einer weiteren Blutuntersuchung aufmerksam. Der Medikus erneuerte sein Versprechen, Stella medikamentös zu versorgen. Viel mehr konnte er bedauerlicherweise nicht für uns tun.

Im Verlauf der nächsten Wochen hatten Stella und ich uns nicht viel zu sagen. Dennoch sollte ich mehr aus dem Leben meiner Partnerin erfahren. Wegen eines finanziellen Engpasses ihres Vaters war sie in jungen Jahren an einen Amerikaner verschachert worden. Der Typ lebte mitten im Busch, auf einem am Ufer des Imo Rivers vor Anker liegenden Hausboot. Offiziell sollte sie bei diesem Pädophilen als was auch immer in die Lehre gehen. Im Alltag diente sie aber nicht nur als Hausmädchen, sondern auch als Gespielin ihres Herrn und Meisters, dessen Sklavin sie praktisch war. Mit sechzehn gelang ihr die Flucht. Von da an wohnte sie bei ihrer Freundin Mary, bis sie bei mir einzog. Stella hatte mir vorher nichts von diesem Lebensabschnitt auf dem Hausboot erzählt, denn sie wollte ihn einfach nur vergessen, aus ihrem Gedächtnis löschen. Zumal sie, wie ich jetzt erfuhr, bisher nur mit zwei Männern Sex gehabt hatte und ich negativ getestet worden war, stand fest, wer sie infiziert hatte.

Der Tag der Wahrheit kam schneller als gedacht. In letzter Zeit war ich mürrisch, nervös und vergesslich, da sich in meinem Kopf das Gleiche abspielte wie vor meinem ersten HIV-Test. Wieder hatte ich Schiss inne Buchs, nahm ich am Lotteriespiel »Leben oder Tod« teil. Doktor Steve fiel es offensichtlich nicht schwer, mir meinen Gemütszustand vom Gesicht abzulesen. Entgegenkommenderweise fasste er sich kurz. Die einzigen Worte außer dem Willkommensgruß, die er im Verlauf unserer Zusammenkunft von sich gab, waren: »Komm in drei Stunden wieder. Dann habe ich das Ergebnis der Blutuntersuchung.«

Anlässlich der chaotischen Verkehrsverhältnisse beschloss ich, nicht zurück in den Betrieb zu fahren. Stattdessen begab ich mich geistesabwesend in ein neu eröffnetes italienisches Restaurant in der Nähe der Klinik. Sowie der Teller mit der bestellten Pizza vor meiner Nase stand, wurde mir dermaßen übel, dass ich weder das Essen noch das Bier anrühren konnte. Den Sekundenzeiger meiner Armbanduhr beobachten, das war das Einzige, zu dem ich in der Lage war. Trotzdem ließ sich nichts beschleunigen. Abermals stand die Zeit still.

Warum hat der Arzt nur ein Pokerface aufgesetzt, überlegte ich in dem Augenblick, in dem ich ihm erneut gegenübersaß. Steve machte es extrem spannend. Seine Augen durchbohrten mich lange, ehe er endlich den Mund öffnete. Und dann ließ er das Wort verlauten, von dem mein Leben abhing: »Negativ.«

Wenn ich mich nicht so ausgebrannt gefühlt hätte, wäre ich dem Doktor garantiert um den Hals gefallen. Stattdessen murmelte ich nur etwas Unverständliches, drehte mich um und schlurfte davon.

Während des ganzen Wochenendes schlich ich in Haus und Garten herum, grübelte und strapazierte ich meine kleinen grauen Zellen, bis sie zu zerbersten drohten. Was war jetzt, nachdem die Würfel gefallen waren, zu tun? Welche Perspektiven ergaben sich für Stella und mich? Auch am Montag hing ich weiterhin meinen Gedanken nach und verzichtete darauf, zur Arbeit zu gehen. Bei Einbruch der Dämmerung bat ich meine Partnerin um ein Gespräch.

Ich brauchte eine ganze Weile, bis ich den Mund öffnen konnte, denn das vor mir hockende Häuflein Elend tat mir unendlich leid.

Mit den Worten »Du bist positiv und ich bin negativ« begann ich meine Ansprache. »Stella, ich habe lange über unsere Situation nachgedacht. Wie auch immer ich es gedreht und gewendet habe, jedes Mal bin ich zum selben Schluss gelangt: Es gibt keine gemeinsame Zukunft für uns.«

Obwohl ich meinen Vortrag erst begonnen hatte, schnellte meine Gefährtin in die Höhe. Sie schlug sich die Hände vors Gesicht und lief nach draußen. Mir war von vornherein klar gewesen, dass für sie eine Welt zusammenbrechen würde, aber was sollte ich machen? Erst einmal musste ich mir Gehör verschaffen, Stella meine Entscheidung und die Beweggründe dafür erklären und versuchen, ihre Ängste zu lindern. Nach kurzer Suche fand ich die Geflüchtete im Garten. Sie kauerte unter einem Mangobaum. Ich nahm sie behutsam in den Arm.

»Lass mich das Wichtigste vorab erwähnen«, flüsterte ich mit sanfter Stimme. »Ich werde dich nicht fallen lassen.« Diese Worte bewirkten etwas. Meine Gefährtin beruhigte sich. Sie schaute mich mit rotgeweinten Augen an.

»Auch wenn ich mir nichts sehnlicher wünsche, können wir schwerlich weiterhin zusammenleben«, fuhr ich fort. »Versteh das bitte. Wie soll das funktionieren, wenn ein Partner positiv und der andere negativ ist? Selbst wenn wir vorsichtig sind, ist die Ansteckungsgefahr viel zu groß. Außerdem glaube ich nicht, dass das Wissen um deine Krankheit große Lustgefühle in uns aufkommen lassen wird. Theoretisch könnten wir zumindest zusammenwohnen. Wir würden dann aber nur nebeneinanderher leben, wobei ich davon ausgehe, dass uns das nicht glücklich machen würde. Ich glaube daher, es ist besser, wenn wir uns trennen. Somit könnte jeder sein Leben nach den eigenen Wünschen neu gestalten. Zum Beispiel könntest du dir, wenn du es möchtest, einen ebenfalls positiven Lebenspartner suchen. Und auch ich hätte Gelegenheit, mich anders zu orientieren. Falls wir mit unserer Eigenständigkeit unzufrieden sein sollten, bleibt uns immer noch die Möglichkeit, wieder einen gemeinsamen Haushalt zu führen. Vom wirtschaftlichen Aspekt her würde das Ganze so aussehen, dass ich dir – solange ich lebe – sowohl die Miete für ein kleines Appartement als auch einen monatlichen Unterhalt zahle. Bitte denk über meinen Vorschlag nach. Und lass dir ruhig Zeit dabei.«

Stella entschied sich dafür, mein Angebot anzunehmen. Schnell hatte sie eine schöne Wohnung in zentraler Lage gefunden, die wir gemeinsam nach ihren Vorstellungen einrichteten. Von jetzt an sah ich sie nur noch einmal monatlich, wenn sie ins Büro kam, um die Unterhaltszahlungen in Empfang zu nehmen. Bei diesen Begegnungen sah sie äußerst gepflegt aus. Überdies wirkte sie nicht gerade unzufrieden. Immer noch faszinierten mich ihre bei einem Lächeln stark hervortretenden Grübchen und immer noch wippte ihr rechter Fuß auf und ab, sobald sie nervös wurde. Stella ging jetzt wieder zur Schule. Außerdem war ihr Bruder bei ihr eingezogen. Er unterstützte sie bei der Hausarbeit.

Die Deutschen kommen

Gerade bekam ich meine nächste Lektion. Im Anschluss an Dipiris Vortrag über das Königreich Opobo begann eine Deutschstunde. Das Telefon hatte geklingelt. Ein Herr am anderen Ende der Strippe siezte mich. Folglich konnte es sich nur um jemanden aus Deutschland, Lagos oder Abuja handeln. Keinesfalls jedoch war diese Person in Port Harcourt ansässig.

»Darf ich mich vorstellen? Mein Name ist Groß«, begann der Anrufer seine einstudiert wirkende Rede. »Ich bin der Vorsitzende der Deutsch-Nigerianischen Handelskammer und habe gehört, dass Sie einer der wenigen sind, die die deutsche Stellung in Port Harcourt halten. Deshalb möchte ich Sie fragen, ob Sie uns in einer äußerst wichtigen Angelegenheit behilflich sein könnten. Im nächsten Monat wird eine Delegation deutscher Geschäftsleute Nigeria besuchen. Die Damen und Herren kommen zuerst nach Lagos, ehe sie sich nach Abuja begeben. Für ihren Aufenthalt in diesen Städten steht das Programm bereits. Zwischen dem letzten Termin in der Hauptstadt und ihrer Abreise aus Lagos haben sie allerdings noch zwei Tage Luft. Aus diesem Grund hat man den Wunsch geäußert, auch Port Harcourt sowie Bonny Island besuchen zu dürfen. Mit der LNG Plant auf Bonny habe ich bereits gesprochen. Dort sind wir Deutschen willkommen. Für Port Harcourt hingegen ist mangels diplomatischer Beziehungen leider noch nichts arrangiert. Daher würde ich es begrüßen, wenn Sie uns eine Einladung des Gouverneurs von Rivers State, den Sie sicherlich gut kennen, besorgen könnten. Zweifellos wäre es darüber hinaus von Vorteil, wenn der Herr Gouverneur die Abordnung zusammen mit Vertretern der lokalen Wirtschaft offiziell empfangen würde. Aber wir wissen ja nicht, was alles schon im Terminkalender des Landesvaters steht.«

Erschreckt hatte ich mich am Kaffee verschluckt. Aus diesem Grund bekam ich einen kleinen Hustenanfall. Schlimmes befürchtend rückte Dipiri, der mir immer noch gegenübersaß, mit seinem Stuhl zurück.

»Entschuldigung, Herr Groß, aber ich befinde mich gerade in einem Meeting«, stammelte ich. »Bitte geben Sie mir Ihre Telefonnummer. Ich rufe Sie später zurück.«

»Was ist denn los, Hudu, du wirkst auf einmal so verstört?«, erkundigte sich Dipiri, sobald ich aufgelegt hatte.

»Du wirst es nicht glauben. Der Mann, mit dem ich gerade gesprochen habe, ist der Boss der Deutsch-Nigerianischen Handelskammer. Da er mit einer Gruppe deutscher Geschäftsleute nach Port Harcourt kommen möchte, will er wissen, ob ich einen offiziellen Empfang des Vereins durch den Gouverneur arrangieren kann. Das fragt der mich! Ich kenne den Gouverneur doch gar nicht. Ich weiß nur, dass er Paul Ogburu heißt. Bist du vielleicht mit Landtagsabgeordneten befreundet, die mir raten können, was ich jetzt machen soll?«

Dipiri schnalzte mit der Zunge. »Klar pflege ich – im Gegensatz zu dir – exzellente Kontakte zu Regierungsmitgliedern«, frotzelte er. »Anscheinend weißt du gar nicht, wen du vor dir hast! Selbst Dr. Paul Ogburu kenne ich persönlich. Noch besser kenne ich allerdings seinen Public Relations Officer, den PRO. Der ist mein Vetter! Ruf deinen deutschen Bruder an und frag ihn, wann genau die Delegation kommen möchte. Danach besuchen wir meinen Cousin. Mal sehen, was der für uns tun kann. So eine Gelegenheit darf man sich nicht entgehen lassen. Dabei springt sicherlich auch was für uns raus. Wer Geschäfte macht, muss auch Güter transportieren. Infolgedessen braucht er einen Spediteur wie dich. Und für mich wäre es ebenfalls von Vorteil, wieder einmal Präsenz beim Landesvater zu zeigen.«

Der PRO hatte eine gewisse Ähnlichkeit mit Dipiri. Auch er war groß und von kräftiger Statur, trug im Gegensatz zum Anwalt aber einen Oberlippenbart und einen schwarzen Wollfilzhut. Er freute sich aufrichtig, seinen

Verwandten zu sehen. Die beiden Herren tauschten sich in einer mir unbekannten Sprache aus, bevor Dipiri unser Anliegen auf Englisch vortrug. Bei alledem musterte ihn der PRO kritisch. Am Ende der Ansprache strich er sich über den Bart und fragte, warum man denn nicht den offiziellen Weg eingeschlagen und sich direkt an sein Büro gewandt hätte. Hierzu konnten weder Dipiri noch ich etwas sagen. Als Nächstes wollte der Beamte wissen, ob der deutsche Botschafter mit von der Partie sei. Da Herr Groß erwähnt hatte, dass auch der Chefdiplomat kommen wollte, konnte ich zumindest diese Frage zufriedenstellend beantworten.

»Hm, und das alles soll so kurzfristig, innerhalb der nächsten sechs Wochen, über die Bühne gehen?«, beschwerte sich unser Gastgeber. »Ihr seid mir die Richtigen! Könnt ihr euch denn nicht vorstellen, dass sich der Gouverneur von Rivers State auch noch um ein paar andere Dinge als den Empfang von Germanen zu kümmern hat? Aber lassen wir das. Ich sehe Paul Ogburu heute Abend. Zumindest mal fragen kann ich ihn, was er von der Sache hält. Basierend auf euren Informationen werde ich, falls ihr erfahrenen Event Manager einverstanden seid, dem Gouverneur den folgenden Programmvorschlag für das Gastspiel der Leute aus dem Land des guten Bieres unterbreiten: Die Gruppe kommt mit dreiundzwanzig Personen am besagten Mittwochnachmittag auf dem Flughafen an, fährt zum Hotel und checkt ein. Gegen Abend gibt es einen Empfang im Government House, worauf ein gemütliches Beisammensein mit Offiziellen und Vertretern der lokalen Wirtschaft folgt. Die Gäste übernachten im Hotel. Am nächsten Morgen fahren sie mit dem Boot nach Bonny Island, um die LNG-Plant zu besichtigen. Den Fahrplan für ihren Besuch auf Bonny haben die für die Anlage Verantwortlichen schon festgelegt. Nach einer weiteren Nacht in Port Harcourt geht es mit einer bereits gecharterten Maschine der CANA-Airlines nach Lagos. Ist das richtig oder habe ich etwas übersehen?«

»Exzellent, tolles Programm!« jubelte ich.

»Und wo soll das gemütliche Beisammensein stattfinden?«, verlangte der Offizielle daraufhin mit hochgezogenen Augenbrauen zu wissen. »Ich gehe mal davon aus, dass es am Veranstaltungsort bei bayrischer Blasmusik Sauerkraut und Schweinshaxen geben wird, oder täusche ich mich da?«

Mir hatte es die Sprache verschlagen. Eine Zeit lang blickte ich den PRO entgeistert an. »Äh, darüber haben wir uns noch gar keine Gedanken gemacht«, stotterte ich. »Ich werde Herrn Groß fragen, ob er diesbezüglich etwas geplant hat.«

»Aber Sie haben doch sicherlich schon einen Ort ausgewählt, an dem die Party steigen soll?«

»Im Boot-Klub von Port Harcourt natürlich!«, antwortete ich schnell mit sich überschlagender Stimme, um nicht wieder unprofessionell zu wirken. »Dipiri und ich sind Mitglieder dieses ehrenwerten Vereines.«

Mein Kumpel, der Rechtsgelehrte, stöhnte auf, sank förmlich in sich zusammen und verdeckte seine Augen mit der rechten Hand, kaum dass der Name Boot-Klub über meine Lippen gekommen war.

»Meinen Sie das etwa ernst?«, bohrte der PRO nach. »Nach meinen Informationen ist der Klub ziemlich heruntergekommen. Aus diesem Grunde glaube ich nicht, den Gouverneur dazu bewegen zu können, sich an solch einen unsicheren Ort zu begeben, der alles andere als repräsentativ ist.«

»In letzter Zeit hat sich vieles zum Positiven verändert. Wahrscheinlich waren Sie schon lange nicht mehr bei uns.« Unterstützung für meine gewagte Aussage suchend schaute ich den Anwalt an. Der sagte aber nichts. Mit weiterhin verdeckten Augen gab er lediglich leise Schnalz- und Knacklaute von sich. Wir verabschiedeten uns vom PRO, der versprach, sich nach Rücksprache mit dem Landesvater umgehend bei uns zu melden.

Auf dem Weg zum Auto musste ich Dipiris Donnerwetter über mich ergehen lassen. Ob ich völlig von der Rolle sei, wollte er wissen. Was mich denn wohl geritten hätte, den abgewrackten Boot-Klub als Austragungsort für eine Veranstaltung vorzuschlagen, bei der es sich schließlich um keinen Kindergeburtstag handeln würde. Obendrein vermutete der Rechtsverdreher, dass Paul Ogburu mit Sicherheit nicht gut auf den Klub zu sprechen sein würde, weil man die von ihm zwecks Erneuerung des Slipway zur Verfügung gestellten Gelder veruntreut hatte.

In den nächsten vierzehn Tagen hörten wir nichts von der Landesregierung. Obwohl Herr Groß mich täglich anrief, um zu nerven, empfahl Dipiri, abzuwarten und den Gouverneur bloß nicht zu drängen. Einzig und allein um die Genehmigung des Boot-Klubs für eine Veranstaltung, von der niemand glaubte, dass sie jemals stattfinden würde, konnte ich mich in dieser Zeit kümmern.

Eigentlich hatte ich den Besuch der Deutschen schon abgeschrieben. Deshalb fiel ich aus allen Wolken, als Dipiri mich an einem Montag aufgeregt anrief und verkündete, dass der Landeshauptmann den Besuch der Vertreter der deutschen Wirtschaft doch noch abgesegnet hatte. Mittlerweile war es auch allerhöchste Eisenbahn. Diesbezüglich waren der PRO, Dipiri und ich uns einig. Der Regierungsvertreter beauftragte mich daher, Herrn Groß zu bitten, ihn schnellstmöglich zu besuchen, um das Veranstaltungsprogramm im Detail durchzusprechen. Unverzüglich leitete ich die gute Nachricht sowie den damit verbundenen Wunsch des PRO bezüglich einer Lagebesprechung an den Vorsitzenden der Deutsch-Nigerianischen Handelskammer weiter. Derweil ich noch fiebrig in die Sprechmuschel des Telefons plapperte, musste sich am anderen Ende der Strippe etwas ereignet haben. Mit einem Mal unterhielt ich mich nicht mehr mit einem zuvorkommenden Herrn, sondern mit einem völlig anderen Menschen, einem grölenden Choleriker. Wozu seine Anwesenheit in Port Harcourt gut sein sollte, wollte Groß wissen. Er sei sehr beschäftigt. Bekanntlich hätte er ja nicht nur den kleinen Abstecher der Delegation nach Port Harcourt zu planen. Vielmehr sei er für das gesamte Programm verantwortlich. Details würden sich doch auch telefonisch besprechen lassen. Als ich darauf hinwies, dass es sich, unabhängig vom gewünschten Arbeitsmeeting, ja wohl gehöre, sich für das Entgegenkommen des Rivers State Governments persönlich zu bedanken, drehte mein Gesprächspartner völlig durch.

»Entgegenkommen der Landesregierung!«, schimpfte er. »Dass ich nicht lache. Die können froh sein, wenn sich eine Abordnung hochrangiger Vertreter der deutschen Wirtschaft überhaupt in ein Krisengebiet wie Rivers State wagt. Was bildet sich dieser arrogante PRO ein? Glaubt er etwa, mich wie einen Schuljungen nach Port Harcourt zitieren zu können?«

Schockiert wäre ich am liebsten im Erdboden versunken. Mein Gott, war das peinlich. In welches Wespennest hatte ich da gestochen? Warum ließ sich das Ganze denn nur nicht rückgängig machen? Wo war der Ausweg? Sollte ich zum PRO gehen und alles mit den Worten »April, April« abblasen? Eine derartige Aktion wäre wahrscheinlich ausgesprochen förderlich für die Zukunft meines kleinen Betriebes gewesen. »Hallo, hallo, hallo?«, murmelte ich ins Telefon, bevor ich so tat als sei die Leitung zusammengebrochen und auflegte. Bei einem Drink im Boot-Klub erzählte ich Dipiri von dem Vorfall. Der Mann aus Opobo war sichtlich angepisst.

»Seid ihr Deutschen eigentlich völlig verblödet?«, knurrte er. »Morgen komme ich in dein Büro. Und dann lass mich mal mit deinem Herrn Groß reden. Vielleicht versteht er meine Sprache ja besser.«

»Dipiri ist mein Name, mein lieber Herr Groß«, begann der Anwalt das Gespräch. »Herr Hudu wird Ihnen sicherlich schon von mir berichtet haben. Hören Sie mir bitte mal gut zu, denn ich werde mich nicht wiederholen. Ich rate Ihnen, Ihren Arsch schleunigst nach Port Harcourt zu bewegen. Falls Sie meiner Bitte nicht nachkommen sollten, werde ich mit meinem Freund, dem Gouverneur, der voraussichtlich als Kandidat der PDP bei den nächsten Präsidentschaftswahlen antreten wird, reden und ihn bitten, sich beim deutschen Botschafter offiziell über Sie zu beschweren. Natürlich bleibt es Ihnen freigestellt, meinen Rat zu befolgen. Ich bitte Sie allerdings, Herrn Hudu innerhalb der nächsten zwei Tage von Ihrer Entscheidung in Kenntnis zu setzen, wie auch immer sie aussehen wird. Ich hoffe, wir haben uns richtig verstanden, und wünsche Ihnen noch einen schönen Tag.«

Dipiri knallte den Hörer auf, ehe er hämisch zu wiehern begann. Den Daumen in die Höhe streckend nickte ich ihm zu.

Wie durch ein Wunder hatte Herr Groß schnell zu alter Freundlichkeit zurückgefunden. Bereitschaft signalisierend, den vorgeschlagenen Termin wahrzunehmen, rief er mich noch am selben Tag an. Bedauerlicherweise konnte er, da sein Terminkalender bereits voll war, aber erst in acht Tagen in die Gartenstadt kommen.

Die Komiteemitglieder des Boot-Klubs wollten anfangs nicht glauben, dass das, was ich schilderte, seine Richtigkeit hatte. In dem Augenblick, in dem Dipiri, der schon wieder verspätet zu unserem zweiwöchentlichen Meeting erschien, meine Ausführungen bestätigte, realisierte aber allen voran der Vice Commodore, was auf uns zukam und mit welch enormem Arbeitsaufwand es verbunden war. Auf sein Kommando wurden, gleich nachdem das aufgeregte Palaver abgeklungen war, die Ärmel hochgekrempelt, um loszulegen.

Basierend auf einem intensiven Brainstorming erstellten wir eine unendlich lange Liste der erforderlichen projektbezogenen Maßnahmen. Anschließend ordneten wir ihnen Prioritäten zu, ehe wir die einzelnen Arbeiten diskutierten und sie unter uns aufteilten. Anikes Lobbyist, Danny, der bis dahin nur durch störende Zischlaute aufgefallen war, versuchte verzweifelt, die bevorstehende Veranstaltung in letzter Sekunde zu boykottieren. Wie ein Leierkastenmann wiederholte er sein Klagelied von der Unmöglichkeit, alle Aufgaben termingerecht erledigen zu können. Mr Okey hörte sich das Gejammer für eine Weile genervt an. Dann drohte er Danny, ihn seines Amtes zu entheben, falls er nicht bereit sein sollte, sein Bestes für dieses Event zu geben, das für das Image des Klubs so wichtig war.

Es gab viel zu tun. Zuallererst mussten die Seelenverkäufer vom Vereinsgelände entfernt beziehungsweise entsorgt werden. Auch galt es, klar Schiff zu machen, den Steg, die Bootsschuppen, die das Areal abschirmende Mauer sowie die Außen- und Innenwände des Klubhauses zu streichen. Wegen Bedenken unseres Schatzmeisters, der die schlechte finanzielle Lage des Klubs monierte, erklärte ich mich bereit, die Kosten für die umfangreichen Arbeiten an den Toiletten zu übernehmen. Der permanent abgebrannte Dipiri konnte sich im Gegensatz zu anderen Vorstandsmitgliedern geldlich an nichts beteiligen. Dafür wollte er umso mehr schuften. Er versprach, die von mir finanzierte Sanierung der WCs unter seine Fittiche zu nehmen, sich sowohl um den Einkauf der Fliesen, Farbe, Kloschüsseln, Waschbecken, Pissoirs und Armaturen als auch um die Beaufsichtigung der Arbeiter – Klempner, Elektriker, Fliesenleger und Maler – zu kümmern.

Am vereinbarten Tag kam Herr Groß nach Port Harcourt. So wie er aussah, hatte ich mir den Mann auf gar keinen Fall vorgestellt. Ich hatte einen seriösen, stattlichen Geschäftsmann erwartet, nicht aber ein kleines Männchen im zu großen Konfirmationsanzug mit zu Berge stehendem blonden Haar. Aufgrund der einstündigen Verspätung seines Fliegers war Groß schon sichtlich geladen. Während der Fahrt vom Flughafen zum Government House beherrschte er sich aber, indem er sich in Schweigen hüllte. Auch der PRO hatte sich den Vorsitzenden der Deutsch-Nigerianischen Handelskammer wohl etwas anders ausgemalt. Nach einer frostigen Begrüßung musterte er den Mann aus Lagos lange. Dann zuckte er mit den Schultern und pflanzte sich auf den Stuhl hinter seinem Schreibtisch.

Mit versteinerter Miene eröffnete der Beamte das Gespräch: »Also, Herr Groß, ich gehe mal davon aus, dass sich an der personellen Stärke Ihrer Gruppe nichts geändert hat. Basierend darauf fasse ich kurz zusammen, wie wir uns den Aufenthalt der Geschäftsleute vorstellen: Die dreiundzwanzig Personen kommen am besagten Mittwoch um 13 Uhr 22 auf dem Port Harcourt International Airport an. Dort werden sie von uns in Empfang genommen und zum Presidential Hotel gebracht. Um 16 Uhr 15 holen wir Ihre Landsleute wieder ab, um sie zum Government House zu bringen, wo sie unser Gouverneur um 17 Uhr …«

Herr Groß, der schon eine Weile mit hochrotem Kopf auf seinem Stuhl herumgerutscht war, stampfte mit dem Fuß auf. »Was soll der Unfug?«, unterbrach er den PRO. »Wir wollen nicht vom Flughafen abgeholt werden. Für unsere Zeit in Port Harcourt haben wir bereits einen Bus angemietet. Der bringt uns unter anderem auch vom Airport zu unserem Hotel, wobei es sich nicht um das Presidential Hotel handelt.«

Der Regierungsvertreter schien aus allen Wolken zu fallen, zumal er keine Widerworte erwartet hatte. Nach dem ersten Schock versuchte er jedoch, sich zusammenzureißen. Er atmete tief durch, beugte sich seinem Gast dabei in die Augen blickend nach vorn und sagte: »Mein lieber Herr Groß, Ihnen ist hoffentlich klar, dass Sie offizielle Gäste des Gouverneurs von Rivers State sind? Infolgedessen ist unser Bundesland für Ihre Sicherheit verantwortlich. Sicherheit können wir aber nur garantieren, wenn wir Sie sowohl mit unseren eigenen Transportmitteln befördern als auch in einem uns bekannten Hotel unterbringen – auf unsere Kosten, versteht sich.«

»Das ist völlig inakzeptabel! So läuft das nicht!«, krakeelte Groß. »Wir sind keine Gefangenen, sondern freie Menschen! Sie können uns doch nicht vorschreiben, welche Fahrzeuge wir benutzen, geschweige denn, wo wir zu übernachten haben!«

»Herrgott, welches Hotel wollen Sie denn mit Ihrer Anwesenheit beglücken?«

»Das Orotea Hotel!«

»Kenne ich nicht. Was für eine Absteige ist das und wo in Port Harcourt befindet es sich? Dipiri, kennst du etwa ein Orotea Hotel?«

Sichtlich um Haltung bemüht vermied es der Anwalt, seinen Cousin anzuschauen. Seinen Blick an die Decke heftend schüttelte er den Kopf.

»Das ist ein neues Guesthouse in der Stadt«, meldete sich Groß erneut zu Wort. »Es gehört Südafrikanern. Ich kenne deren Standard. Der ist hervorragend!«

»Trotzdem ist es uns nicht bekannt. Deshalb kommt ein Aufenthalt in diesem Etablissement leider nicht in Frage. Ich wiederhole nochmals ganz langsam und zum Mitschreiben: Wir sind für Ihre Sicherheit zuständig! Aus diesem Grund werden wir Sie nicht nur auf den Straßen unseres Landes befördern, sondern Sie auch in einem Hotel unserer Wahl unterbringen. Ist das klar? Wie sieht es mit der Bootstour nach Bonny Island aus? Haben Sie sich dafür etwa auch schon etwas einfallen lassen?«

»Selbstverständlich.«

Fassungslos stöhnte der PRO auf. Zum Zeichen dafür, dass er genug gehört hatte, presste er sich die Hände auf die Ohren. Die nicht lange während Stille wurde abrupt durch einen Knall beendet. Groß, dessen Lippen jetzt nicht mehr bebten, hatte auf den Tisch geschlagen. »Ich merke schon, wir sind hier unerwünscht!«, grölte er. »Darum glaube ich, es ist besser, wenn wir die ganze Geschichte umgehend abblasen!«

Verzweifelt sah ich Dipiri an. Der starrte immer noch zur Decke, erwiderte meinen Hilfe suchenden Blick nicht, war genauso sprachlos wie ich. Der

PRO hatte eine kleine Echse am Fenster ins Visier genommen und verfolgte jede ihrer wenigen Regungen mit angespannten Gesichtsmuskeln. Nur Groß bewegte sich. Er machte umständlich mit den Papieren herum, die er vorher auf dem Schreibtisch unseres Gastgebers ausgebreitet hatte. Mit zitterigen Händen versuchte er, sie wieder in seinem Pilotenkoffer zu verstauen.

Dipiri war der Erste, der in dieser – wie es schien – schier ausweglosen Situation wieder das Wort ergriff. »So kommen wir nicht weiter, meine Herren«, schlussfolgerte er. »Falls wir uns nicht einigen können, ist das für keinen von uns gut, wobei ich überhaupt nicht an die politischen Konsequenzen denken möchte. Anstatt uns zu streiten, sollten wir versuchen, einen Kompromiss zu finden. Wie wäre es, wenn sich die eine Partei um den Transport und die andere um die Unterkunft der Besucher kümmert?«

»Aus der Geschichte mit dem Hotel kommen wir keinesfalls raus«, zischte Groß. »Wir haben nämlich schon gebucht und bezahlt.«

Die Augen ähnlich wie das anvisierte Tier verdrehend ließ der PRO den Blick von der Echse. »Unser Sicherheitschef kann sich die Herberge ja mal anschauen. Vielleicht lässt sie sich ja einigermaßen gut bewachen.«

»Sehr gut, weiter so meine Herren«, forderte Dipiri die Anwesenden auf. »Sie sind am Zug, Herr Groß.«

»Wenn es denn unbedingt sein soll, werden wir dem Busunternehmen und dem Baubetrieb Julius Herberger, der uns ein Boot zur Verfügung stellen wollte, halt wieder absagen.«

Während der Rückfahrt zum Flughafen sprachen wir nicht miteinander. Dipiri blieb sogar im Peugeot, anstatt auszusteigen und sich von unserem Besucher zu verabschieden. »Was für ein Arschloch«, murrte er, sowie wir den Heimweg angetreten hatten. »Was bildet sich der Sesselfurzer nur ein?«

Ich antwortete nicht, denn ich war nicht bei der Sache. Etwas ging mir nicht mehr aus dem Kopf. Bei all der Aufregung hatten wir es versäumt, uns über das Abendessen, die saftige Schweinshaxe, auf die sich der Gouverneur und sein PRO schon freuten, zu unterhalten. Herr Groß hatte diesbezüglich nichts arrangiert. Er ging davon aus, dass sich das Rivers State Government um Speisen und Getränke kümmern würde, erfuhr ich von ihm, als ich ihn am nächsten Morgen anrief.

»Einen Scheißdreck werde ich tun«, gab mir Dipiri abends zu verstehen, kaum dass ich ihn gebeten hatte, den PRO in Sachen Verpflegung zu kontaktieren. »Mein Vetter ist eh schon angefressen. Folglich kann ich ihn nicht auch noch damit belästigen.«

»Mist! Ich ahne schon, wer den Küchenchef spielen darf«, seufzte ich. »Kennst du eine gute Cateringfirma?«

Natürlich wurden die Fertigstellungstermine für die Projekte im Boot-Klub nicht eingehalten. Kurz vor unserem großen Tag war erst die Hälfte der Malerarbeiten erledigt. Obendrein war es Danny doch noch gelungen, das Aufräumen zu sabotieren – nur ein kleiner Teil der halb verrotteten Wracks war entsorgt worden.

»Take it easy und mach dir deswegen mal keinen Kopf«, meinte Matt schmunzelnd, als ich ihm diesbezüglich die Ohren volljammerte. »Die Veranstaltung beginnt doch erst um neunzehn Uhr. Zu dieser Zeit ist es bereits dunkel und der Gouverneur sieht den ganzen Schrott, der hier rumliegt, sowie die fehlende Farbe an den Wänden gar nicht.«

In mich gekehrt ließ ich einen Film mit dem Landesfürsten, Groß und dem PRO als Hauptdarsteller vor meinem geistigen Auge ablaufen. Das könnte klappen, lautete das Fazit meiner Überlegungen. Wahrscheinlich hat mein weiser Freund wieder einmal recht.

Viel schlimmer sah es allerdings mit dem Toilettenprojekt aus. Die Mängel an den sanitären Anlagen würden sich nicht verbergen lassen. Das Geld war weg und nichts war erledigt, außer dass die alten Fliesen abgeschlagen worden waren. Im derzeitigen Zustand handelte es sich bei den Toiletten, oder besser gesagt Bedürfnisanstalten, um Baustellen, in deren Ecken haufenweise Bauschutt gelagert wurde. Dipiri hatte abermals seine eigenen liquiden Mittel mit denen anderer, mit dem von mir zur Verfügung gestellten Cash, verwechselt. Stinksauer verstand ich den Anwalt beim besten Willen nicht. Er war zwar hochintelligent und hatte geniale Ideen. Wenn es aber um finanzielle Belange ging, endete alles, was er anfasste, in einer Katastrophe. Wie von Magneten wurden Geldscheine, Münzen und alles, was sich versilbern ließ, von seinen Fingern angezogen, bevor sie in einem schwarzen Loch verschwanden. Wegen der Unterschlagung konnte ich Goliath nicht einmal allzu große Vorwürfe machen, denn ich brauchte ihn ja als Mittelsmann zwischen der Landesregierung und der German Business Delegation.

Was ist jetzt denn los, fragte ich mich, schockiert zur Eingangstür stierend. Dipiri und ich saßen im Empfangsraum des Government House in der hintersten der vor dem Podium stehenden Stuhlreihen. Soeben hatten der Gouverneur und zehn seiner Begleiter die vorderen Plätze in Beschlag genommen. Im Anschluss daran betraten ein Herr, bei dem es sich zweifellos um den Botschafter handeln musste, und die deutschen Geschäftsleute den Raum.

»Wo bin ich hier nur gelandet?«, murmelte ich vor mir her. »Ist das eine Vorstellung der Augsburger Puppenkiste?« Handelte es sich bei dieser folkloristisch gekleideten Truppe, bei diesen Freaks, etwa um die German Business Delegation? Im Grunde genommen war ihr Auftritt nur peinlich. Oder sah ich das etwa falsch? Vielleicht sollte man den Einmarsch dieser Trachtengruppe einfach nur unter dem Begriff Lachnummer abspeichern. Anführerin des Vereins war eine Frau in einer grünen, ledernen, von Herkules Hosenträgern gehaltenen Kniebundhose. Die Dame mittleren Alters trug Wanderschuhe, rote Kniestrümpfe, ein rot-weiß kariertes Hemd und einen Tirolerhut mit Gamsbart. Ihr folgte ein älterer Herr, der mit einer braunen Knickerbocker sowie einem braun-schwarz karierten Sakko bekleidet war. Der Mann erinnerte mich an Sherlock Holmes. Den dritten in der Reihe, einen Grauhaarigen mit Pferdeschwanz, erkannte ich sofort wieder. Es war der Pumpenhändler, den mein Freund Julius, der Abteilungsleiter von Albatros Köln, und ich einst im Federal Palast Hotel in Lagos kennengelernt hatten, derjenige, der uns nach erfolgreichem Geschäftsabschluss wegen achtzig Mark verklagt hatte. Zwei jüngere Typen in Jeans hatten sich hinter dem Pumpenhändler eingereiht. Ihre langärmeligen weißen Hemden, an denen ich die schwarze Rose vermisste, waren unter den Armen und am Rücken durchgeschwitzt. Wie eine Ente watschelte eine dralle Frau im roten Minirock, der mir nicht unbedingt vorteilhaft für ihre Figur erschien, hinterher. Der einigermaßen seriös gekleidete Rest der Besucher – Herren in Anzügen, eine attraktive jüngere Dame im Kostüm und Struwwelpeter Groß – bildete die Nachhut.

Dr. Paul Ogburu erklomm das Podium. Er schritt ans Mikrofon, begutachtete zunächst seine Gäste breit grinsend – ob wegen ihres Outfits oder weil es seiner Art entsprach, entzieht sich meiner Kenntnis – und hielt eine lange Begrüßungsrede. Danach bedankte sich der deutsche Botschafter kurz beim Gouverneur für den freundlichen Empfang, um das Mikrofon an die Leiterin der Delegation, die Dame mit dem Tirolerhut, zu übergeben. Die stellte jedes einzelne Mitglied ihrer Mannschaft vor. Zuletzt erwähnte sie auch mich den lokalen Scout ihres Vereins, wie sie sich ausdrückte.

Ich war sowohl geschockt als auch zutiefst gekränkt. Dieser exotische Vogel, diese Resi in Lederhosen, die jeden Vertreter der mir gänzlich unbekannten deutschen Klitschen namentlich präsentiert hatte, hielt es nicht einmal für nötig, meinen und den Namen meines Unternehmens zu nennen? Die Tussi titulierte mich lediglich als ihren »lokalen Kundschafter«. Mich, denjenigen, der diese Veranstaltung doch erst ermöglicht hatte, erklärte sie quasi zum Dorftrottel! Gefolgt von Dipiri, der offenbar ähnliche Gedanken wie ich hegte, erhob ich mich beleidigt, um die Veranstaltung zu verlassen.

Im Boot-Klub war schon ordentlich was los. Die deutsche und die nigerianische Flagge waren gehisst. Ein Banner mit der Aufschrift »Wir begrüßen unsere deutschen Gäste« hing über dem Eingangstor. Etwa zweihundert Personen waren bereits anwesend. Sie standen in Grüppchen auf dem Gelände herum und ließen sich von einer hervorragenden Jazzband unterhalten, die der Gouverneur, ohne uns vorher zu informieren, angeheuert hatte. Außer Anike und seinem Kumpel, Chief Lukman, waren alle mir bekannten Klubmitglieder erschienen. Dipiri und ich mussten erst einmal unseren Frust runterspülen. Deshalb leisteten wir den an der Bar hockenden üblichen Verdächtigen, Len, Newton und Matt, Gesellschaft.

Eine Stunde später traf das Essen gleichzeitig mit der deutschen Delegation ein. Len und ich empfingen die Gäste auf dem Parkplatz. Wir eskortierten sie in das Zimmer des Vice Commodores, wo sie von Mr Okey begrüßt wurden. Als Willkommensgeschenk überreichte Dipiri jedem ein weißes Poloshirt, auf dessen Vorderseite in Herzhöhe neben der nigerianischen die deutsche Flagge aufgenäht war. Auf den Rückseiten der Hemden stand »Port Harcourt Boat Club« über dem Datum. Bei einem kleinen Begrüßungstrunk ließ der Botschafter sein Glas erklingen. Sowie Stille eingekehrt war, bedankte er sich für den herzlichen Empfang, ehe es nach draußen ging. Dort versammelten sich die Offiziellen hinter einem Standmikrofon. Der Vorsitzende des Boot-Klubs hielt eine emotionale Ansprache, die mit großem Beifall bedacht wurde. Dann übergab er das Mikro an die Frau in Lederhosen. Wie schon im Government House stellte sie die mit Namensschildchen gekennzeichneten Schafe ihrer Herde vor, die sich anschließend unter das gemeine Volk mischten.

Zwei Herren gingen mir nicht mehr von der Seite. Der eine war ein einem Oberförster ähnlicher Bayer im grünen Leinenanzug mit passendem Sombrero, der mir während des Empfangs im Regierungsgebäude nicht aufgefallen war. Der gute Mann löcherte mich mit speziellen Fragen zum Geldtransfer, mit denen er besser einen Banker bombardiert hätte. Bei dem anderen handelte es sich um einen der beiden Typen in Jeans und Hemd. Er war Journalist und arbeitete für eine große, überregionale deutsche Tageszeitung. Spitzbübisch erzählte er mir, dass er wegen diverser negativer Berichte über Land und Leute in Nigeria zur Persona non grata erklärt worden war. Dennoch war es ihm gelungen, nochmals ein Visum zu erhalten. Das verdankte er dem glücklichen Umstand, dass sein Antrag zusammen mit denen der anderen Delegationsmitglieder bei der nigerianischen Botschaft in Berlin im Schnellverfahren bearbeitet worden war. Er würde einen aufsehenerregenden ganzseitigen Artikel über den Afrikatrip der Geschäftsleute schreiben, verkündete der Reporter prahlerisch. Nach der Veröffentlichung wolle er mir eine Kopie seiner Abhandlung zukommen zu lassen.

Da sich die lange Schlange vor dem unter Palmen aufgebauten Buffet inzwischen erheblich verkürzt hatte, schlug ich meinen Gesprächspartnern vor, die Gunst der Stunde fürs Essenfassen zu nutzen. Als wir endlich mit knurrenden Mägen vor den glitzernden Warmhaltebehältern standen, musste ich allerdings nackten Tatsachen ins Auge sehen. Außer einer Handvoll Reis war von den Köstlichkeiten, die ich sorgfältig aus dem Katalog der Cateringfirma ausgewählt hatte, nichts mehr übrig. Mannomann, war das peinlich! Verdrossen registrierte ich meinen Fehler. Zur Essensausgabe hätte ich Personal abstellen müssen, anstatt auf Selbstbedienung zu setzen. Zwar hatte ich die stattlichen, traditionell gekleideten, mit Plastiktüten bewaffneten Damen flüchtig wahrgenommen. Im Eifer des Gefechts hatte ich es jedoch wie ein Anfänger versäumt, die entsprechenden Schlussfolgerungen aus ihrer Anwesenheit zu ziehen. Schwergewichtige Ladys mit Plastiktüten am Buffet, das hieß: Glück für die ganze Familie! Glück für die Familien der korpulenten Damen, und das für mindestens eine Woche!

Die Schiffsglocke wurde geläutet. Das konnte nur eins bedeuten: Er war da, der Oga, der Gouverneur! Glücklicherweise war es bereits stockfinster, sodass ich mich an Matts Worte erinnerte.»Wenn es dunkel ist, sieht er den ganzen Schrott doch gar nicht«, hallte es in meinen Ohren. Ich dankte dem lieben Gott. Anstelle des Allmächtigen musste mein Freund mein Stoßgebet erhört haben. Plötzlich stand er mit Beifall heischendem Blick neben mir. »Na, was habe ich dir gesagt?«

Die Menge war unruhig geworden. Man drängte sich in Richtung des Gouverneurs. Schließlich wollte jeder einen Blick auf ihn erhaschen. Aus den Lautsprechern pfiffen die durchs Mikrofon verzerrten Worte: »Ladies and gentlemen, his excellency, the governor of Rivers State, Doktor Paul Ogburu!«

Zum Glück blieb mir eine weitere Rede des Politikers erspart. Der mit einem weißen Boubou und einem Panamahut bekleidete Paul Ogburu beschränkte sich darauf, seine Runden zu drehen, Hände zu schütteln und Smalltalk zu halten. Vermutlich hatte der Gevatter aber schnell den Überblick verloren, denn schon fünf Minuten nach dem ersten Handshake stand er wieder vor Matt und mir, streckte uns erneut seine Flosse entgegen und erkundigte sich abermals nach unseren Namen.

Ehe er sich uns ein drittes Mal nähern konnte, flüsterte Matt: »Bloß weg hier. Der Schnacker kommt schon wieder.« Unglücklicherweise war es aber schon zu spät. Begeistert durften wir unsere Sprüche aufs Neue aufsagen. »Lass uns schnell abhauen, bevor er zurückkehrt«, drängte Matt nach dem letzten Palaver mit der Obrigkeit. Zumal wir uns den Mund fusselig geredet hatten, verdrückten wir uns auf ein Bier an die Bar. Dort gab es Streit. Struwwelpeter Groß hatte sich bei Esther über den schlechten Zustand der Toiletten, der Latrinen, wie er sich ausdrückte, beschwert. Dummerweise hatte der aufgebrachte Mann nicht bedacht, dass der Leiter des Toilettenprojektes an der Bar sitzen könnte. Jegliche Kritik entrüstet von sich weisend beschimpfte Dipiri seinen Erzfeind lauthals. Er verlangte zu wissen, was der Herr aus Lagos denn wolle und welches Recht, sich zu beklagen, er sich herausnehmen würde. Schließlich hätte der feine Pinkel überhaupt nichts getan, außer alle Arbeiten gnädigst anderen zu überlassen. Zum Glück intervenierte der Botschafter, der bei allen gut ankam, weil er die deutsch-nigerianische Freundschaft offen zur Schau stellte. Er war schon leicht angeheitert und trug das Poloshirt, das wir ihm überreicht hatten, demonstrativ über seiner Anzugjacke. Der Diplomat nahm David in den Arm. Unter beruhigenden Worten eskortierte er ihn nach draußen. Um Goliath kümmerten Matt und ich uns. Wir hielten ihn davon ab, seinem Kontrahenten wütend nachzusetzen.

Lange nachdem der Gouverneur den Klub bereits verlassen hatte, verabschiedete sich die German Business Delegation bei Mr Oke, Len, Dipiri und mir, wobei es der Pumpenonkel vermied, mir die Hand zu geben. Zudem ging Struwwelpeter Groß Dipiri aus dem Weg. Nur der sympathische Botschafter, der mittlerweile seine Krawatte nebst der Anzugjacke, nicht aber sein Poloshirt abgelegt hatte, blieb noch. Der von Natur aus eher zurückhaltende, steife Norddeutsche fühlte sich im Boot-Klub wie zu Hause. Er feierte mit uns bis in die Puppen.

So weit war alles mehr oder weniger reibungslos, ja, nahezu perfekt abgelaufen. Bedauerlicherweise kam es am nächsten Tag aber doch noch zu einer Panne. Nach dem Besuch der LNG-Plant auf Bonny Island hatte das von der Landesregierung gecharterte Boot die Delegation zurück zum

Boot-Klub gebracht. Von dort aus ging es jedoch nicht weiter, weil der Bus, der die Leute zum Hotel transportieren sollte, vermisst wurde. Überdies war Dipiri, der Mittelsmann zwischen den Deutschen und dem PRO, nicht nur spurlos verschwunden, sondern auch telefonisch nicht erreichbar. Es sah daher ganz danach aus, als ob der Anwalt die Rückfahrt der Besucher in der Absicht sabotierte, seinen speziellen Freund Groß zu ärgern. Natürlich nahm der Vorsitzende der Deutsch-Nigerianischen Handelskammer diese Steilvorlage an, indem er jede sich nur bietende Gelegenheit nutzte, um sich über die Unzuverlässigkeit der Landesregierung auszulassen. Ursprünglich hatte er ja darauf bestanden, sowohl selbst einen Bus zu chartern als auch jegliche Abhängigkeit von diesem lausigen Government zu vermeiden.

Bis auf den Struwwelpeter nahmen die Ausflügler die Verzögerung eher gelassen hin. Sie saßen im Klub, am Wasser, und erfrischten sich mit kühlen Getränken, die nach einer lustigen Seefahrt besonders gut die Kehle hinunterliefen. Der Botschafter, mit dem Matt, der Oberförster und ich zusammenhockten, betonte sogar mehrmals, dass es viel schöner sei, sich in der freien Natur aufzuhalten, als die restliche Zeit in Port Harcourt im Hotel totzuschlagen. Zu guter Letzt traf der Bus mit zweistündiger Verspätung ein. Gleichzeitig erschien auch der bestens gelaunte, ein Liedchen vor sich her pfeifende Dipiri. Während der Verabschiedung des Besuches aus Deutschland brach plötzlich tosender Beifall aus, denn Dipiri und sein Busenfreund begruben das Kriegsbeil, indem sie sich freundschaftlich die Hand gaben.

Drei Monate später erhielt ich Post. Im Briefumschlag befand sich ein ganzseitiger Artikel aus der wohl bekanntesten deutschen Tageszeitung. Peinlich berührt wurde ich immer wütender, je mehr ich mich dem Ende des völlig realitätsfremden Aufsatzes näherte. Jetzt wusste ich auch, warum der Verfasser in Nigeria zur Persona non grata erklärt worden war. Unter anderem philosophierte er über eine ausschweifende Feier im privaten, luxuriösen Yachtclub des Gouverneurs von Rivers State. Mit diesem Yachtclub konnte nur unser abgewrackter Boot-Klub gemeint sein, um den der Landesvater vorzugsweise einen großen Bogen machte. Zudem ließ sich der Autor über die Bootstour nach Bonny Island aus. »Wir hatten Glück, denn an diesem Tag trieben keine Leichen im Wasser«, berichtete er. »Normalerweise sind die Gewässer rund um Port Harcourt übersäht mit Leichen und Körperteilen. Besonders schlimm ist es montags, nach den Ritualen des Wochenendes.«

Der Navigator

Das wird schon mal gar nichts, dachte ich. Zwei mit Schraubenziehern bewaffnete Franzosen sind schlimmer als einer! Vermutlich beabsichtigen die Herren Ingenieure aus dem Innenbordmotor einen Ordinateur zu machen.

Bei Sonnenuntergang wurden die Arbeiten am Boot fluchend abgebrochen, um sie zwei Tage später wieder aufzunehmen. Jetzt unterstützte ein Libanese die Franzosen. Da sich zur Mittagszeit aber immer noch kein Erfolg eingestellt hatte, forderte man telefonisch Verstärkung in Form von zwei Philippinos an, die kurz darauf eintrafen und sich zu dem zwar lautstark fachsimpelnden, aber wenig produktiven Grüppchen gesellten. Somit war das Chaos perfekt! Ich beobachtete die internationale Task Force eine Zeit lang, schüttelte dann den Kopf und grummelte vor mich hin: »Jetzt werden sie es wohl endlich schaffen, den Motor richtig kaputt zu reparieren.«

Sollte ich mich etwa geirrt haben? Am Sonntagmorgen gab mir Oye durch Zeichen und Laute zu verstehen, dass das Boot des polnischen Franzosen Louis bereits vor mir abgelegt hatte. Anscheinend hatte der Frosch es doch geschafft, seinen Kahn wieder flott zu machen. Bedauerlicherweise kam das voll besetzte Boot aber nicht sehr weit. Schon hinter der ersten Biegung des Flusses sahen wir es in Ufernähe treiben. Ich verlangsamte die Fahrt, streckte den Daumen in die Höhe und nickte der erneut am Motor rumfummelnden Crew anerkennend zu. Immerhin hatte sie sage und schreibe eine Meile zurückgelegt. Oye konnte das Elend nicht mit ansehen. Er wandte sich ab, gab komische Geräusche von sich und kicherte in seine Armbeuge.

»Kannst ja mal bei mir mitfahren!«, säuselte ich dem bereits stark angetrunkenen Louis abends, nach Beendigung meines erfolgreichen Angeltrips, ins Ohr. »Ich hoffe, dass du mir bei der Gelegenheit zeigen wirst, wo du all die vielen kapitalen Hechte fängst, von denen du immerfort schwafelst.«

Dass der Franzose mit polnischen Wurzeln ein Hochstapler war, wusste nicht nur ich. Unentwegt prahlte er mit Traumposten, die er bekleidete, dem vielen Geld, das er verdiente, und den unzähligen Schönheiten, die er beglückte. Kurioserweise passte sein Outfit aber ganz und gar nicht zu dem Mann von Welt, der zu sein er vorgab. Während seines mehrjährigen Aufenthaltes in Nigeria trug er immer dieselben Klamotten, eine graue, am Hintern fast durchgewetzte Bundfaltenhose von C&A, ein hellblaues, langärmeliges Oberhemd mit ausgeblichenen rosa Streifen und halb vermoderte Sandalen. Louis war nicht gerade ein Ausbund von Schönheit. Aus seinem immer roten Gesicht standen verwaschene blaue Glubschaugen hervor. Er hatte dichtes rotbraunes Haar, lange, verknorpelte Ohren und einen großen Mund, mit dem er sich, das musste man ihm lassen, fließend auf Französisch, Polnisch, Englisch und Deutsch unterhalten konnte.

Bisher war mir nicht bekannt gewesen, dass der Prahlhans verheiratet war. Daher staunte ich nicht schlecht, als er mir vor unserem Angeltrip seine Angetraute, eine nicht mehr ganz junge, aber immer noch sehr attraktive Nigerianerin vorstellte. Es war durchaus begrüßenswert, die Dame an Bord zu haben, denn sie konnte Abigail, die ich in der Cheers Bar kennengelernt und zu diesem Ausflug eingeladen hatte, Gesellschaft leisten. Obendrein würde Casanova in ihrem Beisein hoffentlich darauf verzichten, von seinen vielen Eroberungen zu schwärmen. Vor allem die Story von der Großen mit den roten Schuhen, deren Beine bis unter die Decke reichten, konnte ich wirklich nicht mehr hören.

Zumal das Thema Frauen an diesem Tag tabu war, widmete sich Louis umso mehr seinem Anglerlatein. »Achtzig Meilen bin ich rausgefahren, als ich noch in Ikot Abasi gearbeitet habe und mein Boot dort liegen hatte. Ganz allein bis zu einer Stelle im Atlantik, die nur ich kenne, der ich den Namen Louistown gegeben habe. Das, was dort abgeht, ist überhaupt nicht vergleichbar mit dem Kinderkram, den du hier veranstaltest. Weißt du, wie sie mich wegen meiner abenteuerlichen Exkursionen genannt haben? Den Navigator haben sie mich genannt!«

Mein Gott, würde dieses Gelaber denn nie aufhören? Der Schaumschläger stand direkt neben mir, dem Steuermann, um mir nicht nur ein Ohr abzukauen. Wenngleich die Landschaft wunderschön und die See spiegelglatt war, gelang es mir bei dem Wortschwall, der auf mich niederprasselte, nicht, die Umwelt zu genießen. Nur eiserne Selbstbeherrschung sowie kühler Bölkstoff hielten mich davon ab, Louis Lügengeschichten zu kommentieren oder gar laut aufzulachen. Schließlich wusste ich aus erster Hand, dass der Franzose in Ikot Abasi keinesfalls unter dem Namen Navigator gehandelt wurde. Vielmehr hatte man ihm, wegen seines Jobs als Maler und Lackierer, den Spitznamen Anstreicher verpasst.

»Das Wasser hat von Fischen nur so gebrodelt in Louistown«, fuhr der Aufschneider fort. »Sobald ich eine Leine rausgelassen hatte, biss auch schon etwas. An dieser Stelle zu angeln war Schwerstarbeit. Und die Fische waren ein wenig größer als die mickrigen Makrelen, die du nach Hause bringst. Das kannst du mir glauben. Einmal habe ich 46 Segelfische gefangen. Keiner von denen wog weniger als 35 Kilo! Und das alles ganz allein, Wind und Wetter ausgesetzt, am Arsch der Welt. Mit weniger als 200 Kilo Fisch bin ich nie nach Hause gekommen. Deshalb warteten die Marktfrauen bei meiner Rückkehr immer schon am Bootsanleger, damit sie mir den frischen Fang abkaufen konnten.«

Mittlerweile befanden wir uns in der Mündung des Bonny Rivers. Die See war rauer geworden. Gegen die starke Dünung arbeiteten wir uns hinaus aufs offene Meer. Mit aufkommenden Wind näherten sich uns schwarze Wolken, aus denen es teilweise schon regnete. Die Augen zusammenkneifend machte ich eine abwägende Kopfbewegung.

»Ich weiß nicht. Das sieht nicht gut aus da drüben. Wenn wir nicht Gefahr laufen wollen, einen nassen Arsch zu kriegen, sollten wir uns vielleicht besser auf den Rückweg begeben, was meinst du?«

Der Navigator lachte mich aus. Er brüllte gegen den Wind an, der uns jetzt schon heftig um die Ohren pfiff: »Was für ein Seemann bist du denn? Hast du etwa Schiss vor ein bisschen Regen?«

Bis zur Bohrinsel Cliff Landley könnten wir es probieren, überlegte ich. Die ist nur zwei Meilen von der Mündung des Andoni Rivers entfernt. Zur

Not könnten wir den Rückweg wieder mal durchs Nadelöhr, über den wilden, schäumenden Fluss antreten.

Abigail sah inzwischen aus wie das Leiden Christi. Sie saß zusammengekauert auf der Bank hinter mir. Weil es recht frisch geworden war, zitterte sie am ganzen Körper und beschränkte sich darauf, aufs Deck zu starren. Louis' Frau ging es nicht besser. Mit weit aufgerissenen Augen schaute sie aber in die entgegengesetzte Richtung, gen Himmel. Hilfe von oben suchend betete sie.

»Scheiß was drauf!«, fluchte ich. »Wir kehren um und fahren zurück. Der Weg ist sowohl kürzer als auch sicherer als der über den Andoni. Das, was sich hier ankündigt, gefällt mir ganz und gar nicht. Lasst uns zusehen, dass wir so schnell wie möglich wieder in den Bonny River kommen!«

Gegen den heftigen Seegang ankämpfend hatte ich die »Kingfisher« gerade gewendet, ehe die Wolken ihren Inhalt nicht mehr bei sich behalten konnten und schwere, eiskalte Tropfen auf uns herniederprasselten. Es war finster geworden. Von Donner gefolgte Blitze zuckten überall. Da sich die Wellen immer höher auftürmten, versuchte ich, in sie hineinzufahren. Hierdurch wollte ich vermeiden, dass das Boot seitlich von ihnen erfasst wurde. »Allmächtiger, befinden wir uns in der Hölle?«, kreischte Louis' Frau. Obwohl das Ufer nur zwei Meilen entfernt sein musste, konnte ich Bonny Island nicht mehr sehen. Und auch mit dem GPS hatte ich so meine liebe Not, denn meine Brille war wegen des sowohl von oben kommenden als auch über die Reling spritzenden Wassers fast undurchsichtig. Außerdem gab es kein trockenes Stück Stoff mehr an Bord, mit dem ich die Sehhilfe hätte säubern können. Louis' Frau begann jetzt laut zu predigen. Dabei hielt sie die Arme immer wieder flehend in die Höhe. Abigail gab keinen Mucks mehr von sich, außer der Frage, die sie mir alle fünf Minuten stellte: »Siehst du noch Land?«

»Klar«, lautete meine Standardantwort, die ich mit betont fester Stimme gab. Das war zwar eine glatte Lüge, aber ich musste versuchen, die Besatzung zu beruhigen, anstatt sie noch mehr zu verängstigen. »Gib mir bitte noch mal ein Bier«, fügte ich meist lässig hinzu, um normal und nicht etwa hasenfüßig zu wirken. Mich alles andere als wohl in meiner Haut fühlend hegte ich allerdings schon seit geraumer Zeit Zweifel an der Seetüchtigkeit unseres Schiffleins. Die Wellen waren jetzt fünf Meter hoch. Folglich nahm die Berg- und Talfahrt, wenn man unser Geschaukel überhaupt noch als Fahrt bezeichnen konnte, kein Ende. Falls wir auf die S-förmige Sandbank, die sich irgendwo vor uns befinden musste, auflaufen würden, wäre es das gewesen.

»Herbert, Herbert, links, links, pass auf, wir gehen unter!«, ertönte es schrill. Mein Gott, was war mit Louis los? Geriet der etwa in Panik? »Die nächste kommt. Gib acht, dass sie uns bloß nicht an der Seite erwischt. Pass auf, Mann! Wir verlieren die Motoren! Wir sinken!«

Scheiße, war der erfahrene Seemann, der Navigator, jetzt völlig von der Rolle? Wusste er denn nicht, dass er mit seiner offen zur Schau gestellten Angst die Passagiere, die Damen, die eh schon die Hosen gestrichen voll hatten, in Furcht und Schrecken versetzte? Seine Frau stand bereits schwankend mit zum Himmel ausgestreckten Armen an Deck und verdrehte die Augen.

»Die, die große da, die wird uns voll erwischen!«, warnte der Franzose. »Die reißt uns die Motoren weg! Nein, nein, nein!«

Es machte Flatsch. Die Yamahas stotterten. Danach stand das Deck unter weiß schäumendem, sich kräuselndem Wasser.

»Herbert, schmeiß die Pumpe an! Wo ist die Pumpe?«

»Die Scheiß-Pumpe ist kaputt«, gab ich wütend zurück. Um ihn ruhigzustellen, hätte ich dem Panik verbreitenden Idioten am liebsten eine reingehauen. Die nächste über uns hereinbrechende Woge hielt mich jedoch davon ab. Noch mehr Wasser sammelte sich in der »Kingfisher«, die langsam zum U-Boot mutierte.

Eigentlich sollte es bis zur Flussmündung nicht mehr weit sein, verdammt noch mal, grübelte ich. Es kann doch nicht mit rechten Dingen zugehen, wenn wir auf den letzten Metern noch absaufen.

»Wie sollen wir das Wasser rausbekommen ohne Pumpe?«, jammerte der polnische Franzose.

»Mann, nimm den Eimer da vor deiner Nase und fang an zu schöpfen!«, krakeelte ich, Mordgedanken unterdrückend. Endlich griff sich Louis den blauen Eimer. Sein Gehirn schien aber nicht mehr richtig zu funktionieren.

Zumindest bekam es wohl einige Dinge durcheinander. Ein Würgegeräusch ertönte. Mein Gott, es durfte nicht wahr sein. Anstatt Wasser damit zu schöpfen, hatte der Navigator in den Eimer gekotzt. Den Kübel fest umklammernd konnte er jetzt nicht mehr davon ablassen, weiter zu reihern.

Auch seine Gattin hatte sich gesteigert. Sie war ebenfalls bereit für das große Finale. »Allmächtiger Gott«, flehte sie. »Du hast mich hierhergebracht. Bitte lass es jetzt enden!«

Scheiße, nein! Ich ließ dem Steuer freien Lauf und hechtete nach hinten. Am Heck bekam ich die Lady gerade noch an ihrer Schwimmweste zu fassen, um sie zurück ins Boot zu reißen. Es war unglaublich, aber wahr: Die fromme Kirchenmaus hatte doch tatsächlich über Bord springen wollen. Hatte ihr Mann das gar nicht mitbekommen? Anscheinend nicht, zumal er keinen Mucks von gab. Besudelt mit seinem Mageninhalt schielte er nur noch in seinen gesprenkelten Kübel.

Was war das? War tatsächlich Land in Sicht? Ich deutete in die Ferne und ließ meinen Blick schweifen. Die Frau des Navigators hatte bessere Augen als ich. Außerdem sprach sie offensichtlich auch Spanisch.

»El Salvador!«, rief sie und riss, um dem Allmächtigen zu danken, erneut die Arme in die Höhe.

Auf dem Heimweg wurde nicht gesprochen. Später, im Auto, fragte ich Abigail: »Sag mal, warum warst du so ruhig auf dem Boot? Hattest du denn überhaupt keine Angst?«

Die immer noch durchnässte Nixe lächelte. »Nein, solange dir das Bier noch schmeckte, wusste ich, dass alles gut werden würde.«

Über kurz oder lang sollte Louis wieder von sich hören lassen. Unklar war, ob ihn die Große mit den roten Schuhen nach einem Schäferstündchen des Hotelzimmers verwiesen hatte oder ob etwas anderes vorgefallen war. Auf jeden Fall wurde der Frosch, so wie der liebe Gott ihn erschaffen hatte, des Nachts, nicht weit von seinem Haus entfernt, von einer Polizeistreife aufgegriffen. Die Gesetzeshüter waren entsetzt, einen Oyibo im Adamskostüm zu sehen. Sofort baten sie ihn, sich auszuweisen und zu erklären. Beides gelang Louis natürlich nicht. Den wenigen verständlichen Worten, die er immer wieder stammelte, entnahmen die Sheriffs jedoch, dass der Nackte gleich um die Ecke wohnen würde. Was war zu tun? Die Freunde und Helfer berieten sich lautstark, denn sie waren verwirrt und sich mangels entsprechender Vorschriften nicht sicher, wie sie sich in einer derartigen, nicht alltäglichen Situation verhalten sollten. Letztendlich beschlossen sie, den Verdächtigen auf die Pritsche ihres Pick-up-Trucks zu verfrachten, um mit ihm zwecks Identifikation zu der von ihm genannten Adresse zu fahren. Dort angekommen hämmerten sie so lange gegen das eiserne Eingangstor, bis Louis' Wachmann endlich erwachte und sichtlich verärgert über die nächtliche Ruhestörung zum Eingang schlurfte. Als er die Klappe in der Pforte, die Verbindung zur Außenwelt, geöffnet hatte, machte er gleich einen Satz zurück und bekreuzigte sich. Standen da schwer bewaffnete Cops vor der Tür?

»Komm mal her, Freundchen«, forderte der Kommandierende den Nachtwächter harsch auf. »Ist dir diese Person schon einmal unter die Augen gekommen?« Ein anderer Gesetzeshüter ergriff Patrick beim Schopf und zerrte seinen Kopf mit dem Gesicht nach vorn, vor die Luke.

Niemand weiß, was oder wen der verängstigte Wachmann gesichtet hatte. Vielleicht erkannte er in den Gesichtszügen seines Bosses gar den Leibhaftigen? Auf jeden Fall beteuerte der Befragte glaubwürdig, den Vorgeführten nicht zu kennen, ihn nie zuvor gesehen zu haben. Nach einer Nacht hinter lokalen Gittern wurde Louis ins Hauptquartier der Polizei nach Abuja überführt, wo er endlich auch wieder verpflegt und eingekleidet wurde – man gab ihm einen ausrangierten, zerlöcherten Umhang.

Irgendwann kam ein Fahrer, zu dem der Navigator hatte Kontakt aufnehmen können, in mein Büro. Der junge Mann informierte mich über die jüngsten Vorfälle. Weil ich, wie jeder wusste, mit einem höhergestellten Polizisten befreundet war, hatte der verzweifelte Louis den Fahrer gebeten, mich in seinem Namen um Hilfe anzuflehen.

Isa gab Schnalz- und Knacklaute von sich, zumal er nicht wusste, ob er lachen oder weinen sollte, sowie er von der Einkerkerung des Nudisten erfuhr. Nachdem ich seine Bedenken wegen krimineller Energie des Knastis ausgeräumt hatte, gelang es ihm über seine Fulani-Kontakte, den Inhaftierten innerhalb kürzester Zeit freizubekommen. Zurück in Port Harcourt und wieder ganz der Alte wollte sich Louis selbstverständlich erkenntlich zeigen. Er versprach Isa, ihn für seine Dienste fürstlich zu entlohnen, ihm einen Computer zu schenken. Aus anfangs unerklärlichen Gründen verzögerte sich die Übergabe des Präsents jedoch, sodass ich Louis drei Monate später an sein Versprechen erinnerte. Verlegen entschuldigte sich der Franzose. Er bat Isa, sich doch bitte noch etwas zu gedulden. Der Rechner würde schon bald zur Verfügung stehen. Er befand sich an Bord einer dreißig Meter langen Yacht, die, kaum dass der Navigator sie auf den Kanarischen Inseln erworben hatte, samt Crew nach Port Harcourt segelte. Zu Weihnachten – nach weiteren sechs Monaten – durchkreuzte die Yacht immer noch die Weltmeere. Sie hatte aber zumindest schon den Golf von Guinea erreicht. Aufgrund nochmaligen Nachfragens im folgenden Jahr überbrachte mir Louis dann die Hiobsbotschaft: Fatalerweise war das Luxusboot in schlechtes Wetter geraten und mit Mann und Maus sowie Isas Computer untergegangen.

Vor dem Fest

»Wie konntest du mir das nur antun?«, beschwerte sich mein Kumpel. »Mensch, bist du nicht mehr ganz bei Trost? Weißt du denn nicht, wer das ist? Wenngleich er so unscheinbar wirkt, ist der Mann stiller Teilhaber an dem Verein, für den ich arbeite. Eigentlich dachte ich, du hättest zumindest ein bisschen Grips in der Birne.«

»Tut mir leid, aber ich kann dir nicht folgen. Worum geht es überhaupt? Was habe ich denn ausgefressen?«

»Na, um Emils Trip nach Abuja geht es, um was denn sonst? Wie konntest du ihn nur fragen, ob er wieder Yams für Linda mitgebracht hat? Es darf doch keiner wissen, dass er eine Freundin hat und, anstatt zu fliegen, immer mit dem Auto nach Abuja fährt, nur um es vor der Rückreise mit Yams aus dem Norden vollzustopfen. Das hat er mir im Vertrauen erzählt und ich Dussel habe dir davon berichtet, nicht ahnend, dass du dich ihm gegenüber verplapperst.«

Schlagartig wurde ich mir meiner Sünden bewusst. Mist, war das beschämend! Wie konnte mir solch ein Missgeschick passieren? Hoffentlich würde Matt mir das verzeihen und keine Schwierigkeiten wegen meines dummen Geredes bekommen!

Gestern hatte ich Emil im Boot-Klub getroffen. Der Norweger hatte berichtet, er sei am Vortag erst spät in der Nacht nach Hause gekommen, weil er aufgrund seiner Flugangst die Strecke von Abuja nach Port Harcourt mit dem Auto hatte zurücklegen müssen. Daraufhin hatte ich die graue Eminenz gefragt: »Und, hast du wieder Yams für Linda mitgebracht?«

Um schleunigst das Thema zu wechseln, erkundigte ich mich bei Matt: »Was ist denn mit Rachel?«

»Was soll mit ihr sein? Eingestellt habe ich sie. Die macht sich prima. Eigentlich sollte sie im Labor arbeiten und Baroid-Proben analysieren, aber das wohlgenährte Mädchen strotzt vor Kraft. In geschlossenen Räumen hält sie es nicht lange aus. Deshalb habe ich ihr einen Schutzhelm und ein paar Gummistiefel gegeben, damit sie draußen auf jeden mit Baroid beladenen Truck, der ankommt, klettern kann, um Proben zu ziehen. Komm doch mal vorbei und schau dir die Frau in Aktion an. Von meinem Balkon aus kann man die Amazone unbemerkt beobachten. Du wirst dich kaputtlachen, wenn du siehst, wie sie breitbeinig auf den Ladeflächen der Lkw steht und Leute herumkommandiert.«

Allein bei der Vorstellung, die frisch gebackene Geologin so zu sehen, musste ich schon grinsen. Die resolute junge Lady war mir im Pavillon über den Weg gelaufen, wo sie mir erzählte, dass sie gerade ihr Studium abgeschlossen hatte. Ob ich ihr nicht bei der Jobsuche behilflich sein könne, bat sie. Klar konnte ich, denn ich erinnerte mich, dass Matt händeringend Geologen suchte.

Was lief hier denn ab? Wie vom Texaner vorgeschlagen war ich gekommen, um Rachel bei der Arbeit zuzusehen, aber augenscheinlich würde an diesem Tag wohl nichts daraus werden. Chaos war angesagt! Überall im stattlichen MI-Hof liefen Leute durcheinander, war Gegacker zu vernehmen, flatterten Hühner herum. Matt stand auf seinem Balkon und schaute dem Treiben amüsiert zu. Durch einen Wink gab er mir zu verstehen, zu ihm zu kommen.

»Was zum Teufel ist hier los?«, wollte ich bei Ankunft von ihm wissen.

Der Amerikaner mit dem breiten Kinn feixte. »Warum, es ist doch bald Weihnachten.«

Ich strich mir Federn von den Klamotten und deutete auf meine Schuhe, unter denen Hühnerexkremente hervorquollen. »Kannst du mir vielleicht verraten, was diese Schweinerei mit Weihnachten zu tun hat?«

Matt lachte laut auf. Sich mit der linken Hand aufs Knie schlagend, deutete er mit der anderen nach unten. Beim Versuch, ein Federvieh einzufangen, war Frank, der Buchhalter im schwarzen Anzug, auf einem Kringel Hühnerscheiße ausgerutscht und der Länge nach hingeschlagen. Jetzt versuchte er – unter dem Gelächter seiner Kollegen –, sich die Kacke mit Taschentüchern vom feinen Zwirn zu wischen. Anscheinend war die gesamte Belegschaft auf den Beinen. Jeder probierte, einen Vogel zu erhaschen. War American Football nicht mehr die bevorzugte Sportart meines Freundes? Hatte er eine neue Disziplin erfunden und den Versuch gestartet, ihre Akzeptanz als Betriebssport zu testen? So wie dort unten war es sicherlich auch im Kolosseum im alten Rom zugegangen. Die Gladiatoren kämpften, die Masse grölte und Cäsar stand auf der Tribüne, schnitt Grimassen, gestikulierte oder winkte einzelnen Akteuren zu. Nach einem Stündchen lichteten sich die Reihen. Immer mehr Gladiatoren zogen mit einem gackernden Gockel unterm Arm stolz und zufrieden von dannen. Sie hinterließen ein verwüstetes Schlachtfeld.

»Die sind bescheuert, meine Chefs daheim in Texas«, konstatierte Matt, kaum dass der Spuk vorüber war. »Die wollten mir vorschreiben, tiefgefrorene Hühner als Weihnachtsgeschenke an unsere Mitarbeiter zu verteilen. Wie sollte das denn funktionieren? Die glaubten tatsächlich, die Leute hier hätten zu Hause, in ihren Dörfern, sowohl elektrischen Strom als auch Kühlschränke. Na, denen habe ich aber was erzählt. Und, wie du gesehen hast, habe ich mich durchgesetzt. Das mit dem Selbstfangen des Federviehs habe ich mir ausgedacht, damit sich keiner benachteiligt fühlt, sich niemand darüber beschweren kann, einen kleineren Vogel als seine Kollegen bekommen zu haben. Aber dass diese Aktion so gut ankommen und die Mitarbeiter so viel Spaß daran haben würden, hätte ich selbst in meinen kühnsten Träumen nicht erwartet. Komm, lass uns in den Klub gehen. Zur Feier des Tages gebe ich einen aus. Überraschenderweise fing es heute gleich nach Öffnung des Werkstores schon gut an. Aber die Story erzähle ich dir besser bei einem kalten Bier.«

»Ich habe dir doch von Kingsley berichtet, dem Vorsitzenden der für uns zuständigen Youth, diesem Schwergewicht mit der platten, schiefen Nase, der nicht nur so aussieht wie ein Boxer, sondern auch einer ist«, fuhr Matt fort, nachdem die Flaschen und Gläser auf einem Tisch am Fluss standen. »Er und zwölf seiner Schergen haben mir heute früh einen Besuch abgestattet.

Angeblich wollten sie mir nur frohe Weihnachten wünschen. Sie haben die Gelegenheit dann aber beim Schopf ergriffen, um ihre Weihnachtskarte zusammen mit einem Wunschzettel zu präsentieren. Was auf diesem Blatt Papier stand, war schier unannehmbar. Es fing mit jeweils einer Million Naira für den Chief und die Youth an und hörte mit Ziegen und Hühnern auf. Na, du kennst das ja, kannst dir sicher vorstellen, was alles aufgelistet war. Aufgrund meines Protests wurde schnell immer hitziger und lauter diskutiert, bis ich schließlich den Wunschzettel nahm, ihn zerknüllte und in den Papierkorb warf. Sofort kam Stimmung auf. Die Hooligans, die Kingsley mitgebracht hatte, machten ordentlich Krawall. Folglich musste ich Beschimpfungen und Drohgebärden über mich ergehen lassen. Zum krönenden Abschluss hielt mir der Boxer seinen Wurstfinger unter die Nase. Ich machte es ihm nach. So standen wir uns für eine ganze Weile gegenüber und beäugten uns.

Unerwarteterweise gab Kingsley seinen Leuten plötzlich durch einen Wink zu verstehen, dass sie uns allein lassen sollten. Sowie seine Jünger die Tür hinter sich geschlossen hatten, entspannten sich die Gesichtszüge des Vorsitzenden der Youth. Er zog ein Taschentuch aus seiner Hosentasche hervor, wischte sich den Schweiß von der Stirn und ließ sich auf einen Stuhl plumpsen. Tief ausatmend fragte er dann in ganz normalem Tonfall: ›Na, wie war ich?‹

›Nicht schlecht‹, antwortete ich. ›Ich glaube, du hast richtig Eindruck geschunden. Und was ist mit mir, was hältst du von meinem Auftritt?‹

›Du warst sehr authentisch, Sir. Weißt du, im Grunde genommen bist du mir ganz sympathisch, aber das darf ich keinesfalls vor den Jungs zum Ausdruck bringen. Wenn die dabei sind, muss ich immer den wilden Mann markieren. Man will ja schließlich wiedergewählt werden.‹

Letztendlich einigten wir uns auf einer vernünftigen Basis. Außerdem glaube ich, in Kingsley einen neuen Freund gefunden zu haben.«

Matt hatte seinen Vortrag beendet. Zufrieden grinsend lehnte er sich im Stuhl zurück. Mir war nicht nach Frohsinn zumute. Ich dachte an unseren CLO, Heinrich den Schrecklichen, der mir mit Sicherheit auch schon bald ein frohes Fest wünschen und seinen Wunschzettel überreichen würde.

Die Weihnachtsfeier

Endlich war der große Tag gekommen. Len, Newton, Mark und ich waren gespannt, ob alles klappen würde, wie wir es uns vorgestellt hatten, nachdem wir viel Zeit investiert hatten. Schon am Nachmittag war der Klub gut besucht. Die meisten Stühle an den Tischen auf der Rasenfläche wurden von Eltern, die der Kinderbescherung beiwohnen wollten, aber auch von Partylöwen, die sich für die abendliche Veranstaltung schon mal in Stimmung zu bringen gedachten, in Beschlag genommen. Zu diesem besonderen Anlass hatten wir die Räume des Klubhauses festlich dekoriert. Im Versammlungsraum stand ein drei Meter hoher, geschmückter Tannenbaum – aus Plastik versteht sich. Esther hatte Wattebäusche, die Schneeflocken darstellen sollten, auf alle Spiegel geklebt. Ununterbrochen ertönten »Jingle Bells« und Ho-Ho-Ho-Gelächter aus zwei in Weihnachtsmannfiguren eingebauten Spieluhren.

Auch draußen hatten wir keine Mühe gescheut. Dennoch erinnerte die Dekoration in Ermangelung von Tannenzweigen eher an ein Schützenfest oder an Karneval. Zwischen den Palmen wurden mehrfarbige Wimpelgirlanden gespannt, die Tanzfläche war mit Luftballons übersät und bunte Lichterketten leuchteten sowohl das Gelände als auch den Steg bis hin zum Schiffsanleger aus. Am Flussufer hatte unser Hauptsponsor, Air France, ein sechs Meter langes Werbebanner an Gerüststangen fixiert. Links vor dem Klubhaus standen bereits die Verstärker, Instrumente und Mikrofone der für den Abend erwarteten Kapelle.

Anfangs waren nur sieben sonntäglich gekleidete Mädchen und Jungen anwesend. Nach und nach trafen jedoch immer mehr Kinder ein. Demzufolge hatten die von uns engagierten, bunt geschminkten Clowns alle Hände voll zu tun, um die immer mehr ihre Scheu ablegenden Rabauken zu unterhalten. Lauf- und Abklatschspiele wurden gespielt. Zudem trugen die Komiker mit ihren farbenfrohen Perücken und übergroßen Schuhen – vom Gelächter und Gekreische der Gören begleitet – Sketche vor. Natürlich durfte auch das beliebte Topfschlagen nicht fehlen. Wenn wieder einmal eines der kleinen Mädchen, in deren Haar meist kolorierte Strähnen oder Glasperlen eingeflochten waren, oder einer der Jungen als Gewinner ausgezeichnet wurde, applaudierten alle Anwesenden stürmisch. Daraufhin erhoben sich die stolzen Eltern, um sich gestenreich beim Publikum zu bedanken oder kurze Ansprachen zu halten, in denen die selbstlosen Oyibos gelobt wurden, die nicht nur an ihr eigenes Partyvergnügen dachten, sondern sich auch um Kinder kümmerten.

Franks großer Auftritt rückte immer näher. Kurz vor Sonnenuntergang war es dann so weit. Mein Fahrer und ich holten den Buchhalter, der sich als Weihnachtsmann verkleidet hatte, in seinem Büro ab. Mann, sah der echt aus! Das rote Kostüm, der weiße Vollbart und die abgeknickte Zipfelmütze mit Bommel standen Frank hervorragend. Man erkannte ihn gar nicht mehr wieder. Aber nicht nur von seinem Äußeren war ich hellauf begeistert. Franks schauspielerische Leistung beeindruckte ebenfalls. Des Buchhalters Gestik und Mimik sowie die stockend gesprochenen Worte passten perfekt zu einem Weihnachtsmann. Darüber hinaus gab er sich auch noch gebrechlich, sobald mein von Kindern umringtes Auto vor dem Klubhaus hielt. Folglich musste ich dem alten Father Christmas beim Aussteigen helfen und ihn stützen, damit er zu seinem Tisch gelangte. Obendrein spielte ich Knecht Ruprecht, indem ich meinem tattrigen Boss die von ihm im Peugeot vergessenen, mit Geschenken gefüllten Kartoffelsäcke hinterhertrug.

Standesgemäß legte Santa Claus langsam und behäbig los. Er erkundigte sich nach dem Namen des einzigen Jungen, der sich in seine Nähe gewagt hatte. Danach durfte der verlegene Bengel ein Gedicht aufsagen, bevor er sein Präsent erhielt. Anfangs beäugten die Kids den Weihnachtsmann noch misstrauisch aus sicherer Entfernung. Mit fortschreitender Zeit und in nervöser Erwartung der Gaben verlor jedoch ein Zwerg nach dem anderen schnell seine Scheu. Mit halb vollen Pampers trat man vor, um Väterchen Frost aus weit aufgerissenen Augen anzublicken und brav seine Anweisungen zu befolgen.

Zufrieden nickend stieß ich Matt an. »Alle Achtung, das hätte ich deinem Frank nicht zugetraut«, flüstert ich. »Der spielt den Weihnachtsmann nahezu perfekt. Diese Ruhe, die er ausstrahlt, das schleppende Gerede und die Gebrechlichkeit des Alters, die er vortäuschte, als ich ihn zum Tisch führte, alles wirkt verdammt echt.«

Mein Freund verschluckte sich am Bier und keuchte: »Schwere Zunge und unsicherer Gang! Stimmt, das hat er drauf. Nur hat das nichts mit Franks schauspielerischen Fähigkeiten zu tun. Hast du es denn nicht bemerkt? Der Kerl ist sternhagelvoll. Er kann kaum noch gehen, geschweige denn reden. Aufgrund dessen musstest du ihn stützen und deshalb quasselt er so verdreht. Aus lauter Angst vor seinem großen Auftritt hat er sich schon morgens tüchtig Mut angetrunken.«

Es war ein langer, ereignisreicher Tag für die Kleinen. Zu guter Letzt sammelten ihre Eltern sie ein wie auf dem Rücken liegende Maikäfer. Anschließend verabschiedete man sich bei den Organisatoren, um sich für die schöne Feier zu bedanken, zu der sowohl Kinder von Klubmitgliedern als auch Jungs und Mädchen aus der Nachbarschaft eingeladen worden waren.

Gleich nach Sonnenuntergang brach die pechschwarze Nacht über uns herein. Der Klub war mittlerweile gut besucht. Darauf deutete auch die kilometerlange Schlange parkender Autos hin, die sich entlang der löchrigen Straße gebildet hatte. Hastig leerte Mark sein Bier. Der Coonass mit der hohen, schweißtriefenden Stirn wirkte sichtlich nervös, denn für ihn war die Stunde der Wahrheit gekommen. Er war für die Durchführung der Veranstaltung, auf die alle warteten, für die Miss Boat Club Competition, verantwortlich. Blut und Wasser hatte Mark bereits geschwitzt, zumal er befürchten musste, dass die ein oder andere der handverlesenen Kandidatinnen es mit der Pünktlichkeit nicht so genau nehmen oder überhaupt nicht erscheinen würde. Unterdessen waren jedoch alle Rosen Afrikas anwesend und die sorgfältig zusammengestellte Jury hatte an ihrem Tisch Platz genommen.

Sie bestand aus Jim, einem spitzbärtigen Kanadier mit chinesischen Wurzeln, Charles und Ekaite, Betty, der nigerianischen Air France Managerin, Isa und Jan Janssen, einem jungen Dänen. Ein zünftiger Tusch ertönte. Daraufhin trat Mark unter allgemeinem Beifall ans Mikrofon, begrüßte die Anwesenden und stellte nach den Punktrichtern die Wettbewerbsteilnehmerinnen vor.

Ne, das darf doch wohl nicht wahr sein, dachte ich. Die meisten Schönheiten kennst du ja. Die gehören praktisch zum Inventar des Tobi Jug, der Cheers und der Big Sisters Bar.

»Kandidatin Nummer eins«, ertönte es zusammen mit dem Pfeifen des Mikrofones aus den Lautsprecherboxen. »Gift aus Bayelsa State!« Eine barfüßige, mit einem schwarzen, superkurzen Minirock und einer blauen Bluse bekleidete Venus drängte sich in den Vordergrund, drehte sich einmal um sich selbst und blickte Beifall heischend in die Runde. Die Gäste klatschten. Anfeuernde Rufe und Pfiffe erklangen. Die nächste Aspirantin war Hope aus Imo State. Sie trug ein braunes, halblanges Abendkleid und High Heels mit Riemchen, hatte langes, eingeflochtenes schwarzes Haar mit roten Strähnen. Sowie ich sie erblickte, gab ich norddeutsche Schnalz- und Knacklaute von mir. »Hope, dass ich nicht lache«, brummelte ich. »Das ist doch Expensive, deren Bekanntschaft ich einst im Blues Café gemacht habe.« Auf Hope folgte Promise aus Ikot Abasi im Aqua Ibom State. Da Ikot Abasi für einen längeren Zeitraum praktisch mein zweites Zuhause gewesen war, schaute ich genau hin. Mir die Augen aus dem Kopf stierend musste ich allerdings zur Kenntnis nehmen, dass ich diese Dame nicht kannte. Promise war mit einem schwarzen T-Shirt mit der Aufschrift 68 und Hot Pants, die ihre vernarbten Beine nicht verdeckten, bekleidet. Ihre große Zahnlücke ließ sie leicht schelmisch wirken. Vielleicht bekam sie deshalb auch extrem viel Beifall.

Nach der Vorstellung von sieben weiteren Kandidatinnen zogen sich die Ladies in ihre Garderobe, das umfunktionierte, mit Spiegeln ausgestattete Büro des Vice Commodores, zurück. Bis sie wiederkehrten, spielte die vielköpfige Band ihren Begrüßungssong: »One Love« von Bob Marley. Jetzt trugen die Girls kurze Hosen zu weißen T-Shirts mit der Aufschrift »Boat Club« über dem Herzen und ihrer Nummer auf dem Rücken.

Mark erklärte die Regeln der ersten Wettkampfdisziplin. Am Flussufer standen zehn mit Wasser gefüllte Bottiche vor Haufen nicht aufgeblasener Luftballons. Für die Athletinnen ging es darum, die Luftballons mit Wasser zu befüllen, sie schnellstmöglich über eine Distanz von dreißig Metern zu befördern und ihren Inhalt in leere, mit ihren Nummern versehene Plastikfässer zu kippen. Die Teilnehmerin, in deren Tonne nach zehn Minuten das meiste Wasser sein würde, sollte zur Gewinnerin dieses Spiels erklärt werden und zehn Punkte erhalten. Die Zweitbeste bekäme neun Punkte und so weiter. Wie Langstreckenläuferinnen hatten sich Nigerias Schönheiten an der Startlinie positioniert. Die ein oder andere warf ihrer Gegnerin auf der Nebenbahn noch einen nicht gerade freundlichen Blick zu oder verpasste ihr einen kleinen Ellbogenhieb, bevor der Startschuss abgefeuert wurde. Dann war nur noch Frauenpower angesagt. Die Geräusche beim Laufen ähnelten denen einer Herde durchgehender Wildpferde. Sie war gar nicht so einfach, die Sache mit dem Wasser und den Luftballons. Obendrein hatte sich der hinterhältige Coonass eine kleine Ferkelei ausgedacht: Wohlweislich hatte er die Farbe Weiß für die T-Shirts der Damen ausgewählt, weshalb die Veranstaltung schon bald mit einem Wet-T-Shirt-Contest vergleichbar war.

Jeglicher Übereifer wurde meist umgehend bestraft. Wenn die Lastenträgerinnen eine zu große Anzahl der prall gefüllten Ballons in ihren Armen hielten, zerbarsten sie oder sie flutschten ihnen, sich dabei entleerend, weg. Auch stürzten Athletinnen im schnellen Lauf, da es schwierig war, sich gleichzeitig aufs Rennen und die sensible Fracht zu konzentrieren. Schon bald sahen die Ladies nicht mehr aus wie vorher. Ihr Make-up war verlaufen und ihre völlig durchnässten Hemden hatten nicht nur die grüne Farbe des Rasens angenommen, sondern machten auch Körperformen sichtbar.

Die Zuschauer verfolgten den Wettkampf begeistert. Außer unserem Haus-und-Hof-Member Danny, der schmollend in einem Eckchen saß, weil er seine Freunde Anike und Lukman vermisste, hielt es keinen mehr auf dem Stuhl. Alles stand, grölte oder pfiff, um persönliche Favoritinnen anzufeuern. Es war spannend. Kurz vor Schluss gab Mark abermals einen Zwischenstand bekannt. Kandidatin Nummer vier lag in Führung. Der Wasserstand ihres

Bottichs schien der höchste zu sein, aber noch war nichts entschieden. Langsam watschelnd näherte sich die mollige kleine Nummer sechs dem Ziel. Ihre muskulösen Arme umklammerten die untere Lage der von ihr transportierten Ballons krampfhaft. Obendrein drückte ihr Kinn das sich oben in der Pyramide befindende wabbelige Ding nach unten. Die Menge klatschte im Takt und begleitete jeden ihrer Schritte mit »Hep, hep, hep«-Rufen. Fast wäre die Schwerstarbeit der keuchenden Frau belohnt worden, aber leider nur fast. Kurz vor dem Ziel, der sie erlösenden Tonne, rutschte sie in einer Wasserlache aus, legte einen dreifachen Rittberger hin und blieb zusammen mit den Fetzen der geplatzten Ballons in der Pfütze liegen. Das war der Höhepunkt eines unvergesslichen Finales! Das Publikum tobte.

Angeführt von Jim schritt die mit Zollstöcken ausgestattete Jury nach vorn, um Wasserstandsmeldungen bekanntzugeben. Gewinnerin in dieser Disziplin war die Kandidatin Nummer vier, gefolgt von Nummer neun und Promise, dem Aqua-Ibom-Girl mit der Zahnlücke. Aufgrund der anstrengenden Leibesübungen hatten sich die Damen ein Päuschen redlich verdient. Sie zogen sich in ihre Garderobe zurück und waren, auch nachdem die Band bereits den fünften Song zum Besten gegeben hatte, noch immer nicht zurückgekehrt. Die ungeduldig wartenden, der Fortsetzung des spannenden Contests entgegenfiebernden Zuschauer begannen zu murren. Ich erblickte Mark in der Nähe der Bar. Sein Hemd war schweißnass, es klebte am stattlichen Bauch. Sein Kopf leuchtete wie ein Halloween-Kürbis. Kaum dass ich mich zu ihm durchgeschlagen und gefragt hatte, was los war, winkte der Mann aus Louisiana auch schon verzweifelt ab.

»Aus und vorbei«, stöhnte er. »Die Mädchen streiken! Die wollen mit solch einem Ferkel wie mir, das sie praktisch vor aller Augen entblößt hat, nicht mehr zusammenarbeiten.«

»Aber das geht doch nicht. Das können sie nicht machen. Mit einer derartigen Protestaktion machen sie uns die ganze schöne Feier kaputt! Lass mich mal mit ihnen reden.« Empört ließ ich den Coonass stehen und stürmte in die Umkleide. Durch mein unangekündigtes Hereinpoltern wurde das

Schimpfen und Schnattern der Models abrupt unterbrochen. Alles starrte mich wütend an.

»Sagt mal, habt ihr nach dem anstrengenden Kampf überhaupt schon Erfrischungsgetränke bekommen?«, lautete meine erste Frage.

»Nee«, entgegnete Gift schnippisch. »Der Veranstalter, dieser versaute Drecksack, denkt nur an sich selbst.«

»Das ist ja kaum zu glauben. Nach dieser Schufterei müsst ihr doch durstig sein! Was möchtet ihr denn trinken?«

»Star, Star, Gulder, doppelten Whisky«, zwitscherten die Schnapsdrosseln. Im Nu war ich draußen an der Bar, wo ich Esther anwies, alle Bestellungen zurückzustellen und sofort elf Getränke in den Beauty-Salon zu bringen. Dort stieß ich kurz darauf mit den Schönheiten an, um anschließend schlürfende, zischende sowie gurgelnde Geräusche zu vernehmen und zu sehen, wie sich die Gesichtszüge der Girls langsam entspannten.

»Noch 'ne Runde?«

»Klar, wir wären ja fast verdurstet«, krakeelte Hope.

»Also, ich möchte mich im Namen des Klubs erst einmal bei euch entschuldigen«, erklärte ich feierlich, sobald ich die neue Bestellung aufgegeben hatte. »Ich bin mir sicher, Mark hat nichts Böses im Schilde geführt. Wahrscheinlich hat er nicht vorhergesehen, dass der Wettbewerb so ausarten würde. Geht doch bitte nicht so streng mit ihm ins Gericht. Warum drückt ihr nicht einfach ein Auge zu und macht weiter? Ihr wart fantastisch. Die Menge verlangt nach euch. Die nächsten beiden Disziplinen, Singen und Tanzen, werdet ihr sicherlich viel lieber mögen als die Schlammschlacht. Außerdem winken den drei Siegerinnen schöne Preise. Bekommt ihr eigentlich eine Pauschale für die An- und Abfahrt, das Waschen eurer Klamotten und all euren Aufwand?«

»Nö, von dem fetten Geizhals doch nicht«, rief Nummer sechs.

Mich erstaunt gebend versprach ich den Mädchen dreitausend Naira pro Nase. Aus technischen Gründen sollte die Auszahlung des Geldes aber erst nach Beendigung der gesamten Vorstellung erfolgen.

Mit einem erneuten Tusch und einer kurzen Ansage Lens ging es unter dem Applaus des Publikums endlich weiter. Tanzen war angesagt. In dieser Konkurrenz überzeugten alle Kandidatinnen. Vom Standardtanz über Free Style bis hin zum rhythmischen mit dem Hintern wackeln führten die jetzt festlich gekleideten, wieder frisch geschminkten Ladys so ziemlich alles vor. Zumal auch die Band ihr Bestes gab, konnten die meisten Zuschauerinnen beim Erklingen der bekannten Rhythmen nicht stillsitzen. Sie zogen ihre eigene Show ab. Die Herren der Schöpfung beschränkten sich darauf, die Damen anzufeuern, indem sie sangen, klatschten und johlten. Gefolgt von Promise war Expensive die klare Gewinnerin der Tanz-Performance. Ihren Auftritt honorierten alle Kampfrichter mit der Höchstnote zehn.

Mit dem Singen war es so eine Sache. Eigentlich hatte ich bessere, melodischere Darbietungen erwartet. Aus unerklärlichen Gründen trafen die meisten Titelanwärterinnen die Töne nicht richtig. Oder war das etwa meine Schuld? Hatte ich den Verdurstenden einen Drink zu viel spendiert? Nur der Auftritt von Promise war perfekt. Sie sang »I Still Haven't Found What I Am Looking For« von Cher. Damit begeisterte sie die Zuhörerschaft. Der anschließende Applaus wollte nicht abreißen. Klar, dass das Volk immer wieder Zugaben forderte und seinem Wunsch gern entsprochen wurde.

Unterdessen hatten die Kampfrichter ihre Hausaufgaben gemacht. Trotz prickelnder Spannung überraschte es niemanden, als Len über das Mikrofon Promise zur Siegerin erklärte und ihr den Titel »Miss Boot-Klub« verlieh. Die Plätze zwei und drei belegten Hope, auch als Expensive bekannt, und Gift. Len gratulierte der strahlenden Königin nebst ihren Prinzessinnen, wobei er den Hoheiten nach meinem Dafürhalten im Namen aller Anwesenden zu viele Bussis auf die Wangen drückte. Hinterher überreichte er die Preise, mit Geld gefüllte, »modische« Kunstlederhandtäschchen made in Coonass-Land. Zusätzlich erhielten die Gewinnerinnen Urkunden, in denen sie zu Ehrenmitgliedern des Klubs ernannt wurden. Abschließend hielt Promise eine kurze Ansprache, mit der sie sich für die lautstarke Unterstützung ihrer Darbietungen bedankte. Winkend und Küsschen in Richtung der Zuschauer hauchend verabschiedeten sich die stolzen Siegerinnen. Ihr Abgang wurde vom Publikum mit Standing Ovations gewürdigt. Dann war der Zauber vorüber. Ungeachtet ihrer Ehrenmitgliedschaft wurde keine der Diven je wieder im Boot-Klub gesehen.

Zur Aufmunterung der Gäste traten jetzt Makossa-Dancers, Tänzerinnen aus Kamerun, die nur leicht bekleidet waren, auf. Zu extrem schnellen afrikanischen Klängen schüttelten sie praktisch alles, was sich an ihren Körpern schütteln ließ. Sie warfen sich, ohne den Rhythmus zu unterbrechen, auf den Boden und wackelten mit ihren Hintern vor den Nasen älterer Herren herum. Es gab keinen, der nicht von dieser Performance mitgerissen wurde. Alles tanzte, kreischte, johlte. Newton fiel es daher schwer, die Menge wieder zu beruhigen, nachdem er in Begleitung unserer Glücksfee, Esther, zur Lostrommel geschritten war, um die dreißig Gewinnnummern der großen Weihnachtstombola zu ziehen.

Es war nicht ganz einfach und mit viel Lauferei verbunden gewesen, Sponsoren zu finden. Letztlich wurden Lens und meine Bemühungen dennoch honoriert, zumal die von Firmen gespendeten Preise, zu denen ein Moped, ein Fahrrad und ein Fernseher gehörten, äußerst attraktiv waren. Der Hauptgewinn war allerdings der Hammer. Es war ein Business Class Flug für zwei Personen nach Europa, gesponsert von Air France. Die Gewinnerin, eine ältere, traditionell gekleidete Dame wollte es nicht glauben, als ihre Losnummer bekannt gegeben wurde. Tränenüberströmt nahm sie den Gutschein entgegen, ehe sie schluchzend das Mikro ergriff, sich kurz bedankte und verzweifelt verkündete, dass sie nicht wusste, was sie jetzt machen solle. Bisher war sie weder geflogen noch hatte sie jemals Nigeria verlassen. Unter allgemeinem großen Gelächter stürmten augenblicklich zwei alte Knacker nach vorn. Sie rangen um das Mikrofon, um sich der Dame als Escort Service anzubieten. Die dann folgende Party ging mehr als ausgelassen ab. Irgendwann war es vier Uhr. Daran, wie und wann wir nach Hause gekommen sind, konnte sich später keiner von uns Veranstaltern erinnern.

Habt ihr eigentlich schon einen neuen ...?

Aufgewühlt schaute ich wieder auf die Bahnhofsuhr, die Franka über der Eingangstür zu meinem Paradies aufgehängt hatte. Die Shoemaker-Leute wollten doch schon vor einer Stunde hier sein. Nur ruhig bleiben, redete ich mir selbst gut zu. Wahrscheinlich hatte sich Bernies Flieger verspätet.

An diesem Tag ging es um die Wurst. Ein Exklusivvertrag sollte abgeschlossen werden. Vor einer Woche hatte Mark seinen neuen Boss Bernie, der eine gewisse Ähnlichkeit mit Kirk Douglas hatte, in den Boot-Klub mitgebracht. Mangels anderer Gäste kamen der Norweger und ich nicht nur schnell ins Gespräch, sondern wir verstanden uns auch auf Anhieb prächtig. Bei dem Skandinavier kam es mir so vor, als ob ich einen lange nicht gesehenen alten Freund wiederträfe. Die Zeit verging wie im Flug. Dennoch war sich der Geschäftsführer einer multinationalen Ölfirma über zwei Dinge im Klaren, ehe er sich gegen Mitternacht verabschiedete. Als Privatmann wollte er die Boston Whaler, die schon seit Jahren im Schlick am Flussufer vor sich hingammelte, kaufen, um sie in seiner Freizeit wieder flottzumachen. Und geschäftlich gedachte er sich im Rahmen des Sanierungsauftrages, mit dem man ihn nach Nigeria geschickt hatte, als Erstes auf den Bereich Logistik zu konzentrieren. Bernie hatte bereits festgestellt, dass zu viele seiner Mitarbeiter für die Auftragsvergabe zuständig waren. Dabei war ihm nicht entgangen, dass die von den Verantwortlichen eingesetzten Speditionen überhöhte Preise für schlechte Leistungen verlangten. Nachdem er mich, den Logistiker, während des ganzen Abends mit Fragen bombardiert hatte, nahm Bernies Plan langsam Gestalt an, bis er sich seiner Sache vollkommen sicher war. Zukünftig wollte er nur noch mit einer Spedition zusammenarbeiten.

Und diese Spedition sollte VHN Transport & Logistics heißen. Sie würde ausschließlich ihm Rechenschaft ablegen. Von dieser Maßnahme versprach sich der Direktor das Ende der Vetternwirtschaft im Transportwesen seines Unternehmens. Mich hätte es fast vom Hocker gehauen, als sich Bernie zu später Stunde offenbarte. Leider barg sein Angebot, so verlockend es war, einige Risiken. Daher bat ich um Bedenkzeit, die ich auch erhielt, um eine Entscheidung zu treffen. Bedauerlicherweise gab mir der Norweger aber nur fünfzehn Minuten. In dieser Viertelstunde umrundete ich mit Taschenlampe und rauchendem Kopf mehrmals das Klubhaus. Die wichtigste Frage, die es zu beantworten galt, war, ob es uns gelingen würde, das Auftragsvolumen des amerikanischen Unternehmens sowohl qualitativ als auch quantitativ zufriedenstellend abzuwickeln. Meiner Geschäftsphilosophie entsprechend wollte ich den Überblick behalten, wollte ich zu jedem Zeitpunkt in der Lage sein, jeden unserer Kunden über den Status seiner auch noch so kleinen Sendung zu informieren. In der siebten Runde ums Klubhaus kam ich zu der Erkenntnis, dass es bei Einstellung von zwei oder drei neuen Mitarbeitern machbar sein sollte, den zusätzlichen Arbeitsaufwand zu bewerkstelligen. Allerdings würde das Engagement für Bernies Betrieb einen Annahmestopp für Aufträge weiterer potenzieller Kunden zur Folge haben. Abschließend gaben der Norweger und ich uns die Hand, wodurch wir unser vorläufiges Abkommen besiegelten. Die Preise, die ich dem Direktor unverzüglich zukommen ließ, wurden ohne Beanstandung akzeptiert. Alles andere hätte mich auch gewundert, denn ich hatte mit spitzem Bleistift gerechnet.

Mittlerweile lief ich, die Bahnhofsuhr nicht mehr aus den Augen lassend, im Büro auf und ab. Wenn heute alles klappen würde, hätte ich für einen gewissen Zeitraum erst einmal ausgesorgt. Dann wären die schlechten Tage endgültig vorbei und ich würde meine Zukunftsängste vergessen können. Irgendwie war ich, obwohl alles in trockenen Tüchern zu sein schien, aber immer noch skeptisch, da die Geschichte mit Bernie eigentlich zu schön war, um wahr zu sein. Um zwölf Uhr griff ich zum Telefon und rief Mark an.

Hörte ich richtig? Schluchzte der Mann aus Louisiana etwa? »Mark?«, rief ich mehrmals, bevor ich eine sehr weit entfernte, zitterige Stimme vernahm.

»Sorry, Herbert, ich weiß, wir hatten um zehn Uhr einen Termin. Ich hätte dich telefonisch informieren sollen, dass wir nicht kommen. Aber dazu war ich einfach nicht in der Lage. Ich bin noch immer geschockt. Heute Morgen meldete sich unser Lagos-Büro bei mir. Man teilte mir mit, dass Bernie tot ist. Er ist gestern beim Schwimmen in den sich überschlagenden Wellen am Bar Beach ertrunken.«

Mir fiel der Telefonhörer aus der Hand. Plötzlich fühlte ich mich wie gelähmt. Bernie tot? Dieser unternehmungslustige Typ, mit dem ich mich so gut verstanden hatte, mit dem ich die gleichen Werte teilte, der Geschäftsmann mit dem Herzen am rechten Fleck? Ich war am Boden zerstört.

Dipiri weckte mich aus meiner Lethargie. Bis dahin unbemerkt saß er mir plötzlich gegenüber, klatschte in die Hände und trompetete: »Hudu, aufwachen! Gute Nachrichten! Dein Community-Problem ist gelöst.«

»Klopf keine blöden Sprüche«, raunzte ich ihn an. »Ich habe heute schon genug Negatives gehört und absolut keinen Bock auf deine dummen Witze.«

»Doch, glaub mir, ich habe die Kuh vom Eis geholt.«

In mich gekehrt erwiderte ich traurig: »Mein Community-Problem ist leider unlösbar. Ich habe alles nur Erdenkliche probiert, aber selbst die Polizei einschließlich meines Freundes Isa kann mir nicht helfen. Inzwischen habe ich mich damit abgefunden, mein Leben lang, oder jedenfalls solange ich in Nigeria bin, diesen Erpressern, diesen Terroristen, diesen Sadisten schutzlos ausgeliefert zu sein. Versteh das bitte.«

Laut auflachend wandte sich Dipiri zum Gehen ab. »Du wirst schon sehen«, bellte er. »Bist du morgen früh im Büro?«

»Ja, wo sollte ich denn sonst sein?«

Tags darauf erschien der Anwalt gleich nach Arbeitsbeginn in Begleitung eines gutaussehenden, hageren Herrn im schwarzen Anzug. Ich schätzte ihn auf Anfang vierzig.

»Darf ich vorstellen, das ist dein neuer CLO«, eröffnete Dipiri das Gespräch in dem Augenblick, in dem die Besucher Platz genommen hatten.

Ich verzog das Gesicht und schlug mir mit der Hand vor die Stirn. »Mann, ich habe dir doch schon tausendmal gesagt, in dieser Angelegenheit sind deine Dienste nicht erwünscht – so gut sie auch gemeint sind. Unglücklicherweise steht es mir nicht zu, selbst einen CLO zu ernennen. Ich muss den Kollegen nehmen, den mir die Youth zuteilen. Gar nicht auszumalen, was passieren würde, wenn Heinrich VIII., dieses Früchtchen, erfährt, dass ich ihn ersetzen möchte. Er und seine wilde Horde würden mir das Haus abfackeln, glaub mir das und lass mich mit dem Thema bitte in Ruhe.«

Der Mann aus Opobo streckte seinen Mittelfinger in die Höhe. Auch er wurde jetzt lauter: »Du verbohrter deutscher Blödmann! Du kannst einfach nicht zuhören! Das ist dein Problem! Sieh das doch endlich ein! Dieser Mann hier, Paul, ist dein neuer CLO! Spreche ich Chinesisch oder warum ist das so schwer zu begreifen?«

Wegen der beschränkten Auffassungsgabe meines Kumpels sichtlich angepisst, ließ ich mich im Stuhl zurückfallen und verschränkte die Arme im Nacken. Dipiri glotzte mich lange mit spöttischem Blick an. Dann grinste er plötzlich. Am liebsten hätte ich ihm Prügel angedroht, wenn er nur nicht so groß und breit gewesen wäre. Stattdessen sann ich verärgert darüber nach, was das hier werden sollte. Jetzt bekam der Rechtsverdreher auch noch einen Lachanfall. Freundschaft hin, Freundschaft her, langsam reicht's, überlegte ich, immer grantiger werdend.

»Hudu, Hudu.« Dipiri nahm das Gespräch wieder auf. Sein Gegacker war endlich abgeklungen. »Mann, kapier das doch! Dieser neben mir sitzende Gentleman, Paul, besser gesagt, Pastor Paul, ist von heute an dein CLO. Der Herr ist der Priester der Rebisi-Kommune. Folglich kommt er gleich nach dem lieben Gott. Keiner wird irgendetwas gegen seine Ernennung einzuwenden haben. Oder glaubst du etwa, dass es jemand wagen wird, sich mit dem irdischen Stellvertreter des Allmächtigen anzulegen?«

Doof aus der Wäsche blickend klappte mir die Kinnlade herunter. Meine grauen Zellen arbeiteten zum Glück noch. Leider aber nur sehr, sehr langsam.

»Und du denkst, das funktioniert?«, wollte ich nach einer halben Ewigkeit wissen.

Es funktionierte. Und wie! Ohne mich eines Blickes zu würdigen, räumte

Henry widerstandslos seinen Schreibtisch. Außer in meinen Alpträumen habe ich ihn nie wiedergesehen. Pastor Paul, der Anzugträger mit dem Oberlippenbart, war ein sehr angenehmer, verständnisvoller Mensch. Er kam nur am Monatsende ins Büro, um seinen Gehaltsscheck abzuholen. Bei der Gelegenheit plauderten wir meist über die große, weite Welt. Von nun an gab es keine von uns zu finanzierenden kommunalen Projekte mehr. Und selbst zu Weihnachten erhielten wir keinen Wunschzettel. Alles war perfekt. Außer Matt, der seinen eigenen Weg gefunden hatte, war ich der Einzige in Port Harcourt, der keine Probleme mit den Vertretern einer Kommune hatte. Mitarbeiter anderer ausländischer Betriebe, die den ständig zunehmenden Terror der Youth über sich ergehen lassen mussten, beneideten mich.

Unglücklicherweise hielt der Frieden nur drei Jahre an. An einem Freitag den 13. kam Queenette ganz in Schwarz und mit roten Augen ins Büro.

»Was ist denn los? Du siehst nicht gerade glücklich aus, kann ich dir helfen?«, fragte ich unsere Kassiererin.

Queenette begann, Rotz und Wasser zu heulen. »Unser Pastor ist tot«, schluchzte sie.

Ich fühlte einen Stich im Herzen, wollte es nicht wahrhaben, hakte aber trotzdem nach: »Doch nicht etwa Pastor Paul?«

»Doch. Er wurde von einem Auto überfahren.«

Geschockt zog ich mich in mein Paradies zurück. Dort dachte ich an den lieb gewonnenen Menschen. Im Laufe des folgenden Wochenendes sann ich nicht nur über das Schicksal des Geistlichen, sondern auch über andere fürchterliche Dinge nach. Hauptsächlich beschäftigten sich meine Gedanken mit dem Weltuntergang, eingeläutet durch die Rückkehr des apokalyptischen Reiters, Heinrichs des Schrecklichen.

Am Montag meinte ich, bei Morgendämmerung einen kleinen Hoffnungsschimmer am Horizont zu entdecken. Daher konnte ich es kaum erwarten, ins Büro zu gelangen. Als Erstes ließ ich die Kassiererin zu mir kommen.

»Sag mal, Queenette«, erkundigte ich mich. »Habt ihr eigentlich schon einen neuen Pastor?«

Wer dreimal stirbt

Nicht allzu heiß war es, denn der kalte, trockene Wind blies aus dem Norden. In diesem Jahr wurden wir von einem starken Harmattan heimgesucht. Deshalb saß ich bei ausgeschalteter Klimaanlage im Büro, als Franka die Ankunft Lamidis, des neuen Logistikmanagers der Bohr AG, meldete. Der Hochschulabsolvent hatte das Amt vor nicht allzu langer Zeit von seinem Vorgänger, Emeka, der aus nur ihm bekannten Gründen den Betrieb verlassen hatte, übernommen. Ich begrüßte Lamidi mit einem anständigen Handschlag und dem dazugehörenden Fingerschnippen. Erst jetzt bemerkte ich, dass mein Gast alles andere als glücklich aussah. Gesenkten Hauptes und mit geschwollenen Augen stand er zwar vor mir. Gedanklich schien er sich aber auf einem anderen Planeten zu befinden.

»Mensch, Lamidi, Du siehst traurig aus. Hast du Probleme?«, fragte ich besorgt, derweil ich den Gast zu einem Stuhl vor meinem Schreibtisch eskortierte. Anschließend passierte lange nichts, außer dass der Logistikmanager nach unten und ich auf die Bahnhofsuhr blickte. Nach Beendigung der Schweigeminute begann Lamidi zwar leise und schluchzend, zumindest aber verständlich zu sprechen.

»Emeka ist tot. Und weil du ihn ja auch gut kanntest, bin ich gekommen, um dir das mitzuteilen.«

»Lieber Gott, nein, was ist denn passiert? Er war doch noch keine fünfzig.«

»Nein, das war er beileibe nicht. Während der letzten Monate lebte er allein in seinem großen Haus in Elekahia. Seine bessere Hälfte hatte ihn verlassen und die Kinder mitgenommen. Keiner weiß, warum, denn eigentlich verstand sich das Paar ausgezeichnet. Vorgestern kehrte sie – zum Glück ohne die Kleinen – zurück. Kurz darauf sollte sie etwas sehen, das niemand sehen möchte. Emeka musste Besuch gehabt haben, Besuch von Leuten, die ihn abgrundtief hassten, die ihn in Stücke hackten. Das ganze Wohnzimmer war blutverschmiert und mit Leichenteilen übersäht. Emekas Frau erlitt einen Schock. Sie befindet sich noch immer im Krankenhaus.«

Lamidi ließ seinen Tränen freien Lauf. Auch mir war plötzlich ganz anders zumute. Emekas Bild vor Augen erinnerte ich mich an unser letztes Meeting. Ich sah den Logistikmanager, wie er niedergeschlagen an seinem Schreibtisch vor Stapeln von Schriftstücken saß und sich völlig entnervt beklagte, dass er die Ehre hätte, zum Zoll nach Abuja zu fahren, um Probleme aus der Welt zu schaffen.

»Schau dir den Mist doch mal an«, hatte er geschimpft und dabei auf einen Turm von Dokumenten geschlagen. »Diese Kriminellen von der Alpen Spedition haben all das in diesen Papieren aufgeführte Zeug in unserem Namen temporär importiert. Und das Schöne an der Sache ist, dass wir nichts davon wussten, geschweige denn die Eigentümer der Waren sind. Sogar einen Hubschrauber haben die Schweizer für uns eingeführt. Bedauerlicherweise haben wir aber – wie jeder weiß – keinen Hubschrauber.«

Ich war nicht der Einzige, der davon ausging, dass Emeka seinen Job wegen der nervenaufreibenden Differenzen mit dem Zoll gekündigt hatte. Warum er aber sterben musste, wusste keiner, zumal der Mordfall auch nie aufgeklärt wurde. Auf jeden Fall musste er einer oder mehreren Personen gehörig auf die Füße getreten haben.

Da mich Emekas Tod sehr mitnahm, fuhr ich in den Boot-Klub. Vielleicht würden ein, zwei Fläschchen Bölkstoff meine miserable Stimmung etwas heben. Am Flussufer sitzend genoss ich die Stille und dachte über den Sinn des Lebens nach. Shuggy gesellte sich zu mir. Wie gewöhnlich verstand ich kaum etwas vom breiten Slang meines hünenhaften, schottischen großen Bruders. Infolgedessen ergriff ich die Initiative und trug, nur um etwas zum Besten zu geben, den mir neulich zu Ohren gekommenen Schottenwitz vor:

»Drei Typen sitzen in der Sauna: ein Amerikaner, ein Japaner und ein Schotte. Auf einmal macht es ring-ring, ring-ring, ring-ring.

Der Ami öffnet seine Faust, hält sich die Hand ans Ohr und ruft: ›Hallo, hallo, wer ist da?‹ Anschließend redet er lange mit sich selbst.

Als er sein Gespräch beendet hat, fragt ihn der Schotte: ›Du, sag mal, was war das?‹

›Ach nichts, ich habe nur einen Anruf erhalten. Weißt du, neuerdings kann man sich ja ein Telefon in die Hand einbauen lassen. Gerade in der Sauna ist das sehr praktisch.‹

Erstaunt reißt der Schotte die Augen auf, um etwas Unverständliches vor sich her zu grunzen.

Wenig später macht es piep-piep, piep-piep, piep-piep. Augenblicklich beginnt der Japaner wie auf einer Tastatur tippend in der Luft herumzufuchteln. Nachdem der Spuk vorüber ist, versenkt er seine Hände wieder im Schoß.

›Was sollte das denn werden?«, erkundigt sich der verblüffte Kelte.

›Warum? Jemand hat mir eine E-Mail geschickt. Die habe ich umgehend beantwortet.‹

Geschockt schweigt der Schotte lange. Dann stürmt er plötzlich nach draußen. Eine halbe Stunde später ist er immer noch nicht zurück. Aus diesem Grund begeben sich auch seine besorgten Kumpane an die frische Luft. Sie suchen den ganzen Hof nach dem Vermissten ab. Schließlich entdecken sie Braveheart hinter dem kleinen Häuschen auf und ab laufend. Eine halbe Rolle Toilettenpapier hängt ihm aus dem Hinterteil.

›Wir haben uns Sorgen um dich gemacht und wollten schon eine Vermisstenanzeige aufgeben. Was ist denn los mit dir?‹, will der Ami wissen.

Der Schotte gibt durch Zeichen zu verstehen, dass er nicht gestört werden möchte. Geschäftig verkündet er: ›Entschuldigung, aber ich glaube, ich bekomme gerade ein Fax.‹«

Weil ich meinen Witz richtig gut fand, schlug ich mir mehrmals aufs Knie. Und vor lauter Lachen bekam ich mich gar nicht mehr ein! »Hahaha, hahaha, hahaha.«

Scheiße, was war denn nur mit meinem Kumpel los? Mittlerweile schaute er überhaupt nicht mehr freundlich aus der Wäsche. Anscheinend fand er den Joke nicht so besonders. Flüchtig auf meine Armbanduhr blickend seufzte ich: »Mist, schon sechs Uhr. Jetzt muss ich aber los.« Auf dem Weg zum Peugeot rief ich noch: »Esther, ich bin sehr in Eile. Schreib bitte an. Ich zahle nächstes Mal.«

»Mann, das war knapp«, monologisierte ich, sobald mein Fahrer den Motor gestartet hatte. »Nicht auszudenken, was geschehen wäre, wenn das Monster von Loch Ness dich in die Finger oder gar ins Maul bekommen hätte.«

An diesem Tag wollte das Unheil kein Ende nehmen. Welche Laus war Abigail denn nur über die Leber gelaufen? Sie knallte die Haustür hinter sich zu, baute sich mit in die Hüften gestemmten Händen vor mir auf und schnaufte erst ein paarmal, bevor sie zu kreischen begann.

»Ich habe es immer gewusst! Das konnte nicht gutgehen! Aber ich wollte es einfach nicht wahrhaben! Geträumt habe ich dumme Gans! Und nun habe ich den Schlamassel. Jetzt gehöre ich zu den lebenden Toten!« Tränen flossen meiner Freundin aus den Augen. Hasserfüllt schaute sie mich an. Wahrscheinlich überlegte sie gerade, mit welchem Gegenstand sie mich am schnellsten ins Jenseits befördern könnte.

»Was ist denn los?«, erkundigte ich mich kleinlaut.

»Frag nicht so dumm, du Schwein!«

»Na, na, würdest du mir bitte erst einmal erklären, warum du so sauer auf mich bist?«

»Weil ich in einer Klinik war, um dort einen HIV-Test zu machen, deshalb. Und hier ist das Ergebnis.« Abigail zog einen Zettel aus ihrer Handtasche hervor und fuchtelte damit in der Luft herum. »Positiv!«

Gerade erst hatte meine Partnerin das Reizwort ausgesprochen, als mir schon das Herz in die Hose rutschte. Schockiert und vollkommen fertig erinnerte ich mich an eine Sache, an die ich eigentlich nie wieder denken wollte. Mein Gott, schoss es mir durch den Kopf. Dann hast du den zweiten Test zu früh gemacht, dich doch noch in letzter Sekunde angesteckt. Und obendrein hast du ein weiteres Leben, das deiner Liebsten, zerstört.

Damals, als ich sie kennengelernt hatte, hatte ich Abigail von der

AIDS-Tragödie erzählt und ihr sogar meine Testresultate gezeigt. Nun ging sie logischerweise davon aus, dass ich sie angesteckt hätte.

»Morgen gehe ich in die Russenklinik und lass mich nochmals testen«, stotterte ich, kehrte meiner sich heulend aufs Sofa schmeißenden Freundin den Rücken und schlich mich nach oben, ins Schlafzimmer. Abermals war ich felsenfest davon überzeugt, HIV-positiv zu sein. An Schlafen war daher nicht zu denken. Mein Gehirn arbeitete die ganze Nacht über unentwegt, wobei all meine Gedanken nur Tod und Siechtum galten.

»Lange nicht gesehen! Wie geht's dir denn?«, begrüßte mich Steve. »Siehst ja wieder mal nicht gerade glücklich aus.«

In dem Augenblick, in dem ich ihm von meiner Vermutung berichtete, verfinsterte sich die Miene des zuvor gut gelaunten Doktors. »Nur eine Maßnahme kann uns Klarheit verschaffen«, konstatierte er. »Die Prozedur kennst du ja bereits bestens.«

Der Mediziner nahm mir Blut ab. Danach begab ich mich erneut in das nahegelegene Lokal, das ich eigentlich wegen der vielen an die Nieren gehenden Erinnerungen meiden wollte. Wie anno dazumal schmeckte mir das Essen nicht, bekam ich keinen Bissen herunter. Auch wollte die Zeit wieder nicht vergehen. »Und du dachtest schon, dem Tod von der Schippe gesprungen zu sein«, plapperte ich vor mich her. »So kann man sich irren!«

Sämtliche Handlungen, selbst die kleinsten Bewegungen, liefen in Zeitlupe ab. Zu guter Letzt bekam ich meinen Hintern kaum hoch, obwohl ich schon spät dran war. Ein längeres Abhängen im Restaurant, ein weiteres Zögern, hätte nichts gebracht, da ich irgendwann einmal doch den Tatsachen ins Auge blicken musste. Mit Muffensausen und hängenden Schultern betrat ich Steves Büro. Der schaute mich für eine gefühlte Ewigkeit mit seltsamer Miene an, ehe er wiederum das magische Wort aussprach: »Negativ.«

Zu Hause lag die Leiche auf Urlaub, Abigail, noch immer jammernd mit mir abgewandtem Gesicht auf der Couch. Ich hielt ihr mein Testergebnis vor die Nase.

»Da, negativ«, zischte ich wie eine Klapperschlange. »Wenn hier einer positiv ist und eine andere Person angesteckt hat, dann bin das nicht ich, sondern du.«

Meine Lebensgefährtin war im Nu auf den Beinen. Ihre Verzweiflung war dem Zorn gewichen. »Das kann nicht sein!«, protestierte sie. »Gleich morgen früh gehe ich auch in die Russenklinik, damit die mir Blut abnehmen. Wenn du negativ bist, bin ich es auch!«

Sowie ich am folgenden Abend die Haustür öffnete, wurde ich in die Kuschelecke gezerrt. Abigails Test bei Doktor Steve war ebenfalls negativ ausgefallen. Nach Bekanntgabe des Resultates fuhr die Wiedergeborene zum Hospital, in dem sie ihren ersten Test gemacht hatte. Dort stellte man fest, dass eine Verwechselung vorlag. Man hatte ihr das Ergebnis einer anderen Person bescheinigt.

Zertifikate

Es war schon toll, ein Mobiltelefon zu besitzen. Natürlich mussten nicht nur meine Freunde und ich, sondern auch zig Millionen Nigerianer umgehend eins haben, sobald die Dinger in den frühen 2000er Jahren auf den Markt kamen. Erstanbieter von Mobilfunk wie das südafrikanische Telekommunikationsunternehmen MTN verdienten sich eine goldene Nase im bevölkerungsreichsten Land Afrikas. Bis dahin unentbehrliche Funkgeräte und Satellitentelefone waren von nun an überflüssig und schon bald Schnee von gestern. Jeder, der etwas auf sich hielt, war plötzlich Besitzer eines Handys, mit dem er auf Teufel komm raus telefonierte. Zweifellos benutzte manch ein Freak diese technische Neuerung auch nur zum Posen. Außer meinem Schweizer Nachbarn fiel in dieser Disziplin vor allem die bildhübsche, gehörlose Freundin eines Bekannten auf, die bei jeder sich nur bietenden Gelegenheit ihr riesiges Mobiltelefon aus der Einkaufstasche hervorkramte, es sich ans Ohr hielt und schrille Laute von sich gab. Auch Abigail liebte die jetzt zur Verfügung stehenden kabellosen Kommunikationsmittel. Sie rief mich im Fünf-Minuten-Takt an, um sich nach meinem Wohlbefinden nebst anderen überlebenswichtigen Dingen zu erkundigen.

Nachdem ich bereits vor Monaten einen Vertrag abgeschlossen und seitdem von meinem Hightech-Nokia Gebrauch gemacht hatte, beklagte sich unser Buchhalter, Policarp, erstmals über eine überhöhte MTN-Rechnung.

»Ja, sorry, ich weiß, ich telefoniere viel. Kein Wunder, wenn meine Telefonrechnung hoch ist«, gab ich ihm zu verstehen. »Aber das geht anderen genauso. Momentan ist ein Handy halt noch etwas Exotisches, das man mit einer Art Freiheitsgefühl verbindet. Vermutlich wird sich der Spaß an der

Sache aber schon bald legen. Dann werden sich bestimmt auch die von mir verursachten Kosten verringern.«

Trotz dieser plausiblen Erklärung gab sich der störrische Policarp nicht mit meiner Antwort zufrieden.

»Aber 700 Dollar im Monat?«, protestierte er. »Meinst du nicht, dass das etwas zu viel ist?«

Mich hätte es fast umgehauen. Langsam wiederholte ich die im Raum stehende Summe. »700 Dollar?«

»Ja, genauer gesagt, 739 Dollar und 49 Cent.«

»Aber ich habe kaum Auslandsgespräche geführt, nur ein- oder zweimal pro Woche mit meinen Eltern und Albatros Houston telefoniert. Das kann doch nicht so teuer sein! Wurden die Telefonate aufgelistet?«

»Nein. Allerdings kann ich eine Kostenspezifikation anfordern.«

»Mach das bitte, und zwar so schnell wie möglich. Ich habe den Eindruck, MTN versucht, uns abzuzocken.«

Policarp hatte seine Hausaufgaben in Windeseile gemacht. Am nächsten Morgen überreichte er mir eine zwölf Seiten starke, detaillierte Telefonrechnung, in der alle Verbindungen während des letzten Monats aufgeführt waren. Da ich an diesem Wochenende Strohwitwer war – Abigail wollte Familienangehörige besuchen –, schmiss ich die Faktura in meinen Aktenkoffer, um sie daheim in Ruhe zu studieren.

Allein zu Haus war ich geschockt, als ich die unendlich lange Aufstellung samstagabends durchging. Verschiedene Anschlüsse in den USA, England, Frankreich, Italien, Deutschland und Österreich wurden täglich, meistens nachts, angerufen. Am häufigsten wurde jedoch mit Leuten kommuniziert, die unter mit +90 und +7 beginnenden Nummern erreichbar waren. Na, den Halunken von der Telefongesellschaft würde ich aber was erzählen! Was für eine Masche war das denn, mir Kosten für derartige Telefonate unterzujubeln? Zumal mir die Ländervorwahlen +90 und +7 nichts sagten, sie mich aber zunehmend neugierig machten, rief ich Matt an, um herauszufinden, ob er Licht ins Dunkle bringen könne. Meinem Freund ging es allerdings wie mir. Auch er konnte nichts mit den Country

Codes anfangen. Dennoch versprach er zu helfen, seine Frau Stacy anzurufen und sie zu bitten, mal im Ländervorwahlbüchlein zu Hause in den USA nachzuschauen.

»Das sind die Nummern von der Türkei und Russland«, teilte mir der Texaner wenig später mit. »Worum geht es überhaupt? Wandelst du auf Freiersfüßen? Suchst du etwa ein russisches oder türkisches Mütterchen, weil auf dem deutschen Heiratsmarkt für einen hässlichen Vogel wie dich nichts mehr zu holen ist?«

»Quatsch keinen Blödsinn. Wie du weißt, bin ich einzig und allein an Geschäften interessiert«, raunzte ich meinen Kumpel an und legte auf.

»Türkei und Russland, hm«, murmelte ich. Mich weiterhin dem Star widmend grübelte ich krampfhaft über diese Länder nach. In Deutschland hatte ich zwar türkische Freunde. In der Türkei oder gar in Russland lebende Menschen hingegen kannte ich nicht. Nach dem soundsovielten Gerstensaft wuchs meine Neugierde ins Unermessliche. Zudem wurde ich mutiger. Hoch konzentriert tippte ich die türkische Nummer ins Telefon, bevor ich den Verbindungsknopf drückte.

Schon nach dem dritten Klingeln nahm jemand ab, sagte jedoch nichts. Weil ich mich ebenfalls ruhig verhielt, belauschten das Wesen an der Strippe und ich uns gegenseitig. Ein, zwei Minuten vergingen. Dann wurde das Schweigen abrupt durchbrochen. »Abigail? Abigail?«, erklang es aus der Hörmuschel. Ein elektrisierender Blitz durchzuckte mich. Ich legte sofort auf. Was war das denn? Woher kannte der Typ am anderen Ende der Leitung den Namen meiner Freundin? Wurde vielleicht doch mit meinem Handy in die Türkei telefoniert?

Erneut durchforstete ich die Liste der Telefonate. Alle Gespräche wurden entweder kurz vor oder kurz nach Mitternacht geführt, also zu einer Zeit, zu der ich meist schon schlief. Sollte das bedeuten, dass Abigail, die normalerweise vor mir entschlummerte, schauspielerte? Wartete sie Nacht für Nacht nur darauf, dass ich in süße Träume verfiel, um sich mein Telefon zu schnappen und mit Leuten im Ausland zu kommunizieren? Das durfte doch wohl nicht wahr sein, oder? Je mehr ich über diese Theorie nachdachte, desto wütender wurde ich. Mist, aber es führte kein Weg daran vorbei: Um mir Klarheit zu verschaffen, musste ich auch die Nummer in Russland anrufen. Was war jetzt los? Jemand nahm schon nach dem ersten Läuten ab. Mit lüsterner Stimme flüsterte er alles andere als stubenreine Worte ins Telefon. Schließlich fing der Kerl auch noch an zu stöhnen. Ich hörte mir den Schweinkram so lange wie möglich an, ehe mein geliebtes Nokia durch den Raum flog und an der Wand zerschellte.

Frühmorgens stürmte ich zum Auto und fuhr zu Isa auf die Polizeiwache. Mein Kumpel hörte mir schweigsam zu oder besser gesagt, er ergab sich in sein Schicksal, indem er meinen langen, emotionalen Vortrag über sich ergehen ließ. Der Wachtmeister wirkte müde. Er schüttelte hin und wieder den Kopf oder wischte sich den Schweiß von der Stirn. Ich wiederholte mich, trug andauernd die Tragödie von Romeo und Julia vor, die mit dem jüngsten AIDS-Test begann und mit Telefonsex endete. Gerade hatte ich erneut begonnen, davon zu faseln, dass meine Freundin mich erst kürzlich beschuldigt hatte, sie mit HIV infiziert zu haben.

»Und das, obwohl ich ihr meine negativen Testzertifikate gezeigt habe, bevor es mit uns ernst wurde«, echauffierte ich mich, als der Polizist mich unterbrach, indem er mit aller Kraft auf den Tisch schlug.

»Nun lass mich doch endlich mal zufrieden mit deinen Scheiß-Zertifikaten, Mann, Hudu!«, schimpfte er. »Ich kann es nicht mehr hören. Von mir aus kannst du dir deine HIV-Negativ-Dokumente rahmen lassen und sie dir in deinem Büro an die Wand nageln. Darum geht es hier doch gar nicht. Sondern es geht darum, dass deine Freundin, sobald du eingeschlafen bist, mit deinem Handy Telefonsex betreibt. Das ist der Tatbestand, Mensch. Und nichts anderes! Die Frage ist, ob du ihr das vergeben kannst, ob du weiterhin mit ihr zusammenleben willst? Hast du dir darüber schon mal Gedanken gemacht?«

Ich errötete, schämte mich wegen meines Gejammers und des ständigen Geschwafels von den, wie Isa sich ausdrückte, »Scheiß-Zertifikaten«. Natürlich war ich mir über das Wesentliche, die Zukunft mit meiner Partnerin, noch nicht im Klaren. Kleinlaut versprach ich dem Gesetzeshüter, über die wichtigen Dinge im Leben nachzudenken. Anschließend fuhr ich todunglücklich nach Hause.

Wie versprochen besuchte mich der DCO am Montagabend gleich nach Dienstschluss.

»Na, dann lass uns mal überlegen, wie wir die Sache in Ordnung bringen können«, brummte er, sowie ich ihm meine Entscheidung mitgeteilt hatte. »Reichlich Erfahrungen mit meinen Schwestern hast du ja bereits gesammelt. Demzufolge solltest du dich nicht wundern, wenn dich die Affäre eine Kleinigkeit kosten wird. Falls Abigail Klage einreicht und dem Richter erzählt, dass du ihr die Ehe versprochen hast, siehst du ganz alt aus. Sollte sie ihm obendrein noch vorjammern, dass du sie jetzt, nachdem sie ihre Jungfräulichkeit verloren hat, davonjagst, wird es – Telefonsex hin, Telefonsex her – richtig teuer.«

Im Verlauf der folgenden zwei Stunden entwickelten Isa und ich unterschiedliche Strategien, wobei wir uns auch über Minimal- und Höchstbeträge, die ich zähneknirschend bereit sein würde auf den Tisch zu legen, unterhielten.

Als meine Freundin gegen einundzwanzig Uhr heimkehrte, überhäufte sie mich mit Küsschen. Danach begann sie, ungezwungen von den Feierlichkeiten im Haus ihrer Tante zu plappern. Uns skeptisch beäugend unterbrach sie ihren Redeschwall irgendwann. Augenscheinlich hatte sie erst jetzt bemerkt, dass etwas nicht stimmte.

Isa schnalzte mehrmals mit der Zunge, ehe er das Thema mit versteinerter Miene wechselte. »Abigail, wir haben eine ernste Angelegenheit mit dir zu besprechen. Du benutzt Hudus Telefon immer, wenn er schläft, um Telefonsex mit ausländischen Partnern zu betreiben. Unabhängig von den hohen Kosten geht solch eine Schweinerei natürlich überhaupt nicht! Deshalb würde unser Freund es begrüßen, wenn du deine Koffer packst und verschwindest. Damit du einigermaßen über die Runden kommst, ist Hudu bereit, dir eine Starthilfe von hunderttausend Naira zur Verfügung zu stellen.«

Abigail gab sich geschockt. In die Ferne stierend sagte sie lange nichts. Nach dieser Meditationsphase wanderten ihre großen braunen Augen nervös zwischen Isa und mir hin und her, bevor sie mit schriller, sich überschlagender Stimme alle Anschuldigungen von sich wies. Wie wir denn darauf kämen, dass sie mit meinem Handy telefoniere, lamentierte sie. Das sei doch totaler Unfug. Sie habe mein Telefon noch nie angefasst.

Isa raffte sich auf, nahm die Telefonrechnung vom Tisch, hielt sie in die Höhe und schritt im Raum auf und ab. Mit den getackerten Papieren herumfuchtelnd forderte er die Beschuldigte mit deutlichen Worten auf, das Theaterspielen zu unterlassen. Schließlich gäbe es genügend Beweise.

Abigail knickte daraufhin ein wenig ein. Sie gab zu, gelegentlich mit Verwandten im Ausland gesprochen zu haben. Ob das denn eine Sünde sei, fragte sie, um gleich darauf fortzufahren: »Wie dem auch sei, falls dieser geizige Deutsche, der nicht einmal meine Telefonkosten übernehmen kann, unbedingt darauf besteht, bin ich bereit, mich von ihm zu trennen. Allerdings nicht zu diesen lausigen Konditionen, nicht für lumpige hunderttausend Naira, die er mir anbietet. Nachweislich habe ich andere Kandidaten, seriöse Persönlichkeiten, zurückgewiesen, weil dieser Heiratsschwindler mir nicht nur die Ehe versprochen hat, sondern mich auch nach Germany mitnehmen wollte. Wenn er mich jetzt, nachdem er sich unanständig mit mir vergnügt hat, unbedingt wieder loswerden will, erwarte ich eine angemessene Abfindung!«

»Und das wäre?«, stöhnte Isa, der sich inzwischen wieder gesetzt hatte.

»Ein Geländewagen, ein neuer, versteht sich. Und mindestens fünfhunderttausend Naira. Oder meint ihr etwa, ich bin ein billiges kleines Mädchen? Im Übrigen hätte mich der Lustmolch beinahe auch noch mit AIDS infiziert!«

»Isa, du hast ja meine Zertifikate gesehen«, warf ich erbost ein. Tief Luft holend wollte ich dann richtig vom Leder ziehen. Mein Freund ließ mich jedoch nicht zu Wort kommen. Er fuhr lautstark dazwischen.

»Hudu, es reicht! Jetzt fang nicht wieder mit deinen Scheiß-Zertifikaten an!«, krakeelte er und warf mir einen vernichtenden Blick zu. Sobald Isa die Beherrschung zurückerlangt hatte, nahm er erneut Abigail ins Visier. »Du weißt hoffentlich, dass Telefonsex mit zehn Jahren Knast geahndet wird, Madam?«

Meine Verflossene zuckte sichtlich zusammen. In sich gekehrt zog sie es vor, den Verkehr auf der Straße der Ameisen am Fußboden zu beobachten, anstatt zu antworten.

»Ehrlich gesagt, Abigail, nach meinem Dafürhalten ist deine Forderung viel zu hoch«, fuhr Isa mit wesentlich freundlicherer, mitleidig klingender Stimme fort. »Und du, Hudu, denk mal über eine bessere Offerte nach.«

»Also gut«, murmelte ich schweren Herzens, nach einer Phase intensiver Kontemplation. »Mein Peugeot! Ich packe noch mein geliebtes Auto drauf. Das heißt, mein Angebot besteht aus hunderttausend Naira und meinem Peugeot.«

»Abigail?«, fragte Isa, wobei er aus mir unerklärlichen Gründen die Augen verdrehte.

Mit ausdruckslosem Gesicht verfolgte meine Ehemalige weiterhin die Ameisen. Wenngleich ich die Hoffnung schon aufgegeben hatte, lenkte sie zu guter Letzt doch noch ein. »Aber nur, wenn ich auch die Gardinen bekomme, die ich neulich für dieses Wohnzimmer anfertigen ließ.«

Irgendeiner afrikanischen Tradition entsprechend musste der frisch gebackene Junggeselle, Hudu, den hilfsbereiten Wachtmeister zu Schnaps und Bier einladen. Wir saßen im Pavillon, wo ich es nach der geschätzten zehnten Runde endlich wagte, die Frage zu stellen, die mir auf den Nägeln brannte.

»Sag mal, gibt es in Nigeria wirklich ein Gesetz in Sachen Telefonsex? Und werden Verstöße gegen diesen Erlass tatsächlich mit zehn Jahren Knast geahndet?«

»Mensch, Hudu«, kicherte Isa. Dabei klopfte er mir freundschaftlich auf die Schulter. »Bist du so naiv? Natürlich gibt es bei uns keine derartigen Vorschriften. Das habe ich nur dir zuliebe erfunden.«

Heros

»Diese Betrüger, diese Verbrecher, wie kann man nur so abgebrüht, so verdorben sein?«, fluchte ich innerlich kochend vor mir her. Wir befanden uns auf der AGM, der jährlichen Vollversammlung des Boot-Klubs. Die Bude war proppenvoll und die Stimmung aufgeheizt. Viele Teilnehmer benahmen sich, als würde es um Leben und Tod gehen. Dennoch war das Theater nur ein billiger Abklatsch davon, was sich in der Politik abspielte, in einem Land, in dem man sich seiner Gegner gern auch mal mittels angeheuerter Killer entledigte.

Lange hatten wir uns in der Hoffnung, wiedergewählt zu werden und unseren Kandidaten für das Amt des Vice Commodores durchzubekommen, auf den großen Tag vorbereitet. Dabei war es uns sogar gelungen, die Verfassung des Klubs zu ändern, um eine Firmenmitgliedschaft einzuführen. Im Rahmen dieser Neuerung waren bis zu zehn Angestellte jedes dem Verein beigetretenen Unternehmens wahlberechtigt. Zu der heutigen Veranstaltung waren sie dann auch alle erschienen, die neuen Stimmberechtigten, zwanzig Erstwähler, bei denen es sich um Mitarbeiter der Ölmultis MI und Shoemaker, um Typen wie Shuggy, Billy, Mark und Jim handelte. All diese Leute waren nur aus einem Grund anwesend: Sie wollten für Matt Pevey als Vice Commodore stimmen.

Was die vielen Wortmeldungen und all das Gerede über belangloses Zeug sollten beziehungsweise was die verschiedenen nigerianischen Fraktionen damit bezweckten, entzog sich meiner Kenntnis. Dass hier aber ein Spiel gespielt wurde, in dem die mächtigen, verborgenen Strippenzieher Anike und Chief Lukman hießen, war sonnenklar. Vielleicht bestand die Taktik des Gegners darin, Zeit zu gewinnen, um erst einmal die Stärke unseres Lagers zu checken und – falls erforderlich – mehr das Kreuzchen an der richtigen Stelle machende Personen heranzukarren. Jedenfalls wurden unendlich lange Reden von Wichtigtuern gehalten, die wir vorher noch nie zu Gesicht bekommen hatten. Ich bezweifelte daher, dass es sich bei diesen mit Zipfelmützen, Hausa-Kappen, prächtigen Boubous und farbenfrohen, traditionellen Gewändern bekleideten Leuten um Vereinsmitglieder handelte. Eigentlich sollte am Veranstaltungstag nur Mitgliedern Zutritt zum Klubgelände gewährt werden. Da die Kontrolle am Tor aber dem House and Ground Member Danny oblag, war die Einhaltung dieser Vorschrift äußerst fraglich.

Shuggy und seine Kollegen begannen bereits zu murren. Sie waren es weder gewohnt, stundenlang auf ihren Stühlen zu sitzen, noch waren sie gewillt, nichtssagendes Palaver über sich ergehen zu lassen. Len und ich baten deshalb ständig um Geduld. Darüber hinaus versuchten wir, die Ölarbeiter mit Erfrischungsgetränken bei Laune zu halten.

Die Sonne war längst hinter dem Horizont verschwunden, als endlich der wichtigste Punkt der Tagesordnung, die Wahl des neuen Komitees, angekündigt wurde. Anfangs verlief auch alles gut, oder besser gesagt, in unserem Sinne. Dipiri, Newton, Len und ich wurden in unseren Ämtern bestätigt. Sobald es jedoch zur Wahl des Vice Commodores kam, stellten sich tumultartige Zustände ein. Männer, Frauen und Kinder drängelten sich in den Versammlungsraum, schubsten andere oder trieben sie vor sich her. Die Situation wurde äußerst unübersichtlich. Von den um die besten Plätze zwischen den Stuhlreihen ringenden Invasoren umlagert, waren jetzt auch bis dahin sitzende Vereinsmitglieder gezwungen, sich zu erheben und ins Getümmel zu stürzen.

»Wer stimmt für Matt Pevey? Ich bitte um Meldung«, hallte es aus dem Lautsprecher. Hände schossen in die Höhe. Ab und zu gelang es mir, einen Blick auf Chief Lukman zu erhaschen, zu beobachten, wie sich der selbst ernannte Wahlleiter durch die Menschenmenge zwängte und zählte, Zahlen vor sich her murmelte. Nach Beendigung der Auszählung trat er ans

Rednerpult, bat um Ruhe und verkündete: »Hunderteinundvierzig Stimmen für Matt Pevey.« Na toll, das reicht, zumal der Klub zweihundertsechzig Mitglieder hat, überschlug ich schnell, um anschließend wie ein kleines Kind jubelnd in die Hände zu klatschen, wie viele andere auch.

»Und jetzt bitte ich um das Handzeichen der Mitglieder, die unseren verdienten Senior-Juristen, Anike, zum Vice Commodore ernennen möchten!«, fuhr Lukman fort.

Wieder kam Bewegung in die Masse. Laut zählend – jetzt aber in Zweierschritten – mischte sich der Wahlleiter erneut unter das Volk. Misstrauisch heftete ich mich an die Fersen des Buckligen, folgte ich ihm, so gut es ging, durch den brodelnden Hexenkessel. Nachdem er ein aus circa fünfzehn Personen, meist Frauen und Kindern, bestehendes Grüppchen bereits zum dritten Mal erfasst hatte, wollte ich dem Chief aufgebracht an den Kragen. Leider wurde ich aber von zwei bulligen, mir unbekannten Typen abgedrängt. Unmissverständlich bat man mich, einen Oyibo, sich gefälligst ruhig in seinem Gastland zu verhalten. Unterdessen stand Lukman wieder hinter dem Rednerpult. Schelmisch grinsend tönte er ins Mikro: »Hundertneunundvierzig Stimmen für unseren ehrenwerten Rechtsanwalt Anike! Damit erkläre ich ihn zum neuen Vice Commodore des Port Harcourt Boot-Klubs!«

Jubel brach aus. Die Anike-Anhänger feierten. Ihre Anfeuerungsrufe sowie das einsetzende, nicht enden wollende Klatschkonzert wurden nur sporadisch von Pfiffen und derben Flüchen übertönt. Folglich waren Shuggy und seine Jungs noch anwesend. Sie gehörten zu den wenigen Pevey-Fans, die die Stellung hielten. Der enttäuschte Rest unserer Glaubensgemeinschaft hatte sich bereits klammheimlich vom Acker gemacht.

In mir war eine Welt zusammengebrochen. Matts Ernennung wäre zu schön gewesen, um wahr zu sein. Horrorvisionen verdrängten Bilder von paradiesischen Zuständen aus meinem Kopf. Am ganzen Körper zitternd befürchtete ich, vor Wut zu zerbersten. Auf der Suche nach einem festen Halt schlug ich mich zur Bar durch, wo ich Bier und Schnaps bestellte. Und noch einen und noch einen. Mit zunehmendem Alkoholkonsum lichteten sich die Reihen, denn die vorher eingedrungene Invasionstruppe zog sich nach dem

Genuss eines von Lukman spendierten Softdrinks zurück. Für den harten Kern der Anike-Anhänger hingegen befand sich die Party erst im Anfangsstadium. Man hatte den Versammlungsraum in Beschlag genommen, sang, gackerte, klopfte sich gegenseitig auf die Schultern, lobte sich in den Himmel und erzählte sich Oyibo-Witze.

Von den Feiernden zunächst nicht weiter beachtet schwankte ich ans Rednerpult. Dort positionierte ich mich medienwirksam, griff ich mir das Mikrofon und hielt eine denkwürdige Ansprache, die mit den Worten »Ihr korrupten Schweine!« begann.

»Schämt ihr euch denn gar nicht? Meint ihr etwa, dass andere nicht mitbekommen haben, was gerade abgelaufen ist? Ihr habt eure Familienangehörigen, Frauen, Kinder, Onkel und Tanten, eingeschleust, um sie für Anike abstimmen zu lassen. Und damit nicht genug. Obendrein hat Lukman bei der Stimmauszählung beschissen! Das ist Wahlbetrug! Und wozu das Ganze? Was wollt ihr überhaupt im Klub? Mit Wassersport habt ihr doch eh nichts am Hut. Euch geht es einzig und allein darum, die Vereinskasse zu plündern!«

Plötzlich brach die Hölle los. Alles schrie und krakeelte durcheinander. Aufhören-Rufe erklangen, als ich weitersprechen wollte. Einige ältere Herren kasperten vor mir herum wie Muhammad Ali in seinen besten Zeiten. »Was will er denn hier, in unserem Land, der Oyibo?«, schrie jemand. »Müssen wir uns das bieten lassen? Totschlagen sollten wir ihn!«

Unbeirrt machte ich weiter, denn ich hatte genug Fusel im Kopf und Wut im Bauch, die raus musste. Zuerst galt es aber, einen zahnlosen Opa, der mir doch tatsächlich zu nahegekommen war, sanft aus dem Weg zu räumen, um anschließend fortzufahren: »Es wunderte mich schon, dass sich Anike traute, abermals zu kandidieren, obwohl er die vom Gouverneur für das Ausbaggern des Slipways bereitgestellten acht Millionen veruntreut hatte. Aber so ist er nun mal. Er und seine Getreuen sind skrupellos! Unter Mr. Okey´s Regiment haben wir viel Gutes für das Image des Vereins getan. Zudem befindet sich mittlerweile auch wieder ein stolzes Sümmchen auf dem Bankkonto, wobei ich mir allerdings sicher bin, dass …«

Starke Arme umklammerten mich und zogen mich nach hinten. »Komm, Hudu, los jetzt, sofort«, zischte mir jemand ins Ohr. »Es reicht.«

Mich gegen den Zug stemmend blickte ich in die Menge. Sowohl Gestalten mit verzerrten Gesichtern als auch Typen mit giftigen Augen näherten sich mir wie Monster. Im Hintergrund vernahm ich eine mir bekannte Stimme. Sie gehörte Stanley, meinem Fahrer.

»Oga, ich glaube, wir sollten uns besser verdünnisieren. Mr Isa und ich bringen dich augenblicklich nach Hause, bevor sie dich lynchen.«

Jetzt erst realisierte ich, dass die Arme, die mich umklammerten, Isa gehörten. Unter wilden Drohgebärden und Flüchen des Mobs wurde ich von ihm und Stanley fort, zum Auto, gezerrt.

Mann, ging es mir am nächsten Tag schlecht. Ich hatte einen fürchterlichen Brummschädel. Auch drehten sich die wenigen klaren Gedanken, die ich fassen konnte, immerfort im Kreis. Sicherlich hatte ich recht. Aber hatte dieser peinliche Auftritt unbedingt sein müssen? Ich schämte mich. Am liebsten hätte ich alles rückgängig gemacht. Klar, im Boot-Klub würde ich mich nie wieder blicken lassen können.

Während des ganzen Morgens lief ich von Selbstvorwürfen geplagt im Haus herum, um mir das Hirn zu zermartern. Wenn es etwas genutzt hätte und technisch möglich gewesen wäre, hätte ich mir stundenlang in den Hintern getreten. Am frühen Nachmittag fasste ich einen Entschluss. Egal, was passieren würde, ich musste an den Ort des Geschehens zurückkehren. Wahrscheinlich würde man mich geteert und gefedert vom Hof jagen. Aber was sollte es? Dann würde es eben so sein. Schließlich hatte ich mir diesen Schlamassel selbst eingebrockt.

Nur drei Gäste waren anwesend, als ich das Klubhaus betrat. Zwei groß gewachsene junge Typen und ein älterer, pockennarbiger Mann mit Schlapphut, der später ein berüchtigter Warlord werden sollte, standen an der Bar.

Ich postierte mich mit großem Abstand zu dem Grüppchen am anderen Ende der Theke und grüßte.

»Trinkt ihr einen mit?«, stammelte ich kleinlaut. »Ich gebe einen aus.«

»Lass mal gut sein, ich wollte eh gerade bestellen«, entgegnete der längere der beiden jungen Männer. »Ich hoffe, du hast nichts gegen ein Bier von mir einzuwenden?«

Gedankenverloren konzentrierte ich mich auf das von Esther servierte Getränk. Sobald ich die Flasche geleert hatte, stand auch schon eine neue vor meiner Nase. Was ist denn mit den Typen los, wunderte ich mich. Wahrscheinlich hat einer von ihnen Geburtstag.

Obwohl ich mir redlich Mühe gab, gelang es mir auch nicht, die nächste Runde zu bestellen. Der Pockennarbige gab Esther unmissverständlich zu verstehen, dass er für Nachschub zuständig sei. Verunsichert schlurfte ich zu ihm und streckte ihm meine Hand entgegen.

»Vielen Dank«, murmelte ich. »Die nächste Lage geht aber auf mich. Darf ich mich vorstellen? Mein Name ist …«

Der größere der Twens legte seinen Arm auf meine Schulter. »Eine Vorstellung kannst du dir sparen«, verkündete er. »Wir alle kennen dich.«

»So, woher denn? Trotz meines schlechten Personengedächtnisses glaube ich nicht, dass wir uns schon mal begegnet sind.«

»Stimmt, aber wir haben dich gestern live miterlebt und waren von deiner Ansprache zutiefst beeindruckt. Du hast uns aus der Seele gesprochen, es diesen korrupten Schweinen richtig gegeben. Endlich mal einer, der sagt, was er denkt! Weißt du, das Problem dieses Landes sind die alten, verdorbenen Säcke, die ausschließlich damit beschäftigt sind, ihre eigenen Taschen zu füllen, und einen Scheißdreck auf die jüngere Generation geben. Also versuch bitte nie wieder, uns einen auszugeben. Solange du in Nigeria bist, bist du unser Gast. Du bist unser Held.«

Danksagung

Für ihre tatkräftige Unterstützung bedanke ich mich bei meinen Freunden Markus Metz und Hubert Beißner. Ein ganz besonderer Dank gilt meiner Frau Ibifiri für ihre unendliche Geduld und Rücksichtnahme.

Glossar

Aba
Stadt im Südosten Nigerias.

Akwa Ibom
Bundesstaat im Süden Nigerias.

Alscon
Aluminium Smelter Company of Nigeria. Stillgelegte, seinerzeit viertgrößte Aluminiumfabrik der Welt.

Apapa
Teil der 30-Millionen-Stadt Lagos, der größten Stadt Nigerias.

Bayelsa
Bundesstaat im Süden Nigerias.

Boubou
Westafrikanisches, locker fallendes Bekleidungsstück von Männern.

Chief
Häuptling, Oberhaupt oder Bürgermeister.

Coonass
Leute aus Louisiana.

ECOWAS

Westafrikanische Wirtschaftsgemeinschaft.

Eket

Küstenstadt im Bundesstaat Akwa Ibom.

Ewe

Im Osten Ghanas und in Togo lebende Ethnie. Bevölkerung: circa 3 Millionen. Religionen: traditionelle afrikanische Religionen, Christentum und Islam.

Expatriate

Fach- oder Führungskraft, die von einer international tätigen Organisation, bei der sie beschäftigt ist, im Rahmen einer Auslandsentsendung vorübergehend in einer Zweigstelle arbeitet.

FAAN

Federal Airport Authorities of Nigeria = Flughafenbehörde.

FuFu

Fester, stärkehaltiger Brei aus Maniok, Yams oder Kochbananen.

Fulani

Fulani (auch als Fulbe oder Peul bekannt) sind ein in großen Teilen Westafrikas lebendes, ursprünglich nomadisierendes Hirtenvolk, das heute überwiegend sesshaft ist.

Garri

Geschälte, geriebene Maniokknollen. Wird mit Wasser zu einem Brei angerührt.

Ghana must go bags
1983 wurde angeordnet, dass alle Immigranten ohne Aufenthaltserlaubnis Nigeria sofort zu verlassen hatten. Viele dieser Immigranten kamen aus Nachbarländern wie Ghana. Sie transportierten ihre Habseligkeiten in großen karierten Taschen, den »Ghana must go bags«.

Gulder
Gängige Biersorte Nigerias.

Harmattan
Trockener, von der Sahara zur atlantischen Küste Afrikas wehender Nordostwind.

Hausa
Ethnie, die in weiten Teilen Nord-, West- und Zentralafrikas lebt. Schwerpunkt der Besiedlung ist der Norden Nigerias. Neben den Igbo und Yoruba einer der wichtigsten Stämme Nigerias. Religion: hauptsächlich muslimisch (Sunniten).

Igbo
Ethnie von über 30 Millionen Menschen. Verbreitungsgebiet: Südosten Nigerias, der sich 1967 als Biafra einseitig für unabhängig erklärte. Die meisten Igbos sind Christen.

Ikot Abasi
Stadt im Bundesstaat Akwa Ibom.

Ikoyi
Teil der 30-Millionen-Stadt Lagos.

Ikwerre
Zu den Igbos gehörender Volksstamm in Rivers State.

Juju-Mann
Schamane oder Zauberer.

Kai Kai
Lokal aus Bananen oder Hirse gebrannter Schnaps.

Kobo
Siehe Naira.

Kpalimé
Nahe der Grenze zu Ghana im Gebirge gelegene Stadt Togos.

Kano
Hauptstadt des gleichnamigen Bundesstaates im muslimischen Norden Nigerias.

Lady Jane
Song von den Rolling Stones.

Laterit
Ein in tropischen Gebieten häufig auftretendes Oberflächenprodukt, das durch intensive und lang anhaltende Verwitterung der zugrunde liegenden Gesteine entsteht.

Lekki
Teil der 30-Millionen-Stadt Lagos.

Naira
Nigerianische Währung. 1 Naira = 100 Kobo.

NPA
Nigerian Ports Authority = Hafenbehörde.

Oga
Senior oder Boss.

Ogoni
Östlich von Port Harcourt lebende Volksgruppe. Circa 500.000 Menschen.

Onne Port
Am Bonny River gelegener Hafen Port Harcourts.

Oyibo s
Weiße.

Pidgin English
In Nigeria gesprochene, überwiegend auf dem Englischen basierende Sprache.

Rivers State
Im Süden gelegener Bundesstaat Nigerias.

Stammesnarben
Die Stammesnarben der Yoruba sind Skarifizierungen, die zur spezifischen Identifikation und Verzierung im Gesicht oder auf dem Körper der Angehörigen der Yoruba angebracht werden. Die Stammesnarben sind seit vielen Jahrhunderten Teil der Kultur der Yoruba und wurden gewöhnlich in der frühen Kindheit durch Einbrennen oder Einschneiden in die Haut eingebracht.

Star
Gängige Biersorte Nigerias.

Victoria Island
Teil der 30-Millionen-Stadt Lagos, der größten Stadt Nigerias.

Yams
Kletterpflanze, Grundnahrungsmittel Westafrikas.

Yoruba
Hauptsächlich im Südwesten Nigerias lebendes Volk. Neben den Hausa und Igbo einer der wichtigsten Stämme, der circa 21 Prozent der Bevölkerung darstellt. Religionen: traditionelle afrikanische Religionen, Christentum, Islam.

Youth
Gruppierungen junger Leute einer Region oder eines Stadtteils.